Tine Giacobbo

Jetzt müsst ihr selber kochen

Mit Fotografien von Nadja Athanasiou

Für Katharina

A

Am Anfang jedes gewöhnlichen Buches steht das Vorwort. Nicht in diesem Buch, was zu Recht den Rückschluss zulässt, dass es sich nicht um ein gewöhnliches Buch handelt. Dieses Kochbuch, die kritische Gesamtausgabe der Rezepte von Tine Giacobbo, folgt der Ordnung des Alphabets. Das ist dem praktischen Gedanken geschuldet, dass Kochbücher ohnehin gerne hinten aufgeschlagen werden, wo sich der Index befindet: Warum also nicht den Index zum primären Ordnungsmuster erheben und alle Rezepte aus 22 Jahren «Alpenrose» von A bis Z durchdeklinieren? Das Ergebnis sehen Sie auf den ersten Blick: Wir beginnen beim Aargauer Suure Mocke und machen uns auf eine Reise über 320 Seiten, bis wir bei der finalen Zwiebelsauce (Seite 230) ankommen. Und wenn es etwas zu sagen gibt, das ausnahmsweise kein Rezept ist, findet man den Eintrag dort, wo das Alphabet ihn vorsieht: zum Beispiel bei **V** wie **Vorwort** (Seite 212).

Rezeptteil — 3 bis 230
Glossar und Wissenswertes — 64
Dank — 37
Bildtafeln — 231 bis 320

Aargauer Suure Mocke

Für 6 Personen
✽ — Der Braten muss 3 Tage kühl gestellt werden
1,8 kg Rindsbraten von der Schulter
50 g Bratbutter
Salz und **Pfeffer**
6 dl Kalbsfond (Seite 93)
1 TL Maizena, in etwas kaltem Wasser aufgelöst
✽ — Für die Marinade
1 l Rotwein, zum Beispiel Merlot
2 dl Himbeeressig (Seite 80)
2 dl Honigessig (Seite 105)
6 Pfefferkörner, zerdrückt
1 Zwiebel, geschält und halbiert
1 Lorbeerblatt und **1 Nelke**
2 Knoblauchzehen
1 halbe Lauchstange, in Rugeli geschnitten
1 Rüebli, in Rugeli geschnitten
1 Stück Knollensellerie, in Würfel geschnitten
1 Messerspitze Pimentpulver

Mischen Sie alle Zutaten in einer passenden Schüssel und setzen Sie das Fleisch hinein. Decken Sie es mit einer Folie zu und stellen es 3 Tage kühl. — Fleisch aus der Marinade nehmen und mit einem Küchenpapier trocken tupfen. — In Bratbutter rundum anbraten, salzen und pfeffern. Das Fleisch in den Schmortopf legen. Marinade und Kalbsfond in die Bratpfanne giessen, kurz aufkochen und über das Fleisch geben. Zugedeckt im Saft schmoren lassen, bis es grandios weich ist. — Herausnehmen und 20 Minuten in Alufolie einpacken. Sauce durch ein Spitzsieb giessen und aufkochen. Abschmecken, salzen und pfeffern. Nach Belieben etwas Pimentpulver dazustreuen. Mit Maizena abbinden.
Tine: Ich mag gerne noch ein bisschen Honig in der Sauce. Gerne weiche ich in etwas Wasser gedörrte Preiselbeeri ein und gebe sie in die Sauce.

Alpenrose

Tine Giacobbo und Katharina Sinniger eröffnen die «Alpenrose» im Jahr 1994. Sie haben Lehrjahre in der Toskana, in Winterthur und London hinter sich, als sie das heruntergekommene Lokal «Goldenes Schloss» an der Fabrikstrasse übernehmen, gründlich renovieren und umbenennen.

«Alpenrose». Der Name ist nicht zufällig gewählt. Er soll eine Chiffre sein für kulinarische Swissness, für eine sorgfältige, heimische Küche, die mit dem Begriff «bürgerlich» nicht richtig bedient ist – jedenfalls nicht in der «Alpenrose», denn bürgerlich sind Tine und Katharina wirklich nicht. Zwar lieben sie das Bodenständige, aber auf ihre Weise: Und das ist bereits der Schlüssel zum Verständnis der Küche, wie sie in der «Alpenrose» praktiziert wird. Es geht hier um traditionelles, sorgfältiges Kochen, aber nicht nach Vorschrift, sondern nach Gefühl, und wenn Gefühle eine wichtige Rolle spielen, muss man ihnen auf den Grund gehen.

Die Köchin Tine Giacobbo hat ihr Handwerk bei einem Grossen ihrer Zunft gelernt, bei dem präzisen und selbstbewussten Peter Brunner. Aber sie bringt etwas mit in den Beruf, was man nicht lernen kann: eine eigene, persönliche Tradition des Essens und Schmeckens, des Verstehens und Zubereitens. Sie ist die Tochter von Berta, und Mutter Berta hat ihrerseits bereits daheim in Franken, am Ufer des Mains, ein Wirtshaus betrieben, wo gut und selbstverständlich gekocht wurde. Die Schulung von Tine beginnt also früh, am grossen Tisch in der Küche.

«Dort», sagt Tine, «bekam ich den Geschmack frühkindlichst in den Mund geschoppt.»

Es handelt sich dabei um eine spezielle Form der Begabtenförderung, ohne dass irgendwer daran gedacht hätte, dass man zum Kochen Talent haben muss. Gekocht wird, weil gegessen wird.

Mutter Berta stand allein an den Pfannen. Sie hatte Hilfe beim Rüsten und beim Abwaschen, den Rest erledigte sie persönlich (dieses Bild, von Tine gezeichnet, zeigt natürlich auch ihre eigenen Konturen, auch wenn in der «Alpenrose»-Küche später ein paar mehr Hände anpacken; aber nie so viele, dass Tine ihre in den Schoss legen kann).

Auch, dass in der Erinnerung an die Kindheit immer Menschen kamen, assen und wieder gingen, hat Tine geprägt. Eine präzise Trennung von Arbeit und Freizeit gibt es in der «Alpenrose» nie. Zwar ist es sicher Arbeit, über den Markt am Helvetia- oder Bürkliplatz zu spazieren und zu schauen, was die Bauern gerade in die Stadt gebracht haben. Aber würde sie denselben Weg nicht in der Freizeit auch machen? Liebt sie es nicht geradezu, über Märkte zu gehen, die Farben der Früchte und des Gemüses zu decodieren, ihre Gerüche zu prüfen, die Texturen mit ihren geübten Fingern zu untersuchen? Auch zu Hause, im Gasthaus, wurden an einem langsamen Sonntag Beeren gezupft, damit man sie einmachen konnte, und dabei wurde gequatscht und gewerweisst und gelacht.

«Ich habe nichts anderes als meine Mutter gemacht», sagt Tine. «Nur in einer grösseren Stadt. Ich hätte das zwar nie gedacht, aber meine Arbeit ist eine Weiterführung ihrer Arbeit.»

Am rechteckigen Küchentisch beginnen also die Lektionen in differenziertem Schmecken. Auf den Tisch kommt alles. Leber (mag Tine nicht), Nieren (mag Tine schon), Fisch (liebt Tine sehr). Der Fisch ist die Hauptsache, man befindet sich ja am Main. Der Fang wird in der Badewanne am Leben gehalten, damit er möglichst frisch in die Küche kommt. Tine wird, vielleicht zwölf Jahre alt, zur Wanne geschickt, weil jemand einen Aal bestellt hat, dem muss sie noch rasch den Kopf abhauen, die Mutter hat ja keine Zeit.

Daneben gibt es vor allem Schmorgerichte. Das Kurzbraten hat weder in der Berta- noch in der Tine-Küche grosse Bedeutung, weil beide mehr an der Sauce als am Fleisch interessiert sind. Wurstbrät wird eigenhändig in die Haut gestossen, Schinken in der Esse geräuchert. Wenn Tine an zu Hause denkt, riecht sie die Fischwanne, die Räucherkammer und die Fritteuse, in der die Mutter den Backfisch zubereitet.

Auch das Wesen der Verfeinerung lernt Tine in der Berta-Küche. Wenn es als Nachtisch einen Pudding gibt, der laut Gebrauchsanleitung aus Pulver von Dr. Oetker und Milch angerührt wird, gibt die Mutter immer noch einen Löffel Butter und zwei, drei Eigelb dazu. Schmeckt besser, wieso?

Die Küche der «Alpenrose» baut auf Tines Schmeckt-besser-Selbstverständlichkeiten. Sie zelebriert die im Grunde bäuerlichen Gerichte der

deutschschweizerischen Kulinarik und lässt erst zögerlich und vorsichtig welsche und mediterrane Einflüsse zu. Katharina unterstützt das währschafte Programm mit Weinen aus der Schweiz, die sie aussucht, und hat am Anfang alle Hände voll zu tun, besorgten Kunden auszureden, dass sie nur italienischen oder französischen Roten trinken können, so verwackelt ist das Bild des Schweizer Weins.

Auch der Entschluss, schon früh ein kulinarisches *Nose-to-tail*-Programm zu fahren und nicht nur die gewohnten, angeblich besten Stücke des jeweiligen Tiers zu servieren, ist nicht leicht durchzusetzen. Gerade als sich das Publikum zum Beispiel daran gewöhnt, dass in der «Alpenrose» Markknochen auf den Tisch kommen, sorgt die Nachricht von Rinderwahn und BSE-Epidemien für Panikgesichter. Tine und Katharina müssen in dieser Zeit viel Knochenmark selbst aufessen.

Tines Mutter kommt übrigens auch auf Inspektion in die «Alpenrose». Nachdem sich Mutter und Tochter – komplizierte Familienverhältnisse – 25 Jahre nicht gesehen haben, meldet sich Berta zu einem Essen in der «Alpenrose» an. Tine, die zu diesem Zeitpunkt bereits an der Spitze der Weltrangliste unerschütterlicher Wirtshausköchinnen rangiert, zeigt Nerven.

«Sie war über siebzig, als sie kam. Ich war aufgeregt. Es war mir wichtig, was sie sagt, viel wichtiger, als ich je zugegeben hätte.»

Berta kommt, bestellt Siedfleisch, leert den Teller. Sie nickt, wischt sich den Mund ab und schaut der Tochter in die Augen.

«Ja. Kochen kannst du.»

Von da an ist das Verhältnis zwischen Berta und Tine geklärt. Wenn Katharina und Tine nach Kitzingen fahren, um Berta zu besuchen, kocht sie für die beiden. Berta und Tine begegnen sich jetzt auf Augenhöhe. Berta wird 91. «Sie ass noch eine Suppe», erzählt Tine, «dann gab sie den Löffel ab.»

Die «Alpenrose» ist 22 Jahre lang ein Fixstern der Zürcher Gastronomie. Die Bewertungen und Kritiken oszillieren zwischen Erstaunen, Anerkennung, schliesslich Begeisterung und, als das Ende annonciert wird, Bestürzung. Das Konzept, bodenständig, regional, saisonal, produktbewusst und mit der angemessenen Sorgfalt zu kochen, ist paradoxerweise nicht die Regel, sondern die Ausnahme. In der weltläufigen Stadt Zürich ist es leichter, einen authentischen Italiener oder Spanier zu finden, als ein Wirtshaus, in dem es anspruchsvolle schweizerische Küche gibt.

Die «Alpenrose» ist freilich nie in eine Marktlücke gestossen. Sie hat bloss angeboten, was die Wirtinnen schon immer für richtig hielten. Trends und Aufmerksamkeiten veränderten sich, die «Alpenrose» blieb gleich. Es veränderte sich nur, wie sie wahrgenommen wurde. Die Plätze im Restaurant waren knapp, das Telefon läutete oft (und wurde, wie jeder Reservierungswillige bezeugen kann, nur im Ausnahmefall abgehoben).

Nach 22 Jahren, in denen sie tagtäglich selbst im Lokal gestanden haben – Ausnahme die «Wirtinnensonntage» am Montag und Dienstag und pro Jahr ein paar Wochen Sommerferien – beschliessen Katharina und Tine, die «Alpenrose» zu schliessen. Sie schliessen ihr herrliches, holzgetäfeltes Restaurant mit den unzähligen Verschönerungen, Blumenbildern, dummen Sprüchen, Werbeplakaten, als das Geschäft so gut geht wie nie.

«Es gehört Mut dazu», sagt Katharina, «ein Lokal zu einem Zeitpunkt zu schliessen, zu dem es so wunderbar läuft. Wir waren auf dem Gipfel. Wir müssen jetzt gut runterkommen.»

Es bleiben Erinnerungen, Bekanntschaften, unzählige Tage in der Wirtschaft, von denen nicht zwei gleich waren.

Es bleibt ein kulinarisches Vermächtnis, das die Nähe zelebriert; das Bodenständige; das ganze Tier; Rind, Lamm, Geiss.

Es bleibt die Selbstverständlichkeit, dass zu jedem Stück Fleisch frisches Gemüse serviert wird, was, wie Tine sagt, «eben gar keine Selbstverständlichkeit ist».

Es bleibt die nachvollziehbare Lust, Dinge auszuprobieren, alte Traditionen wieder in der neuen Zeit zu verankern, einer jungen Generation von Köchinnen, die daheim nur Pasta bekommen hatten, das Handwerk beizubringen, wie man Saucen ansetzt, Fonds macht, Innereien putzt und zubereitet, grosse Fleischstücke schmort.

Es bleibt die nur scheinbare Selbstverständlichkeit, dass Köche, die gut kochen sollen, auch gut essen müssen; das Personalessen wird in der «Alpenrose» stets frisch gekocht. Alle Mitarbeiter versammeln sich an Tisch zwölf, dem grossen, runden Tisch gegenüber der Bar, und essen miteinander, oft einen grossen Vogel oder einen ganzen Fisch. «Die Stimmung», sagt Tine, «ist viel besser, wenn alle gemeinsam etwas Gutes essen.» Auch das ist eine Lektion, die über die «Alpenrose» hinaus Bestand haben wird.

Es bleibt schliesslich die Erfahrung, dass man Pläne machen kann, aber sich nicht an sie halten muss. «Eigentlich», sagt Tine, «wollten wir nicht 22 Jahre hier offen halten.» – «Aber», sagt Katharina, «es hat so viel Freude gemacht.» – «Du musst aber auch durchhalten können.» – «Ja, wenn es draussen heiss ist und kein Mensch kommt, weil alle draussen am See hocken wollen...» – «War aber auch schön. Wir haben dann im Hinterhof ein Babyschwimmbad aufgestellt und uns hineingelegt.» – «Und wenn ein einzelner Gast kam, haben wir alles gegeben.» – «Ja. Auf diesen Moment kommt es nämlich an. Wenn der Gast kommt, musst du alles geben.»

Von Christian Seiler

PS: Wenn der Gast also dann kam, stellte man ihm einen Aperitif auf den Tisch, der uns heute seltsam vertraut vorkommt, aber erfunden wurde, als die «Alpenrose» aufsperrte. Er hiess «Alpenglühen» und glühte 22 Jahre lang in den schönen, flachen Sektschalen. Wer jetzt «Aperol Sprizz» sagt, wird disqualifiziert. Das Getränk heisst **Alpenglühen**. Pro Person **1 dl Crémant d'Alsace** in eine Sektschale füllen und **2 cl Aperol** dazugeben. Das optimale Mischverhältnis muss jeder selber herausfinden.

Amarettoparfait aus dem Tessin

Für eine Terrinenform von 1 Liter Inhalt
✽ — Muss mindestens 6 Stunden gefrieren
80 g Mandelscheiben
5 Eigelb
2 EL Kastanienhonig
4 cl Amaretto
1 Messerspitze Vanillezucker
2 EL Wasser
100 g Amaretti, grob zerstossen
8 dl Vollrahm, steif geschlagen
5 Eiweiss
100 g Rohrzucker

Mandelscheiben in einer Pfanne fein rösten und mit einem Messer hacken. — Eigelb mit dem Mixer rühren, bis es hell ist. — Amaretto, Kastanienhonig, Vanillezucker und Wasser aufkochen. Langsam im Faden zum Eigelb giessen. So lange rühren, bis die Masse wieder kalt ist. — Amaretti und Mandeln vorsichtig unter die Eimasse ziehen, Schlagrahm darunterheben. Eiweiss kurz schlagen, dann den Zucker einrieseln lassen und weiterschlagen, bis das Eiweiss sehr fest ist und auf der Fingerkuppe beim Testen ein kleines Matterhorn sitzt. — Eiweiss unter die Masse ziehen. In eine mit Klarsichtfolie ausgelegte Terrinenform füllen, mit Folie abdecken und mindestens 6 Stunden im Tiefkühler gefrieren lassen. — 10 Minuten vor dem Essen aus dem Tiefkühler nehmen.

Anetzerli

Das Wort stammt aus dem Berndeutschen und bedeutet «Aperitif».

Für 10–12 Personen
✽ — Getränk muss 6 Stunden kühl gestellt werden
70 g Zucker
5 dl Pinot Noir
1 l Weisswein
7 cl Himbeersirup
3 cl Cassislikör
5 cl Himbeergeist
7 cl Cointreau
400 g Himbeeren, frisch oder tiefgekühlt

Zucker und Rotwein in einen Topf geben, köcheln, bis der Zucker sich aufgelöst hat. Abkühlen lassen. Restliche Zutaten dazugeben. Das Getränk 6 Stunden kühl stellen. Himbeere in Sektschalen verteilen und mit Getränk übergiessen.

Tine: Anetzerli sind Hüchlertropfen, also die Tropfen, die im Buch *Geld und Geist* von Jeremias Gotthelf den Heuchlern vorgesetzt wurden.

Aniskuchen

Für eine Cakeform von 30 cm
250 g Butter, zimmerwarm
250 g Zucker
3 TL Anis- oder **Fenchelsamen**
5 Eier
300 g Mehl
7 g Backpulver
1 dl Milch, zimmerwarm

Backofen vorheizen auf 180 Grad. — Butter und Zucker mit dem Mixer verrühren und mindestens 5 Minuten schlagen. Anis einrieseln lassen. — Nicht mehr so fest schlagen und ein Ei nach dem anderen zugeben. Mehl mit Backpulver mischen und darunterrühren. Milch mit einem Holzlöffel darunterrühren. — In eine mit Backpapier ausgelegte Form geben. Form ein- bis zweimal auf die Arbeitsfläche knallen und in der Mitte des Ofens ungefähr 45 Minuten backen. Nadelprobe machen.

Apfelblootz

Blootz ist ein einfacher Kuchen und taucht in meiner Heimat auf. Dies ist die «Alpenrose»-Version mit Äpfeln.

Für 8 Personen, für ein rechteckiges Blech
❄ — Für den Teig
500 g Mehl
30 g Hefe, zerbröselt
1 TL Zucker
1 Prise Salz
1 Prise Vanillezucker
2,5 dl Milch, zimmerwarm
150 g Butter, in kleinen Würfel
1 Ei
70 g Zucker
❄ — Für den Belag
1 kg Magerquark
1,2 dl Vollrahm
150 g Zucker
4 Eier
13 g Vanillezucker
1,5 kg Äpfel, geschält und entkernt, in dünne Schnitze geschnitten
1 Zitrone, frisch gepresst

Für den Teig das Mehl in eine Schüssel geben und einen Krater eindrücken. Hefe, Zucker, Salz und Vanillezucker hineingeben. Milch dazugiessen. Mehl mit den Fingerspitzen vom Kraterrand in die Milchhefe einmischen. Butter in kleinen Würfeli im Krater verteilen. Schüssel mit einem Tuch zudecken und ungefähr 20 Minuten gehen lassen. — In der Zwischenzeit Backblech einfetten und bemehlen. Blech über dem Spülbecken abschlagen, so fällt das Mehl, das zu viel ist, gut ab. Blech kühl stellen. — Zucker und Ei mit einer Holzkelle in den Teig einarbeiten. Teig kneten, und zwar von aussen nach innen. Auswallen und auf das Blech legen, sodass der Teig bündig mit dem Blechrand ist. Nochmals 25 Minuten aufgehen lassen. — Backofen auf 180 Grad vorheizen. Für den Belag Quark und Rahm verrühren, auf den Teig verteilen. Eier, Zucker, Vanillezucker verquirlen und auf den Quark geben. — Äpfel mit Zitronensaft mischen. Kuchen mit den Äpfeln wie Dachziegel belegen. Nochmals 10 Minuten gehen lassen. — Ungefähr 35 Minuten in der unteren Hälfte des Backofens backen.

Apfelgeköch mit Streusel

Für 6 Personen
1 kg Äpfel
3 EL Zucker
1 TL Zimt
1 Zitrone, frisch gepresst
1 Messerspitze Pimentpulver
1 Glas Apfelmost
Butterstreusel (Seite 27)
2,5 dl Crème fraîche

Backofen vorheizen auf 180 Grad. — Äpfel schälen, vierteln, entkernen und die Viertel nochmals halbieren. — Zucker, Zimt, Zitronensaft, Piment und Apfelmost aufkochen. Äpfel zugeben und köcheln, bis sie weich, aber noch bissfest sind. — Äpfel ohne eventuelle Flüssigkeit in eine flache Back- oder Gratinform geben. Mit Streusel bestreuen und 30 Minuten in der Mitte des Ofens backen. Schmeckt mit Crème fraîche.

Apfelgeköch mit Zwiebeln

Ergibt 3 Gläser à 500 g für den Vorrat
400 g rote Zwiebeln, in feinste Würfel geschnitten
200 g Gänsefett
Salz
2 EL Kastanienhonig
4 EL brauner Zucker
400 g Äpfel, in feinste Würfel geschnitten
2 dl Weisswein
2 dl trüber Apfelsaft
Pfeffer

Zwiebeln im Gänsefett dünsten, salzen. Honig, Zucker und Äpfel dazugeben und bei kleiner Hitze weiterdünsten. Köcheln lassen und ab und zu einen Schuss Weisswein und Apfelsaft zugeben.
✻ — Schmeckt zur Wildleber (Seite 117).

Apfelgeköch zum Kleingetier

Ergibt 6 Gläser à 500 g für den Vorrat
1 kg verschiedene säuerliche Äpfel
100 g rote Zwiebeln, gehackt
25 g Ingwer
75 g Cranberries
75 g Rosinen
1 EL Senfkörner
Salz
7,5 dl Honigessig (Seite 105)
600 g Rohrzucker

Einen Apfel auswählen und hineinbeissen. Die anderen schälen, halbieren, entkernen und in dünne Scheiben schneiden. — Alle Zutaten zusammen in einen Topf geben und ungefähr 40 Minuten richtig dick einkochen. — In saubere, gewärmte Gläser füllen. Gläser sofort verschliessen.
Tine: Schmeckt wunderbar zu Geflügel, Lamm- und Schweinefleisch oder ab und zu für einen Löffel zwischendurch.

Apfelkuchen mit Piment und Sauerrahm

Für eine runde Form von 28 cm, mindestens 4 cm hoch
400 g Kuchenteig für Süsses (Seite 110)
10 Äpfel, gemischte Sorten
1 Zimtstange
150 g Zucker
Butter
2 Eier
3 Eigelb
5 dl Sauerrahm
1 Messerspitze Pimentpulver

Backofen vorheizen auf 200 Grad. — Form buttern und bemehlen und kühl stellen. — Nach 15 Minuten aus dem Kühlschrank nehmen und den Teig darauflegen. Mit getrockneten Erbsen belegen und 15 Minuten blind backen. — Äpfel schälen, vierteln und entkernen. Etwa ⅓ der Äpfel mit Zimtstange und 1 dl Wasser weich dünsten. — In einem Sieb kurz in einen Suppenteller abtropfen und abkühlen lassen. — Wenn die Äpfel kalt sind, auf den Teig verteilen. Zucker und Butter in der Pfanne zu Caramel kochen. Die restlichen Äpfel zugeben und vorsichtig weich dünsten. Die Äpfel sollten noch leicht knackig sein. — Den im Suppenteller aufgefangenen Saft mit Eiern, Eigelb und Sauerrahm verrühren. Piment dazugeben und einen Moment beiseite stellen. — Die Caramelschnitze ordentlich auf die anderen Äpfel in der Kuchenform legen und mit dem Guss bedecken. In der Mitte des Backofens nochmals bei 180 Grad 35–40 Minuten backen. Nadelprobe machen.
✻ — Schmeckt am besten mit Doppelrahm.

Apfelkuchen vom Limmatladen

Für ein sehr grosses rundes Blech, reicht für 14–16 Personen
500 g Butter, zimmerwarm
500 g Zucker
1 TL Vanillezucker
8 Eier

1 TL Zimt
500 g Mehl
7 g Backpulver
8 Äpfel, halbiert und entkernt

Backofen vorheizen auf 180 Grad. — Butter, Zucker und Vanillezucker verrühren, Eier dazugeben und schlagen, bis die Masse hell ist. — Zimt dazugeben, Mehl und Backpulver mischen, darunterziehen. — Kuchen in eine gebutterte und bemehlte Form füllen, Äpfel mit der Schnittseite nach unten auf den Teig legen. In der Mitte des Ofens ungefähr 45 Minuten backen.

Apfelküchlein mit Vanillesauce

Für 6 Personen
✱ — Teig 30 Minuten ruhen lassen
6 Äpfel, in 1,5 cm dicke Ringe geschnitten
Zimt und Zucker, nach Belieben, je nach Säure der Äpfel
Rapsöl, zum Frittieren
✱ — Für den Teig
160 g Mehl
1 TL Salz
1 EL Zucker
2 dl Bier
1 Eigelb, verquirlt
1 Eiweiss, steif geschlagen
✱ — Für die Vanillesauce
8 dl Milch
2 TL Maizena
2 Vanillestängel, längs aufgeschnitten
4 Eigelb
4 EL Zucker

Apfelringe im Zucker drehen. — Für den Teig alle Zutaten bis und mit Eigelb verrühren. Eiweiss darunterziehen. Teig mindestens 30 Minuten ruhen lassen. — Für die Sauce Milch, Maizena, Vanille und Zucker unter Rühren aufkochen. Etwas abkühlen lassen. — Milch langsam unter ständigem Rühren zu den Eiern giessen. Vanille entfernen. Zurück auf den Herd stellen und so lange köcheln, bis die Sauce eingedickt ist. Durch ein Sieb in einen Krug giessen. — Öl in einer weiten Pfanne auf ungefähr 160 Grad erhitzen. Apfelringe durch den Teig ziehen und ab ins Ölbad. — Sobald die Apfelringli auf einer Seite golden sind, mit dem Stiel einer Holzkelle wenden, weiterbacken. Nach ungefähr 3–4 Minuten herausnehmen, auf einem Küchenpapier abtropfen lassen. — Bis auf 10 zählen, wenden, mit Zimt und Zucker bestreuen und sofort mit Vanillesauce essen.

Apfelmus

Ergibt 3 Gläser à 500 g für den Vorrat
5 dl Süssmost
10 grosse Äpfel, verschiedene Sorten, ungeschält, mit Kerngehäuse in grosse Würfel geschnitten
6 EL Zucker
1 Zimtstange

Süssmost, Äpfel, Zimt und Zucker in einen Topf geben. Alles zusammen aufkochen und zugedeckt sehr weich kochen. Je nach Apfelsorte noch ein wenig nachsüssen. — Wenn die Äpfel sehr weich sind, Zimtstange entfernen und durch ein Passevite treiben. In sterile Gläser füllen oder nach dem Erkalten zu einem Apfelparfait weiterverarbeiten.

Tine: In ungeschälten Äpfeln ist viel Pektin drin, das macht das Mus schön sämig.

Apfelparfait

Für eine Terrinenform von 1 Liter Inhalt
Für 8 Personen
✱ — Muss 12 Stunden gefrieren
8 Eigelb, verquirlt
250 g Zucker
250 g Apfelmus (siehe oben), gewärmt
4 cl Calvados
5 dl Vollrahm

Eigelb und Zucker schlagen, bis die Masse sehr hell ist. Apfelmus zur Eigelbmasse rühren. Calvados dazugeben. Abkühlen lassen. — Rahm steif schlagen und unter die kalte Masse ziehen. In eine mit Klarsichtfolie ausgekleidete Terrinenform füllen. Mit Folie abdecken und einen Tag im Tiefkühler gefrieren.

✱ — Am besten schmeckt das Parfait mit einem Kompott aus Apfelschnitzen (Seite 108).

Apfelrösti

Für 1–2 Personen
600 g Äpfel, gemischte Sorten, geschält und entkernt
Bratbutter
1 EL Butter
Zimt und **Zucker**

Äpfel an der Röstiraffel reiben. — Bratbutter in einer Bratpfanne erhitzen und Äpfel dünsten. Zwischendurch mit einer Holzkelle wenden, bis die Äpfel die Farbe einer Kartoffelrösti haben. Immer wieder ein wenig Zucker und ein paar Butterflocken dazurühren. — Nach einigen Minuten mit Schwung mit Hilfe einer zweiten Pfanne wenden (siehe Rösti Seite 171). Wenn die Rösti die perfekte Farbe hat, auf einen Teller gleiten lassen und mit Zimt und Zucker bestreuen.
✻ — Schmeckt mit Vanilleglace (Seite 209).

Apfelschnitze für Einzeltäter

Für 1 Person
1 Apfel, Lieblingsapfel
1 EL Butter
15 g Zucker
1 Messerspitze Zimt
Ein paar Spritzer Zitronensaft
Ein paar Rosinen
Vanilleglace (Seite 209)

Apfel schälen, entkernen und in kleine Schnitze schneiden. Butter schmelzen und mit einem Pinsel auf eine Alufolie streichen. Folie kräftig mit Zucker und Zimt bestreuen. Apfelschnitze mit Zitrone mischen und mit Rosinen auf der Folie verteilen. Folie zu einer Tüte rollen und für 4–5 Minuten auf den Grill setzen. — Anschliessend die Tüte öffnen, Mischung auf einen Teller geben und nochmals mit Zimt und Zucker bestreuen. Dazu gibt es Vanilleglace (Seite 209). Schmeckt wunderbar.
Tine: Wer keine Rosinen mag, kann sie weglassen. Wenn der Grill langsam Hitze verliert, gelingt das Dessert in 6–8 Minuten. Wie alles im Leben: die Mischung machts.

Apfelstrudel

Für 8 Personen
800 g gemischte Lieblingsäpfel, geschält
100 g Zucker
2 EL flüssiger Honig
1 EL Zimtpulver
1 Zitrone, frisch gepresst
Strudelteig (Seite 200)
100 g Butter, flüssig, zum Bestreichen
Puderzucker, zum Bestreuen

Backofen vorheizen auf 200 Grad. Äpfel halbieren, entkernen, vierteln. Aus den Vierteln kleine Dreieckli schneiden. Mit Zucker, Zimt, Zitronensaft und Honig mischen und einige Minuten ziehen lassen. — Strudelteig auf einem bemehlten Tuch auswallen und den Teig mit den Händen gleichmässig in alle Richtungen dünn ausziehen. Teig mit zerlassener Butter ganz dünn bestreichen. — Die Äpfel gleichmässig und dicht auf dem Teig verteilen. Auf der längeren Seite das Tuch anheben und den Teig zu einer Roulade rollen. Teig auf ein mit Backpapier belegtes Backblech legen und in der Mitte des Ofens ungefähr 15 Minuten backen. Teig mit flüssiger Butter bestreichen. — Den Vorgang nach weiteren 15 Minuten wiederholen. — Nach insgesamt 40 Minuten den Strudel aus dem Ofen auf eine Platte legen und mit Puderzucker bestreuen.

Apfeltarte

Für eine Springform von 30 cm Durchmesser
✻ — Teig muss 1 Stunde in den Kühlschrank
500 g Mehl
350 g Butter
1 Prise Salz und **Zucker**
4 Äpfel, gemischte Sorten
100 g Zucker
Butterflocken

Mehl und Butter zwischen den Handflächen über einer Schüssel zu einer krümeligen Masse verreiben. Salz, Zucker und so viel kaltes Wasser (1–2 dl) dazugeben, dass ein fester Teig entsteht. Der ganze Vorgang sollte eher im Rock'n'roll-Tempo vor sich

gehen als nach dem *Air* von Bach. Wenn der Teig glatt ist, in Klarsichtfolie einpacken und 1 Stunde im Kühlschrank kühl stellen. — Backofen vorheizen auf 220 Grad. ⅓ des Teigs auswallen, in eine gebutterte und bemehlte Form legen. Den Boden mit einer Gabel leicht ein-, aber nicht durchstechen. Äpfel schälen, in Schnitze schneiden und auf dem Teigboden verteilen, ohne dass sie sich überlappen. 10 Minuten im Ofen backen. Temperatur auf 200 reduzieren und die Tarte zuckern. Nach weiteren 10 Minuten Temperatur auf 180 Grad reduzieren und wieder mit Zucker bestreuen. Ganz zum Schluss der Backzeit Butterflocken auf dem Kuchen verteilen und sofort essen.
Tine: Mit dem Rest des Teigs am nächsten Tag nochmals einen Kuchen backen.

Apfelwähe

Für eine Kuchenform von 28 cm Durchmesser
350 g Kuchenteig für Süsses (Seite 110)
600 g Äpfel, gemischte Sorten
❉ — Für den Guss
200 g Sauerrahm
70 g Zucker
1 TL Vanillezucker
2 kleine Eier
½ Zitrone, frisch gepresst und Schale, gerieben
20 g Puddingpulver

Backofen vorheizen auf 180 Grad. — Teig in eine gebutterte und bemehlte Form legen. — Äpfel schälen, entkernen und an der Röstiraffel reiben. — Für den Guss alle Zutaten in einer Schüssel mischen. Die geraffelten Äpfel darunterermischen. Masse auf den Teig verteilen und in der unteren Hälfte des Backofens ungefähr 30 Minuten backen.

Aprikosenblootz

Für ein Blech
350 g Mehl
20 g Hefe
1,2 dl Milch, lauwarm
1,5 kg Aprikosen
1 Prise Salz
50 g Butter, geschmolzen
80 g Zucker
1 TL Vanillezucker

Mehl in eine Schüssel sieben. In die Mitte des Mehlbergs einen Krater eindrücken und die Hefe hineinbröckeln. 1 Teelöffel Zucker darüberstreuen und 1 Esslöffel lauwarme Milch dazugeben. Alles mit einem Löffel zu einem Vorteig vermischen. — Schüssel mit einem Tuch abdecken und an einem warmen Ort gehen lassen. Während der Teig marschiert, die Aprikosen mit einem Tuch abreiben. — Wenn der Vorteig gut blubbert, restliche Milch, Butter und Zucker zugeben und zu einem geschmeidigen Teig kneten. — Den Teig auswallen und auf ein gebuttertes und bemehltes Backblech geben. Teig an den Rändern hochdrücken. — Teig mit dem Tuch bedecken und nochmals 30 Minuten gehen lassen. — Unterdessen die Aprikosen halbieren und entsteinen. Wenn sich der Teig auf dem Blech verdoppelt hat, die Aprikosenhälften darauf wie Dachziegel aneinanderreihen. — Backofen vorheizen auf 180 Grad, keine Umluft. — Aprikosen mit Vanillezucker bestreuen und in der Mitte des Backofens ungefähr 35 Minuten backen.
Tine: Ich esse Crème Chantilly (Seite 34), also gesüssten Schlagrahm, dazu.

Aprikosenglace

Ergibt 1 Liter für 6–8 Personen
1 kg Aprikosen, entsteint
300 g Zucker
1 Vanillestängel, aufgeschnitten
1 Zitrone, frisch gepresst
1 dl Wasser
300 g Doppelrahm

Aprikosen vierteln, in einen Topf geben. Mit Zucker bestreuen und mit einer Gabel mischen. Vanillestängel und Zitronensaft dazugeben. Wasser dazugeben und die Aprikosen zum Köcheln bringen. Ab und zu rühren. So lange köcheln, bis die Aprikosen total pflüderig sind. In eine Schüssel geben und abkühlen lassen. — Vanillestängel herausnehmen. Doppelrahm dazugeben und alles mit dem Mixer pürieren. In der Glacemaschine fertigstellen.

B

B wie Birnen. Zu den Birnen muss man wissen, das Herbert, der Polizist – auf dem Bild links aufrecht wie immer – darauf achtete, dass sie nicht verkochen. Keine verkochten Birnen, niemals!

Babette

Eigentlich hätte Babette ja Berta heissen sollen, nach Tines Grossmutter. Aber der Name war schon besetzt. Die 2006 gegründete Crêperie von Tine Giacobbo und Katharina Sinniger befindet sich nämlich ausgerechnet in der Bertastrasse, sodass auch andere auf die Idee mit Berta gekommen waren. Als Tine zum zehnjährigen Jubiläum der «Alpenrose» das Buch *Babettes Fest* von Karen Blixen bekam, war der Fall klar: Babette würde an die Bertastrasse ziehen.

Bachforelle schöne Müllerin

Für 4 Personen
4 Bachforellen (ein Saibling oder eine andere Forellenart)
4 Zitronen, frisch gepresst
Salz
Pfeffer
Mehl zum Bestäuben
250 g Bratbutter

Forellen gut waschen. Die Bauchhöhle öffnen und mit Wasser volllaufen lassen. Ein letztes Mal baden. Mit den Fingernägeln die Blutreste an der Wirbelsäule entfernen und den Fisch mit Haushaltspapier trocken tupfen. — Die Bauchhöhle mit Zitronensaft, Salz und Pfeffer grosszügig würzen. Mehl auf eine Platte streuen, die Forellen darin pudern und mit der Hand *klöpfeln,* sodass das überschüssige Mehl abfällt. — Bratpfannen vorheizen, arbeiten Sie mit zwei Pfannen. Butter hineingeben und Forellen auf jeder Seite ungefähr 8 Minuten braten. Die Fische mit einem Esslöffel immer wieder mit Butter übergiessen, so werden sie knusprig.
Tine: An einem meiner wenigen freien Abende besuchte ich die Aufführung *Die schöne Müllerin* im Zürcher Schiffbau. Unvergessen bleibt mir von dieser Inszenierung von Christoph Marthaler das Lied «Das Wandern ist des Müllers Lust». Ich lag vor Begeisterung fast unter meinem Stuhl. Zum ersten mal begriff ich die Aussage im Kern: Es ist alles eine Frage der Interpretation.

Backteig für Fisch

Für 1 kg Fisch
✱ — Teig mindestens 30 Minuten ruhen lassen
5 dl helles Bier
1 Ei
1 EL Honig, flüssig
1 Prise Salz
500 g Mehl
15 g Backpulver

Ei, Bier, Honig und Salz in einer Schüssel verrühren, Mehl und Backpulver mischen und unter Rühren zugeben. Teig so lange rühren, bis er Blasen wirft. Wenn der Teig zu fest ist, eventuell etwas Wasser zugeben. — Vor dem Verarbeiten mindestens 30 Minuten ruhen lassen.
Tine: Welcher Fisch verbacken wird, ist gar nicht so wichtig. Ich mag Rotaugen (Seite 172) und Egli (Seite 41) am liebsten.

Bärlauchgnocchi

Mit dem Frühling ist das so eine Sache. Nach ein paar warmen Tagen im Februar ahne ich: Heute ist Bärlauchtag, heute beginnt für mich der Frühling. Mit einer gehörigen Portion Vorfreude jage ich mit dem Velo an der Limmat entlang. Wenn ich dann die ersten Spitzen des frischen Bärlauchs sehe, die noch unter den welken Blättern des Herbstes versteckt sind, bekomme ich Herzklopfen. Ich fahre mit der Gewissheit zurück, dass ich in den nächsten paar Tagen ernten kann. Die Fahrt mit dem Velo, der wunderbare Duft im Wäldchen und die herzklopfende Vorfreude halten mich davon ab, am Markt Bärlauch zu kaufen. Ich mag Bärlauch, weil er nur kurze Zeit da ist. Nach der Blüte verschwindet er. Ich verlängere die Erinnerung an den Frühlingsbeginn, indem ich vom Bärlauch ein Pesto herstelle.

Für 4 Personen
600 g mehlige Kartoffeln, geschält
3 Eigelb
30 g junge Bärlauchblätter
20 g zarter Spinat
250 g Weissmehl

Kartoffeln in Achtel schneiden und in einem Topf im Dampfsieb dämpfen. Wenn die Kartoffeln weich sind, durch ein Passevite treiben. Salzen und erkalten lassen. — Eigelb mit einer Holzkelle unter die abgekühlten Kartoffeln mischen. Bärlauch und Spinat sehr, sehr fein hacken. Mit dem Mehl zur Kartoffelmasse geben und rasch zu einem schönen Teig verarbeiten. Zugedeckt etwas ruhen lassen. — Arbeitsfläche bemehlen. Teig abstechen und eine lange Rolle formen. Mit einem Teigschaber von der Rolle 2 cm breite Stücke abstechen und mit Zeige- und Mittelfinger die Gnocchi abrollen.

Bärlauchpesto

Für 4–6 Personen
100 g Mandelblättchen, gehackt
50 g Bärlauch, gehackt
100 g Spinat, gehackt
7,5 cl Olivenöl

Alle Zutaten mischen und mit dem Mixer fein pürieren. Frisches Pesto immer sofort geniessen.
Tine: Bärlauch ist sehr stark, deshalb strecken wir unser Pesto mit Winterspinat.

Basilikumpesto

Ergibt 4 Gläser à 2,5 dl für den Vorrat
400 g Mandelblättchen
300 g Basilikum
3 dl Olivenöl
180 g Sbrinz, gerieben

Mandeln, Basilikum und Olivenöl mit dem Mixer pürieren. Anschliessend den Sbrinz daruntermischen. Falls das Pesto gelagert werden soll, Käse weglassen und erst bei der Verwendung zugeben.

Baumnussparfait

Für eine Terrinenform von 1 Liter Inhalt
✱ — Muss 1 Tag im Tiefkühler gefrieren
150 g Baumnüsse, gehackt
3 Eigelb

130 g brauner Zucker
3 Eiweiss
5 dl Greyerzer Doppelrahm
5 cl **Nocino** (Nussschnaps)

Baumnüsse in einer Pfanne kurz rösten. Auf einen Teller geben und abkühlen lassen. — Eigelb mit Zucker hell schlagen, beiseite stellen. Eiweiss luftig schlagen, beiseite stellen. — Doppelrahm kurz schlagen, Nocino dazugeben, dann zu Schlagrahm schlagen. Eigelb, Eiweiss und Nüsse darunterheben, alles mischen. In eine mit Klarsichtfolie ausgelegte Terrinenform füllen und mit Folie abgedeckt einen Tag im Tiefkühler gefrieren.

Béarnaise

Ergibt 5 dl
5 cl **Estragonessig**
1 **Schalotte**
1 **Zweig Estragon**, abgezupft und gehackt
1 TL **schwarzer Pfeffer**, zerstossen
4 **Eigelb**
200 g **gute Butter**
Salz
1 EL **Estragon**, gehackt
1 EL **Kerbel**, gehackt

Estaragon, Schalotte, Estragonessig, Pfefferkörner in einer Pfanne reduzieren, bis nur noch ein Esslöffel Flüssigkeit übrig bleibt. — Durch ein kleines Sieb in ein Schälchen giessen und die aufgefangene Flüssigkeit auskühlen lassen. — Wasserbad so vorbereiten, dass es auf keinen Fall kocht. Die wenige Flüssigkeit in eine grössere Schüssel giessen, die Eigelbe dazugeben und mit einem Schwingbesen so lange rühren, bis eine sämige Masse entsteht. Ins Wasserbad stellen. Kleine Butterstücke nacheinander einschwingen. Es ist wichtig, dass die Eier immer die Butter angenommen haben, bevor man ein weiteres Stück dazugibt. Ab und zu die Schüssel aus dem Wasserbad nehmen. Die Sauce darf auf keinen fall zu heiss werden. — Wenn alle Butter eingerührt ist, die restlichen Kräuter dazugeben und eventuell salzen.
Tine: Für die Béarnaise braucht es Geduld und etwas Übung. Sie können die Sauce im Notfall retten, wenn sie 2 Esslöffel kaltes Wasser zugeben und sie nochmals schlagen. Ihre Gäste werden begeistert sein und Ihnen gehört aller Respekt.

Beeren im Winter

Ergibt mehrere Gläser für den Vorrat
Dauert mindestens 3 Tage
2 l **Wasser**
1 Beutel **Rooibostee**
1 Beutel **Zitronentee**
1 Beutel **Schwarztee**
1 **Zitrone**
1 **Orange**
100–200 g **Zucker**, je nach Süsse der Früchte
1 **Vanillestängel**, längs aufgeschnitten
1 **Schuss Cassislikör** oder **Cognac**, nach Belieben
750 g **gemischte Dörrbeeren**, Cranberries sollten immer dabei sein
1 TL **Maizena**, in etwas kaltem Wasser aufgelöst

Alle Zutaten bis und mit Cassislikör in einer Pfanne zusammen aufkochen. Über die Beeren giessen. Nach 2 Minuten Teebeutel herausnehmen. 24 Stunden ziehen lassen. — Beeren herausnehmen, Flüssigkeit nochmals aufkochen, Maizena zugeben. Abkühlen lassen und die Beeri wieder dazugeben. — In saubere Einmachgläser abfüllen. Im Kühlschrank lagern. Genussfertig in 2 Tagen, Haltbarkeit ungefähr 4 Wochen.

Beerengratin

Für 4 Personen
500 g **gemischte Beeren**, Himbeere, Brombeere, Heidelbeere und Johannisbeere
½ **Zitrone**, frisch gepresst
1 EL **Zucker**
2 dl **Vollrahm**
1 Prise **Vanillezucker**
2 **Eigelb**, verquirlt
1 **Eiweiss**, steif geschlagen

Backofen auf 200 Grad vorheizen. Beeren in eine Gratinform geben und mit Zitronensaft und Zucker mischen. 5 Minuten ziehen lassen. — Rahm mit Vanillezucker und Eigelb verrühren. Eiweiss

darunterziehen. Masse über die Beeri geben. Ungefähr 8 Minuten in der Mitte des Ofens gratinieren, bis die Masse stockt und eine schöne Farbe angenommen hat.
Tine: Nie beim Gratinieren die Küche verlassen, plötzlich geht es schnell und Sie sind im Keller und ärgern sich dann schwarz.

Beinschinken mit Knochen

Für eine grosse Gesellschaft
5–6 kg Beinschinken, bei einem sehr guten Metzger vorgekocht bestellen

In einem Topf ohne Deckel im Wasser langsam während 4 Stunden bei ungefähr 80 Grad wärmen.
Tine: Dazu passt Meerrettich mit Apfel (Seite 127) und ein Stück sehr gutes Brot. Ich empfehle, den Beinschinken wirklich von einem Metzger vorbereiten zu lassen, da ein Haushalt nicht für diese Grösse eingerichtet ist.

Berta: Rezepte meiner Mutter

Meine Mutter Berta war eine ausgezeichnete Köchin. Sie hat meinen Geschmack ganz massgeblich geprägt, indem sie die Küche ihrer fränkischen Heimat – mehr dazu unter «Alpenrose» (Seite 3) – mit Kraft und Fingerspitzengefühl auf den Teller brachte. Hier sind die Rezepte, die ich am meisten mag. Oder, anders gesagt: auf die ich niemals verzichten könnte.

Bienenstich — 18
Dörrzwetschgenmus — 39
Fränkische Bratwurst — 53
Kartoffelkuchen von früher — 102
Kitzinger Prünellen — 107
Pfannkuchen von Berta — 146
Punsch — 151
Schlehengelee — 181
Schleihe blau — 182
Schmalznudeln — 182
Schneeballen — 182
Schoggi-Haselnuss-Kekse von Berta — 185
Zwetschgenblootz — 228

Bienenstich

Traditioneller Blechkuchen aus Hefeteig, belegt mit Mandeln und gefüllt mit Vanillecreme.

Für ein Backblech 25×35 cm
Für 8 Personen
350 g Mehl
1 TL Zucker
1,5 dl Milch
1 Ei
20 g Hefe, zerbröselt
40 g Butter, zimmerwarm
1 Prise Salz
✼ — Für den Mandelbelag
125 g Zucker
125 g Butter
100 g Honig
100 g Mandelblättchen
Puderzucker
✼ — Für die Vanillecreme
1 Vanillestängel, längs aufgeschnitten
50 g Zucker
3,5 dl Milch
30 g Maizena
125 g Butter, zimmerwarm
2 Eigelb
50 g Zucker

Für den Teig Mehl, Zucker, Milch, Ei, Hefe und Butter in eine Schüssel geben. Salz am Rand einstreuen. Alles mit dem Knethaken eines Mixers zu einem Teig verarbeiten. — Herausnehmen, Teig zu einem Rechteck von 25×35 cm auswallen. Auf ein mit Backpapier belegtes Blech legen. — Für den Mandelbelag Zucker, Butter und Honig in einer Pfanne aufkochen und Mandelblättchen darunterrühren. Masse gleichmässig auf dem Teig verstreichen und alles aufs Doppelte aufgehen lassen. Am besten bändigen Sie den Teig mit einer Form. — Wenn der Teig bereit ist, Backofen vorheizen auf 180 Grad. Blech mit dem Teig in die Mitte des Ofens schieben und ungefähr 35 Minuten backen. — Sollten die Mandelscheibli zu schnell bräunen, mit Backpapier abdecken. Auskühlen lassen. — Hori-

zontal halbieren, untere Hälfte mit Vanillefüllung bestreichen und Deckel drauf. Mit Mandelbelag zudecken und mit Puderzucker bestreuen. — Für die Vanillecreme Milch, Zucker, Maizena und Vanille in einem Topf unter ständigem Rühren aufkochen. Vom Herd nehmen und die Eigelb mit dem Schwingbesen einrühren. In eine Schüssel umleeren und kalt rühren. Wenn die Vanillecreme kalt ist, die Butter ungefähr 5 Minuten aufschlagen und nach und nach zu der Vanillecreme geben und glatt rühren.
Tine: Meine Mutter nannte mich Bine und mein liebster Kuchen war natürlich der Binenstich für mich.

Biercreme

Für 8 Personen
250 g Zucker
2,5 dl dunkles Bier
8 Eigelb, verquirlt
10 g Vanillezucker
4 Blätter Gelatine, in kaltem Wasser eingeweicht und ausgedrückt
5 dl Vollrahm, steif geschlagen

Zucker in eine Chromstahlpfanne geben und erhitzen, bis er flüssig und bräunlich wird. Mit Bier ablöschen und mit einer Holzkelle rühren. Wenn es Knöllchen gibt, keine Angst, sie werden sich in Luft auflösen. — In einer Schüssel Eigelb mit Vanillezucker verrühren, Caramel-Bier im Faden dazugeben. Gelatine einrühren. Kühl stellen und ab und zu rühren, damit sich keine Haut bildet. — Wenn die Masse eindickt, Schlagrahm darunterziehen und in Likörgläser abfüllen.

Biersauce

Für 6 Personen
1 Rüebli, in kleine Würfel geschnitten
1 Petersilienwurzel, in kleine Würfel geschnitten
1 Stück von einer Knollensellerie, in kleine Würfel geschnitten
Salz
1 grosse Zwiebel, gehackt
1 Zweig Thymian
1 Lorbeerblatt
1 Nelke, zerdrückt
1 EL Bratbutter
4 dl dunkles Bier
1 Zweig Majoran
2 dl Vollrahm
2 dl Sauerrahm
4 EL Honig
½ EL Maizena, in etwas kaltem Wasser aufgelöst
50 g Butter, kalt
Pfeffer
½ Bund glattblättrige Petersilie, sehr fein gehackt

Rüebli, Peterliwurzel und Sellerie im Salzwasser aufkochen. Durch ein Sieb giessen und kalt abspülen. — Zwiebeln mit Thymian, Lorbeer und Nelke in einen Topf geben. Kurz in Bratbutter andünsten, mit Bier ablöschen, köcheln, bis die Flüssigkeit auf ein Drittel reduziert ist. — Majoran, Rahm, Sauerrahm und Honig beigeben und das Ganze vor sich hin köcheln lassen. — Maizena zur Sauce geben. Etwas köcheln lassen. Sauce durch ein Sieb in einen anderen Topf schicken. Das Gemüse dazugeben und die kalte Butter einschwingen. Mit Salz und Pfeffer abschmecken. Kurz vor dem Servieren den Peterli dazurühren.
✻ — Diese Sauce passt gut zu Schweinesteak (Seite 191), Schweinemedaillon (Seite 191) und Schweinekotelett (Seite 190).

Bierteig

Für kleine Menge
✻ — Teig mindestens 30 Minuten ruhen lassen
150 g Mehl
1 Messerspitze Backpulver
Salz, nach Gefühl
2 Eigelb, verquirlt
2 dl helles Bier
2 Eiweiss

Mehl mit dem Backpulver und Salz gut mischen. Eier unter Rühren dazugeben, Bier dazugeben. 30 Minuten stehen lassen. — Kurz bevor Sie den Teig weiterverwenden Eiweiss steif schlagen und darunterziehen.

Bierteig ohne Eier

Für kleine Menge
✽ — Teig mindestens 30 Minuten ruhen lassen
100 g Weizenmehl
100 g Reismehl
Salz, nach Gefühl
1 TL Honig
1,5 dl Wasser
1,5 dl helles Bier

Mehle und Salz mischen, Honig, Wasser und Bier mischen und im Faden zum Mehl rühren.
Tine: Geht auch ohne Reismehl, mit 200 g Weizenmehl ersetzen.

Birnen, geschmort und caramelisiert

Für 4 Personen
4 Katzenkopfbirnen, falls die «Katze» nicht zu finden ist, Kaiser Alexander oder Williamsbirne
160 g Butter
80 g Zucker
2 cl Wasser, zimmerwarm
1 dl Vollrahm, zimmerwarm

Birnen schälen, entkernen, längs in Sechstel schneiden. Butter in einer Bratpfanne sanft erhitzen. Sobald sie zu schäumen beginnt, Zucker einstreuen. Die Pfanne gleichmässig hin und her bewegen, sodass Butter und Zucker sich heiraten. Birnenschnitze dazugeben und Pfanne weiter bewegen, bis alles zu caramelisieren beginnt. Birnen umdrehen und weiter dünsten, bis sie golden sind. — Wasser dazugiessen und die Flüssigeit einköcheln. Dabei sollten die Birnenschnitze gleichmässig mit dem Caramel bedeckt sein. Für diesen Vorgang keinen Löffel oder sonstige Arbeitgeräte verwenden, sondern nur die Pfanne schwenken. Zum Schluss Rahm dazugiessen. — Alles auf eine Platte geben und verteilen. Ein paar Kugeln Vanilleglace (Seite 209) oder Zimtglace (Seite 223) daraufsetzen und sofort essen.
Tine: Der Grosse Katzenkopf ist eine sehr aromatische Birne von Pro Specie Rara. Ich hatte leider nur ab und zu das Vergnügen.

Birnenkompott zum Fleisch

Ergibt 5 Gläser à 5 dl für den Vorrat
750 g Gute Luise, geschält
500 g Schalotten, geviertelt
3 Knoblauchzehen, geviertelt
500 g Rosinen
500 g brauner Zucker
3 dl Malzessig
60 g Ingwer, fein gerieben
1 Nelke
1 EL Senfkörner
1 TL Pimentpulver
1 TL schwarzer Pfeffer, gemahlen

Birnen halbieren, ihr Herz entfernen und in grobe Stücke schneiden. — Alle Zutaten in eine Pfanne geben, gut mischen und aufkochen. Bei kleiner Hitze köcheln und immer wieder rühren, bis alles zusammenfällt. Das braucht sicher 1 Stunde. — Wenn die Masse an eine dunkle Konfitüre erinnert, in Gläser abfüllen. Ein paar Tage warten, bis sich die einzelnen Zutaten endgültig vermählt haben.
Tine: Achtung, damit Sie die Pfanne nicht samt Inhalt in den Mülleimer schmeissen müssen: Immer gut rühren, vor allem auch am Boden, denn durch den hohen Zuckergehalt kann die Masse sehr schnell anbrennen. Passt zu Schwein, Geflügel oder Wild.

Birnen für Pizokel

Für 10 Personen
3 l Wasser
5 dl Weisswein
1 Lorbeerblatt
1 Nelke
1 EL Senfkörner
3 Briefchen Safran
Zucker, nach Belieben
5 cl Williams
10 mittelharte Birnen, geschält, entkernt und halbiert

Kochtopf der Birnenmenge anpassen. Birnen sollten flach nebeneinander liegen. Für den Sud alle Zutaten bis und mit Zucker aufkochen und die gerüsteten Birnen darin so lange pochieren, bis sie bissfest sind. — Herausnehmen, Williams zugeben. Über die Birnen giessen. Das Pizokelrezept finden sie auf Seite 147.

Birnen im Ofen

Pro Person
1 reife Williamsbirne
Butter und **Zucker**
Süsswein, grosszügig

Ofen auf 200 Grad vorheizen. In einer Gratinform eine gehörige Portion Butter verteilen. Ebenso grosszügig zuckern. Birnen unten etwas abschneiden, damit sie gut sitzen. Am besten Birnen so zusammenpferchen wie die Passagiere in einem überfüllten Londoner City-Bus. Süsswein dazugiessen, dass es bis zur nächsten Station reicht. — In den vorgeheizten Ofen schieben. Nach ½ Stunde etwas Süsswein nachgiessen. Nach einer weiteren ½ Stunde sollten die Birnen weich sein, den Halt verloren haben und weinselig in der Form hängen. — Die heisse Form auf ein Brett mitten auf den Tisch stellen und zusammen direkt aus der Form essen und um den Süsswein kämpfen. Schmeckt sehr gut mit Doppelrahm.
Tine: Die Garzeit ist abhängig vom Reifegrad.

Birnen im Rotweinsud

Für 4 Entenbrüste
2 reife Birnen, zum Beispiel Abbé Féttel
7,5 dl kräftiger guter Rotwein
2 EL Kastanienhonig
½ Zitrone, frisch gepresst
100 g Rohrzucker
½ Vanilleschote

Reife Birnen sorgfältig schälen, halbieren und das Kerngehäuse vorsichtig entfernen. — Den Rotwein mit Honig, Zitronensaft, Zucker und Vanilleschote aufkochen. Die Birnenhälften hineinlegen und sanft köcheln lassen. Ab und zu die Birnen im Sud wenden. — Wenn die Birnen weich gekocht sind, im Wein kalt werden lassen oder sofort zu der Entenbrust (Seite 44) essen.

Birnen mit Marsala

Für 6 Personen
80 g Butter
120 g Rohrzucker
6 Birnen
1,8 dl Marsala
1 dl Rotwein
1 Zimtstange
Greyerzer Doppelrahm

Backofen auf 180 Grad vorheizen. Butter und Zucker mit den Händen mischen. Birnen damit einreiben. Unten etwas von den Birnen abschneiden, damit sie nicht davonrollen. Birnen in eine Gratinform setzen, Marsala und Wein dazugiessen. Zimtstange in die Flüssigkeit legen. — Mit Alufolie abdecken und 30 Minuten im Ofen schmoren. Temperatur auf 140 Grad reduzieren und Birnen so lange im Ofen lassen, bis sie zusammenbrechen. Mit Greyerzer Doppelrahm essen.
Tine: Falls Sie keinen Greyerzer Doppelrahm zu Hause haben, lohnt sich nur wegen seiner Einzigartigkeit ein Ausflug ins Greyerzerland. Unsere Freunde aus Deutschland und Österreich werden staunen.

Bisontätschli hat Schwein

Für 2 Personen
250 g Bisonschulterfleisch, ohne Knorpel
150 g Schweinefleisch, mit Fett
2 rote Zwiebeln, feinst gehackt
Bratbutter
1 Zweig Thymian, Blättchen abgezupft
1 Zweig Majoran, fein gehackt
1 kleiner Bund Schnittlauch, fein gehackt
1 Ei
1 TL Senfkörner
1 Messerspitze Peperoncinipulver
Salz und **Pfeffer**
1 TL Brotgewürz, aus dem Reformhaus

Das Fleisch entweder vom Metzger durchdrehen lassen, zu Hause mit einem scharfen Wiegemesser fein hacken oder durch die grobe Scheibe des Fleischwolfs treiben. Bevor es durch den Wolf getrieben wird, muss das Fleisch sehr kalt sein. — Zwiebeln ungefähr 5 Minuten in Butter dünsten, abkühlen lassen. — Zwiebeln mit den restlichen Zutaten und dem Hackfleisch in einer Schüssel mischen. Wenn die Masse zu feucht ist, etwas Paniermehl oder geriebene Mandeln dazugeben. — Backofen auf 150 Grad vorheizen. — Mit nassen Händen Kugeln formen, flach drücken. In der heissen Bratbutter auf jeder Seite 2 Minuten anbraten und anschliessend für 15 Minuten im Ofen fertig garen.

Bisonvoressen aus dem Baselland

Für 6 Personen
800 g **Bisonschulter**, in Würfel à 50 g geschnitten
50 g **Bratbutter**
100 g **magerer Speck**, in Würfelchen geschnitten
Salz und **Pfeffer**
1 Bund **Thymian**
7 dl **sehr kräftiger Rotwein**
4 **Zwiebeln**, gehackt
½ EL **Maizena**, in etwas kaltem Wasser aufgelöst

Fleisch 1 Stunde vor dem Braten aus dem Kühlschrank nehmen. — In der heissen Butter in einem Schmortopf sehr gut anbraten. Speck dazugeben, salzen und pfeffern. Mit Wein ablöschen. — Zwiebeln in einer separaten Pfanne sehr gut anbraten, zum Fleisch geben. Den Bund Thymian ganz dazugeben. Zugedeckt ungefähr 1¾ Stunden schmoren. Thymian entfernen, Maizena zur Sauce geben. Nochmals kurz köcheln.
Tine: Wenn Sie kein Bisonfleisch bekommen, geht auch Ochs oder Rind. Wichtig ist, dass das Fleisch gut abgehangen ist. Nehmen Sie einen sehr guten Wein. Die Menge ist so berechnet, dass während der Küchenarbeit ein Gläschen zur Vorfreude drinliegt.

Blanquette de Veau

Für 6 Personen
1 l **Wasser**
2 dl **Weisswein**
4 **Kalbsknochen**
1 **Rüebli**, ganz
1 Stück **Knollensellerie**
2 Zweige **glattblättrige Petersilie**
5 **Kardamomkapseln**, geknackt
1 **Lorbeerblatt**
1 **Nelke**
Salz und **Pfeffer**
1,5 kg **Kalbsschulter**, in grosse Würfel geschnitten
2,5 dl **Doppelrahm**
1–2 **Zitronen**, frisch gepresst
1 Bund **glattblättrige Petersilie**, fein gehackt
Etwas **Butter**

Wasser und Wein aufkochen. Für den Sud alle Zutaten bis und mit Pfeffer dazugeben. Wenn der Sud zu sieden beginnt, Fleischwürfel hineinlegen. Ungefähr 1 Stunde unter dem Siedepunkt ziehen lassen. — Fleisch herausnehmen, weiter kochen und etwas reduzieren. Durch ein Sieb abgiessen. Sud, Doppelrahm und Zitronensaft unter Rühren zusammenbringen. — Das Fleisch wieder dazugeben. Am Schluss Peterli und Butter darunterziehen.
❋ — Dazu passt Kartoffelstock (Seite 103).

Blitzloch

Das «Blitzloch» ist der Ort, wo Jeremias Gotthelf seinen Hagelhans wohnen liess. Und das ist der Schnaps, den man sich dazu vorstellen muss.

Für eine Flasche à 7 dl
❋ — Muss einige Tage im Dunklen stehen
3,5 dl **Obstbranntwein**
2 dl **Pflümliwasser**
1,5 dl **Calvados**

Mischen und in eine saubere Flaschen füllen.
Tine: Den Blitzlochschnaps haben wir am Anfang in Blechtassen als den «Alpenrosenkaffee» serviert. Dazu nahmen wir 2 dl Kaffee, 3 Würfelzucker, 2 EL Schlagrahm und 2,5 cl Blitzlochschnaps.

Blumenkohl, ganz

Für 2 Personen
1 mittelgrosser **Blumenkohl**
Salz

2 EL gutes Paniermehl
50–80 g Butter

Den Blumenkohl einige Minuten in Salzwasser legen, sodass der Schmutz zwischen den Röschen herausgelöst wird. Kohl herausnehmen und kurz mit Wasser abbrausen. Den ganzen Blumenkohl in ein Kochsieb legen und in einer Pfanne mit etwas Wasser ungefähr 15 Minuten dämpfen, bis er fast in sich zusammenbricht. Mit einer Lochkelle herausnehmen, gut abtropfen lassen. Auf eine vorgewärmte Platte setzen. Butter in einer Bratpfanne aufschäumen lassen, Paniermehl einrühren. Etwas salzen und die Bröselmasse über den Blumenkohl geben.

✻ — Schmeckt mit einem Verlorenen Ei (Seite 210) und Hollandaise (Seite 83).

Braten

Einen Braten zu schmoren, ist wie das Spiel einer Fussballmannschaft zu dirigieren: Wenn es der Trainerin gelingt, ein perfektes Team aufzustellen und alle möglichen Umstände in Betracht zu ziehen, dann gelingt der Braten. Ich erinnere mich an ein Spiel in der Vorbereitungsphase zur WM 2006. Australien gewann gegen Amerikanisch-Samoa 31:0. Was mich dabei irritiert: Ich denke, die Samoaner waren auch vorbereitet.

Was braucht es also für das Spiel? Einen Trainer mit langjähriger Erfahrung. Elf Spieler. Das nötige Fingerspitzengefühl. Das Team Braten sieht für mich so aus: Fleisch – Salz und Pfeffer – 1 Nelke – 1 Lorbeer – Wein – Rüebli – Sellerie – Lauch – Zwiebeln – Fond – Gusseiserner Topf mit Deckel. Das Stadion ist der Ofen. Die Fans sind die Gäste. Die Trainerin ist die Köchin. Die Schmorzeit beträgt 120 Minuten plus Nachspielzeit und Elfmeterschiessen. Weil Vorbereitung alles ist, dürfte dem Sieg nichts mehr im Wege stehen.

Freilich gibt es auch das eine oder andere Eigentor. Ich habe keine Ahnung, wie viele Braten ich im Laufe der 22 Jahre geschmort habe. Wie viel Fleisch in den Mündern der Gäste verschwunden ist. Wie oft ich verzweifelt war, weil das Fleisch nicht weich wurde. Wie oft ein grosses Stück Schulterbraten als ein jämmerliches Etwas aus dem Ofen gekommen ist. Wie oft der Triumph und die Niederlage nah nebeneinander standen. Wenn alles perfekt war, der Wein, die Zwiebeln, das Fleisch, das Salz, der Pfeffer, das Gemüse in vollendeter Harmonie – oder doch in einem wilden Gegeneinander. Manchmal war zu viel Pfeffer im Spiel, dafür fehlte das Salz. Das Fleisch war zu kurz gelagert. Die Zwiebeln haben mich zum Weinen gebracht.

Und wie oft ich dem Nachwuchs erklärt habe, wie das Spiel funktioniert. Oft war das Ergebnis wunderbar – und wurde beim nächsten Mal, im jugendlichen Übermut, erst recht über den Haufen geworfen. Zuerst wurde der Braten im Ofen vergessen, und dann herrschte die Hoffnung, dass Trainerin Tine noch etwas einfällt! Die Trainerin musste aber bei näherer Betrachtung das vergessene Stück per Fallrückzieher in den Ochsnerkübel befördern. Jetzt musste ein Ersatzspieler her oder das Spiel abgehakt werden.

Ist der perfekte Braten berechenbar?

Jein. Ich beherrsche zum Beispiel das Niedergaren nicht. Ich kann mich nicht auf meinen Ofen verlassen. Und wenn das Fleisch nicht gut abgehangen ist, kostet mich das zu viele Nerven, die ich lieber für eine gelungene Bratensauce einsetze. Ich brauche auch die Geräusche beim Anbraten der Zutaten. Erst wenn es zischt und dampft, wenn es raucht, wenn Feuer und Flamme ihr Spiel spielen, fühle ich mich wohl. Dann entwickle ich die Geduld, den Deckel draufzuhalten und siegessicher zu sein.

Ein perfekter Braten ist für mich wie der 60 Meter lange Sololauf von Maradona bei der WM 1986 im Viertelfinal gegen England. Und nicht die Hand Gottes.

Aargauer Suure Mocke — 3
Churer Beckibraten — 33
Kalbsbrust gefüllt — 92
Kalbsbrustrollbraten — 92
Kalbsschulterbraten in Weisswein — 97
Lammgigot aus dem Puschlav — 113
Lammgigot-Steak — 114
Lammgigot mit Bärlauch aus dem Ofen — 114
Lammschulter in Buttermilch — 116

Milchlammgigot — 128
Ochsenbraten — 138
Rehschlegel an Holunderbeerensauce — 163
Rehschlegel aus dem Ofen — 163
Rindsschmorbraten — 168
Rindsschulterbraten mit Holundersauce — 168
Schwein mit Milch und Zitrone — 188
Schweinebraten aus dem Tösstal — 189
Schweinebraten mit Bier — 189
Schweinebraten mit Dörrfrüchten — 190
Spanferkelschulter mit Schwarte — 197

Bratkartoffeln, roh

Für 4 Personen
1 kg festkochende Kartoffeln
100 g ausgelassenes bestes Schweineschmalz
Salz und **Butter**

Kartoffeln in 4 mm dicke Scheiben schneiden. Mit einem Haushaltspapier trocken tupfen. Schweineschmalz in einer Bratpfanne erhitzen und die Kartoffeln 15–20 Minuten braten, salzen. Wenden und nochmals 15 Minuten braten. Salzen. Kurz vor Ende der Bratzeit ein schönes Stück Butter dazugeben.
Tine: Meine Mutter hat die Bratkartoffeln in Gänseschmalz gebraten. Die Franzosen mögen Schweineschmalz oder geklärte Butter (Seite 26). Wenn das Fett schön heiss ist, die Kartoffeln hineingeben. Roh gebratene Kartoffeln sofort essen.

Bretzeli

1 Dose für den Süssigkeitenschrank
✼ — Teig muss 1 Stunde quellen
125 g Zucker
125 g Butter, zimmerwarm
2 Eier
1 Messerspitze Vanillepulver
250 g Mehl

Zucker, Butter, Eier, Vanillepulver und Mehl mischen. 1 Stunde quellen lassen. — Bretzeleisen ausbuttern, erhitzen und nussgrosse Kugeln formen. Portionenweise auf das Bretzeleisen legen. Passt gut zu Wein.

Brioche

Für 2 Cakeformen von 28 cm Länge
20 g Hefe
5 cl Milch, zimmerwarm
500 g Weissmehl
12 g Salz
200 g gute Butter, sehr weich
4 Eier
½ Bund Rosmarin, Nadeln abgestreift und gehackt
1 Eigelb

Hefe in der Milch auflösen. Mehl und Salz mischen, Hefe dazugeben. Mit dem Mixer verrühren. Unter ständigem Rühren die Butter portionenweise dazugeben. Wenn alle Butter vom Tisch ist, die 4 Eier einzeln dazurühren. Alles zusammen mit viel Schwung zu einem weichen Teig schlagen. — Eine Kugel formen, in eine zimmerwarme Schüssel legen und unter einem Tuch verstecken. 1 Stunde aufgehen lassen. — Backofen auf 250 Grad vorheizen. Teig aus der Schüssel nehmen und auf einer bemehlten Fläche kurz durchkneten. Teig teilen und auf einer Küchenwaage abwägen. Beide Hälften müssen gleich schwer sein! In die eine Hälfte den fein gehackten Rosmarin einarbeiten. Beide Teighälften zu einem Rechteck formen und sehr eng einrollen. In die Cakeformen legen und nochmals 20 Minuten gehen lassen. — Mit Eigelb bestreichen. Den Backofen ausschalten und die Formen 35–40 Minuten bei abfallender Hitze in der Mitte des Ofens backen.

Brot

«Wer immer zuerst das alte Brot aufisst, isst nie frisches», sagt Piär.

Brioche — 24
Magenbrot — 119
Nussbrot — 134
Ringbrot — 170
Zopf aus dem kalten Ofen — 225
Zuckerbrot — 225

Brotschnitte aus dem Bergell

Für eine Cakeform von 30 cm Länge
250 g **Laugenbrot**, mindestens 2 Tage vergessen
250 g **Weissbrot**, mindestens 2 Tage vergessen
150 g **Marroni**, gehackt, vom Marronistand oder aus der Tiefkühltruhe
1 tischtennisballgrosse **Zwiebel**, fein gehackt
100 g **Butter**
5 dl **Milch**
Salz und **Pfeffer**
7 **Eigelb**, verquirlt
1 Bund **Schnittlauch**, sehr fein geschnitten
1 Bund **glattblättrige Petersilie**, fein gehackt
1 Bund **Thymian**, fein gehackt
7 **Eiweiss**, sehr steif geschlagen

Backofen auf 180 Grad vorheizen. Brotrinde an einer Raffel abreiben, Brot in spielwürfelgrosse Stücke schneiden. Zusammen mit den Marroni in eine grosse Schüssel geben. — Zwiebeln in Butter andünsten, mit Milch ablöschen und weich köcheln. Salzen und pfeffern. Wenn die Zwiebeln sehr weich sind, Pfanne vom Herd nehmen, auf Handwärme abkühlen lassen. — Eigelb mit den Kräutern vermischen, in die handwarme Milch geben und über die Brotwürfel giessen. Eiweiss darunterziehen. Zu einer Masse formen. Mit Salz und Pfeffer abschmecken. — Masse in eine mit Backpapier ausgelegte Cakeform geben. Ungefähr 40 Minuten in der Mitte des Ofens backen. Nadelprobe.
✻ — Passt gut mit Ragout (Seite 159), einem Rindsbraten (Seite 168) oder zu Steinpilzen.

Brotschnitte aus Sils

Für eine Cakeform von 30 cm Länge
500 g **Laugenbrot**, mindestens 2 Tage vergessen
1 **Zwiebel**, fein gehackt
100 g **Butter**
5 dl **Milch**
1 gestrichener TL **Brotgewürz** (Alnatura)
Salz und **Pfeffer**
7 **Eigelb**, verquirlt
1 Bund **Schnittlauch**, sehr fein geschnitten
1 Bund **glattblättrige Petersilie**, fein gehackt
1 Bund **Thymian**, fein gehackt
7 **Eiweiss**, sehr steif geschlagen

Backofen auf 180 Grad vorheizen. Brot in spielwürfelgrosse Stücke schneiden und in eine grosse Schüssel geben. Zwiebeln in Butter andünsten, mit Milch ablöschen und weich köcheln. Salzen, pfeffern und Brotgewürz zugeben. Wenn die Zwiebeln sehr weich sind, Pfanne vom Herd nehmen, auf Handwärme abkühlen lassen. — Eigelb mit den Kräutern vermischen, in die Milch geben. Die handwarme Milch über die Brotwürfel giessen. Eiweiss darunterziehen. Zu einer Masse formen. Mit Salz und Pfeffer abschmecken. — Masse in eine mit Backpapier ausgelegte Cakeform geben. Ungefähr 40 Minuten in der Mitte des Ofens backen. Nadelprobe.
✻ — Passt gut zu Gemüse.

Brunnenkressebutter

Für 8 Personen
250 g **Butter**
½ **Zitrone**, frisch gepresst
200 g **Brunnenkresse**
1 Messerspitze **Senf**
Salz und **Pfeffer**

Butter und Zitronensaft so lange mit einem Schwingbesen schlagen, bis die Butter weiss ist und sich verdoppelt hat. Die groben Stiele der Brunnenkresse abbrechen, Kresse sehr fein hacken, zur Butter geben, Senf dazugeben und mit Salz und Pfeffer würzen. Mit einer kleinen Glacezange oder einem Löffel Kugeln formen und im Kühlschrank fest werden lassen oder einfrieren.
✻ — Passt zu Fleisch und Fisch.

Bündner Tatsch

Der *Tatsch* ist, was im befreundeten Ausland als *Schmarren* bezeichnet wird: eine einfache, aber gute Speise aus Eiern, Mehl und was es sonst noch gibt.

Für 4 Personen, pro Person ein Tatsch
5 **Eier**
3,5 dl **Milch**

5 cl **Sonnenblumenöl**
25 g **Butter**, geschmolzen
10 g **Salz**
½ **Bund glattblättrige Petersilie**, gehackt
250 g **Mehl**
Bratbutter

Eier, Milch, Sonnenblumenöl, Butter und Salz in einer Schüssel verrühren. Peterli dazugeben. Mehl im Sturz dazugeben und mit dem Schwingbesen zu einem homogenen Teig verarbeiten. — Bratpfanne heiss werden lassen, Bratbutter dazugeben. Eine grosszügige Kelle Teig hineingeben und in der Pfanne so verteilen, dass der Pfannenboden komplett zugedeckt ist. Einige Minuten backen. Wenden und die zweite Seite goldbraun backen. Dann den Tatsch mit zwei Holzkellen zerreissen.
Tine: Der Tatsch ist viel dicker als Crêpes.

Butter

Wenn ein Produkt speziell mit der «Alpenrose» in Verbindung gebracht wird, ist es die Butter. *In Butter angebraten …* ist für mich das Gütesiegel schlechthin. Ich mag Butter einfach gern, natürlich auch Rapsöl, italienisches Olivenöl und sehr gerne das französische Olivenöl. Seit ich Olivenöl von Mallorca probierte, bin ich auch von diesem begeistert.

Aber trotzdem mag ich Butter am liebsten. Ich esse in jedem Land Butter und Brot. In jeder Region spiegelt der Geschmack der Butter die Landschaft, in der die Kühe leben. Deshalb ist ein gutes Stück Butter auch so wertvoll.

Was ich liebe: Ein Butterbrot mit Salz. Zuckerbrot! Konfibrot, aber nur mit Butter. Kuchen, mit Butter gebacken. Kräuterbutter. Butter, um damit Saucen zu verfeinern.

«Alles in Butter» ist ein bewährter Alltagsspruch, der mir immer eingeleuchtet hat. Über Cholesterin habe ich mir nie Gedanken gemacht. Ein schönes Kalbskotelett in Beurre noisette, mit Zwiebeln, Salz und Pfeffer gebraten, ist eine Wucht!

Brunnenkressebutter — 25
Butter klären — 26
Kilterbutter — 106
Kräuterbutter — 108
Meerrettichbutter — 127
Rotweinbutter — 173
Senfbutter — 195
Zitronenbutter — 224

Butter klären

Kleingeschnittene Butter bei mässiger Hitze zerlassen und dann aufkochen. Es bildet sich eine Art weisser Bierschaum. Das sind Eiweissbestandteile aus der sogenannten Molke, die sich oben absetzen. Anschliessend mit dem Abschäumen beginnen und das Wasser verdampfen lassen. So lange wiederholen, bis die Butter klar ist. Die Butter hört dann auf zu sprudeln und alles ist geklärt. Topf nicht zu heiss werden lassen, sonst verbrennt die Butter. Nicht rühren.

Butterkuchen

Für 6 Personen
✽ — Für den Teig
400 g Mehl
20 g Hefe, zerbröckelt
1,25 dl Milch, lauwarm
70 g Butter
30 g Zucker
½ TL Salz
2 Eier
✽ — Für den Belag
300 g Butter, zimmerwarm
¼ TL Salz
150 g Mandelscheiben
150 g Zucker
¼ TL Zimt

Für den Teig Mehl in eine Schüssel geben, Hefe in der lauwarmen Milch auflösen und zum Mehl geben. Butter, Zucker, Salz und Eier darunterrühren und zu einem Teig verarbeiten. An einem warmen Ort aufgehen lassen. — Für den Belag Butter schaumig rühren und alle Zutaten miteinander vermischen. Teig auf ein mit Backpapier belegtes Blech legen, nochmals kurz aufgehen lassen. — Backofen auf 220 Grad vorheizen. Den Belag auf dem Teig verteilen. 5 Minuten in der Mitte des Ofens bei 220 Grad backen, dann auf 180 Grad reduzieren und 12–15 Minuten weiterbacken.

Buttermilchköpfli

Für 6 Förmchen à 1,2 dl
✽ — Einige Stunden kühl stellen
5 dl Buttermilch
2 Zitronen, frisch gepresst
150 g Zucker
1 EL Honig, flüssig
5 dl Vollrahm
6 Blatt Gelatine, in kaltem Wasser eingeweicht, ausgedrückt

Buttermilch, Zitrone, Zucker und Honig in einer Schüssel mischen. — 1 dl Rahm erhitzen und die Gelatine darin auflösen. Den restlichen Rahm steif schlagen. Jetzt erst die aufgelöste Gelatine zur Buttermilch geben und alles sehr gut mischen. — Sobald die Masse am Rand fest zu werden beginnt, Rahm darunterziehen und in kalt ausgespülte, nasse Portionenförmchen füllen. Mit Klarsichtfolie zugedeckt einige Stunden kühl stellen. — Vor dem Essen Förmchen kurz in warmes Wasser stellen und auf die Suppenteller stürzen.
✽ — Dazu passt ein saisonales Kompott (Seite 108).

Buttermilchköpfli mit Brunnenkresse

Für 6 Förmchen à 1,2 dl
✽ — Einige Stunden kühl stellen
5 dl Buttermilch
Salz
1 Zitrone, frisch gepresst
6 Blatt Gelatine, in kaltem Wasser eingeweicht, ausgedrückt
50 g Brunnenkresse, ohne Stängel, fein gehackt
1 dl Vollrahm, steif geschlagen

Buttermilch, Salz und Zitrone miteinander mischen. — Gelatine in eine Suppenkelle legen und diese in heisses Wasser halten, ohne dass Wasser in die Kelle spritzt. Wenn die Gelatine flüssig ist, in die Buttermilch einrühren. Brunnenkresse dazugeben. — Sobald die Masse fest zu werden beginnt, Rahm darunterziehen. In Förmchen abfüllen, mit Klarsichtfolie abdecken und ein paar Stunden im Kühlschrank fest werden lassen. — Zum Stürzen den Rand vorsichtig mit den Fingern lösen, dann stürzen.

Butterstreusel

80 g Butter
80 g Zucker
1 Prise Salz
1 Messerspitze Zimt
½ Zitrone, Schale fein gerieben
100 g Mehl

Butter und Zucker mit Salz, Zimt und der Zitronenschale so lange mischen, bis eine glatte Masse entsteht. Mehl dazusieben. — Masse mit den Fingern vermengen, bis das Mehl sich mit der Butter verbindet. Es soll Streusel geben, keinen homogenen Teig.

C

C wie **Coq au Vin**. Wenn wir nach Auslikon fuhren, um den Güggel zu holen, konnte er krähen, wie er wollte. Aber der Schmortopf wartet nicht.

Camparisorbet

Für 10–12 Personen
2 dl Orangensaft, frisch gepresst
5 dl Grapefruitsaft, frisch gepresst
250 g Zucker
7,5 cl Campari
1 Zitrone, frisch gepresst

Orangen- und Grapefruitsaft in einer Pfanne aufkochen, Zucker einrühren und auflösen. Campari und Zitronensaft dazugeben. Abkühlen lassen. Mit der Glacemaschine fertigstellen.
Tine: Sofort runter damit. Ein belebender und erfrischender Apéro.

Cantucci für den Limmatladen

Da wir italienische Süssigkeiten lieben, hat es in unserem Laden an der Limmatstrasse immer welche davon. Natürlich selbst gemacht.

Für den Vorrat
✻ — Muss 12 Stunden ruhen
400 g Zucker
4 Eier
1 Beutel (15 g) **Backpulver**
500 g Weissmehl
1 TL Vanillezucker
3 TL Anissamen
1 Zitrone, frisch gepresst und die Schale, feinst abgerieben
120 g Mandeln mit Schale, quer halbiert
120 g Mandeln ohne Schale, fein gehackt

Zucker und Eier sehr hell schlagen. Backpulver, Mehl, Vanillezucker und Anissamen mischen. Mehlmischung zum Eizuckerteig geben und Zitrone darunterrühren. Alles gut vermischen. Alle Mandeln mit dem Teigschaber darunterrühren. — Auf einer bemehlten Fläche Teigrollen von 6 cm Breite und der Länge Ihres Blechs formen. Mit den Fingern etwas platt drücken. — Auf ein mit Backpapier belegtes Blech legen und mit einem Backpapier abdecken. 12 Stunden an einem kühlen Ort ruhen lassen. — Backofen vorheizen auf 170 Grad. Cantucci im Ofen

30 Minuten backen. — Dann vom Blech nehmen und auf einem Holzbrett schräge Rauten schneiden. Backofentemperatur auf 150 Grad reduzieren. Cantucci auf jeder Seite höchstens 5 Minuten backen. — Die Zubereitung ist relativ aufwendig, stellen Sie deshalb eine grössere Menge davon her.

Capuns

Für 10 Personen
300 g Mehl
Salz
1 dl Milch
5 Eier
40 Schnittmangoldblätter
Je 40 g Rüebli, Sellerie, Pfälzer Rüebli, alles in feinste Würfel geschnitten
Je 40 g Speck, Rauchwürstchen, Salsiz, Bündnerfleisch, in feinste Würfel geschnitten
Bratbutter
✽ — Für die Sauce
½ Stange Lauch, in feinste Ringe geschnitten
Pfeffer
5 dl Rindsbouillon, kräftig (Seite 166)
5 dl Vollrahm
1 TL Maizena, in etwas kaltem Wasser aufgelöst
Sbrinz am Stück, zum Reiben
1 Bund Schnittlauch, fein geschnitten

Mehl, Salz, Milch und Eier zu einem Teig verrühren. — Mangoldblätter im Salzwasser kurz blanchieren, mit kaltem Wasser abschrecken. Die Blätter auf einem umgedrehten Sieb abtropfen lassen und dann mit einem Tuch trocken tupfen. — Die Hälfte der Gemüse- und Fleischwürfeli in Butter dünsten, abkühlen lassen. Unter den Teig mischen. Mit Salz und Pfeffer vorsichtig würzen, Fleisch ist schon salzig. Einen gehäuften Teelöffel der Teigmasse auf jedes Blatt geben und zu einem kleinen Päckchen wickeln. — Fleischbouillon in einer kleinen Pfanne aufkochen. Die Bouillon sollte nicht höher als 1,5 cm sein. Die Capuns hineinlegen und ungefähr 5 Minuten sieden lassen. — Für die Sauce Lauch kurz andünsten, die beiseite gestellten Gemüse- und Fleischwürfeli dazugeben und mit Rahm ablöschen. Mit Maizena etwas abbinden und Schnittlauch dazugeben. Mit Salz und Pfeffer würzen. Sauce auf eine vorgewärmte Platte schöpfen, Capuns darauflegen und Sbrinz drüberreiben.

Caramelcreme

Für 6 Personen
6 dl Milch
2 dl Vollrahm
20 g Maizena
1 Vanillestängel, längs aufgeschnitten
300 g Zucker
8 Eigelb
50 g Butter
2,5 dl Vollrahm, steif geschlagen

Milch, Rahm, Maizena und Vanille mischen und unter ständigem Rühren mit dem Schwingbesen kochen, bis die Masse bindet. Sofort durch ein Sieb in eine Schüssel giessen. — 250 g Zucker in einer Chromstahlpfanne langsam erhitzen, sodass er flüssig und hellbraun wird, aber nicht verbrennt. Vorsichtig in die Milchmischung einrühren. Wenn sich das Caramel aufgelöst hat, alles nochmals aufkochen. — Mit dem Mixer Eigelb und restlichen Zucker schlagen, bis die Masse hell ist. In einen Topf geben. Die Caramelmilch nach und nach dazugeben und so lange erhitzen und rühren, bis die Masse bindet. Butter einrühren. Durch ein Sieb giessen und und in Gläser abfüllen. Kühl stellen. — Mit Schlagrahm servieren.
Tine: Je dunkler der Zucker gebrannt wird, umso bitterer wird die Creme.

Caramelköpfli

Den Franzosen ist die Crème brûlée heilig. Den Eidgenossen hingegen das fast bescheiden wirkende Caramelköpfli. Ein gutes, hausgekochtes Caramelköpfli hat alles. Es wird alle Moden und Foodströmungen überleben.

Das Caramelköpfli ist ein Flan. Es besteht aus Zucker, Eiern, Milch, Rahm und Vanilleschote. Die anfangs erwähnte Bescheidenheit erweist sich allerdings schnell als Herausforderung, wenn es um das richtige Mischen der Zutaten geht, ums Pochieren und erst recht ums Stürzen. Denn das Caramelköpfli ist eine feine, aber wackelige Angelegenheit. Gekrönt wird das Dessert mit Schlagrahm.

Caramelköpfli werden im Wasserbad pochiert. Ich empfehle, das kochende Wasser erst dann zuzugiessen, wenn die Förmchen oder eine grosse Form bereits im Ofen stehen. Das Caramelköpfli ist fertig, wenn nach einem feinen Stich mit dem Messer nichts mehr kleben bleibt.

Für 6 ofenfeste Förmchen à 1,2 dl
1 Flasche flüssiger Caramel
¼ Vanillestängel, längs aufgeschnitten
4,5 dl Milch
5 cl Vollrahm
50 g Zucker
3 Eier, verquirlt
1 Eigelb, verquirlt
Schlagrahm für die Garnitur

Backofen auf 130 Grad vorheizen. Caramel 1 cm hoch in die Förmchen verteilen. Vanillestängel mit Milch, Rahm und Zucker aufkochen. Etwas stehen lassen. — Eier in die Milchmischung einrühren, durch ein Sieb giessen und in die Förmchen füllen. Förmchen in eine ofenfeste Form stellen und diese bis 1 cm unter den Rand der Förmchen mit heissem Wasser füllen. — Ungefähr 30 Minuten in der Mitte des Ofens bei 120 Grad pochieren. Wenn die Köpfli fertig sind (Nadelprobe), herausnehmen. — Zum Servieren mit einem kleinen Messer die Caramelköpfchen vom Rand lösen und stürzen. Mit Schlagrahm.
Tine: Zimmerwarm schmecken sie am besten.

Caramelglace

Ergibt 1 Liter für 6–8 Personen
250 g Zucker
3 cl Wasser
2,5 dl Doppelrahm
1 Vanillestängel, längs aufgeschnitten
3 dl Milch
6 Eigelb

Zucker und Wasser in einem Kupfertopf (wenn Sie keinen haben, dann einen Chromstahltopf nehmen) sehr langsam caramelisieren. Hat das Caramel Ihre persönliche Wunschfarbe erreicht, mit einem Schuss Wasser ablöschen und sofort den Rahm dazurühren. Achtung, es spritzt und gibt wahrscheinlich auch Zuckerklumpen. Keine Angst, die lösen sich bei geduldigem Rühren und guter Hitze wieder auf. Vanillestängel zugeben und mitköcheln. Die Pfanne vom Herd nehmen und beiseite stellen. — Eigelb in einer Schüssel aufschlagen. Milch aufkochen und etwas abkühlen lassen. Langsam die Eier in die Milch rühren. Wenn alles homogen ist, durch ein Spitzsieb giessen und abkühlen lassen. In der Glacemaschine fertigstellen.
Tine: Je nach Färbung des Zuckers schmeckt das Caramel anders. Hell ist es sehr süss, goldbraun immer süss, braun schmeckt süss und leicht bitter, dunkelbraun bittersüss. Schwarz: Ab in den Kübel.

Carameltäfeli

Für 1 Dose im Süssigkeitenschrank
250 g Zucker
250 g gezuckerte Kondensmilch
250 g Glukosesirup, aus der Bäckerei
1 Prise Salz
1 Prise Vanille
35 g Butter

Das Spiel: Zucker in eine Pfanne geben, Kondensmilch, Sirup und Salz dazugeben und erwärmen. Sobald die Masse caramelisiert, sehr kräftig rühren. Vanille dazugeben. Mit Butter «ablöschen» und nochmals sehr kräftig rühren. — Die Masse auf ein mit Backpapier belegtes Blech giessen. Wenn die Masse erkaltet ist, mit Hammer und Meissel in Form schlagen. Der Trick: Die Masse nicht ganz erkalten lassen, aus der Form nehmen und mit einem Tranchiermesser in mundgerechte Würfel oder Rauten schneiden.

Cassissorbet

Für 10–12 Personen
750 g Cassisbeeren
1 Zitrone, frisch gepresst
3 dl Cassisirup
130 g Fruchtzucker

Cassisbeeri mit Zitronensaft mischen. Mit Sirup und Zucker aufkochen, anschliessend mixen und durch ein Sieb streichen. Abkühlen lassen. — In der Glacemaschine fertigstellen.

Cavolat

Für 5–6 Personen
✳︎ — Muss ein paar Stunden kühl stehen
5 dl Milch
1 Vanillestängel, längs aufgeschnitten
1 Stück Zitronenschale, sehr dünn
1 Lorbeerblatt
120 g Zucker
20 g Maizena
5 Eigelb
3 cl Kirsch
5 dl Vollrahm

Milch, Vanille, Zitronenschale, Lorbeer, 60 g Zucker und Maizena mischen und unter ständigem Rühren aufkochen. — Eigelb und restlichen Zucker schaumig schlagen. Milchmischung vom Herd nehmen, ein paar Minuten warten. — Vanillestängel, Zitronenschale und Lorbeerblatt entfernen. Milchmischung in die Eizuckermasse rühren. Zurück auf den Herd stellen und bei kleiner Hitze langsam köcheln, bis alles cremig ist. In eine Schüssel umfüllen und den Kirsch dazurühren. — In Gläser abfüllen und ein paar Stunden kühl stellen. — Vor dem Servieren einen beherzten Schuss Kirsch und den steif geschlagenen Rahm darübergeben.

Chachelimues

Einfacher, deftiger Auflauf aus dem Ofen.

Für 6 Personen
6 Kartoffeln, in der Schale gekocht
Butter, für die Form
4 Eier
Je 6 dl Sauerrahm und Vollrahm
400 g Fonduemischung Ihrer Wahl
Salz und Pfeffer

Backofen vorheizen auf 220 Grad. — Gratinform ausbuttern. Kartoffeln schälen, halbieren und in die ausgebutterte Form legen. Für die Käsemasse Eier, Sauerrahm, Vollrahm und Käse miteinander verrühren. Salzen und pfeffern. Masse über die Kartoffeln geben. 15–20 Minuten in der Mitte des Ofens backen, bis die Masse stockt und caramelfarben ist. — Schmeckt auch gut mit gebratenem Speck und einem Salat.

Chicorée aus dem Ofen

Pro Person
1 grosser Chicorée
2 Scheiben Räucherspeck
Grosszügig Butter
Salz und Pfeffer
1 Zitrone, frisch gepresst

Ofen vorheizen auf 180 Grad. Gratinform hineinstellen. Chicorée längs halbieren, den Keil eliminieren. Er ist bitter. Bitter könnten auch die ganz äusseren Blätter sein. Weg damit. — Gratinform aus dem Ofen nehmen, den Speck hineinlegen und mit Butterflocken bestreuen. Chicorée mit Schnittflächen nach oben auf den Speck setzen. Salzen, pfeffern und grosszügig mit Zitronensaft beträufeln. Butter auf die Schnittflächen geben und das Ganze mit Alufolie bedeckt in den Ofen schieben. — Nach 15 Minuten Alufolie entfernen und die Hitze reduzieren. Wenn alles gut geht, ist das Gericht in 40 Minuten fertig.

Chratzete

Chratzete steht für alles, was man für eine Mahlzeit noch zusammenkratzen kann.

Für 6 Personen
5 dl Milch
8 Eier
5 cl Sonnenblumenöl
15 g Salz
100 g Butter, geschmolzen
300 g Mehl
1 Bund glattblättrige Petersilie, fein gehackt

Backofen vorheizen auf 150 Grad. Alle Zutaten bis und mit Butter in einer Schüssel mit dem Schwingbesen verrühren. Mehl im Sturz dazugeben. Sehr gut schwingen, damit keine Klümpchen entstehen. Falls doch, durch ein Sieb abgiessen. Peterli dazugeben und 30 Minuten ruhen lassen. — Eine ofenfeste Pfanne erhitzen, etwas Bratbutter hineingeben. Eine grosse Kelle Teig in die Pfanne giessen. Wenn sich der Teig löst, die Chratzete zwei- bis dreimal wenden und fertig backen. — Teig mit zwei Holzkellen in sehr kleine Stücke reissen. Diesen Vorgang so oft wiederholen, bis kein Teig mehr da ist. ✻ — Zu Fleisch, Salaten oder zu Apfelschnitzen.

Churer Beckibraten

Das Becki, das diesem Braten den Namen gibt, bezeichnet im Bündnerischen die rechteckige Kupferpfanne, in der das Fleisch geschmort wird.

Für 4 Personen oder mehr
1 kleines Lammgigot mit Knochen (1,3 kg)
8 Knoblauchzehen
1 Bund Rosmarin
500 g neue Kartoffeln
2 Rüebli
3 mittelgrosse Zwiebeln
1 kleine Stange Lauch
50 g Bratbutter
Salz und **Pfeffer**
1,5 dl Weisswein
3 dl Lamm- oder **Kalbsfond** (Seite 93)
Butter, kalt

Backofen vorheizen auf 180 Grad. Lammgigot mit einem spitzen Messer einstechen und den Knoblauch und einen Teil der Rosmarinzweige im Fleisch verstecken. Das Gemüse in feine Scheiben schneiden. — Lammgigot in der Butter anbraten und gut würzen. Gemüse dazugeben und mitbraten. Darauf achten, dass weder das Gemüse noch der Gigot schwarz werden. — Mit Weisswein ablöschen. Fond dazugiessen und alles in eine Kasserolle geben. Zugedeckt im Ofen schmoren lassen. — Ab und zu den Deckel lüften und den Braten mit dem Bratensaft übergiessen. — Nach ungefähr 40 Minuten die kalte Butter auf dem Gigot verteilen und ohne Deckel noch 10 Minuten im Ofen fertig schmoren.

Clementinensorbet

Für 10–12 Personen
300 g Zucker
1 dl Mineralwasser
16 Clementinen, frisch gepresst (6,5 dl Saft)
½ Zitrone
1 Eiweiss

Zucker und Wasser in einer Pfanne aufkochen, rühren, bis der Zucker sich aufgelöst hat. Etwas abkühlen lassen. — Clementinensaft in das lauwarme Zuckerwasser giessen und im eiskalten Wasserbad so schnell wie möglich herunterkühlen. — In der Glacemaschine weiterverarbeiten. Wenn das Sorbet fast fertig ist, 2 EL Sorbet herausnehmen, mit Eiweiss vermischen. Zurück in die Maschine geben und fertigstellen.

Coq au vin für Fergus Henderson

Fergus Henderson ist ein englischer Koch und Architekt, er betreibt in London das «St. John Restaurant». Als Autor des Kochbuchs *Nose to tail eating* hat er Weltruhm erlangt. Als die deutsche Version von *Nose to tail* im Echtzeit Verlag erschien, nahm Fergus das Flugzeug von London nach Zürich, warf sich in Schale – er ist berühmt für seinen gestreiften, aus Schürzenstoff geschneiderten Anzug – und steuerte die Fabrikstrasse an, wo abends die Präsentationsparty angesetzt war. Tine, selbstverständlich und begeistert vertraut mit dem Werk des Engländers, liess es sich nicht nehmen, ihm zu Ehren einen alten Gockel einzubraten – der Gast musste, bevor es am Abend eine Auswahl seiner besten Rezepte geben sollte, schliesslich etwas zu Mittag essen. Ohne zu prahlen: Fergus war von Tines *Coq au Vin* äusserst angetan, wie auch vom Rotwein, den ihm Katharina dazu kredenzte.

Für 1–2 Person
1 alter Gockel, mit Leberli, Herz und Magen
Bratbutter
4 rote grosse Zwiebeln, sehr fein gewürfelt
Salz und **Pfeffer**

7 dl kräftiger Rotwein
2 Bund Thymian
1 EL **Maizena**, in etwas kaltem Wasser aufgelöst

Backofen vorheizen auf 180 Grad. Leberli, Herz und Magen des Gockels in feine Streifen schneiden, mit ein wenig Zwiebeln beiseite stellen (die Innereien kommen nicht in den Gusstopf). — Coq zerteilen: Flügel und Oberschenkel abschneiden und den Unterschenkel vom Oberschenkel trennen. Den Körper quer in drei Teile schneiden. — Butter in einer Pfanne heiss werden lassen und Fleischstücke auf der Hautseite anbraten. Salzen und pfeffern. Herausnehmen und beiseite stellen. — Zwiebeln anbraten. Mit Rotwein ablöschen. In einen gusseisernen Topf geben, die Stücke vom Hahn darin platzieren. Thymian zusammengebunden in die Sauce legen. Zugedeckt im Ofen so lange schmoren, bis alles weich ist (im Normalfall 1–2 Stunden). — Das Fleisch herausnehmen. Sauce durch ein Sieb giessen. Nochmals aufkochen, mit Maizena abbinden und die Sauce fertigstellen. — Die Innereien kurz in Butter mit den beiseite gestellten Zwiebeln braten und erst vor dem Essen in die Sauce geben.

Tine: Coq au vin schmeckt nur richtig gut und unverfälscht mit einem Gockel. Natürlich kann man auf ein Poulet zurückgreifen, aber der Geschmack ist halt nicht derselbe. Die Zeit im Ofen richtet sich nach der Qualität und dem Alter des Tieres.

Cordon bleu

Für 4 Personen
4 **Schnitzel vom Kalb** (200g)
Salz und **Pfeffer**
4 sehr dünne Tranchen **Milchschinken**
300 g **Gruyère**
Zitrone
✻ — Für die Panade
3 **Eier**
5 cl **Vollrahm**, fest aufgeschlagen
80 g **Mehl**
200 g **Paniermehl**, in einem flachen Teller

Schnitzel flach klopfen, würzen. Schinken und Käse auf eine Seite legen und ungefähr 1 cm Rand frei lassen. Die andere Seite zuklappen und gut andrücken. Ich stelle einen Schüsselrand auf die Fleischkante, damit es gut zusammenklebt. — Eier verklopfen und mit dem geschlagenen Rahm vermischen. Fleisch ins Mehl legen, etwas abklopfen, im Eirahm baden und zuletzt im Paniermehl trocknen. Bratbutter in einer Bratpfanne erhitzen und Fleisch langsam darin anbraten. Ungefähr 10 Minuten, je nach Dicke auch länger braten. — Wir braten das Cordon bleu an und überlassen es dann bei 180 Grad dem Ofen. Wenn der Käse im Fleisch einen Weg nach draussen sucht, ist das Cordon bleu fertig.

Tine: Je nach Laune mal viel oder wenig Käse. Ich mag ein bisschen Senf oder Roquefort im Cordon bleu. Wichtig ist die Qualität von Fleisch und Käse.

Cremen

Cremen sind etwas so Einfaches, dass kaum ein Restaurant es wagt, sie seinen Gästen vorzusetzen. Was für ein Fehler!

Wenn bei einer Creme Eier im Spiel sind, um die Creme zu binden, braucht es dafür eine Temperatur von etwa 80 Grad. Niemals höher, sonst gibt es Rührei und die Creme landet im Eimer. Wird die Creme überhitzt und nicht ständig gerührt, gerinnt sie. Wenn Sie kein Thermometer haben, können Sie die Temperatur wie folgt kontrollieren: Lassen Sie die Creme über eine Holzkelle laufen und pusten Sie dabei hinein. Wenn die Creme fertig ist, erscheint an ihrer Oberfläche eine Rose. Deshalb heisst dieser Arbeitsschritt auch «zur Rose kochen».

Tine: Um das Gerinnen zu vermeiden, kann etwas Maizena in die kalte Milch eingerührt werden.

Biercreme — 19
Caramelcreme — 30
Farina-Bona-Creme — 49
Gebrannte Creme — 58
«Gotte Mina»-Creme — 73
Safrancreme — 177

Crème Chantilly

250 g **Feinzucker**
5 dl **Vollrahm**, sehr kalt

Rahm steif schlagen und den Zucker unterheben.
Tine: Ich mag die Crème Chantilly zu Aprikosen- oder Zwetschgenblootz (Seite 13, 228).

Crêpes «Babette»

Für 10 Personen
✻ — Teig muss 1 Tag stehen
12 Eier
6,5 dl Sonnenblumenöl
16 g Salz
7 dl Milch
400 g feines Weissmehl

Alles in einer Schüssel mit dem Stabmixer sehr gut und lange mischen, damit viel Luft dazukommt. Teig einen Tag ruhen lassen. — Pfanne heiss werden lassen, Bratbutter darin schmelzen und eine Suppenkelle Teig hineingeben. Teig dünn ausstreichen und auf beiden Seiten backen.

Crêpes «Alpenrose»

Für 10 Personen
10 Eier
1,5 l Milch
125 g zerlassene Butter
500 g Mehl
10 g Salz
Bratbutter

Milch, Eier, Butter und Salz mit dem Mixer in einer Schüssel zu einer homogenen Masse verrühren. Mehl im Sturz beigeben. Gut rühren, damit es keine Knöllchen gibt. Falls doch, durch ein Sieb giessen. Vor dem Verwenden muss der Teig etwa 30 Minuten ruhen dürfen. — Pfanne heiss werden lassen, Bratbutter hineingeben. Eine Kelle Teig in der Pfanne verteilen. Auf beiden Seiten goldbraun braten.

Crespelle aus dem Bergell

Für 8 Personen
✻ — Mindestens 2 Stunden ruhen lassen
5 Eier
7,5 dl Milch, zimmerwarm
10 g Salz
50 g Marronimehl
250 g Mehl
60 g Butter, geschmolzen
1 Bund glattblättrige Petersilie, fein gehackt
Rapsöl, zum Braten

Milch, Eier, Salz und Butter mit dem Mixer in einer Schüssel zu einer homogenen Masse verrühren. Das Mehl im Sturz und so lange rühren, bis alle Knöllchen verschwunden sind. Butter und Peterli dazu. Teig mindestens 2 Stunden ruhen lassen. — Pfanne heiss werden lassen, Öl hineingeben. Eine Kelle Teig in der Pfanne verteilen. Auf beiden Seiten goldbraun braten. — Crespelle auf eine Arbeitsfläche legen, fest einrollen und in Schnecken schneiden.
Tine: Die Milcheiermischung lange genug mixen, so wird die Farbe schöner. Ich persönlich finde, dass die Crespelle grundsätzlich besser werden, wenn die Masse von Hand zubereitet wird.

Crostata al Limone

Für eine Kuchenform von 28 cm Durchmesser
350 g Kuchenteig für Süsses (Seite 110)
350 g Zucker
8 Eigelb
5 ganze Eier
300 g gute Butter, in Stückchen
6 gute Zitronen, frisch gepresst
1 Orange, frisch gepresst

Backofen vorheizen auf 160 Grad. — Kuchenteig auswallen und in eine gebutterte und bemehlte Form legen. Mit einer Gabel den Kuchenboden löchern. Einen Moment kühl stellen. — Mit getrockneten Erbsen beschweren und 20 Minuten «blind» backen. — Kuchen herausnehmen, Backofentemperatur auf 240 Grad erhöhen. — Zucker, Eigelb und Eier, die Hälfte der Butter, Zitronen- und Orangensaft in einen Kochtopf geben und unter ständigem Rühren langsam erhitzen. Die Masse zu einer dicken Creme kochen. — Jetzt die andere Hälfte der Butter kalt einrühren und alles auf den vorgebackenen Kuchenteig geben. Kuchen für 5 Minuten in den 240 Grad heissen Ofen stellen. Herausnehmen und erkalten lassen.
Tine: Der Kuchen ist *es bizzli tricky.*

D

D wie Drei Löffel Süss. Das ist ein Dessert, das für Menschen gemacht ist, die gar kein Dessert mehr wollen – sondern nur die Ahnung eines Desserts. Für sie hatten wir eine Creme zubereitet, die in winzigen Gläsern serviert wurde. Die schönen, winzigen Gläser hatten wir übrigens nach dem Grounding der Swissair aus der Konkursmasse gekauft.

Dank

An alle Gäste der ersten Stunden, die uns die Treue gehalten haben, und an all die unzählbar vielen Menschen, die später dazukamen, uns motiviert und angespornt haben.

An all die Lieferanten. Die Rinder, die Schweine, die eierlegenden Hühner und das Geflügel aus unserem befreundeten Nachbarland Frankreich. Die Ochsen aus Rothenthurm.

Die Fische aus dem Zürisee, in die Netze des Fischers Ruf geschwommen, in der Nähe der Halbinsel Au. Das liebevoll gezogene Gemüse aus Auslikon. Merci Esther und Katharina.

An all die zuverlässigen Lieferungen von Pico Bio und die nächtlichen Telefonbestellungen und Besprechungen mit Beat, mehr als 22 Jahre lang. 22 Jahre lang hat uns Patrizia Fontana mit ihren frischen Nudeln und Ravioli beliefert und mit uns *geklönt* und gelacht. Es war so erfrischend, vielen Dank Patrizia. Auch für die Vermittlung des fliegenden Pilzhändlers Tin.

Das tägliche Brot, die *Bürli* der Bäckerei Gold. Den Nüssslisalat von Jean und die wunderbaren Blumen seiner Frau Annemarie. Die Metzger-Fahrer aus dem Muothatal und aus dem Puschlav. Benny, die Stimme aus Chur. Immer verlässlich und bestens über die Champions League informiert.

Metzger Meier aus Windisch für die köstlichen Würste, die Königsdisziplin, und von Zeit zu Zeit an die Aargauer Wildschweine.

An all die besten Winzerinnen und Winzer der ganzen Schweiz, die vielen vorzüglichen Weine, die wir unseren Gästen empfehlen konnten, und die Gläser, die wir uns selber am Feierabend gegönnt haben.

An die Schreiberinnen und Schreiber der Artikel in Zeitschriften, Gastroführern und Touristeninformationen, die unsere Ideen weiterverbreitet haben.

Die Mitarbeiterinnen und Mitarbeiter so viele Jahre. Stellvertretend die letzte Runde: Linda und Lili, die letzten zwei Kochlehrfrauen mit bestem Abschlusszeugnis. Antonio, der Mann an der Abwaschmaschine. Shala für den täglichen Putz und den

Wäscheservice. Und Annemarie, Arienne, Claudia, Iona (Bild vorne im Buch), Johanna und Susanne, die charmanten, aufmerksamen Damen vom Service, zwischen Tisch und Keller hin und her eilend und stets um das Wohl der Gäste besorgt.

Meinem Verlag, der mit grossem Vertrauen viel Arbeit in das Buch investiert hat. Vielen Dank Jesse, Matylda, Christian und Wendelin.

Nadja für all die wunderbaren Bilder. Die vielen Stunden aufregender Zusammenarbeit.

Kathrin, vielen Dank für deine Mitarbeit und die Freundschaft und die Stunden der Musse in Veras und deinem Haus und Garten.

An den Raum, den wir für 22 Jahre als Leihgabe nutzen konnten. Dem wir mit viel Freude und viel Arbeit zusammen mit René wieder zu seiner Würde verholfen haben und der für viele Gäste zu einem speziellen Ort wurde.

Dorngrüt-Zimis

Das Dorngrüt ist ein reicher Bauernhof, den Jeremias Gotthelf in seinem Epos *Geld und Geist* beschrieben hat. Zimis heisst Mittagessen: Es handelt sich also um das Mittagessen auf dem Gutsherrenhof, das entsprechend reichlich ausfällt.

Für 6 Personen
200 g Eierschwämme
50 g Bratbutter
1 Schalotte, fein gehackt
1 Knoblauchzehe, fein gehackt
1 dl Weisswein
Salz und **Pfeffer**
1 kräftiger Schuss Cognac
1 dl Kalbsfond (Seite 93)
½ EL Maizena, in etwas kaltem Wasser aufgelöst
5 dl Vollrahm
700 g Kalbfleisch (von der Nuss), in dünne Scheibchen geschnitten
1 Bund Thymian, Blättchen abgezupft

Für die Sauce Eierschwämmli mit einem Pinsel reinigen, Stiele mit einem Messer von der Erde befreien. Etwas Bratbutter in eine Bratpfanne geben, Schalotte und Knobli darin andünsten. Auf einen Teller beiseite stellen. Pfanne mit einem Haushaltspapier ausreiben. Etwas Bratbutter in der Pfanne heiss werden lassen und Pilze kurz anbraten, Zwiebelmischung zurück in die Pfanne geben, etwas einkochen. Mit Wein ablöschen, salzen und pfeffern. Cognac und Fond dazugiessen. Maizena in 1 Löffel Rahm auflösen und mit dem restlichen Rahm zur Sauce geben und etwas einköcheln. Fleisch salzen und pfeffern. Bratpfanne sehr heiss werden lassen. Die Hälfte der Bratbutter und des Fleisches hineingeben und ganz kurz braten. Auf einen vorgewärmten Teller geben. Pfanne mit Haushaltspapier ausreiben und den Vorgang wiederholen. — Wenn alles Fleisch gebraten ist, die Pilzsauce nochmals aufheizen und das Fleisch zur Sauce geben. Thymian darüberstreuen und sofort servieren.

Tine: Die Emmentaler essen Nudeln dazu, wir natürlich die nach dem Rezept von Patrizia Fontana (Seite 133). Bei uns stand dieses Gericht im Herbst oft mit gemischten Pilzen auf der Karte. Wer gerne Pilze hat, kann den Anteil erhöhen und dafür weniger Fleisch nehmen.

Dörrzwetschgen im Merlot

Ergibt 3 Gläser à 5 dl
1 kg Dörrzwetschgen, mit Stein
5 dl Rotwein, am besten Merlot
150 g Zucker
1 gute Orange, in Scheiben
1 gute Zitrone, halbiert
1 Zimtstange
1 TL Maizena, in etwas kaltem Wasser aufgelöst
5 cl Portwein

Zwetschgen in Wasser einlegen. In einer Pfanne Wein, Zucker, Orange, Zitrone und Zimtstange aufkochen. Flüssigkeit durch ein Sieb abgiessen. Dazugeben, kurz aufkochen und Pfanne vom Herd nehmen. 1 Stunde ziehen lassen. — Zwetschgen herausnehmen, die Flüssigkeit durch ein Sieb passieren und zurück in die Pfanne giessen. — Aufkochen. Maizena mit Porto verrühren, zugeben und etwas köcheln. Alles über die Zwetschgen giessen. Abkühlen lassen und in die Gläser füllen.

✽ — Passt gut zu Schwein und Ente.

Dörrzwetschgen mit Stein

Ergibt 2 Gläser à 5 dl, muss 1 Tag ziehen
Je 1 Beutel Schwarztee, Hagbuttentee, Zitronentee und **Rooibos-Vanille-Tee**
500 g Dörrzwetschgen, mit Stein

1 l Wasser aufkochen, alle Teebeutel zugeben und 2 Minuten ziehen lassen. Beutel rausnehmen, sonst wird es bitter. Dörrzwetschgen in die Gläser füllen und mit dem heissen Tee übergiessen. Deckel schliessen und 1 Tag ziehen lassen.

Dörrzwetschgenmus

Ergibt 4 Gläser à 5 dl
5 dl Dörrzwetschgensaft
1 kg Dörrzwetschgen, ohne Steine
7 dl Merlot
1,2 kg Rohrzucker
1 Nelke
1 EL Zimtpulver

1 Liter Wasser, Dörrzwetschgensaft und Dörrzwetschgen in eine Schüssel geben und zugedeckt mindestens 10 Stunden einweichen. — Alles in einen Topf geben, Merlot, Rohrzucker und Nelke dazugeben und 20 Minuten kochen. — Masse durch ein Passevite in eine Schüssel drehen und den Zimt einrühren. Alles zurück in den Topf geben und zu einem dicken Mus einkochen. Ab und zu mit einer Holzkelle rühren, damit nichts anbrennt. — In sterile Gläser mit Deckel abfüllen.

Dörrzwetschgenparfait

Für eine Terrinenform von 1 Liter Inhalt
✽ — Muss 12 Stunden im Tiefkühler gefrieren
5 dl Greyerzer Doppelrahm
1 dl Vieille Prune (Zwetschgenschnaps)
3 Eigelb
130 g Griesszucker
3 Eiweiss, steif geschlagen
3–4 EL Dörrzwetschgenmus (vorheriges Rezept)

Doppelrahm und Schnaps zusammen steif schlagen. Eigelb und Zucker sehr hell schlagen und mit dem Eiweiss unter den Doppelrahm ziehen. Die Hälfte der Masse in eine mit Klarsichtfolie ausgelegte Cakeform füllen, das Dörrzwetschgenmus darüberverteilen und den Rest der Masse daraufgeben. Mit einem Spachtel glatt streichen. Parfait mit Klarsichtfolie bedeckt 12 Stunden im Tiefkühler fest werden lassen.

Dörrzwetschgensauce

Muss 24 Stunden einweichen
8 dl Rotwein
2 Zimtstangen
1 Nelke
½ TL Vanillezucker
2 Zitronen, frisch gepresst
Zucker, nach Belieben
32 Dörrzwetschgen, mit Steinen

Wein mit allen Zutaten ohne Zwetschgen aufkochen und über die Dörrzwetschgen giessen, sodass sie blubbernd abtauchen. 24 Stunden ruhen lassen. — Die Zwetschgen herausnehmen. Die Flüssigkeit nochmals aufkochen und mit Maizena vorsichtig abbinden. Zum Schluss zuckern.
✽ — Schmeckt zu Schweinemedaillon (Seite 191) oder Entenbrust (Seite 44).

Drei Löffel Süss

Da das Essen in der «Alpenrose» immer reichlich war, hatten viele Gäste keinen Platz mehr für ein grosses Dessert. Sie wünschten sich etwas Kleines, mehr die Ahnung einer Süssspeise als eine veritable Nachspeise.

12 Gläser à 5 cl
250 g Zucker
45 g Vanillecremepulver
1 l Milch

Zucker in einer Chromstahlpfanne schmelzen und leicht braun werden lassen. Cremepulver in der Milch verrühren, aufkochen. Über das Caramel giessen. Ständig rühren, bis die Masse bindet. Keine Angst vor den Zuckerstückli, sie lösen sich auf. In kleinste Gläser abfüllen, kühl stellen.

E

E wie **Egli**. Hier soll aber auf die Tüte des Heilsarmee-Brockenhauses hingewiesen sein. Dieses lieferte uns jahrelang die besten Gläser fürs Restaurant. Aber auch E wie Ente. Diese prächtigen Tiere aus unserem befreundeten Nachbarland Frankreich haben uns und unseren Gästen immer grosse Freude gemacht, zum Beispiel mit Orange zubereitet.

Eglifilet im Teig

Für 4 Personen
800 g Eglifilet
100 g Weissmehl
Rapsöl, zum Frittieren
✻ — Für den Teig
250 g Mehl
1,5 dl Wein, zimmerwarm
Salz und **Pfeffer**
200 g Butter, zimmerwarm

Mehl in eine Schüssel geben, Wein mit einem Schwingbesen einrühren, würzen. Butter nach und nach hineinrühren, bis der Teig schön glatt ist. — Eglifilets salzen. Ein paar Minuten einwirken lassen und danach mit einem Haushaltspapier abtrocknen. Fische auf beiden Seiten im Mehl wenden und einzeln durch den Teig ziehen. — In einer Fritteuse oder einem Topf bei 200 Grad goldgelb ausbacken. ✻ — Dazu eine Schüssel Remoulade (Seite 164).

Ei

Es müssen hunderttausend Eier gewesen sein, die in der «Alpenrose» verarbeitet wurden. Mit herzlichem Dank an die Legehennen.

Frittata — 53
Frittiertes Ei — 54
Mönchsbart mit Spiegelei — 129
Spiegelei — 198
Spiegelei für Einsame im Glück — 198
Verlorenes Landei — 210
Verlorenes Landei im Bierteig — 210

Eierlikör für Ostern

Reicht für alle Ostertage
16 frische Eier
1,2 kg Zucker
1 l Vollrahm
4 dl guter Kirsch, am besten von Zraggens
4 dl Kräuterschnaps
4 dl Malaga

Eier und Zucker mit dem Mixer schaumig rühren, bis die Masse hell ist, Rahm darunterrühren. Alkohol in einem dünnen Strahl unter ständigem Rühren dazugeben. — In die Flaschen füllen, sofort verschliessen. Im Kühlschrank aufbewahren.
Wichtig: Saubere Flaschen verwenden. Flaschen und Verschlüsse im kochenden Wasser sterilisieren.

Eierschwämmlisauce

Für 4 Personen
2 kleine **Zwiebeln**, gehackt
50 g **Bratbutter**
350 g **Eierschwämme**, geputzt und halbiert
2 **Knoblauchzehen**, fein gehackt
1 **Zitrone**, frisch gepresst
2 dl **Weisswein**
2 dl **Gemüsebouillon** (Seite 61)
4 dl **Vollrahm**
4 Zweige **Thymian**, Blättchen abgezupft
Salz und **Pfeffer**
1 Messerspitze **scharfes Paprikapulver**
1 Schuss **weisser Portwein**
1 Handvoll **zarter Spinat**
½ EL **Maizena**, in etwas kaltem Wasser aufgelöst

Pfanne heiss werden lassen. Zwiebeln in Bratbutter scharf anbraten und sofort die Pilze dazugeben. Immer mit vollem Schub kochen. Knobli und Zitronensaft dazugeben. Mit Weisswein ablöschen und einkochen. — Gemüsebouillon und Rahm dazugeben und aufkochen. Thymian dazugeben, würzen. 1 Schuss Porto und den Spinat dazugeben. Mit Maizena abbinden.
Tine: Wenn die Eierschwämmli sehr schmutzig sind, kurz mit kaltem Wasser abbrausen und auf einem Handtuch trocknen lassen. Passt perfekt auf die Brotschnitte aus dem Bergell (Seite 25).

Eisvogel

Wenn es ein Gericht gibt, das Tine schon seit jeher selbst herstellen wollte, ist es Eis – mehr dazu bei **G wie Glace**. Aus dem Praktizieren dieser Liebe entstand im Jahr 2013 ein kleines Unternehmen namens «Eisvogel».

Emmentaler Schafsvoressen

Wieder ein Literaturzitat: Das Schafsvoressen taucht bei Gotthelf als Taufessen in der Novelle *Die schwarze Spinne* auf. Verzehrt wird das klassische Schmorgericht traditionell mit dem Sonntagszopf.

Für 4 Personen
800 g **Lammschulter**, in grossen Würfeln
Knochen der Lammschulter, in Stücken
3 Briefchen **Safranpulver**
50 g **Bratbutter**
Salz und **Pfeffer**
2 **Zwiebeln**, fein gehackt
¼ **Knollensellerie**
1 **Rüebli**, in grobe Scheiben geschnitten
½ Stange **Lauch**, in dünne Scheiben geschnitten
1 dl **Weisswein**
5 dl **Gemüsebouillon** (Seite 61)
1 **Nelke** und 1 **Lorbeerblatt**
2 dl **Doppelrahm**
½ EL **Maizena**, in etwas kaltem Wasser aufgelöst

Fleisch in einer Schüssel mit 2 Briefchen Safran einpudern und mit einem Suppenlöffel so lange wenden, bis das Fleisch richtig gelb ist. — In einem grossen Topf das Fleisch in Bratbutter gut anbraten und mit Salz und Pfeffer würzen. Knochen, Zwiebeln und Gemüse dazugeben und mitdünsten. Weisswein und Bouillon zischen lassen. Nelke und Lorbeerblatt dazugeben. Zugedeckt bei schwacher Hitze ungefähr 1 Stunde köcheln lassen. — Doppelrahm und das letzte Briefchen Safran hineinrühren und mit Maizena abbinden.
Tine: Lammschulter von ihrem Metzger ausbeinen und die Knochen zerhackt einpacken lassen. Wunderbar dazu nichts weiter als ein selbst gebackener Zopf (Seite 225).

Emmentaler Wedelebock-Kalbsvoressen

Ein Wedelebock ist eigentlich ein vierbeiniges Gestell, mit dem man Reisigwellen macht. Für mich war aber der Wedelebock immer der Wolpedinger (eine Art Fabelwesen) der Schweiz. Ich habe unseren Gästen sehr gerne zur späten Stunde vom sagenumworbenen Bock im Emmental erzählt.

Für 6 Personen
1 kg **Kalbsschulter,** in Würfel geschnitten
50 g **Bratbutter**
Salz und **Pfeffer**
2 **Zwiebeln,** fein gehackt
100 g **Speck,** in kleinen Würfeln
2 **Rosmarinzweige,** Nadeln abgezupft
1 **Lorbeerblatt**
1 **Nelke**
1 dl **Weisswein**
8 dl **Kalbsfond** (Seite 93)
Je 100 g **Eierschwämme** und **Herbsttrompeten**
1 grosser **Blumenkohl**

Backofen vorheizen auf 150 Grad. Kalbswürfel in der Bratbutter je nach Grösse der Pfanne in zwei, drei Arbeitsgängen anbraten, salzen und pfeffern. In einen Bräter geben. — Zwiebeln in der Pfanne dünsten, Speck dazugeben und alles mit Rosmarin und Gewürzen mischen. Zum Fleisch geben und salzen. Den Bräter mit dem Fleisch nochmals richtig heiss werden lassen, mit Wein ablöschen und mit Fond auffüllen. Zugedeckt im Ofen etwa 1 Stunde schmoren lassen. Fleisch herausnehmen und testen, wie weich es ist. Pilze in einer Bratpfanne anbraten und zum Fleisch geben. Den Bräter zurück in den Ofen stellen und weiter schmoren lassen. — Währenddessen den ganzen Blumenkohl in ein Kochsieb legen und 15 Minuten zugedeckt dämpfen, bis er fast in sich zusammenbricht. — Den Blumenkohl etwas salzen und mit Hilfe einer Lochkelle in eine grosse Porzellanschüssel legen und das Ragout darübergeben.
Tine: Im Originalrezept wird der Blumenkohl mit dem Fleisch zusammen geschmort. Ich mag das nicht. Dazu esse ich Kartoffelstock.

Ente, unvollendet

Die beste Ente im Leben der «Alpenrose»-Köchin wurde bei Frédy Girardet in Crissier serviert. Seitdem versucht sie, zu Hause ein ebensolches Stück zuzubereiten – ganz egal, wie gross der Aufwand auch ist. Dieses Rezept gelingt gut, wenn auch nicht so gut wie in der Erinnerung an die Meisterente von Frédy Girardet. Deshalb trägt das Rezept den Namen «unvollendet».

Für 4 Personen
1 **Ente,** am besten eine Barbarie
Salz und **Pfeffer**
2 kleine **Äpfel**
1 kleine **Orange,** geschält und halbiert
1 kleine rote **Zwiebel**
1 Zweig **Thymian**
50 g **Bratbutter**
3 dl **Rotwein**
1 dl **Amber-Bier**
1 grosszügiger EL **Tannenhonig**
1 **Orange,** frisch gepresst und Zeste
1 EL dunkler **Zucker**
1 dl **Portwein**

Ofen auf 230 Grad vorheizen. — Bei der Ente alles überlappende Fett entfernen. Ente grosszügig salzen und pfeffern. Äpfel, Orange und Zwiebel in Stücke schneiden und mit dem Thymian in die Ente stopfen. Die Ente mit einem Bindfaden sehr eng binden, sodass dabei die Brust herausrückt und die Ente in Form bleibt. — Bratbutter in einer Gusseisenpfanne erhitzen und die Ente sehr gut rundherum anbraten. Danach in einem Bräter auf den Rücken legen und 20 Minuten im Ofen braten. Dabei die Ente regelmässig mit dem austretenden Fett übergiessen. Davon wird die Entenhaut knusprig. — Ente aus dem Ofen nehmen und ungefähr 10 Minuten stehen lassen. Flüssigkeit abgiessen und aufheben. Ente zurück in den Ofen schieben und bei 220 Grad ungefähr 90 Minuten weiterbraten. Bier mit dem Honig verrühren und die Ente während des Garens mehrfach mit Hilfe eines Pinsels damit bestreichen. Hat sie eine Kerntemperatur zwischen 80 und 90 Grad erreicht, Temperatur auf 60 Grad reduzieren. Falls kein Thermometer vorhanden ist, die Ente wenden: Wenn klarer Bratensaft ausläuft, ist sie gar. Ente bei geöffneter Ofentür 20 Minuten abstehen lassen. — Für die Sauce die beiseite gestellte Flüssigkeit durch ein Sieb giessen und das

Fett abschöpfen. 2 dl des Fonds in einen Topf zurück auf den Herd stellen. 2 dl Rotwein, Orangensaft und Zeste zugeben. Zucker, restlichen Rotwein und Portwein dazugeben, kräftig durchkochen und über die Ente giessen. Ente vierteilen und essen.

Entenbrust

Pro Person
Bratbutter
1 Entenbrust

Backofen vorheizen auf 100 Grad. Butter in einer Bratpfanne langsam schmelzen lassen und etwas salzen. Das Entenbrüstchen auf der Hautseite in die Pfanne legen. Langsam braten, bis die Haut eine schöne braune Farbe hat. Durch das langsame Braten löst sich das Fett aus der Haut und die Brust wird knuspriger. — Mit der Hautseite nach unten in eine feuerfeste Form legen und im Ofen 5–8 Minuten garen. Ofen ausschalten und weitere 10 Minuten darin ruhen lassen.
Tine: Zusammen mit der Dörrzwetschgensauce (Seite 39) servieren. Dank der neuen Technologie in Privatwohnungen kann der Ofen auf die optimale Kerntemperatur von 65 Grad programmiert werden.

Entenhacktätschli

Für 6–8 Personen
4 Entenbrüste, 2 ohne Haut (ca. 600 g)
100–130 g Paniermehl
2 Eier
1–2 EL Konfitüre, Orangen oder Aprikosen
1 unbehandelte Orange, Schale
1 daumendickes Stück frischer Ingwer, gerieben
1 rote Zwiebel, fein gehackt, gedünstet und abgekühlt
1 paar Blättchen Thymian
Salz und **Pfeffer**
Bratbutter

Die Entenbrust mit einem scharfen Messer in feine Streifen schneiden. Für einige Minuten in den Kühlschrank stellen. — Herausnehmen und mit einem schweren Messer mittelgrob hacken. Fleisch in eine Schüssel geben. Paniermehl, Eier, Konfitüre, Orangeschale und Ingwer dazugeben. Zwiebel und Thymianblätter zugeben und mit Salz und Pfeffer würzen. Alles gut mischen. — Von Hand gleichgrosse Hacktätschli à ungefähr 150 Gramm formen und in einer Pfanne mit Bratbutter braten. Tätschli in eine feuerfeste Form legen und im Backofen bei ungefähr 150 Grad 20 Minuten fertig braten.
Variante: In der gleichen Art können Sie auch mit Kaninchenschlegel Hacktätschli zubereiten. Konfitüre, Orangen und Ingwer raus. Dafür Senfkörner, Kräutersenf, Schnittlauch und Majoran rein.

Erbsen mit Milchschinken

Für 6 Personen
1,5 kg Erbsen, im Kleid
2 kleine Zwiebeln, gehackt
80 g Butter, zimmerwarm
100 g Milchschinken, in feinen Tranchen
Salz und **Pfeffer**
1 Bund glattblättrige Petersilie, gehackt

Erbsen entkleiden und kurz in kochendem Wasser blanchieren. In ein Sieb abgiessen. — Zwiebeln in der Hälfte der Butter andünsten. Schinken in kleine Stücke zerreissen und zu den Zwiebeln geben. Erbsen dazugeben und kurz mitköcheln. Mit Salz und Pfeffer abschmecken, die restliche Butter einrühren und den Peterli dazustreuen.
Tine: Ich mag es am liebsten zu einem Verlorenem Landei (Seite 210).

Erbsenkuchen

Für eine Springform von 28 cm Durchmesser
Für 6 Personen
3 kg grüne Erbsen, im Kleid
150 g Butter
200 g Frühlingszwiebeln, sehr fein geschnitten
1 Bund Basilikum, Blätter abgezupft
1,5 dl Wasser, heiss
300 g Ricotta
3 EL Mascarpone
4 Eier
200 g Sbrinz

Olivenöl
150 g gekochter Schinken, in feine Streifen geschnitten
Salz
Pfeffer

Backform mit Butter und mit etwas geriebenem Sbrinz «bemehlen» und kühl stellen. — Backofen vorheizen auf 190 Grad. Erbsen ausziehen. Butter in einem Topf schmelzen und Zwiebeln darin dünsten. Die Hälfte der geschälten Erbsen, Basilikum und Wasser dazugeben und 6–8 Minuten köcheln. — Topf vom Herd nehmen und Erbsen abkühlen lassen. Die Hälfte der Masse in eine Schüssel geben. 150 g Ricotta und 1,5 Esslöffel Mascarpone dazugeben und mit einem Stabmixer kurz mixen. Restliche Ricotta, Mascarpone und den Sbrinz dazugeben und ein Ei nach dem andern darunterrühren. Die restlichen Erbsen, den Schinken und die andere Hälfte der Masse dazugeben. Salzen und pfeffern und alles in die vorbereitete Backform geben. Mit etwas Olivenöl beträufeln und im Ofen 35–45 Minuten backen. — Herausnehmen und vor dem Schneiden 8 Minuten stehen lassen. — Den Kuchen in Stücke schneiden und noch warm oder zimmerwarm servieren.

Tine: Ein grosser Sommersalat dazu schmeckt herrlich! Wer will, kann den Schinken auch weglassen.

Erbsenmus mit Kürbiskernöl

Für 4 Personen
1,2 kg frische Erbsen (500 g nackt)
Salz
Zucker
2 dl Vollrahm
2 dl Gemüsebouillon (Seite 61)
100 g Butter
Kürbiskernöl

Erbsen ausziehen und in gesalzenem und etwas gezuckertem Wasser 5–8 Minuten weich köcheln. Durch ein Sieb giessen und mit dem Rahm pürieren. Wenn die Masse zu dick ist, mit Fond auf die gewünschte Konsistenz verdünnen. Butter dazurühren. Nochmals aufwärmen und ein paar Tropfen Kürbiskernöl darunterrühren.

Erbsli und Rüebli

Des Schweizers liebste Gemüse. Es lohnt sich, die Erbsen zu blanchieren und die Rüebli um einen Hauch länger zu kochen. Dann passen nicht nur die Geschmäcker, sondern auch die Konsistenzen zusammen.

Für 4 Personen
Zwiebeln, sehr fein gehackt
100 g Butter
300 g Erbsen, frisch (im Kleid ca. 1 kg)
1 TL Zucker
500 g Rüebli, in feinen Scheiben
2 dl Vollrahm
5 Verveineblätter

Zwiebeln in etwas Butter glasig dünsten. Erbsli auspacken. In leicht gesalzenem Wasser mit Zucker und Butter kurz blanchieren. Rüebli in einem separaten Topf weich kochen. Im Anschluss treffen sich beide in einer Pfanne mit Zwiebeln, Verveineblättern, Rahm, Salz und Zucker.

Erdbeerglace

Ergibt 1 Liter für 6–8 Personen
650 g Erdbeeren
200 g Zucker
1 Zitrone, frisch gepresst
3 dl Doppelrahm
2 Blättchen Pfefferminze

Erdbeeren klein schneiden, mit Zucker, Zitronensaft und Pfefferminze mischen. Mit einem Stabmixer fein pürieren und anschliessend in der Glacemaschine fertigstellen.

Tine: Wichtig für ein gutes Glace sind vollreife frische Beeren.

Erdbeergnaatschi

Für 2 Personen
500 g vollreife Erdbeeren, vom Grün befreit
Zucker
Kondensmilch, ungesüsst

Erdbeeren mit einer Gabel zerdrücken, mit Zucker bestreuen und Kondensmilch darübergiessen. Alles mischen.
Tine: Erdbeergnaatschi mochte ich als Kleinkind am liebsten und ich hab es bis heute immer noch sehr gerne.

Erdbeersorbet

Für 10–12 Personen
700 g Erdbeeren, klein geschnitten
1 Zitrone, frisch gepresst
350 g Zucker

Erdbeeren mit Zucker und etwas Zitronensaft pürieren. In der Glacemaschine fertigstellen.

Erdbeersturm

Für 6 Personen
600 g Erdbeeren, halbiert
4 EL Zucker
½ Zitrone, frisch gepresst
6 Scheiben Einback vom Bäcker
50 g Butter
3 dl Vollrahm, steif geschlagen, kühl gestellt

Erdbeeren mit einer Gabel zerdrücken, Zucker und Zitronensaft daruntermischen. — Einback in Würfel schneiden und in der Butter caramelfarben rösten. — Die noch warmen Würfel zügig unter die Erdbeeren mischen und Schlagrahm dazu servieren.

Essiggurken

Ergibt 5 Gläser à 5 dl für den Vorrat
150 g Zucker
2 dl Weisswein- oder **Kräuteressig**
1 EL Senfkörner
1 TL Pfefferkörner
1 TL Koriander
1 Bund Dill, grob gehackt
1 weisse Zwiebel, in feine Scheiben geschnitten
1 kg Gewürzgurken
Kartondeckel, zur Pfanne passend

Zucker mit 1 dl Wasser mischen und so lange köcheln, bis alles leicht caramelfarben wird. Mit Essig ablöschen. 2 l Wasser dazugeben und alle Körner, Dill und Zwiebeln dazugeben. Den Sud ungefähr 6 Minuten köcheln, salzen. — Gewürzgurken waschen, trocknen. In Einmachgläser füllen, mit dem kochenden Gewürzsud bedecken und die Gläser verschliessen. Karton in den Kochtopf und die Gläser daraufstellen. Mit heissem Wasser überdecken und köcheln lassen. Wenn in den Gläsern kleine Luftbläschen zu erkennen sind, noch 25 Minuten weiterköcheln. — Wasser abschöpfen. Gläser herausnehmen und mit dem Kopf nach unten auskühlen lassen. — Die Gurken sind, wenn sie nicht schon vorher verzehrt wurden, etwa 5 Monate haltbar.
Tine: Gewürzgurken gibt es von Juli bis Oktober auf dem Markt. Meine Mutter hat immer einen Löffel Honig beigemischt, weil ich sie lieber süsser hatte.

Estragonsauce

Für 4 Personen
300 g weisse Champignons
40 g Bratbutter
2 Eigelb
2,5 dl Kalbsfond (Seite 93)
oder **Hühnerbouillon** (Seite 85)
5 dl Vollrahm
50 g Butter, sehr kalt
1 Stängel Estragon, Blätter abgezupft, gehackt
1 Zitrone, frisch gepresst
Salz und **Pfeffer**
1 TL Maizena, in etwas kaltem Wasser aufgelöst

Die Champignons mit einer Bürste oder einem Rüstmesser vom Schmutz befreien. In sehr feine Scheiben schneiden. — Butter in einer Bratpfanne erhitzen und die Champignons darin dünsten. So heiss, dass sich Wasser bildet, dieses aber nicht verdunstet. Pilze salzen und pfeffern und Kalbsfond unter Rühren dazugiessen. Etwas einkochen lassen. — Rahm einrühren und Zitronensaft dazugeben. Die Sauce durch ein Sieb in eine Pfanne giessen und zurück auf den Herd stellen. Estragon zugeben und vorsichtig mit Maizena abbinden. — Zu guter Letzt Eigelb zum Verfeinern einrühren.
Tine: Die abgesiebten Champignons separat in einer Schale mit auf den Tisch stellen.

F

F wie **Felche**. Könnte auch F wie frisch heissen, da wir unseren Lieblingsfisch immer fast noch lebendig von unserem Lieblingsfischer bekommen haben, der ihn am selben Tag aus unserem Lieblingssee gezogen hat. Wir sind F wie Fans geblieben.

Farina-Bona-Creme

Für 6 Personen
15 g Farina Bona (geröstetes Maismehl)
85 g Kondensmilch, gesüsst
5 cl Nocino
5 dl Vollrahm

Alles in eine Schüssel geben und mit dem Mixer steif schlagen. Mit Klarsichtfolie zudecken und im Kühlschrank aufbewahren.
Tine: Farina Bona gibt es in Spezialitätengeschäften oder im Tessin.

Federkohl ganz

Pro Person
100 g zarter kleiner Federkohl mit Strunk, oder Cima di Rapa
1 kleine Zwiebel, fein gehackt
Butter

Federkohl in kochendem Wasser mit etwas Salz blanchieren. Durch ein Sieb abgiessen. — Butter in einer Pfanne schmelzen, Zwiebeln darin dünsten und salzen. Den Federkohl dazugeben und wenden.

«Fée verte»-Mousse

Das Geheimnis dieses Rezepts ist grün: Bei der *Fée* aus dem Val de Travers handelt es sich um den lange Zeit verbotenen Absinth.

Für 10 Personen
✳ — Braucht 1 Stunde, um fest zu werden
5 dl Milch
10 Sternanis, aus dem Reformhaus
120 g Zucker
6 Eigelb, verquirlt
6 Blatt Gelatine, in kaltem Wasser eingeweicht, ausgedrückt
3 cl Fée verte (Absinth)
4 dl Vollrahm, steif geschlagen

Milch mit Sternanis aufkochen. Etwas abkühlen lassen. — Zucker und Eigelb aufschlagen, bis die Masse sehr hell ist. Gelatine in der Anismilch auflösen. Abkühlen, bis alles die Konsistenz eines trägen Breis hat. — Masse durch ein Sieb in eine weite Schüssel fliessen lassen. Fée verte dazurühren, Rahm darunterziehen. In Tassen abfüllen. Mit Klarsichtfolie zugedeckt im Kühlschrank mindestens 1 Stunde fest werden lassen.

Tine: Es gibt Rezepte, die gelingen nur in grösseren Mengen, dieses gehört dazu. Angeboten wurde die Fée verte bei uns in einem Tassli. Entstanden ist das Ganze, weil im Jura mal die Fée verte beim Gesetzgeber in Ungnade fiel. Ein guter Gast hat uns immer mal wieder eine Flasche aus dem Jura rübergeschoben. Göttliche Grüne Fee. Wir kaufen jetzt die Fee ganz legal im Laden, aber die Spezialmischung aus dem Val de Travers ist unschlagbar.

Feigenglace aus dem Tessin

Ergibt 1 Liter für 6–8 Personen
9 frische Feigen
125 g Zucker
1 Zitrone, frisch gepresst
1,2 dl Süsswein
1,5 dl Doppelrahm

Feigen mit einem Tuch abreiben, den Stielansatz abschneiden, vierteln. Mit Zucker, Zitrone, Süsswein 1 Stunde marinieren. — Doppelrahm dazugeben und pürieren. In der Glacemaschine fertigstellen.

Tine: Schmeckt nur mit sehr reifen Feigen.

Feigen im Rotweinsud

Für 6 Personen
7 dl Rotwein
2 EL Kastanienhonig
3 Orangen, frisch gepresst
1 Zitrone, frisch gepresst
100 g Zucker
1 Lorbeerblatt und **1 Nelke**
14 frische Feigen
1 TL Maizena, in etwas kaltem Wasser aufgelöst

Alle Zutaten bis und mit Nelke aufkochen. Feigen mit einem Tuch abreiben und jede dreimal mit der Messerspitze einstechen. Feigen in den Sud geben und langsam durchziehen lassen. Nach etwa 20 Minuten den Sud mit Maizena abbinden und die Feigen darin abkühlen lassen.

Tine: Passt zur Entenbrust (Seite 44) oder Leber. Rezept funktioniert auch mit Zwetschgen.

Felchen

Eigentlich ist der Felchen ja als Tourist eingereist und hat zu diesem Zweck einfach sein Salzkleid zu Hause gelassen. Gefallen hat es ihm und er ist als Felchen geblieben. Folgende Rezepte gelingen ebenso gut mit einem Felchen anstelle des jeweils empfohlenen Fisches:

✳ Bachforelle schöne Müllerin (Seite 15)
✳ Forelle aus der Dose (Seite 53)
✳ Forelle macht blau (Seite 53)
✳ Saibling mit Tomaten (Seite 178).

Feuerspatzen

Eine der segensreichen Verbindungen von Butter, Eiern, Zucker – und Hitze.

Für 8 Personen
5 Eier
175 g Zucker
500 g Magerquark
1 Prise Salz
1 TL Vanillezucker
1 TL Backpulver
500 g Mehl
Rapsöl, zum Frittieren

Eier und Zucker schaumig rühren, Quark unter Rühren zugeben. Alle Zutaten bis und mit Mehl darunterheben und zu einem Teig verrühren. — Öl 3 cm hoch in einer Pfanne auf 170 Grad heiss werden lassen. Falls kein Thermometer vorhanden ist, einen Kochlöffelstiel hineinhalten. Wenn dort keine kleinen Bläschen entstehen, ist die Temperatur richtig. — Teig mit dem Glacelöffel abstechen und ins heisse Öl legen. Wenn die Kugeln hellbraun sind, herausfischen und auf einem Haushaltspapier abtropfen lassen. Mit Puderzucker bestreuen. — Es lohnt sich, grössere Mengen zu backen!

Fisch

Wer die Liste der von uns mit Vorliebe zubereiteten Fische genau anschaut, stösst auf einen Fisch, der nicht hundertprozentig zu den anderen passt: die Seezunge. Einziger Salzwasserfisch unter lauter Süsswasserfreunden. Das hat folgenden Grund: Die Lehrlinge in der «Alpenrose» mussten für ihre Lehrabschlussprüfung wissen, wie man eine Seezunge brät und filetiert. Dieses Wissen wollten wir auch an euch weitergeben.

Bachforelle schöne Müllerin — 15
Eglifilet im Teig — 41
Felchen — 50
Fischbällchen — 51
Forelle aus der Dose — 53
Forelle macht blau — 53
Hecht aus dem Zürisee mit Bürli im Bauch — 78
Hecht gepflegt — 79
Rotaugen im Teig — 172
Saibling mit Tomaten — 178
Schleihe blau — 182
Seezunge — 194
Trüschenleber auf Brot — 207

Fischbällchen

Für 4–6 Personen
300 g Fischfilets (Lachs, Hecht oder Zander)
½ Zitrone, frisch gepresst
2 Eier
1,5 dl Vollrahm
Dill, zum Garnieren

Fisch in kleine Würfel schneiden, mit Zitronensaft marinieren und kurz in den Tiefkühler legen. Die eiskalten Fischstücke mit ein wenig Salz im Cutter oder mit dem Stabmixer zu einer feinen Masse zerkleinern, dabei nach und nach Eier und Rahm zugeben. Mit etwas Salz und Zitronensaft abschmecken. — Mit einem Glacelöffel Bällchen formen. Leicht gesalzenes Wasser zum Kochen bringen, Hitze reduzieren und die Bällchen ungefähr 6 Minuten pochieren.

Flan, Köpfli und Pudding

Desserts waren ein zentraler Bestandteil der «Alpenrose»-Küche. Wichtig ist, dass sie schnell gehen und einfach gelingen, wie diese Köpfli und Flans.

Buttermilchköpfli — 27
Buttermilchköpfli mit Brunnenkresse — 27
Caramelköpfli — 30
Griesspudding mit Kirsch — 73
Kinderflan — 106
Marronipudding — 125
Mokkabonet — 129
Nusspudding — 134
Panna cotta Malaga — 145
Räuschlingpudding mit Erdbeeren — 160
Rüebliflan — 173
Schoggiflan aus dem Ofen — 183

Fleischkäse

Für eine feuerfeste Terrinenform von 1 l Inhalt
Für 6–8 Personen
1 kg gutes Kalbsbrät, ungesalzen vom Metzger
1 Bund glattblättrige Petersilie, fein gehackt
Salz und **Pfeffer**

Backofen vorheizen auf 120 Grad. Terrine mit einem Backpapier auslegen. — Kalbsbrät mit Peterli sehr gut von Hand mischen. Mit Salz und Pfeffer würzen. Brät in die Terrine geben und im Ofen ungefähr 60 Minuten backen. Fleischkäse aus der Form nehmen und in Scheiben schneiden.
Tine: Ich esse Fleischkäse am liebsten auf einem einfachen Brötchen ohne Butter. Fleischkäse ist ideal für einen Apéro, weil er gut vorbereitet werden kann und heiss oder kalt gut schmeckt. Kaufen Sie das Brät bei einem sehr guten Metzger.

Fleischterrine

Terrinenform 30 cm
✲ — Muss 24 Stunden mariniert werden
300 g Kalbsschulter
300 g Schweineschulter

150 g grüner Speck
50 g Geflügelleber
80 g Champignons
100 g frische Apfelschnitze
Salz
100 g Rosinen
3 EL Erdnussöl
3 EL Portwein
3 EL Cognac
2 Zweige Thymian, Blättchen abgezupft
2 dl Vollrahm

Alle Zutaten bis und mit Rosinen in eine Schüssel geben. Öl, Portwein, Cognac und Rahm verrühren und alles mit dem Fleisch in der Schüssel mischen. Zugedeckt im Kühlschrank 24 Stunden marinieren. — Backofen vorheizen auf 160 Grad. Alles durch den Fleischwolf treiben. Masse in die Form geben und diese in ein feuerfestes Gefäss stellen. Das Gefäss bis 1 cm unter den Rand der Terrinenform mit Wasser füllen. — In der Mitte des Backofens 45–60 Minuten pochieren (Nadelprobe). — Über Nacht erkalten lassen und in den Kühlschrank stellen. — Fleischterrine aus der Form nehmen, in Scheiben schneiden und mit Apfelgeköch (Seite 10) oder Zwetschgenkompott (Seite 108) servieren.

Flötsch

Eine Beilage, deren Zubereitung *es bizzli tricky* ist.

Für 4 Personen
1 Briefchen Safran
1,5 dl Wasser
4 Eier, verquirlt
300 g Mehl
Butter, zum Schwenken

Safran im Wasser auflösen und einige Minuten stehen lassen. Gefärbtes Wasser und Eier in eine Schüssel geben. Mit dem Schwingbesen verrühren. Mehl im Sturz dazurühren und zu einem dickflüssigen Teig verarbeiten. In einer grossen Pfanne Salzwasser aufkochen. Den Teig in einen Dressiersack mit kleiner Tülle füllen und langsam ins siedende Salzwasser spritzen (Bild Seite 65). Je länger der «Teigfaden» wird, umso besser! Wenn sie obenauf schwimmen, mit einer Lochkelle aus dem Wasser heben. — Butter in einer Bratpfanne schmelzen und Flötsch darin schwenken.

✼ — Schmeckt gut zu geschmolzenen Tomaten oder als Beilage zu einem Ragout (Seite 159).

Fonds und Bouillons

Wenn man – was Tine unbedingt empfiehlt – mit grossen Fleischstücken, wenn nicht sogar halben oder ganzen Tieren arbeitet, dann bleiben stets Fleisch und Knochen übrig, um daraus Fonds oder Suppen zu kochen. Diese wiederum sind das Rüstzeug für gutes, herzhaftes Kochen.

Gemüsebouillon — 61
Hühnerbouillon — 85
Kalbsfond — 93
Kaninchenfond — 98
Rindsbouillon — 166
Wildfond — 217

Fondue, falsches

Es hat einen guten Grund, warum es auf Fondue spezialisierte Restaurants gibt. Stichwort: Geruch. Dieses Gericht vermittelt eine Ahnung vom würzigen Fonduegeschmack, ohne Nase und Gaumen zu überfordern.

Pro Person
5 kleine festkochende Kartoffeln
100 g Freiburger Fonduemischung Moitié–Moitié (50 g Vacherin fribourgeois, 50 g Greyerzer)
5 cl Weisswein
½ TL Maizena
1 kleine Knoblauchzehe
Pfeffer
1 Schuss guter Kirsch
Brotscheibe, getoastet

Suppenteller vorwärmen. Kartoffeln in Salzwasser weich kochen. Währenddessen Fonduemischung mit Weisswein, Maizena und Knoblauch in einem kleinen Kochtopf unter ständigem Rühren schmelzen. Mit Salz und Pfeffer würzen. Kartoffeln in den Suppenteller geben und das Fondue darübergiessen. Einen Schuss Kirsch und das getoastete Brot dazu.

Forelle aus der Dose

Nach Weihnachten konnten uns die Leute Guetzlibüchsen zur weiteren Verwendung bringen. Wir hatten die Idee, Fische zu räuchern, statt sie zu braten oder im Sud zuzubereiten. Dazu haben wir in eine viereckige Guetzlibüchse mit Deckel einige Löcher geschlagen, als ob man einen Maikäfer vor dem Ersticken bewahren möchte. Dann wird die Büchse mit Sägemehl und Rosmarin gefüllt und auf die Gasflamme gestellt.

Wenn es zu rauchen anfängt, den marinierten Fisch auf einer Alufolie in die Büchse legen. Nach kurzer Pause, sobald die Sache wieder zu rauchen beginnt, den Deckel drauflegen und ein Tuch über den gelöcherten Deckel legen. Nach etwa 8 Minuten die Büchse der Pandora öffnen und reinschauen. Vielleicht ist der Fisch zu glasig, dann nochmals 2 Minuten räuchern. Fische, deren Fleisch nach dem Räuchern wie Milchglas aussieht, mag ich am liebsten.

Forelle macht blau

Für 4 Personen
4 ganze **Forellen,** ausgenommen
Salz und **Pfeffer**
1 Bund **glattblättrige Petersilie,** fein gehackt
2 **Zitronen,** halbiert
✱ — Für den Sud
1,5 dl **Weisswein,** zum Beispiel Räuschling
2 EL **Weissweinessig**
1 **Rüebli,** halbiert
1 grosse **Zwiebel,** in Ringe geschnitten
½ **Stange Lauch,** in Ringe geschnitten
Pfefferkörner
1 **Nelke** und 1 **Lorbeerblatt**

Für den Sud 2 Liter gesalzenes Wasser und alle Zutaten in einen Topf geben und ungefähr 15 Minuten kochen. Durch ein Sieb in eine Schüssel giessen. Fische in den Sud legen und 5–6 Minuten ziehen lassen. — Herausnehmen, mit Salz, Pfeffer und Peterli bestreuen und mit Zitronenhälften servieren.
Tine: Am besten ist die Forelle, wenn sie zwar ausgenommen ist, aber der Schleim erhalten bleibt! Der Schleim ist das ganze Geheimnis der schönen blauen Farbe. Wenn sie keine Forelle vom Blausee haben, nehmen Sie eine Bachforelle. Diese erkennen Sie an den rötlichen Punkten auf der Seite. Ihr Fleisch ist fast weiss. Bachforellen wachsen langsam und haben deshalb festeres Fleisch.

Fränkische Bratwurst

Ergibt 15–20 Würste
700 g **Schweinsschulter,** sehr kalt
250 g **Schweinsspeck,** sehr kalt
1 EL **weisser Pfeffer,** fein gemahlen
1 TL **Pimentpulver**
1 EL **Kümmelsamen**
1 EL **Majoran,** gehackt
1 Bund **glattblättrige Petersilie,** gehackt
Schweinedärme Kaliber 26/28 (beim Metzger vorbestellen)

Schweinsschulter und Speck in lange Streifen schneiden. Durch die grobe Scheibe eines Fleischwolfs drehen. Mit Gewürzen und Kräutern mischen und mit Salz abschmecken. Die Wurstmasse sehr gut kneten, damit sie sich gut verbindet. Die Fleischmasse in eine Wurstmaschine geben und in Därme abfüllen. Die Würste alle 15 cm abdrehen und mit einem Fleischbindfaden oder einer Küchenschnur auf beiden Seiten zusammenbinden. — Vor dem Braten Würste in Milch baden. Herausnehmen und langsam bei kleiner Hitze in einer Chromstahl- oder Grillpfanne braten.
Tine: Die rohen Würste am gleichen Tag braten und essen. Zwiebelsauce (Seite 230) passt ausgezeichnet dazu.

Frittata

Unser Rezept ist im Gegensatz zum Original mit Olivenöl und Rahm angereichert. Wir binden die Frittata mit etwas Mehl. Die italienische Frittata besteht nur aus Eiern und ist trockener.

Für 6 Personen
10 grosse Eier
1 dl Olivenöl
50 g Mehl
1 dl Vollrahm
5 Zwiebeln (Frühlingszwiebeln, Schalotten oder Rote) in Eiergrösse, in feine Ringe geschnitten

Eier mit der Gabel aufschlagen. Olivenöl und Rahm zugeben, Mehl dazusieben. Mit Salz und Pfeffer würzen. — Portionenweise Zwiebelscheiben in einer Pfanne kurz dünsten. — Temperatur reduzieren, Eiermasse mit einer Schöpfkelle darübergiessen und braten.

Erweiterungen dieser einfachen Frittata:
✻ Mit Ofentomaten, Bohnenkraut und Olivenöl
✻ Mit Federkohl (Seite 49)
✻ Mit Gemüse, dem Sommer verfallen (Seite 60)
✻ Mit Pilzen, Spinat, Zwiebeln und Thymian
✻ Mit Mönchsbart und Sbrinz
Das Gemüse wie auf einer Pizza verteilen.

Frittiertes Ei

Pro Person
1 gutes Ei
Olivenöl, zum Frittieren

Fritteuse auf 170 Grad vorheizen oder Olivenöl in einem Topf erhitzen. Ei in einer Tasse aufschlagen und ins Öl gleiten lassen. Temperatur auf 130 Grad reduzieren. 1–2 Minuten frittieren.

Früchte im Essig

Ergibt 3 Gläser à 5 dl
✻ — Muss 1 Monat gelagert werden
10 Zwetschgen, halbiert und entsteint
3 Birnen, halbiert und Kerngehäuse entfernt
8 sehr kleine Feigen, mit der Gabel mehrmals eingestochen
5 dl Kastanienhonigessig (Seite 105)
500 g Rohrzucker
2 Nelken
1 Stück Ingwer, geschält, in 3 Stücke geschnitten
1 unbehandelte Zitrone, in 5 Stücke geschnitten

Alle Früchte mit einem Haushaltspapier reinigen. 4 dl Wasser, Essig, Zucker und Ingwer aufkochen und ungefähr 10 Minuten köcheln lassen, bis sich der Zucker komplett aufgelöst hat. — Die Früchte in eine Schüssel geben und mit der kochenden Flüssigkeit übergiessen. Alle Früchte müssen untertauchen. Auskühlen lassen. — Im Kühlschrank zugedeckt 3 Tage lagern. — Früchte mit einer Lochkelle herausnehmen und satt in sterilisierte Einmachgläser mit Deckel füllen. In jedes Glas 1 Scheibe Zitrone geben. — Die Flüssigkeit nochmals aufkochen und sofort in die Gläser giessen. Luftdicht verschliessen und Gläser auf den Kopf stellen. Nach 15 Minuten Gläser wenden und abkühlen lassen.
Tine: Die eingelegten Essigfrüchte schmecken sehr gut nach 1 Monat Lagerung. Passt gut zu Beinschinken (Seite 18) oder Wildschinken. Ein sehr schönes Mitbringsel.

Frühkartoffeln mit Rosmarin

Für 4–6 Personen
1 kg neue Kartoffeln (ähnlicher kleiner Grösse)
50 g Bratbutter
Salz und **Pfeffer**
Einige Zweige Rosmarin, Nadeln abgezupft
1 EL Butter

Die Kartoffeln halbieren und mit einem Haushaltspapier trocknen. Bratbutter in einer Lyoner Pfanne erhitzen und die Kartoffeln rundherum anbraten. Hitze etwas reduzieren und die Kartoffeln tanzen lassen. Immer schön wenden und gleichmässig braten. — Wenn die Kartoffeln weich sind (mit Gabel hineinstechen und prüfen), salzen und Rosmarin darüberstreuen. Butter zugeben, nochmals mit Salz und Pfeffer abschmecken.

Variante im Backofen: Ofen auf 220 Grad vorheizen. Kartoffeln halbieren und auf ein ungefettetes Blech legen. Nach 20 Minuten schauen, wie weit das Garen fortgeschritten ist. Butterflocken über die Kartoffeln verteilen, mit Rosmarinnadeln bestreuen und wieder in den Ofen schieben. Kurz vor dem Anrichten die Kartoffeln salzen und pfeffern.
Tine: Wenn Ende Mai, Anfang Juni die Frühkartoffeln auf den Markt kommen, ist es wunderbar.

G

G wie **Gemüse.** Im Sommer hatten wir nie Zeit, Auberginen, Paprika, Zwiebeln und Süsskartoffeln auf den Grill zu legen. Deshalb ab in den Ofen und schmoren im eigenen Saft.

Gamsragout

Für 4 Personen
✻ — Vorbereitungszeit 8 Tage
800 g Gämsschulter, in Würfel geschnitten
200 g Gemüse (Sellerie, 1 Rüebli und Lauch)
10 Wacholderbeeren
1 dl Himbeeressig (Seite 80)
5 dl kräftiger Rotwein
1 Lorbeerblatt
Knoblauch
1 Bund Thymian
2 grosszügige EL Mehl
50 g Bratbutter
1 Zwiebel
100 g Speck, in kleine Würfel geschnitten
Salz und **Pfeffer**
2 dl kräftiger Rotwein
7 dl Wildfond (Seite 217)
1 dl Sauerrahm
Kalt gerührte Preiselbeeren (Seite 151)

 Fleisch in eine Schüssel geben und alle Zutaten bis und mit Thymian zugeben. 1 Woche darin ruhen lassen. — Backofen vorheizen auf 150 Grad. Gemüse und Fleisch aus der Marinade nehmen. Fleisch mit einem Haushaltspapier gut trocknen. Mit Mehl bestäuben und in einer Lyoner Pfanne mit Bratbutter und Speckwürfeli anbraten. Salzen und pfeffern. In einen Schmortopf umgiessen, Gemüse dazugeben und mitbraten. Mit Rotwein ablöschen, köcheln, bis die Flüssigkeit etwas reduziert ist. — Marinade mit dem Wildfond separat aufkochen und übers Fleisch giessen. 1 Stunde zugedeckt im Ofen schmoren lassen. — Nach 1 Stunde den Deckel öffnen und schauen, was die ganze Sache so macht. Wenn das Fleisch gar ist, herausnehmen, ansonsten nochmals 30 Minuten weiterschmoren. Sauerrahm dazugeben und etwas einkochen. Abschmecken und durch ein Sieb passieren. Preiselbeeri dazu reichen.
Tine: Die Schmorzeit hängt von der Grösse der Stücke ab und wie gut die Gämse abgehangen ist. Sparen Sie nicht an der Marinade. Die Fleischwürfel sollten locker nebeneinander in der Schüssel Platz haben und mit Marinade bedeckt sein.

Gâteau au fromage

Der Schweizer Käse hatte für mich Löcher. 1983 wurde ich eines Besseren belehrt: Ich entdeckte den Greyerzer und begann eine Liebesgeschichte mit ihm, die noch nicht zu Ende ist.

Für eine Kuchenform von 28 cm Durchmesser
✻ — Teig muss 1 Stunde im Kühlschrank ruhen
200 g Mehl
1 Prise Salz und **Pfeffer**
75 g Butter oder **Schweineschmalz**
5 EL Wasser
350 g Greyerzer
2–3 cl Kirsch
1 Schuss Waadtländer Weisswein (Chasselas)
✻ — Für den Guss
2 dl Milch
2 dl Vollrahm
2 Eier

Für den Teig Mehl, Salz und Butter mit den Händen verreiben, bis alles krümelt. Wasser dazugeben und zu einem glatten Teig verarbeiten. Teig zu einer Kugel formen und für 1 Stunde in den Kühlschrank stellen. — Ofen auf 220 Grad vorheizen. Kuchenform buttern und bemehlen und den Teig darauf auslegen. Greyerzer mit einer Röstiraffel reiben und mit dem Kirsch vermischen. Salzen und pfeffern, Weisswein dazugeben und die Mischung auf dem Teig verteilen. Mit einer Gabel kleine Zwischenräume machen, sodass der Guss über und zwischem dem Käse verlaufen kann. — Für den Guss alle Zutaten miteinander verrühren. Mit Salz und Pfeffer abschmecken. Über den Käse giessen und in der Mitte des Ofens ungefähr 30 Minuten backen.

Gâteau au Vin Cuit

Für 6 Personen, für Kuchenform von 26 cm Durchmesser
300 g Mürbeteig (Seite 130)
4 dl Vollrahm
4 ganze Eier
200 g Zucker
2 EL Mehl, gesiebt
2 dl Vin Cuit (eingekochter Birnen- oder Apfelsaft)

Backofen auf 180 Grad vorheizen. Kuchenblech buttern und bemehlen. Den Teig auf einer gemehlten Arbeitsfläche auswallen und in die Form legen. Kurz in den Kühlschrank stellen. — Währenddessen Rahm, Eier, Zucker, Mehl und Vin Cuit mit dem Mixer verrühren. Die Masse auf den Teig fliessen lassen, ohne den Rand zu beflecken. 30 Minuten in der Mitte des Ofens backen.
Tine: Nicht für den Umluftofen geeignet.

Gâteau du Vully

Für 6 Personen, für ein rundes Blech von 26 cm Durchmesser
20 g Hefe, zerbröckelt
1,8 dl Milch, lauwarm
300 g Mehl
1 gute Prise Salz
40 g Butter, zimmerwarm
✻ — Für den Guss
120 g Doppelrahm
1 Eigelb
1 Messerspitze Zimt
80 g Zucker

Hefe in der lauwarmen Milch auflösen und mit Mehl, Salz, Butter verrühren. Teig zu einer Kugel formen. 1 Stunde an einem warmen Ort aufgehen lassen. — Teig kurz kneten und mit einem Wallholz auf die Grösse des Bleches auswallen. Blech mit Backpapier auslegen und den Teig daraufgeben. Mit einem Tuch abdecken und 1 weitere Stunde aufgehen lassen. — Den Backofen vorheizen auf 200 Grad. Alle Zutaten für den Guss verrühren. Guss auf dem Teig verteilen. In der Mitte des Ofens ungefähr 15 Minuten backen.
Tine: Der Kuchen muss richtig klebrig sein.

Gebrannte Creme

Für 6 Personen
8 dl Milch
2 dl Vollrahm

300 g Zucker
1 TL Maizena
1 Vanillestängel, längs aufgeschnitten
7 Eigelb
50 g Butter
3 dl Vollrahm, steif geschlagen

250 g Zucker in einer Chromstahlpfanne caramelisieren. Milch, Rahm, Maizena und Vanille in einem Topf aufkochen. — Vorsichtig zum Caramel giessen und aufkochen. Keine Sorge, der Caramelklumpen löst sich langsam, aber stetig auf. Eigelb und den restlichen Zucker mit einem Schwingbesen in einer Schüssel hell schlagen. Die heisse Caramelmilch mit einer Schöpfkelle zur Eimasse rühren. Alles zurück in den Topf geben. Kurz unter ständigem Rühren aufkochen lassen und die Butter in 3 Portionen einrühren. Durch ein Sieb in eine schöne Glasschüssel giessen. Mit etwas Zucker bestreuen, sodass sich keine Haut bildet, und abkühlen lassen. Mit Schlagrahm servieren.

Geflügel

Was schmeckte bei unserem Personalessen am besten? Ganzes Geflügel. Jahrelang sassen wir am Samstag und Sonntag vor der Abendschicht gemeinsam am runden Tisch und teilten uns einen Vogel, den wir gut gefüllt hatten.

Wir stopfen unser Geflügel immer mit viel Zwiebeln, Kräutern, Äpfeln, Zitronen und Brot. Gebraten wird meist bei einer Temperatur von 250 Grad. Je nach Geflügel wird die Temperatur nach der Hälfte der Zeit vermindert. Die Garzeit hängt vom Gewicht der Vögel ab. Ein bisschen Brathilfe:

❊ **Mistchratzerli** (400 g): ca. 25 Minuten
❊ **Poulet** (800 g): ca. 40 Minuten
❊ **Poularde** (1,3 kg): ca. 50 Minuten
❊ **Perlhuhn** (900 g): 25 Minuten
❊ **Taube** (300 g): 20 Minuten
❊ **Wachtel** (200 g): 20 Minuten
❊ **Ente** (1,5 kg): 70 Minuten
❊ **Frau Trute** (3 kg): 70 Minuten
❊ **Herr Trute** (3,5–4 kg): 80 Minuten
❊ **Kapaun** (3,5 kg): 90 Minuten
❊ **Junges Fräulein Gans** (3,5 kg): 150 Minuten

Ente und Gans haben viel eigenes Fett. Wir giessen dazu ungefähr 2 cm Wasser in das Bratgeschirr. Bevor wir das Geflügel binden, stechen wir mit einer Fleischgabel mehrmals bei Flügel und Keule ins Fleisch. Dann kochen wir das Wasser auf und legen die Gans oder die Ente auf der einen Keulenseite hinein. Nach einer Weile drehen wir sie auf die andere Keulenseite und lassen sie weiterbraten. Sobald sich das Wasser in Luft aufgelöst hat, beginnt das Braten im eigenen Fett.

Tine: Geflügel erst auf den Keulen braten. Wenn das Federvieh nur auf dem Rücken vor sich hin brutzelt, trocknet die Brust aus. Wenn ich einen Vogel besonders gerne mag, dann ist es der Kapaun aus der Bresse. Sein Fleisch ist einfach fantastisch!

Coq au vin für Fergus Henderson — 33
Ente, unvollendet — 43
Entenbrust — 44
Güggeli, flach gelegt — 75
Hühnerbouillon — 85
Maispoularde mit Zitronenbauch — 121
Maispoulardenbrüstchen mit Mönchsbart — 122
Mistchratzerli — 128
Pouletflügeli — 150
Pouletherzen — 150
Vitello vom Truthahn — 212
Wachteln mit Nussfüllung — 215

Geissenfrischkäse im Bierteig

Für 4 Personen
200 g Mehl
Salz
4 Eigelb, verquirlt
4,5 dl Bier
4 Eiweiss, steif geschlagen
4 Geissenfrischkäse
Rapsöl, zum Frittieren

Mehl und Salz in einer Schüssel mischen, Eigelb mit dem Bier verrühren und im Faden zum Mehl giessen. 30 Minuten stehen lassen. — Kurz vor dem Backen Eiweiss darunterziehen. *Chäs* durch den Teig ziehen und im Öl ausbacken.
❊ — Wunderbar zu Salat.

Geissenkäse im Maisteig

Für 8–10 Personen
6 dl Buttermilch
7,5 cl Olivenöl
5 Eier
250 g 2-Minuten-Polenta
250 g Weissmehl
40 g Backpulver
3 TL Salz
1 Bund glattblättrige Petersilie, gehackt
2 Zweig Thymian, Blättchen abgezupft
1 Bund Basilikum, gehackt
1 Peperoncino, halbiert, entkernt, fein gehackt
4–5 Geissenfrischkäse (½ pro Person)

Buttermilch, Olivenöl und Eier in einer Schüssel mischen. Polenta, Weissmehl, Backpulver und Salz in eine zweite Schüssel und im «Sturz» unter ständigem Rühren in die Flüssigkeit geben. Kräuter und Peperoncino dazugeben. — Backofen vorheizen auf 180 Grad. Pro Person ein feuerfestes Förmchen (Timbale) sehr gut buttern und bemehlen. Förmchen kurz in den Kühlschrank stellen. Jedes *Chäsli* teilen und pfeffern. Förmchen mit Maisteig *bödelen* und die *Chäsli* in den Teig legen. Mit Teig bis knapp unter den Förmchenrand auffüllen. Förmchen auf ein Backofenblech stellen und im Ofen 10–15 Minuten backen. — Herausnehmen und etwas abkühlen lassen. Teig mit einem Rüstmesser vom Rand lösen, das Küchlein schnell in die hohle Hand fallen lassen und es zum Beispiel zu einem Salat stellen.

Geissenkäse mit Kruste

Für 6 Personen
1 Knoblauchzehe, gepresst
3 EL Olivenöl
2 EL gemahlene Haselnüsse
3 EL Paniermehl
3 EL Thymian, fein gehackt
½ Zitrone, Zeste
Salz und Pfeffer
1 kleine Messerspitze scharfes Paprikapulver
6 kleine Geissenfrischkäse

Ofen vorheizen auf 220 Grad. Alle Zutaten gut vermischen und auf die Käse verteilen. Ungefähr 5 Minuten im Ofen backen.
✳︎ — Schmeckt wunderbar mit Wein und Brot.

Geissenkäseterrine mit Preiselbeeren

Für eine Terrinenform von 1 Liter Inhalt
✳︎ — Muss einige Stunden fest werden
360 g Geissenfrischkäse
2 dl Doppelrahm
1 dl Vollrahm
Salz und Pfeffer
Muskatnuss, frisch gerieben
2 cl Portwein
4 Blatt Gelatine, in kaltem Wasser eingeweicht, ausgepresst
2 dl Vollrahm, steif geschlagen
100 g kalt gerührte Preiselbeeren (Seite 151)

Ziegenfrischkäse, Doppelrahm und flüssigen Rahm gut verrühren. Salz, Pfeffer und Muskatnuss zugeben. Den Portwein in einem Topf leicht erhitzen, Gelatine darin auflösen und unter ständigem Rühren zum Käse dazu. Kühl stellen. — Sobald die Masse am Rand fest zu werden beginnt, Schlagrahm darunterziehen. Die Hälfte der Preiselbeeri hacken und in die Käsemasse rühren. In eine grosszügig mit Klarsichtfolie ausgelegte Terrinenform füllen und zugedeckt im Kühlschrank für einige Stunden fest werden lassen. — Form kurz in heisses Wasser tauchen und die Terrine an der Folie herausheben. Die restlichen Beeren darübergeben.

Gemüse, dem Sommer verfallen

Für 6 Personen
10 Frühlingszwiebeln, Grün abschneiden und aufheben
6 grosse Ochsenherztomaten, halbiert
2 Auberginen, halbiert
1 rote Peperoni, halbiert, entkernt
1 gelbe Peperoni, halbiert, entkernt
1 Zucchino, halbiert
Olivenöl

1 **Zitrone**, frisch gepresst
1 **Knoblauch**, geschält
1 **Zweig Rosmarin**
Himbeeressig (Seite 80)

    Backofen auf 180 Grad vorheizen. Alles Gemüse in eine Form legen und zugedeckt im Ofen ungefähr 80 Minuten garen, bis es weich ist. — Herausnehmen und mit einem Messer etwas zerkleinern. Das Gemüse sollte fast zerfallen. Mit Olivenöl, Salz, Pfeffer, Zitronensaft abschmecken und noch einmal zerdrücken. — Das Grün der Frühlingszwiebeln in feinste *Rugeli* schneiden und daruntermischen. Mit etwas Himbeeressig beträufeln.
✣ — Schmeckt sehr gut auf geröstetem Brot.

Gemüse in der Sommerzeit

    Für 6 Personen
1 **Knoblauchknolle**, ganz, ungeschält
2 **Aubergine**
1 **Süsskartoffel**
4 **Peperoni**, alle Farben ausser grün
4 **rote Zwiebeln**
Etwas Olivenöl
1 **Bund Basilikum**
1 **Zitrone**, frisch gepresst

    Backofen vorheizen auf 220 Grad. Alles bis und mit Zwiebeln auf einem Blech in den Ofen geben und ungefähr 80 Minuten braten. Wenn das Gemüse gar ist, Knobli aus der Schale drücken. Auberginen und Peperoni schälen, Peperoni entkernen. Alles Gemüse in kleinere Stücke schneiden. — Mit dem aufgefangenen Gemüsesaft, wenig Olivenöl, Basilikum, Zitronensaft und Salz abschmecken.

Gemüsebouillon

    Ergibt 5 dl
200 g **Lauch**, in Stücken
200 g **Knollensellerie**, in Stücke geschnitten
100 g **Karotten**, in Stücke geschnitten
1 **grosse Tomate**
1 **Petersilienwurzel**, in Stücke geschnitten
2 **Zwiebeln**, gehackt
1 **Lorbeerblatt**

    Alle Zutaten in einen Topf geben und so viel Wasser dazugiessen, bis alles bedeckt ist. Ungefähr 90 Minuten köcheln lassen. — Durch ein Sieb giessen. Nochmals aufkochen und reduzieren. Am Ende vom Lied sollten noch 5 dl bleiben.
Tine: Wir nehmen meistens die Schalen vom Biogemüse, das gerade vorhanden ist. Somit schmeckt jede Gemüsebouillon wieder anders. Sellerie ist sehr geschmacksintensiv. Zwischendurch lassen wir den mal draussen. Je nachdem, was wir mit dem Fond vorhaben. Falls Sie im Kühlschrank noch Pilze finden, geben Sie ein paar dazu.

Getränke

Meistens gab es in der «Alpenrose» feste Nahrung. Aber manchmal machen wir auch eine Ausnahme.

Anetzerli — 8
Blitzloch — 22
Eierlikör für Ostern — 41
Glühtee — 72
Hanna Sauer — 78
Holunderblütensirup — 85
Osterlikör — 143
Punsch und Winterpunsch — 151, 219
Schlehenfeuer — 181
Wiiwarm aus Graubünden — 220
Wostok plus — 220
«Zuger» Röteli — 226

Ghackets mit Hörnli

    Für 8 Personen
50 g **Bratbutter**
1,2 kg **sehr gutes Hackfleisch**
2 **Zwiebeln**, feinst gewürfelt
Salz und Pfeffer
1 **Messerspitze scharfes Paprikapulver**
1 **Lorbeer**
2 dl **kräftiger Rotwein**
2 dl **Rindsbouillon** (Seite 166)
600 g **Hörnli**
Butter
200 g **Sbrinz**

Bratbutter in einer grossen Bratpfanne erhitzen. Das Hackfleisch lockern und unter ständigem Rühren sehr gut anbraten. — Zwiebeln dazugeben, Salz, Pfeffer, Paprikapulver und Lorbeer dazugeben und kurz weiterbraten. Mit Rotwein ablöschen und so lange köcheln, bis die Hälfte des Weins verschwunden ist. Heissen Fond dazugeben und weitere 10–15 Minuten köcheln lassen und abschmecken. — Die Hörnli am besten so lange kochen, bis sie bissfest sind. Durch ein Sieb abgiessen und in etwas Butter wenden. In eine grosse, vorgewärmte Schüssel geben. Das Gehackte und den Sbrinz dazustellen.
Tine: Es ist besser, wenn das Hackfleisch 1 Stunde vor dem Verarbeiten aus dem Kühlschrank genommen wird. Wichtig: Das Hackfleisch auseinanderzupfen, das Fleisch lässt sich so schneller anbraten. Ghackets mit Hörnli ist die Schweizer Antwort auf Spaghetti Bolognese. Ich gebe kein Tomatenpüree bei, falls Sie das lieber haben, nur zu!

Gipfelisturm

Warum es sich lohnt, zum Frühstück manchmal 2, 3 Gipfeli zu viel zu kaufen.

Für 4 Personen
4 Buttergipfeli, vom Vortag
4 Kugeln Vanilleglace (Seite 209)
2 dl Vollrahm, steif geschlagen
Puderzucker

Gipfeli längs halbieren und toasten. Eine Kugel Vanilleglace und Schlagrahm dazwischengeben und mit viel Puderzucker bestreuen.

Gitzi im Bierteig

Wenn meine Mutter von der Kuh des kleinen Mannes sprach, meinte sie eigentlich immer die Ziege. Zu einem Geburtstag bekam ich von meiner Mutter ein Zicklein geschenkt. Ich mochte das kleine Böcklein sehr. Wir hatten einen schönen Sommer zusammen in unserem Biergarten. Nach der Schule hatte ich immer ein bisschen Zeit, um mit dem Böcklein zu spielen. Dann war es plötzlich nicht mehr da. Meine Eltern behaupteten, meine Ziege wäre verstorben! Todesursache: Rattengift im Stall. Da die Ziege ein Allesfresser ist, war ich also selber schuld an ihrem Ableben. Lange Jahre habe ich diese Geschichte meiner Mutter geglaubt. Dass der Tod mit der Ziege im direkten Zusammenhang mit der Bebauung unseres Biergartens stand, realisierte ich erst viel später. Mittlerweile bin ich der Meinung, dass dieses Zicklein wohl frittiert auf unserem Teller landete.

Für 4 Personen
1 Zwiebel
1 Rüebli
1 Lauch
1 Sellerieknolle
1 Nelke
1,5 kg Gitzischulter, ohne Knochen
Salz und **Pfeffer**
Mehl, zum Wenden
Rapsöl, zum Frittieren
Bierteig (Seite 19)

So viel Wasser mit Gemüse und Nelke aufkochen, dass das Fleisch vom Sud bedeckt wird. Fleisch in 3 Teile schneiden und in den Sud geben. Ungefähr 25 Minuten ziehen lassen. — Unterdessen den Bierteig vorbereiten. — Fleisch aus dem Sud nehmen und auf Zimmerwärme abkühlen lassen. — Fleisch in mundgerechte Stücke zupfen, salzen und pfeffern. Im Mehl wenden, ab in den Bierteig. Im heissen Öl schwimmend backen.
❊ — Dazu passt ein Kartoffelsalat (Seite 103).

Gitzileberli

Für 2 Personen
400 g Gitzileberli, in Streifen
50 g Bratbutter
2 rote Zwiebeln, in feinste Streifen geschnitten
Salbei
1 Handvoll Spinat
60 g Butter, zimmerwarm
1 Schuss Portwein

Gitzileber 45 Minuten vor dem Verarbeiten aus dem Kühlschrank nehmen. — In Streifen schneiden. Bratpfanne mit Bratbutter richtig erhitzen. — Wenn

die Bratbutter sich breit macht, Leberstreifen hineingeben und anbraten. Mit den Zwiebeln bedecken und nach ungefähr 2 Minuten Hitze reduzieren, Pfanne nicht schwenken. Jetzt die Leberli mit den Salbeiblättern 2–3 Minuten in der Pfanne tanzen lassen. Spinat und Butter dazugeben. Mit Salz und Pfeffer abschmecken, einen Schuss roten Porto darübergeben und sofort essen.
Tine: Gute Leberli sind Rock'n'Roll!

Glace

Man muss sich die Sache so vorstellen: Eis aus der Bäckerei um die Ecke stellte für mich die Dreifaltigkeit dar: Vanille, Erdbeer, Schoko. Später kam Himbeer-Vanille im Freibad auf der Mondsee-Insel dazu und zu guter Letzt die Capri-Sonne.

Mit acht Jahren wurde ich zur Eisschnellläuferin für meine elf Jahre ältere Schwester. Sie schickte mich mit 2.50 Mark in lauen Sommernächten oft auf «geheime Mission» in die Eisdiele. Ich musste schwören, dass ich uns nicht verraten würde. Sie wollte eigentlich nur ihr Eis, aber ich erkannte, wie man sich Schweigen und die Liebe der Schwester erkauft. Meine Mutter hätte einen Schreikrampf bekommen, wenn sie das gewusst hätte! Immerhin war Kitzingen eine Garnisonsstadt. Gefahren lauerten an jeder Ecke. Ich habe diese Gefahren nie gesehen, meine Mutter aber umso mehr. Ich rannte mit den 2.50 Mark wie der Blitz in die italienische Eisdiele «La Gondola». Malaga mit Sahne für meine Schwester und für mich. Ein bisschen Süden in einer Kleinstadt am Main. Der Geruch, die Musikbox und alles … mir war nach so viel Aufregung, Rennen und Rahm schlecht. Verraten habe ich uns aber nie.

Es war schon immer mein Traum, Eis herzustellen. Aber das Leben spülte mich zuerst auf andere Wege. In der «Alpenrose» kam es für mich aber nie in Frage, Eis einzukaufen. In den ersten Jahren spezialisierte ich mich auf Parfait, dann kam bald die erste kleine Eismaschine und dann war der Weg frei. Mittlerweile bin ich meinem Kindheitstraum doch etwas näher gekommen und habe wenistens eine grosse Eismaschine. Und eine kleine feine Firma. Sie heisst «Eisvogel» (Seite 42).

Aprikosenglace — 13
Caramelglace — 31
Erdbeerglace — 45
Feigenglace aus dem Tessin — 50
Himbeerglace — 80
Lebkuchenglace — 117
Meerrettichglace — 127
Meerrettichglace zu Fisch — 127
Muskatblütenglace — 130
Orangenglace — 141
Quarkglace — 153
Schoggiglace — 184
Senfglace — 195
Vanilleglace — 209
Zichorienglace — 223
Zimtglace — 223
Zitronenglace — 224
Zwetschgenglace — 228

Glarner Kalberwurst

Die *offizielle* Kochanweisung für Glarner Kalberwürste lautet: «Reichlich fein und lang geschnittene Zwiebeln in Bratbutter dämpfen, jedoch nicht bräunen, mit etwas Mehl bestäuben und unter ständigem Rühren ‹schwitzen› lassen. Dann mit Bouillon (Hühnerbouillon, gekauft) ablöschen, gut umrühren und mit wenig Weisswein und Muskat abschmecken. Diese Sauce ungefähr 10–15 Minuten auf kleinem Feuer zugedeckt leicht kochen lassen. Die Kalberwürste in dieser Sauce ungefähr 30 Minuten auf kleinem Feuer ziehen lassen und nicht zudecken. Vor dem Servieren mit wenig Haushaltsrahm verfeinern. Im Glarnerland serviert man dazu Nudeln oder Salzkartoffeln und gedörrte Zwetschgen. Wir wünschen Ihnen flottes Gelingen und vor allem guten Appetit – Der Metzgermeister – Ihr Fleischfachmann.» Hier unsere Sauce zur Kalberwurst:

Für 6 Personen
✽ — Dörrzwetschgen einige Stunden ziehen lassen
6 Kalberwürste
3 dl Rotwein
1 Zimtstange

1 Nelke
3 dl Zwetschgensaft
5 cl Portwein
1 Zwiebel
250 g **Dörrzwetschgen** mit Stein
1 TL **Maizena**, in etwas kaltem Wasser aufgelöst
    Alle Zutaten bis und mit Zwiebel aufkochen. Auf Zimmerwärme abkühlen lassen. Sud durch ein Sieb in eine Schüssel giessen und die Dörrzwetschgen für einige Stunden darin einlegen. — Alles zusammen aufkochen und mit etwas Maizena abbinden. Wasser aufkochen und die Würste hineinlegen. Pfanne vom Herd nehmen und Würste zugedeckt 20 Minuten ziehen lassen.
✽ — Kartoffelstock (Seite 103) dazu servieren.

Glarner Zigerhörnli

    Für 6 Personen
500 g **Hörnli**
1 **Zwiebel**, fein gehackt
50 g **Bratbutter**
5 dl **Halbrahm**
100 g **Greyerzer**, gerieben
150 g **Schabziger**
2 Bund **glattblättrige Petersilie**, gezupft
30 g **Bratbutter**
5 **Zwiebeln**, in feinste Scheiben geschnitten
    Hörnli in Salzwasser bissfest kochen, in ein Sieb giessen und sogleich kalt abschrecken. — Zwiebeln in der Bratbutter so lange dünsten, bis sie weich und caramelfarben sind. — Rahm dazugiessen. Greyerzer in einer separaten Pfanne langsam unter ständigem Rühren erhitzen. Schabziger dazugeben und mit Pfeffer und Salz abschmecken. — Jetzt Hörnli in die Sauce geben und mischen, bis alles heiss ist. Zwiebeln und Peterli dazugeben und auf einer Platte anrichten.
Tine: Für alle, die mehr Ziger mögen, einfach ein Zigerstöckli mit Raffel dazustellen. In Deutschland gibt es etwas Ähnliches wie Ziger, Bockshornklee, aber es ist nicht dasselbe. Bei einem Schweizbesuch Hornussen, Schwingen und den Kampf der Königinnen im Wallis anschauen und die Zigerhörnli probieren.

Glossar und Wissenswertes

Worte und Begriffe aus der «Alpenrose»-Küche, die man besser kennen sollte. Tines kleines Küchenlexikon.

Abbinden: Flüssigkeiten oder Saucen verdicken. Das kann man mit verschiedenen stärkehaltigen Hilfsmitteln wie Kartoffelstärke oder Maisstärke erledigen. Ich nehme Maizena, gut schweizerische Maisstärke. Maizena muss zuerst im kalten Wasser aufgelöst werden, bevor es zur Flüssigkeit oder Sauce gegeben wird. Anschliessend 2–3 Minuten gemeinsam köcheln lassen, dann vom Herd nehmen. Falls die gewünschte Konsistenz noch nicht erreicht ist, Vorgang einfach wiederholen.
Abstehen: Nach dem Garen wird das Fleisch in Alufolie gepackt und einige Minuten lang bei Raumtemperatur stehen gelassen. So kann sich der Saft im Fleisch verbreiten und es wird wunderbar zart.
Alkohol: Angeblich verdunstet Alkohol, der beim Kochen oder Backen verwendet wird, ja vollständig. Aber das ist nicht bewiesen. Ein gewisser Prozentsatz bleibt sicher übrig.
Arbeitsfläche mehlen: Es ist wichtig, dass die Arbeitsfläche grosszügig gemehlt wird. Beim Brotbacken wird der Teig mit Mehl bestäubt, das schützt das Brot davor, zu verbrennen.
Ausbacken oder Frittieren: Schwimmend im Fett backen. Dafür eignen sich Pflanzenöle wie Rapsöl, Sonnenblumenöl oder geklärte Butter. Auf der Flasche muss deutlich stehen, dass das jeweilige Öl zum Frittieren geeignet ist. Kaltgepresste Öle eignen sich dafür nicht, weil sie nicht heiss genug werden (180 Grad), sondern verbrennen.
Balsamico: Schwieriges Thema. Der «Echte» ist unbezahlbar, und die Billigvariante ist zu kitschig!
Bauernregel: «Eine gute Forelle im Topf ist mindestens so gut wie zwei Lachse im Meer.»
Blanchieren: Kurzes Überwallen im kochenden Wasser. Einen Topf mit viel Wasser zum Sprudeln bringen. Das Gemüse ins kochende Wasser geben. Nach 3–5 Minuten mit einer Schaumkelle herausfischen und sehr kalt abschrecken. So wird der

Flötsch (Rezept Seite 52) — **65**

Garprozess gestoppt, die schöne Farbe und die Enzyme des Gemüses bleiben erhalten.
Blind backen: Teig ohne Belag vorbacken, damit er nicht zu stark aufgeht. Dafür wird dieser Teig mit getrockneten Erbsen oder Bohnen beschwert, die nach dem Backen wieder entfernt werden.
Bratbutter: Zum Heissanbraten von Fisch, Fleisch und zum Rösten von Gemüse. Geklärte Butter ist hoch erhitzbar. Sie können diese selber klären oder fertig kaufen.
Braten von Fleisch: Beim Fleischbraten spielen einige Faktoren eine grosse Rolle:
✷ Qualität
✷ Lagerung
✷ Fleisch nie direkt aus dem Kühlschrank braten, sondern zuerst herauslegen und Zimmertemperatur annehmen lassen
✷ Den Ofen kennen
✷ Öfter mal das gleiche Stück Fleisch verarbeiten, um Erfahrungen zu sammeln

Daumen-Zeigefinger-Methode: So können Sie erkennen, wie weit das Fleisch schon gegart ist (und ja, es braucht ein bisschen Erfahrung dafür). Drücken Sie mit dem Finger auf das Fleisch.
✷ *Bleu:* Das Fleisch fühlt sich gleich an wie der Daumenballen, wenn Sie dabei mit der Daumenspitze die Zeigefingerspitze berühren.
✷ *Saignant:* Das Fleisch fühlt sich gleich an wie der Daumenballen, wenn Sie dabei mit der Daumenspitze die Mittelfingerspitze berühren.
✷ *À point:* Das Fleisch fühlt sich gleich an wie der Daumenballen, wenn Sie dabei mit der Daumenspitze die Ringfingerspitze berühren.
✷ *Bien cuit:* Das Fleisch fühlt sich gleich an wie der Daumenballen, wenn Sie dabei mit der Daumenspitze den kleinen Finger berühren.

Thermometermethode:
✷ Rindfleisch: bei ca. 50 Grad *bleu,* 55 Grad *saignant,* 60 Grad *à point* und 71 Grad *bien cuit.*
✷ Kalbfleisch: bei 50 Grad *bleu,* 55 Grad *saignant,* 60 Grad *à point* und 71 Grad *bien cuit.*
✷ Schweinefleisch: bei 62 Grad *à point* und 71 Grad *bien cuit.*
✷ Lamm: bei 54 Grad *saignant,* 59 Grad *à point* und 69 Grad *bien cuit.*
✷ Poulet: sollte nur *bien cuit* gegessen werden. Das ist bei 74 Grad der Fall.
✷ Wild allgemein: Es ist besser, Fleisch, das aus der Jagd kommt, durchzuschmoren. So sind Sie sicher, dass alle Keime, die eventuell im Wildbret vorhanden sein können, abgetötet sind. Bei der Rehkeule beträgt die optimale Kerntemperatur ca. 80 Grad. Das Fleisch nach dem Garen 10–15 Minuten in eine Alufolie einpacken und rasten lassen.
Im Volksmund hat sich *medium* für die mittlere Garstufe durchgesetzt, obwohl es in der französischen Küchensprache eigentlich *à point* heissen würde.
Brunnenkresse: Brunnenkresse ist für mich die Königin der Kressesorten. Sie hat jede Menge Mineralsalze und Vitamine. Ihr universeller, kraftvoller Geschmack kommt wunderbar zur Geltung auf einem Butterbrot, geräuchertem Fisch, Salat, Ei oder Suppen. Brunnenkresse ist sehr arbeitsintensiv und wird ausschliesslich von Hand geerntet. Mit wilder Brunnenkresse halte ich es wie die Pilzsammler. Über den Standort wird eisern geschwiegen.
Caramelisieren: Goldene Regeln des Caramelisierens: Nur eine sanftes und langes Caramelisieren bringt ein gutes Geschmacksergebnis. Der Zucker muss langsam und gleichmässig schmelzen und vorsichtig braun werden. Zu schnelles Schmelzen hinterlässt stets ungeschmolzenen Griesszucker im Caramel. Wichtig: Während des langsamen Caramelisierens nicht mit dem Kochlöffel die Ruhe in der Pfanne stören.
Champignon: Die besten aromatischen Champignons sind immer noch die Wiesenchampignons. Um sie zu pflücken, bin ich mit meinen Eltern im Frühtau losgezogen. Mit der Kultivierung und Überdüngung der Wiesen sind die Wiesenchampignons ein rares Gut geworden. Direkt nach der Ernte sind die Lamellen auf der Unterseite des Pilzkopfes hellgrau, mit zunehmender Lagerdauer verfärben sie sich braun bis schwarz. Pilze mit einem Pinsel säubern, nicht waschen. Die Pilze nehmen das Wasser schnell auf und verlieren dadurch an Aroma.
Deckel: Das A und O eines guten Schmortopfes ist der Deckel. Achten Sie beim Kauf darauf, dass der Deckel richtig fest sitzt. Es gibt dazu selbstverständ-

Küchlein im Ofen «frittiert» (Rezept Seite 110) — 67

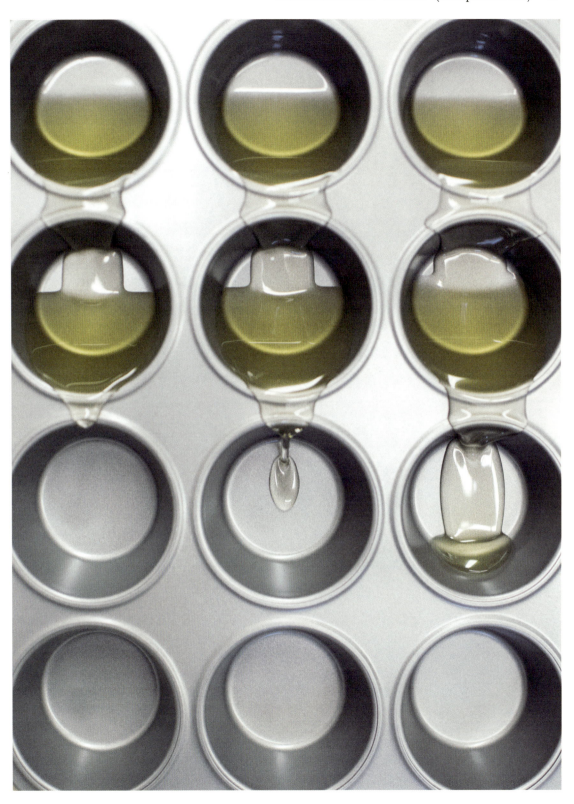

lich das passende Sprichwort: «Auf einen schiefen Topf gehört ein schiefer Deckel.»
Fisch: Fische nur im Kühlschrank aufbewahren. Wenn Sie nach zwei Tagen immer noch keine Lust auf den Fisch haben, dann ab in den Tiefkühler. Fisch vor dem Einfrieren gut abtupfen. Das Auftauen sollte idealerweise im Kühlschrank passieren. Zur Not auch im eiskalten Wasser. Dabei sollte der Fisch aber verpackt bleiben.
Garzeiten: Diese variieren durch die Qualität des Produktes. Hängt von dessen Alter und Frische ab. Die Pfannen und Töpfe so wählen, dass alles genügend Platz hat und nicht zu eng liegt.
Dünsten: Garen mit wenig Fett, kombiniert mit etwas Flüssigkeit unter dem Siedepunkt.
✻ **Andünsten:** Im Fett leicht wenden, ohne dass die Speise Farbe annimmt.
✻ **Glasig dünsten:** Sorgfältig dünsten, bis das Gargut durchsichtig wird (z.B. Zwiebeln).
Gäste: Unsere zahlreichen Gäste haben ja schon durch ihre Anwesenheit bewiesen, dass ihnen unser Tun Freude bereitet hat. Wir haben sicherlich nicht alle glücklich gemacht. Es allen Gästen recht zu machen, wäre freilich auch ein verwegener Gedanke. Eines ist sicher: Alle zusammen hatten wir eine irre Zeit.
Gelatine: Gelatine muss vor dem Auflösen in sehr viel kaltes Wasser eingelegt werden. Nach kurzer Zeit geht das feste Blatt in einen weichen Zustand über. Bevor die Blätter zum Einsatz kommen, müssen sie ausgedrückt werden. Es ist wichtig, die Gelatine bei schwacher Hitze von 50 Grad aufzulösen, bis eine klare Flüssigkeit entsteht. Gelatine darf niemals kochen. Zu heiss aufgelöste Gelatine zieht Fäden. Es gibt auch Alternativen zur Gelatine wie zum Beispiel Agar-Agar, damit habe ich aber keine Erfahrung.
Gelierzucker: Ich nehme für meine Konfitüre immer einfachen Gelierzucker und nicht den 2:1. Wer aber keine Zuckerbombe am Morgen zu sich nehmen will, kann auch diesen benutzen. Gelierzucker enthalten zusätzlich Konservierungsmittel.
Glace: Ungesalzener konzentrierter Fleischfond, der so lange gekocht wird, bis er geliert. Funktioniert auch mit Fischfond.
Goldgruben finden: Auf meinen Reisen bin ich immer auf der Suche nach Goldgruben. Sie sind schwierig zu finden, so wie es sich für Goldgruben gehört. Für mich sind das Kleinbetriebe wie eine Metzgerei, eine Bäckerei oder eine Konditorei, die vielleicht eine lange Familientradition besitzt und irgendetwas ganz besonders gut macht. Das gilt es herauszufinden.
Hacktätschli: Mit der Glacezange Kugeln abstechen, mit nassen Händen formen und mit dem Boden eines Weinglases gleichmässig flach drücken. Dann ab in die Pfanne.
Hagebuttenmark: Oder auch Buttenmost – ein ungesüsstes Rohprodukt. Die Basis für eine Hagebuttenkonfitüre.
Hände: Ich glaube an alles, was ich anfassen kann, an die Struktur der Dinge. Wunderbar, über den Flaum der Quitte zu streichen, die grobe Haut einer Birne, die Haut einer reifen Pflaume oder Mirabelle zu spüren. Überhaupt ist es das Schönste, mit den Händen zu essen: Wenn ich Lust habe, etwas Gutes auf meinem Teller anzufassen, es sozusagen zu begreifen, dann lasse ich mich davon auch nicht vom streng dreinschauenden Kellner abbringen. Essen ist ein Fest der Sinne, und der Tastsinn ist mindestens so wichtig wie das Sehen und das Riechen.
Hartweizendunst: Feines Spezialmehl. In Fachgeschäften erhältlich.
Hefe: Frische Hefe ist viel besser und geschmacksintensiver als Trockenhefe.
Inspiration: Ich bin äusserlich sesshaft, aber innerlich immer auf Reisen. Ich unterhalte mich gerne mit Leuten, auch wenn ich manchmal deren Sprache nicht verstehe. Kochen ist wie die Musik eine universale Sprache, mit der ich mich bestens verständigen kann. Ich schaue gerne Menschen zu, wie sie kochen, und möchte immer herausfinden, warum sie die Dinge so zubereiten, wie sie das tun. Ich finde es inspirierend, mit einem Glas Bier in einer warmen Küche zu stehen. Am schönsten ist es aber, gemeinsam zu essen und dabei auf vergnügliche Art neue Ideen willkommen zu heissen.
Kaffeemühlen: Ich habe mir in den letzten Jahren einige kleine elektrische Kaffeemühlen im Brockenhaus gekauft. Damit lassen sich Wacholderbeeren,

Senfsamen, Nelken oder getrocknete Pilze wunderbar zerkleinern oder pulverisieren.

Kapaun: Jedes Jahr einmal. Guten Kapaun gibt es eigentlich nur im Dezember. Er kommt meistens aus Frankreich. Das Fleisch ist besonders mild und weiss. Der Kapaun ist kein Huhn, kein Hahn und auch kein Güggeli, aber saftiger als ein Truthahn. Ein Kapaun, der mit Wintergemüse im Backofen schmort, ist perfekt für einen Winterabend.

Köcheln: Bei schwacher Hitze sieden oder simmern lassen.

Reduzieren: Eine Flüssigkeit durch Einkochen konzentrieren, um dadurch ein intensiveres Aroma zu erhalten.

Kohl: Federkohl, Wirz, Rotkohl, Schwarzkohl und Weisskohl. Das sind die Aromen meiner Kindheit. Dazu immer Butter, Kümmel, Kartoffeln.

Kräuterbutter: Butter mit Zitronensaft so lange von Hand mit einem Schwingbesen schlagen, bis Sie rote Wangen haben und die Butter bleich ist. Es sei denn, Sie bevorzugen einen elektrischen Handmixer.

Küche: Eine gute Küche braucht Zeit.

Lamm: Lammhaxe, Lammgigot, Lammhuft ... im Sommer. Ich mag die englische Art der Zubereitung mit etwas Minze. Ich verstecke die Minze sehr gerne unter der Haut. Das Aroma der Minze gibt dem Fleisch etwas sehr Leichtes, Sommerliches, das meiner Meinung nach perfekt zum Lamm passt.

Lehrling: Jesse vom Echtzeit Verlag wäre für mich eine wunderbare Herausforderung als Lehrling gewesen. Nach all der Theorie mit diesem Kochbuch wäre es an der Zeit für ihn und für mich, die Schürze umzubinden und das Messer sausen zu lassen.

Lyoner Pfanne: Wichtigstes Gerät zum Sautieren und Braten. Aus Gusseisen. Ich habe drei. Eine für den Fisch, eine für Fleisch, eine für die Bratkartoffeln. Sie mussten erst alle eingebraten werden. Die Pfanne wird umso besser, wenn sie täglich benutzt wird. Sie sollte nur mit Wasser ausgespült werden. Niemals mit Spülmittel. Bei viel Schmutz mit grobem Salz reinigen, danach die Pfanne mit ein wenig Speiseöl einreiben, um das Rosten zu verhindern.

Messerschleifen: Irgendwann wird auch nach täglichem Schleifen am Wetzstein jede Klinge stumpf. Ich habe ein gutes Messer, das ich nur sehr ungern aus der Hand gebe. Es liegt mir und ist schwer, aber ein einfühlsamer Allrounder. Wir machen alles miteinander. Ausbeinen, fein schneiden oder das Grobe. Wir beide haben unsere Patina. Da ich mein Messer vor jedem Gebrauch «abziehe», ist es wunderbar scharf. Aber ein-, zweimal pro Jahr schicke ich es in den Service zum Fachmann, wo es wieder in die ideale Form geschliffen wird.

Musik in der Küche: Die Küche ist kein Ort der Ruhe. Man muss schon ein Herz für Wahnsinn haben, wenn man in einer Profiküche arbeiten will. Privat ist die Küche der Ort der Anarchie. In einer Profiküche findet die Alchemie aller Elemente statt: Feuer, Luft, Wasser, Erde und dazu als Quintessenz die Musik. Wenn ich am Morgen in unsere Küche komme, schnurren nur die Kühlschränke. Das ändert sich dann schlagartig, wenn die Lüftung einsetzt, das Wasser kocht, das Fleisch gebraten wird, Salatschleuder, Abwaschmaschine, Schwingbesen loslegen. Die ganzen Geräusche sind der Beat der Küche. 10 Stunden am Tag befinden wir uns permanent zwischen Acid und Zwölftontechnik. Jede Küche auf der Welt hat ihren eigenen Beat, ohne dass irgendein Radio läuft. Entscheidend ist, dass wir das wegstecken können und die Geräusche transformieren und ins Positive umkehren. Alle Köchinnen, Köche und Küchenmitarbeiter würden sonst wahnsinnig werden.

Nüsse: Die besten Haselnüsse kommen aus dem Piemont. Baumnüsse schmecken klar besser, wenn sie erst kurz vor dem Gebrauch aus der Schale geknackt werden.

Nadelprobe: Mit einer dünnen Stricknadel in den Kuchen hineinstechen und sie wieder herausziehen. Der Kuchen ist fertig gebacken, wenn nichts mehr an der Nadel klebt.

Pariserlöffel: Ein löffelförmiges, scharfkantiges Werkzeug, mit dem das Kerngehäuse ausgestochen werden kann.

Pilze: Pilze sind nur dann frisch, wenn Sie selber im Wald auf die Suche gegangen sind. Auf einem Markt oder bei einem sehr guten Comestibles kaufen. Die Pilze nie waschen, nur mit einem Tuch oder Pinsel

reinigen. Eierschwämmli sind Pfifferlinge und Verwandte der Herbsttrompete.
Qualität: Eine gute Küche braucht Zeit. Eine gute Küche ist zeitlos. Freude beim Kochen steigert die Qualität.
Quitten: Das Liebste aus meiner Kindheit: eine Reise in meine fränkische Heimat im Herbst zum vier Kilometer langen Quittenweg in Astheim. Der Quittenlehrpfad lohnt sich.
Rapsöl: Ein aromatisches Öl für Salatsaucen. Eine gute Alternative zu Olivenöl.
Rechauds: Stehen stimmungsvoll auf dem Tisch, sozusagen als kleines Lagerfeuer, und sorgen dafür, dass die Platten und Schüsseln warm bleiben. Die Gäste warten auf das Essen und nicht das Essen auf die Gäste.
Schalen: Schalen und Kerngehäuse enthalten Pektin, womit das Gelieren unterstützt wird. Meine Mutter hat zum Gelieren nur einen Teil der Kerne entfernt. Falls eine Quitte innen ein bisschen braun ist, wenn sie angeschnitten wird, können Sie sie trotzdem verarbeiten.
Schneidebretter aus Holz: Kiefernholzbretter sind die besten gegen die Keime. Die Bretter der Lerche und der Eiche haben auch antibakterielle Stoffe. Durch die Schnitte im Brett reinigt sich das Brett sozusagen selber. Gut abwaschen, mit super heissem Wasser nachspülen und auf einem Abwaschgitter sehr gut trocknen lassen.
Schlagrahm: Für eine schöne Schlagrahmhaube auf einem Getränk den Rahm leicht süssen, damit er obenauf bleibt.
Schokolade schmelzen: Schokolade immer sehr langsam schmelzen (bei 35–40 Grad über dem Wasserdampf). Falls sie klumpt, mit etwas flüssigem Rahm wieder sämig rühren. Wenn sie zu hart ist, ab in den Kübel und von vorne anfangen.
Schnittmaschine: Das Reinigen und Schleifen ist sehr wichtig. Aufschrauben, in die möglichen Einzelteile zerlegen und dann mit einem warmen Abwaschtüchlein oder weichen Schwamm reinigen. Und sehr wichtig: Unter der Schneideabdeckung verstecken sich Unreinheiten und Bakterien! Diese können mit der Zeit sehr unangenehme Folgen haben. Ich empfehle, die einzelnen Teile unter fliessendem Wasser mit etwas Spülmittel zu reinigen. Im Anschluss abtrocknen, auf ein Tuch legen und die einzelnen Teile erst wieder anschrauben, wenn sie komplett trocken sind. Im Hauptgewinde der Maschine bildet sich sonst oft Rost. Ich schleife meine Maschine regelmässig, und zwar nach zweimaligem Gebrauch, mit dem dazugehörigen Aufsatz. Lesen Sie doch einfach die Packungsbeilage, dann ersparen sie sich den Apotheker.
Schuhe in der Küche: Nichts ist schlimmer als das falsche Schuhwerk in der Küche. Ich habe zweimal am Tag die Schuhe gewechselt. Mein Freund Doc Martin hat mich auf den Birkenstock gut damit beraten, mehr le coq sport zu betreiben. Er hat mich auf einen Ausflug nach Nürnberg zum Adi geschickt, damit ich mich auf leisen Sohlen wie ein Puma bewege. Vielen Dank an das gute Schuhwerk, das mir den Alltag erleichtert hat.
Schweizer Küche: Ich dachte immer, die Schweizer Küche wäre eine Bauernküche, bis mich Paul eines Besseren belehrt hat! Sie ist keine bäuerliche, sondern eine traditionelle, regionale Küche des Bürgertums. Die Besonderheiten der Schweizer Küche sind die vier Kulturräume. Es ist wunderbar, aus diesem Reichtum zu schöpfen.
Sterilisieren: Gläser in einem Topf mit Wasser etwa 15 Minuten köcheln. Oder auf ein Backblech geben und im Ofen bei 110 Grad 15 Minuten drinlassen.
Sugo: Antonio hat mir viel über die Tomaten aus dem Süden Italiens erzählt. Dass jede Familie ihre eigene Art hat, ihren Sugo zu kochen, welche unter der Hand an die jeweils nächste Generation weitergegeben wurde. Sugo ist Heimat. Die Nonna wusste genau, wann die Tomaten bereit sind für den Wintervorrat.
Tiefkühlen: Bei minus 18 bis minus 20 Grad. Ich friere so gut wie nichts ein. Das hat mit der Versorgungslage hier in Zürich zu tun, die grossartig ist. Wenn ich zu viel koche, esse ich es meistens am nächsten Tag auf. Mein Tiefkühlfach hat die Grösse einer Schuhschachtel, daher sind hier meine Möglichkeiten sowieso eingeschränkt. Ich friere nur ein, was ich normalerweise nicht frisch bekomme, wie z.B. Gitzileberli, Innereien usw. Hier aber doch ein paar Hinweise zum Einfrieren. Es gibt im Handel

sehr gute Gefrierbeutel und Behälter. In den Behältern sollte so wenig Luft wie möglich sein, denn durch zu viel Luft kann Gefrierbrand entstehen. Also vor dem Verschliessen alle vorhandene Luft herausdrücken. Im Tiefkühlfach sollte der Beutel möglichst flach liegen. Die Temperatur im Tiefkühler sollte mindestens minus 18 Grad betragen. So wird sichergestellt, dass die Lebensmittel mindestens drei Monate haltbar sind, Rindfleisch sogar bis sechs Monate. Wichtig: die Lebensmittel müssen sehr schnell tiefgekühlt werden. Dafür haben die meisten Tiefkühler einen Schockgefrierknopf. Warme Speisen abkühlen lassen und dann einfrieren. Auf den Tiefkühlbeuteln Inhalt und Tag des Einfrierens notieren. Von Zeit zu Zeit ist es angebracht, alle Lebensmittel aus dem Tiefkühler zu verspeisen und diesen zu enteisen und gründlichst zu reinigen.

Versalzene Bouillon: Ist zu viel Salz in die Bouillon geraten, lässt sie sich retten, indem man ein rohes Eiweiss in der Suppe quirlt. Sobald das Eiweiss geronnen ist, müsste es einen grossen Teil des Salzes aufgenommen haben.

Warme Teller: Sind ein absolutes Muss! Zu Hause genau so wie im Restaurant.

Wasserbad: Im oder über dem Wasserbad schmilzt man Zutaten, damit sie nicht anbrennen. Zum Beispiel Schoggi. Eine Pfanne mit Wasser erhitzen, eine Chromstahlschüssel hineinstellen und darin die Schoggi schmelzen.

Zeste: Die äusserste Schicht der Schale von Zitrusfrüchten ohne das Weisse. Sie wird mit einem Zestenmesser oder einem Sparschäler in feinsten Streifen abgeschält.

«Zur Rose kochen»: Das bezieht sich auf die Konsistenz einer Creme. Dazu auf eine Holzkelle etwas Creme schöpfen und hineinblasen. Wenn sich eine Rose bildet, ist die Creme perfekt.

Zwiebel: Die Zwiebel ist nirgends besser beschrieben als bei Günter Grass! Da wurde beim Häuten der Zwiebeln endlich einmal geweint, anständig geweint, hemmungslos geweint, freiwillig geweint. Da flossen die Tränen und schwemmten alles fort. Buchtipp: *Die Blechtrommel*, drittes Buch «Im Zwiebelkeller».

Glühtee

Ergibt 1,5 Liter
5 dl **Schwarztee** (2 Teebeutel)
6 dl **Pinot Noir**
1 **Zimtstange**
5 TL **Zucker**
4 **Nelken**
1 breiter Streifen **Schale einer unbehandelten Orange**
1,5 dl **Rum**
1,5 dl **Obstbranntwein**

Tee aufkochen. Rotwein, Zimt, Zucker, Nelken, Orangenschale hineingeben. Nach etwa 5 Minuten Teebeutel, Nelke und Orangenschale wieder herausnehmen. Rum und Obstbranntwein in den Tee giessen.

Glühweinsauce

Für 10 Personen
1 Flasche **beeriger Rotwein** (7 dl)
3 EL **Kastanienhonig**
1 gute **Orange**, frisch gepresst
1 gute **Zitrone**, frisch gepresst
1 kleines Stück **Ingwer**, frisch, geschält
80–100 g **Zucker**
½ **Zimtstange**
2 cl **Crema di Cassis**
1 **Glühweinbeutel** (Glühfix aus Deutschland schmeckt am besten)
1 TL **Maizena**, in etwas kaltem Wasser aufgelöst

Rotwein, Kastanienhonig, Orangen- und Zitronensaft, Ingwer und Zucker aufkochen. — 1 Beutel Glühfix hineinhängen, ½ Orange, ½ Zitrone, Zimt zugeben und 10 Minuten köcheln lassen. — Alles aus dem Glühwein herausfischen und Crema di Cassis hineingeben. Nochmals aufkochen und mit Maizena abbinden.

Tine: Passt zur Entenbrust (Seite 44). Wenn ich in Deutschland bin, suche ich «Glühfix»-Beutel. Die Mischung ist perfekt. — Es lohnt sich, allein wegen der Beutel einmal in Deutschland Ferien zu machen.

Gnocchi «romaine»

Für 6–8 Personen
1 l Milch
10 g Salz
200 g Weizengriess
2 Eigelb, verquirlt
1 Zweig Rosmarin, Nadeln abgezupft und klein gehackt
50 g Butter
Butter, zum Bestreuen

Backofen auf 150 Grad vorheizen. — Milch und Salz aufkochen. Weizengriess unter Rühren einrieseln. Zu einem Brei kochen. Etwas abkühlen lassen. — Eigelb, Rosmarin und Butter nacheinander einrühren. Mit einem Glacelöffel halbe Kugeln abstechen, auf ein mit Backpapier belegtes Backblech geben. Ungefähr 20 Minuten backen. — Wenn die Gnocchi eine schöne Farbe angenommen haben, mit etwas flüssiger Butter bepinseln.
❉ — Im Sommer mit einem Gemüse, im Winter mit einem Ragout (Seite 159) oder wozu auch immer Sie Lust haben.

«Gotte Mina»-Creme

Für 6 Personen
9 dl Milch
1 dl Vollrahm
45 g Vanillepudding-Pulver
250 g Zucker
50 g Butter

Milch, Vollrahm und Vanillepulver mit einem Schwingbesen gut verrühren. Es darf keine Knöllchen geben. Zucker in einer Chromstahlpfanne erhitzen, bis er flüssig und hellbraun wird. Mit der Milchrahmmischung ablöschen und so lange rühren, bis das Caramel sich in der Milch aufgelöst hat und die Masse zu einem Pudding wird. Die Butter dazurühren. — In einzelne Gläser oder eine Schüssel abfüllen. 2 Stunden kühl stellen. Dazu passt Schlagrahm.
Tine: Die Kinder mochten diese einfache Creme in der «Alpenrose» immer gerne!

Grappaparfait

Für eine Form von 1 Liter Inhalt
❉ — Muss mindestens 5 Stunden gefrieren
3 Eigelb
125 g Zucker
5 dl Greyerzer Doppelrahm
5 cl Grappa
3 Eiweiss, steif geschlagen
Dunkles Schokoladenpulver

Terrinenform mit Klarsichtfolie auskleiden, die Folie muss über den Rand hinauslappen. — Eigelb mit Zucker sehr hell schlagen. Doppelrahm mit Grappa steif schlagen. Mit einem Schwingbesen unter die Eigelbmasse ziehen. Das steif geschlagene Eiweiss darunterziehen. Schoggipulver kräftig auf den Boden der Terrinenform streuen. Eine Schicht der Grappamasse einfüllen, nochmals mit Schoggipulver bestreuen. Den Rest der Masse einfüllen. — Mit Klarsichtfolie bedecken und mindestens 5 Stunden tiefkühlen.

Griesspudding mit Kirsch

Für 6–8 Personen
❉ — Muss im Kühlschrank ungefähr 2 Stunden fest werden
5 dl Milch
60 g Weizengriess
100 g Zucker
5 Blatt Gelatine, in kaltem Wasser eingeweicht, ausgedrückt
4 cl Kirsch
5 dl Vollrahm, steif geschlagen

Milch aufkochen. — Weizengriess und Zucker mischen und zusammen im Sturz mit dem Schwingbesen in die Milch einrühren. So lange kochen, bis die Masse cremig wird. — Gelatine dazugeben und gut rühren! Nicht mehr kochen. In eine Schüssel giessen und Kirsch darunterrühren. Abkühlen lassen. — Wenn der Pudding leicht fest ist, Rahm darunterziehen. In vielen kleinen oder einer grossen Form im Kühlschrank ganz fest werden lassen. — Stürzen und mit Fruchtkompott begiessen.

Grüner Ausnahmezustand

Wie man aus ein paar Handvoll Spinat eine grüne Köstlichkeit zaubert.

Für 4 Personen
1 kg Winterspinat
1 Zwiebel, feinst gehackt
100 g Butter
2,5 dl Vollrahm
Salz und Pfeffer
1 TL Maizena, in etwas kaltem Wasser aufgelöst
Muskatnuss, frisch gerieben

Spinat verlesen, die ganz groben Stile abbrechen. Sehr sehr gut waschen. Wenn zwei Becken vorhanden sind, beide mit Wasser füllen und übergreifend rüsten. — Wasser aufkochen und Spinat kurz darin überwallen. Herausnehmen, abtropfen lassen und in einem Sieb ausdrücken. Am besten so viel Spinat ins Sieb, wie eine Hand nehmen kann. — Zwiebeln in etwas Butter dünsten. Den Spinat dazumischen. Die restliche Butter und Rahm dazugeben und mit Salz, Pfeffer und Muskat abschmecken. Eventuell mit etwas Maizena abbinden.
✲ — Mit einem Verlorenen Landei (Seite 210) oder als Gemüse zu Fisch und Fleisch.

Grüne Sauce

Für 4 Personen
✲ — Muss 2 Stunden kühl gestellt werden
2 Eigelb
½ Zitrone, frisch gepresst
1,5 dl Sonnenblumenöl
4-Minuten-Ei, in kaltem Wasser abgeschreckt
½ Bund Basilikum, ohne Stängel, fein gehackt
1 EL Thymian
1 Zweig Majoran
1 TL Senf
1 EL Kapern
1 EL Weissweinessig
5 cl Kalbsfond (Seite 93)

Für die Mayonnaise Eigelb, Salz und Zitrone mit einem kleinen Schwingbesen verrühren. — Das Sonnenblumenöl im Faden dazurühren. Beiseite stellen. — Für die Sauce restliche Zutaten mit einem Stabmixer pürieren. Falls die Sauce zu wenig flüssig ist, einfach mehr vom Kalbsfond dazugeben. Alles in die Mayonnaise rühren und für 2 Stunden kühl stellen.

Tine: Wer gerne Kapern hat, gibt sie ganz in die Sauce und würzt erst danach, da die Kapern sehr salzig sind. Wenn sie Fleischreste vom Vortag (Siedfleisch, Braten oder auch Geflügel) haben, dünn aufschneiden und Sauce drüber.

Guetzli und Gebäck

Guetzli, Plätzchen, Kekse – es gibt viele Namen für die kleinen Köstlichkeiten, die man bei jeder Gelegenheit brauchen kann.

Cantucci für den Limmatladen — 29
Haselnussguetzli — 78
Madeleines — 119
Maisguetzli mit Haselnüssen — 121
Ochsenaugen — 137
Sablés — 177
Schmalznudeln — 182
Schneeballen — 182
Schoggi-Haselnuss-Kekse von Berta — 185
Totenbeinli — 206
Weinringli — 216
Zürcher Spekulatius — 227

Gugelhopf zu jeder Zeit

✲ — Muss ungefähr 3–4 Stunden aufgehen
250 g Dinkelmehl
250 g Weizenmehl
50 g Mandelscheiben
1 Würfel Frischhefe
2 dl Milch, zimmerwarm
1 gute Prise Salz
80 g Zucker
200 g Butter
100 g Rosinen, in lauwarmes Wasser eingelegt

Mehlsorten mischen. Gugelhopfform sehr gut ausbuttern, mit den Mandeln bestreuen und in den

Kühlschrank stellen. — Die Hefe in der Hälfte der Milch auflösen. Mit etwas Mehl zu einem sämigen kleinen Teig verrühren und an einem nicht allzu warmen Ort auf das Doppelte aufgehen lassen. — Nach etwa 1 Stunde das restliche Mehl, Salz, Zucker und die nochmals kurz in einem Töpfchen angewärmte restliche Milch zusammenbringen und von Hand richtig durchkneten. Lassen Sie Ihren Gefühlen beim Kneten freien Lauf. Sie glauben nicht, was Ihnen da alles in den Sinn kommt. Ab und zu den Teig richtig auf die Unterlage knallen. — Kurz vor der totalen Erschöpfung die Butter handwarm in den Teig kneten. Das Ganze nochmals 15 Minuten kneten, bis der Teig von den Händen fällt. Falls das nicht so ist, noch etwas Mehl dazugeben. — Jetzt den aufs Doppelte aufgegangenen Hefevorteig einarbeiten. Teig in eine Schüssel legen und mit einem Tuch bedeckt 1 Stunde aufgehen lassen. — Danach die eingeweichten Rosinen in den Teig arbeiten. Eine Wurst formen und sie auf den Boden der Ringform legen. So lange aufgehen lassen, bis der Teig aus der Form klettern will. Auch dies kann 1½ Stunden dauern. — Im auf 180 Grad vorgeheizten Ofen ungefähr 45 Minuten backen. Der Gugelhopf soll sich gut vom Rand lösen. Herausnehmen und ein bisschen zuwarten. — Dann auf ein Gitter stürzen.

Tine: Am Morgen mit Kaffee, am Nachmittag zum Tee, am Abend zu einem Gläschen Süsswein geniessen! Der Kuchen schmeckt sehr gut, wenn er von Hand geknetet wird!

Güggeli, flach gelegt

Für 1–2 Personen
1 Güggeli, ca. 600 g
1 Schuss Olivenöl
1 kleiner Apfel
1 kleine Quitte, mit einem Tuch abgerieben
2 kleine Zwiebeln, in feine Ringe geschnitten
50 g gesalzene Butter
1 TL normaler Senf

Ofen 220 Grad vorheizen. — Güggeli das Rückgrat auf einer Seite längs durchschneiden und mit der flachen Hand die Brustseite flach drücken. Mit Olivenöl einreiben und gut salzen. Güggeli auf ein Blech legen und 30 Minuten in der Mitte des Ofens braten. — Nach 30 Minuten den Ofen abstellen. Eine Bratpfanne auf den Herd stellen, Zwiebeln fein in Butter dünsten. Mit einer Röstiraffel den ungeschälten Apfel und die Quitte in die Pfanne reiben. Alles zusammen kurz weiterdämpfen und die Flüssigkeit vom Güggeliblech sowie den Senf dazugeben. Das Quitten-Apfel-Geköch auf ein warme Platte schütten und das Güggeli drauflegen.

Gurkensalat zu Kalbszungen

Für 4 Personen
2 Kalbszungen
1 Stange Sellerie, grob geschnitten
1 Stange Lauch, grob geschnitten
1 kleine Zwiebel, grob geschnitten
1 Rüebli, grob geschnitten
Salz
1 Nelke und **1 Lorbeerblatt**
2 Salatgurken, geschält
1 Bund glattblättrige Petersilie, zerzupft
✱ — Für die Vinaigrette
5 cl Weissweinessig
1 EL Sonnenblumenöl
2 EL Rapsöl
2 EL Kapern, in Wasser kurz eingeweicht
Salz
2 Frühlingszwiebeln, in feine Ringe geschnitten

3 l Wasser aufkochen, Gemüse hineingeben. Etwas salzen. Kalbzungen, Nelke und Lorbeer dazugeben und alles 45–50 Minuten köcheln lassen. — Topf vom Herd nehmen und Kalbszungen in der Flüssigkeit auf Zimmerwärme abkühlen lassen. — Kalbszungen herausnehmen und schälen. Mit einer Aufschnittmaschine oder einem scharfen Messer superfein schneiden. — Für die Vinaigrette Essig und Öle mischen, Kapern absieben und dazugeben. Abschmecken und die Frühlingszwiebeln darunterrühren. — Mit dem Sparschäler schmale Streifen von den Gurken abschälen bis zur Kernreihe. Die Gurkenstreifen etwas salzen, mit Peterli und Kalbszungenscheiben mischen und mit der Vinaigrette verrühren.

H

H wie **Herz**. Ja, Herz für die guten Sachen sowieso. Aber auch für das Ochsenherz ganz konkret. Und weil man ein Herz ja verschenken und nicht verkaufen soll, haben wir so eines am letzten «Alpenrose»-Abend an unsere Gäste verschenkt. Allerdings nicht roh, wie hier, sondern fein gebraten wie auf Seite 166.

Hacktätschli

Eines unserer Lieblingsessen – oder sollen wir sagen, *das* Lieblingsessen unserer Gäste?

Bisontätschli hat Schwein — 21
Enten- und Kaninchenhacktätschli — 44
Hirschhacktätschli — 81
Kartoffeltätschli aus dem Tessin — 104
Rindshacktätschli vom Rätischen Grauvieh — 166

Hagebuttenkonfitüre

Ergibt 3 Gläser à 500 g
1 kg reines Hagebuttenmark (oder Buttenmost)
500 g Rohrzucker
½ Zitrone, frisch gepresst
½ Orange, frisch gepresst

Hagebuttenmark, Zucker und den Saft der Zitrusfrüchte gut kochen, bis sich alles gut verheiratet hat. — In saubere Konfitürengläser abfüllen, Deckel drauf und auf den Kopf stellen.
Tine: Buttenmost bekommt man ab September auf den Märkten und er muss sofort verwendet werden. Ein paar Löffel Hagebuttenkonfi zu Katharinas warmem Porridge (Seite 150) sind das Beste am Sonntagmorgen!

Hagebuttenköpfli

Für 10–12 Förmchen à 1,2 dl
450 g Hagebuttenkonfitüre (Rezept oben)
250 g Joghurt
150 g Sauerrahm
½ Orange, frisch gepresst
½ Zitrone, frisch gepresst
7 Blatt Gelatine, in kaltem Wasser eingeweicht, ausgedrückt
1 dl Vollrahm, flüssig
2,5 dl Vollrahm, steif geschlagen

Zimmerwarme Hagebuttenkonfi, Joghurt, Sauerrahm, Orangen- und Zitronensaft sehr gut vermischen. Flüssigen Rahm erwärmen und Gelatine darin auflösen. Zur Hagebuttenmischung rühren.

Schlagrahm darunterziehen und in Timbaletöpfchen abfüllen. — Vor dem Essen kurz ins warme Wasser halten und mit einem Rüstmesserli den Rand lösen. Vorsichtig auf einen Teller stürzen.
Tine: Passt winterbar zu gedörrten Wunderbeeren (Seite 17).

Hanna Sauer

Der Drink trägt Hannas Namen. Sie war Mitglied unserer Metronom-Musikveranstaltungen und mochte sehr gern Amaretto.

Pro Person
2 cl **Zuckersirup** (Seite 226)
2 cl **Orangensaft**, frisch gepresst
2 cl **Zitronensaft**, frisch gepresst
4 cl **Amaretto**
Viel **Eis**

Alle Zutaten verrühren und auf viel Eis in ein Glas giessen.

Haselnussguetzli

1 Dose für den Süssigkeitenschrank
✻ — Teig muss 1 Stunde gekühlt werden
250 g **Haselnüsse**
350 g **Butter**
200 g **Zucker**
½ **Vanillestängel**, längs aufgeschnitten und Mark ausgekratzt
3 EL **Milch**
500 g **Mehl**

Haselnüsse in einer Nussmühle fein mahlen oder bereits gemahlene kaufen und in einer Pfanne rösten, abkühlen lassen. — Butter, Zucker und Vanillemark mit dem Mixer schaumig rühren. Milch dazugeben. Mehl dazusieben, gemahlene Haselnüsse dazurühren. Einen schönen Teig formen und ihn für 1 Stunde in den Kühlschrank stellen. — Backofen vorheizen auf 200 Grad. Aus dem Teig Rollen mit 4 cm Druchmesser formen und in ungefähr 1 cm dicke Scheiben schneiden. Auf einem mit Backpapier belegten Blech in der Mitte des Ofens 10–15 Minuten backen.

Haselnussravioli

Für 6–8 Personen
400 g **Ricotta**
150 g **Mascarpone**
2 Handvoll **piemontesische Haselnüsse**, geröstet, fein gehackt
1 kleine Kelle **Bratensauce** (vom letzten Sonntagsbraten) oder **Kalbsfond** (Seite 93)
2 EL **glattblättrige Petersilie**, fein gehackt
Salz
Schwarzer Pfeffer
500 g **Ravioliteig** (Seite 160)
1 **Eiweiss**, geschlagen

Alle Zutaten gut miteinander vermischen. Die Masse abschmecken. — Den Ravioliteig durch die Teigmaschine drehen, bis er hauchdünn ist. Teigband halbieren. Eine Bandhälfte mit geschlagenem Eiweiss bestreichen. Mit dem Spritzsack haselnussgrosse Häufchen auf den Teig setzen. Die zweite Bandhälfte darüberlegen, gut bis an die Füllung andrücken und mit einem Teigrad zu Ravioli ausschneiden. — Ravioli in viel Salzwasser 2–4 Minuten köcheln.

Hecht aus dem Zürisee mit Bürli im Bauch

Der Hecht, dieser schöne Fisch mit seinem Charakterkopf und der zarten Seele. Er lässt sich nicht züchten. Man kann ihn nicht einfach braten wie ein Fischstäbli oder ihn wie ein Forellen- oder Felchenfilet hinunterschlingen. Der Hecht braucht beim Garen Pflege. Er ist eine magere Kreatur, und die Gräten verlangen höchste Konzentration, sonst kann der Hecht zum Desaster werden.

Für 4 Personen
50 g **Bratbutter**
1 **Bürli** oder eine Scheibe gutes Brot
1 **Zwiebel**, gehackt
1 Bund **glattblättrige Petersilie**, gehackt
Salz und **Pfeffer**
1 kleiner **Hecht**, ungefähr 1,5 kg

Backofen auf 220 Grad vorheizen. Eine feuerfeste Form ausbuttern. — Brot in Würfeli schneiden und mit den Zwiebeln in der Bratbutter dünsten. Peterli dazugeben, mit Salz und Pfeffer abschmecken. — Füllung ins *Fischli* füllen und den Fisch in die Form setzen. Im Ofen ungefähr 30 Minuten braten. Während des Bratens Fisch immer schön mit Bratflüssigkeit begiessen.

Hecht gepflegt

Für 6 Personen
1 **Hecht**, ungefähr 2–3 kg
1 **Zitrone**
Butter, für die Form
1 **Zwiebel**, fein gehackt
2,5 dl **Riesling**
2 dl **Vollrahm**, gewärmt
3 dl **Crème fraîche**

Backofen vorheizen auf 200 Grad. Fisch innen und aussen gut salzen. Zitrone halbieren und in den Fisch saften. Die grösste ofenfeste Form dick und fett mit Butter einreiben. Die Butter salzen und dann den Fisch daraufsetzen. Zwiebeln kurz in einer Pfanne mit etwas Butter dünsten und mit Wein ablöschen. Rahm und Crème fraîche dazugiessen. Alles zum Fisch giessen. — Der Fisch hat es nicht gerne, wenn er nicht gepflegt wird. Also immer wieder mit einem Esslöffel Bratflüssigkeit übergiessen.

Hefeteig, süss

Für 1 eckiges Blech
2 dl **warme Milch**
60 g **Zucker**
1 Würfel **Frischhefe**
500 g **Mehl**
½ **Zitrone**, Schale
1 kleines **Ei**
70 g **Butter**, zimmerwarm

Milch erwärmen, 1 TL Zucker zugeben und die Hefe in der Milch auflösen. Dieses Gemisch an einem warmen Ort 10 Minuten stehen lassen. — Mehl, Zitronenschale, 1 Prise Salz und restlichen Zucker mischen. In eine Küchenmaschine mit Knethaken geben und die warme Hefemilch dazugiessen. Die Maschine anstellen, Ei und Butter dazugeben. Alles sehr gut kneten, bis sich der Teig von der Schüssel löst. — Teig aus der Schüssel nehmen und auf einer leicht bemehlten Arbeitsfläche von Hand liebevoll kneten. Zum Schluss den Teig einige Male auf den Tisch knallen, wieder in die Schüssel legen und aufs Doppelte aufgehen lassen.
Tine: Wie meine Mutter Berta mach ich den Hefeteig von Hand.

Heidelbeeren, kalt gerührt

Ergibt 4 Gläser à 2,5 dl für den Vorrat
1 kg **tiefgekühlte Heidelbeeren**
500 g **brauner Zucker**
5 cl **Cassislikör**
5 cl **Portwein**
1 **Zitrone**, frisch gepresst

Heidelbeeri in gefrorenem Zustand mit den restlichen Zutaten mischen. Mit einer Kelle vorsichtig ab und zu rühren, bis sich der Zucker vollständig aufgelöst hat. Der Vorgang kann bis zu 3 Stunden dauern. In Gläser abfüllen und im Kühlschrank oder sehr kalten Keller aufbewahren.
Tine: Wenn Sie sehr frische Heidelbeeri finden, ist das natürlich wunderbar, aber gut verlesen, damit keine Faulen ins Glas kommen.

Herz

Noch immer zucken manche Menschen zusammen, wenn sie Herz zu essen bekommen. Wir meinen: Einen besseren Muskel gibt es nicht.

Kalbsherz — 94
Pouletherzen — 150
Rindsherz — 166

Himbeercake, beschwipst

Für eine Cakeform von 30 cm
170 g **Zucker**
150 g **Butter**, zimmerwarm

160 g Mehl
12 g Backpulver
3 Eier
200 g frische Himbeeren
2 Pfefferminzblätter, fein gehackt
4 EL Himbeerlikör oder mehr

Backofen vorheizen auf 180 Grad. Cakeform mit Backpapier auskleiden. Zucker und Butter schaumig schlagen. Nacheinander Mehl, Backpulver, Pfefferminze und Eier einrühren. Himbeeren vorsichtig mit einem Gummispatel darunterheben. — In die vorbereitete Form giessen und in der Mitte des Backofens ungefähr 40 Minuten backen. Form herausnehmen und Kuchen mit einer Gabel mehrmals einstechen. Kirschlikör darübergiessen.
Tine: Ich mag Himbeerlikör und nehme deshalb etwas mehr. Sodass der Cake schön saftet.

Himbeeren semifreddo

Ergibt 1 Liter
✣ — Muss mindestens 5 Stunden gefrieren
220 g Zucker
3 Eier, verquirlt
3 Eigelb, verquirlt
1 Vanillestängel, halbiert, das Mark ausgekratzt
250 g Himbeeren, püriert
250 g Himbeeren, ganz
5 cl Kirsch
2 Blatt Gelatine, in kaltem Wasser eingeweicht, ausgedrückt
5 dl Vollrahm, steif geschlagen

Zucker, Eier, Vanillemark mit der Küchenmaschine rühren. Himbeerpüree dazugeben. Kirsch in einer Pfanne erhitzen und die Gelatine darin auflösen. Zur Himbeermasse rühren. Abkühlen lassen. — Sobald die Masse an der Oberfläche fest wird, den Rahm darunterziehen. Die Hälfte der Masse in eine Cakeform füllen, frische Himbeeren verteilen, mit der restlichen Masse bedecken. Mit Klarsichtfolie zugedeckt mindestens 5 Stunden im Tiefkühler gefrieren.
Tine: Mit einem erstklassigen Himbeergeist wird es natürlich noch aromatischer, der Kirsch unterstützt das volle Aroma der Himbeeren.

Himbeeressig

Ergibt 2 Flaschen à 5 dl
✣ — Muss 1 Woche gelagert werden
250 g frische Himbeeren
8 dl Apfelessig

Flaschen in einer Pfanne im Wasser 15 Minuten sterilisieren. — Himbeeren und Apfelessig zusammen aufkochen, in eine Schüssel giessen. Abkühlen lassen. — Himbeeren in die Flaschen verteilen und mit Essig auffüllen. Eine Woche kühl und dunkel lagern. Hält problemlos 3–4 Monate.
Tine: Im Winter nehmen wir tiefgekühlte Himbeeren dafür.

Himbeerglace

Ergibt 1 Liter für 6–8 Personen
750 g Himbeeren
200 g Zucker
1 Zitrone, frisch gepresst
3,5 dl Vollrahm

Himbeeri und Zucker aufkochen. Zitronensaft dazugeben, aufkochen und Pfanne vom Herd nehmen. — Rahm dazugeben und alles mit dem Mixer pürieren. Durch ein Sieb streichen und in der Glacemaschine fertigstellen.

Himbeersorbet

Für 10–12 Personen
½ Zitrone, Schale, ohne Weissem daran
330 g Zucker
800 g sehr reife Himbeeren
1 Zitrone, frisch gepresst
1 Eiweiss

Zitronenschale mit einem Messer in Ministreifen schneiden. Zitronenschale sehr fein hacken und mit dem Zucker vermischen, sodass eine dicke Masse entsteht. Himbeeren, Zitronensaft und Eiweiss dazugeben. Alles gut pürieren. Nochmals probieren und eventuell noch mehr Zitronensaft dazugeben. Wegen der Himbeersamen durch ein Passevite treiben. In der Glacemaschine fertigstellen.

Hirschbratwurst

Ergibt 20 Würste à 130 g (ungefähr 20 cm)
✻ — Muss 1 Tag in der Marinade liegen
1,5 kg Hirschkeule, ohne Knochen
600 g Hirschhals
500 g Bauchspeck vom Turopoljeschwein oder einem normalen Hausschwein
Salz und **Pfeffer**
Schweinedarm (Kaliber 3), vom Metzger
✻ — Für die Marinade
200 g kalt gerührte Preiselbeeren (Seite 151)
8 g Pimentkörner, zerstossen
Thymianzweige, Blättchen abgezupft
Meersalz
Muskatnuss, frisch gerieben

Für die Marinade alle Zutaten mischen und das Hirschfleisch damit einreiben. Ungefähr 10 Stunden im Kühlschrank ruhen lassen. — Fleisch aus der Marinade nehmen. Sehr gut abtropfen und mit einem Haushaltspapier trocken tupfen. Das Fleisch in 2 cm grosse Würfel schneiden und durch den Fleischwolf treiben. Falls kein Fleischwolf vorhanden ist, fein hacken. — Den Speck in feinste Würfelchen schneiden und mit dem Fleisch vermischen. — Preiselbeeri aus der Marinade nehmen, gut abtropfen lassen und hacken. Thymian fein hacken. Alles zum Fleisch geben und sehr gut von Hand vermengen. Mit Salz und Pfeffer würzen. Und los geht's. Die Masse in eine Wurstmaschine geben und in Därme abfüllen. Die Würste alle 20 cm abdrehen und mit einem Fleischbindfaden oder einer Küchenschnur auf beiden Seiten abbinden. — Bei kleiner Hitze in einer Grill- oder Chromstahlpfanne braten.
Tine: Diese Würste sofort verbraten oder für den späteren Gebrauch tiefkühlen.

Hirsch-Entrecôte mit Rosenkohl

Für 4 Personen
800 g Hirsch-Entrecôte
Salz und **Pfeffer**
50 g Bratbutter
1 EL Honigsenf
✻ — Für das Rosenkohlgemüse
500 g Rosenkohl
50 g Butter
1 Schalotte, fein gehackt
100 g Speck, in kleine Würfel geschnitten
50 g Haselnüsse, gehackt
1,5 dl Weisswein
2 dl Vollrahm

Backofen mit Blech vorheizen auf 80 Grad. — Hirsch-Entrecôte salzen, pfeffern und in einer Bratpfanne in Bratbutter sehr gut und gleichmässig anbraten. Senf mit einem Löffel auf dem heissen Entrecôte verteilen und das Fleisch auf das vorgewärmte Blech legen. Im Ofen 40 Minuten ruhen lassen. — Für das Gemüse den kleinen Strunk vom Rosenkohl mit einem Rüstmesser herausschneiden. Eventuell unschöne Blätter entfernen. — Rosenkohl halbieren und mittelgrob hacken. — Butter in einer Pfanne schmelzen, Zwiebeln darin andünsten, Speckwürfeli und Haselnüsse zugeben und kurz mitbraten. Rosenkohl dazugeben und mit Weisswein ablöschen. So lange rühren, bis der Wein verschwunden ist. — Rahm dazugeben und so lange köcheln, bis der Rosenkohl die gewünschte Konsistenz hat.
Tine: Ich mag den Rosenkohl mit Biss! Deshalb beginne ich mit dem Gemüsekochen erst kurz vor dem Ende der Garzeit des Fleisches.

Hirschhacktätschli

Für 4 Personen
1 Bürli oder **Silserbrötli** vom Vortag
2,5 dl Milch, heiss
Salz
1 Messerspitze Muskatnuss, frisch gerieben
1 kleine rote Zwiebel
1 Knoblauchzehe
Rapsöl
1 EL Thymian, fein gehackt
1 EL glattblättrige Petersilie, fein gehackt
300 g Hirschfleisch, in Würfel geschnitten
100 g Schweinshals, in Streifen geschnitten
50 g Frühstücksspeck, in Streifen geschnitten
1 unbehandelte Orange, abgeriebene Schale
1 Messerspitze Piment

1 Messerspitze grobkörniger Senf
1 EL kalt gerührte Preiselbeeren (Seite 151)
2 Eier
Pfeffer

Die Rinde des Bürlis mit einer Raffel entfernen. Bürli in Scheiben schneiden. Milch darübergiessen. Mit Salz und Muskat würzen und richtig durchkneten. — Zwiebeln und Knoblauch in einer Bratpfanne mit etwas Öl dünsten, bis sie glasig sind. Kräuter zugeben. Alles auf einen Teller legen und abkühlen lassen. — Hirschfleisch, Schweinefleisch und Speck mit Muskatnuss, Orangenschale und Piment würzen, Senf und Preiselbeeren zugeben und die Fleischmischung durch den Fleischwolf drehen oder mit einem Messer fein hacken. Mit der Brotmischung verrühren, Eier zugeben und gut durchkneten. Pfeffern und eventuell nochmals salzen. — Den Ofen auf 150 Grad vorheizen. Mit nassen Händen Hacktätschli à ungefähr 150 g formen (Merke: Kochen ist Denken mit den Händen). In einer Pfanne Öl oder Bratbutter erhitzen, Tätschli hineingeben und auf jeder Seite ungefähr 3 Minuten braten. Anschliessend für 15 Minuten im Ofen fertig garen.

Tine: Das Schweinefleisch und der Speck halten die Hacktätschli zusammen.

✷ — Dazu passen die Orangensauce (Seite 141) und kalt gerührte Preiselbeeri aus dem Vorrat (Seite 150). Dazu Federkohl (Seite 49) und Spätzli (Seite 198).

Hirschleber

Für 4–6 Personen
800 g Hirschleber, in feinen Streifen
50 g Bratbutter
Salz und **Pfeffer**
4 rote Zwiebeln, feinst gewürfelt
½ Bund Thymian
1 guten saftigen Apfel
1 Schuss Calvados
1 EL Zucker
1 EL Honig
60 g Butter

Apfel so lange mit einem Sparschäler abziehen, bis nur noch das Kerngehäuse übrig ist. — Hirschleberstreifen in einer Schüssel mit Salz und Pfeffer würzen. Anschliessend in heisser Bratbutter anbraten. Zwiebeln und Thymian dazu und kurz mitbraten. Durch ein Sieb abtropfen lassen. — In dieselbe Pfanne den Apfel, den Zucker und Honig geben und mit Calvados ablöschen. Die Butter dazu und alles gut verrühren. Die Leber zurück in die Pfanne, den Bund Thymian herausfischen und nochmals mit Salz und Pfeffer abschmecken.

Tine: Es muss alles gut vorbereitet sein, bevor die Sachen in die Pfanne hüpfen. Perfekt mit Spätzli (Seite 198) und Preiselbeeri (Seite 150).

Hirschnieren mit Senf und Sauerrahm

Für 5 Personen
2 Hirschnieren, ungefähr 800 g
Bratbutter
4 Schalotten, in feinste Streifen geschnitten
Salz und **Pfeffer**
4 dl Wildfond (Seite 217), aufgekocht
3 EL Honigsenf
2,5 dl Sauerrahm
1 TL Maizena, in etwas kaltem Wasser aufgelöst

Nieren in 5 Millimeter dicke Scheiben schneiden. Bratpfanne mit Bratbutter erhitzen. Die Nieren hineingeben und sehr gut anbraten. Schalotten zugeben, mitdünsten. Salzen und pfeffern. Mit dem heissen Wildfond ablöschen und kurz köcheln lassen. Senf und Sauerrahm zugeben und mit Maizena abbinden.

Tine: Innereien sind Rock'n'Roll, das heisst, alles muss schnell gehen und der Tisch bereits gedeckt sein. Ich mag die Nierli am liebsten mit einer Rösti (Seite 171) oder einem guten Stück Brot.

Hirschragout

Für 4 Personen
50 g Bratbutter
600 g Hirschschulter, in Würfel geschnitten
Salz und **Pfeffer**
2 Rüebli, in Würfel geschnitten
½ Lauchstange, in feine Ringe geschnitten

4 kleinere Zwiebeln, geviertelt
6 dl Rotwein, zum Beispiel Merlot
3 dl Wildfond (Seite 217)
1 Lorbeerblatt und 1 Nelke
3 Wacholderbeeren
1 Thymianzweig
1 TL Maizena, in etwas kaltem Wasser aufgelöst

Backofen vorheizen auf 180 Grad. Butter in einer weiten Bratpfanne erhitzen und Fleisch darin anbraten. Salzen und pfeffern. Rüebli, Lauch und Zwiebeln dazugeben und mitbraten. Achtung: Lauch nicht anbrennen lassen. — Rotwein und Wildfond zusammen aufkochen und zum Fleisch giessen. Gewürze und Thymian dazugeben und zugedeckt im Ofen schmoren lassen. — Nach 40 Minuten den Garzustand des Fleisches überprüfen. Wenn es noch zu fest ist, wieder zudecken und zurück in den Ofen geben. — Wenn das Fleisch lind ist, herausfischen. Lorbeer, Thymian und Wacholder entfernen und den Rest mit einem Stabmixer pürieren. Durch ein Sieb giessen und nochmals aufkochen. Fleisch wieder in die Sauce geben. Eventuell mit Maizena abbinden.

Hirschroulade

Für 4 Personen
100 g Steinpilze
100 g Eierschwämme
1 EL Bratbutter
Salz und Pfeffer
1 Zwiebel, fein gehackt
1 kleine Knoblauchzehe, in feine Würfel
1 kleiner Bund glattblättrige Petersilie, gehackt
4 Hirschschnitzel, pro Person ca. 170 g
Thymian
Wacholder, frisch gemahlen
8 TL Feigensenf
8 Scheiben Speck
2 rote Zwiebeln
1 kleines Rüebli, in 8 Stifte geschnitten
100 g Bratbutter
3 dl Rotwein, zum Beispiel Merlot
3 dl Hirschfond oder Rindsbouillon (Seite 166)
1 TL Maizena, in etwas kaltem Wasser aufgelöst

Pilze fein schneiden und in der Butter bei mittlerer Hitze ungefähr 5 Minuten braten. — Salzen und pfeffern. Zwiebeln und Knobli zugeben. Dünsten, bis die Flüssigkeit eingekocht ist. Peterli daruntermischen und die Füllung abkühlen. — Die Schnitzel mit einem Fleischklopfer platt schlagen. Würzen mit Salz, Pfeffer, Thymian und Wacholder. Jedes Schnitzel mit 1 Espressolöffel Senf bestreichen und mit 1 Speckscheibe belegen. Die Füllung gleichmässig auf das untere Drittel des Schnitzels streichen. Je einen Rüeblistift quer auf die Schnitzel legen. Die Fleischscheiben zu einer Roulade rollen und mit einer Rouladennadel zusammenstecken oder mit Fleischschnur zu einem Päckchen binden. In einer Bratpfanne in der heissen Butter ungefähr 10 Minuten braten. Herausnehmen. Bratflüssigkeit mit Wein und Fond ablöschen, etwas einköcheln lassen, Butter dazugeben und mit Maizena abbinden.

Hollandaise

Für 4 Personen
4 Eigelb, glatt verrührt
Salz und Pfeffer
1 EL Zitronensaft
200 g gute Butter, sehr kalt

Ein warmes Wasserbad vorbereiten. — Eigelb, Salz, Pfeffer und Zitronensaft in eine kleine Schüssel geben. Schüssel ins Wasserbad stellen und Eimasse mit einem Schwingbesen rühren. Ein wenig Butter dazugeben und rühren, bis eine sämige Sauce entsteht. Jetzt die restliche Butter Stück für Stück einschwingen. Zwischendurch die Schüssel aus dem Wasserbad nehmen, damit die Sauce nicht heiss wird. Wenn alle Butter eingeschwungen ist, Sauce im lauwarmen Wasserbad warm halten. Falls sie zu dick geworden ist, mit etwas Vollrahm verdünnen.
✱ — Passt gut zu Blumenkohl (Seite 22), Fisch oder über ein Verlorenes Landei (Seite 210) mit Schinken und Toast.

Holunderbeerensaft

Ergibt 1 Flaschen à 5 dl
1,4 kg Holunderdolden mit Beeren (1 kg Beeren)

Holunderdolden mit Wasser kurz abbrausen und die Beeren abzupfen. Beeren in 1 dl Wasser aufkochen und 8–10 Minuten köcheln. — Beeren in ein Spitzsieb giessen und mit einem Löffel sanft ausdrücken. — Aufgefangenen Saft in sterile Flaschen mit gutem Verschluss füllen.

Holunderbeerensauce

Ergibt 5 dl
50 g **Zucker**
2 dl **guter Rotwein**
1 dl **Holunderbeerensaft** (vorheriges Rezept)
3 dl **Wildfond** (Seite 217)
1 EL **Himbeeressig** (Seite 80)
5 eingelegte rosa **Pfefferkörner**
2 **Schalotten**, fein gehackt
Salz
80 g **Butter**
100 g schwarze **Holunderbeeren** oder als Ersatz frische oder tiefgekühlte Heidelbeeren
1 TL **Maizena**, in etwas kaltem Wasser aufgelöst

Zucker caramelisieren, mit dem Rotwein ablöschen. Schalotten, Pfefferkörner dazu und alles auf 1 dl reduzieren. Durch ein Sieb abpassieren und zurück in den Topf schütten. — Kurz vor dem Essen die Sauce nochmals aufkochen, kalte Butter in Stücken einrühren und die Beeren in die fertige Sauce geben.

Holunderbeerensirup

Ergibt 2 Flaschen à 5 dl
3,5 dl **Holunderbeerensaft** (Seite 83)
500 g **Zucker**
1 TL **Zitronensäure**, aus der Apotheke

Holunderbeerensaft mit Zucker und Zitronensäure 15 Minuten zu einem Sirup kochen. Sehr heiss in sterile Flaschen mit gutem Verschluss füllen.

Holunderbeerensorbet, schwarz

Für 10–12 Personen
5 dl **Holunderbeerensirup** (vorheriges Rezept)
2 dl **Wasser**
1 **Zitrone**, frisch gepresst
2 g **Johannisbrotkernmehl** oder **Nestargel** (aus dem Reformhaus)

Alle Zutaten verrühren und in der Glacemaschine fertigstellen.
Tine: Johannisbrotkernmehl oder Nestargel sind natürliche Bindemittel. Es ist sehr wichtig, nur 2 Gramm davon in die Masse einzurühren, da die Bindekraft sehr stark ist. Diese Mittel verhindern, dass sich beim Gefrieren Kristalle bilden.

Holunderblüten im Buttermilchteig

10 Stück, 2 pro Person
10 **Holunderblütendolden**
2 dl **Buttermilch**
20 g **Butter**
80 g **Mehl**
Rapsöl, zum Frittieren
Puderzucker

Holunderblüten unter fliessendem Wasser abspülen, auf einem Haushaltspapier abtropfen lassen. Buttermilch, Butter und Mehl zu einem Teig verrühren. Teig ungefähr 30 Minuten ruhen lassen. — Blütendolden durch den Teig ziehen und abtropfen lassen. Öl in einer weiten Pfanne erhitzen und die Blüten kurz hineingeben. — Herausnehmen und auf einem Haushaltspapier abtropfen lassen. — Mit Puderzucker bestreuen.

Holunderblütenessig

Ergibt 2 Flaschen à 7 dl für den Vorrat
✱ — Muss 10 Tage ziehen
1,5 l **Apfelessig**
8 **Holunderblütendolden**

Blüten unter fliessendem Wasser kurz abspülen, in eine Glasschüssel geben. Essig einmal aufkochen, über die Blüten giessen. Zugedeckt 10 Tage im Licht ziehen lassen. — Durch ein Sieb giessen, nochmals aufkochen und in sehr saubere Flaschen abfüllen. Kühl und dunkel lagern. Hält 3 Monate.
Tine: Holunderblüten pflücken Sie am besten früh am Morgen.

Holunderblütenmousse

Für 8 Personen
✻ — Muss mindestens 2 Stunden fest werden
2,5 dl Holunderblütensirup (siehe unten)
4 Blatt Gelatine, in kaltem Wasser eingeweicht, ausgedrückt
300 g Magerquark
4 dl Vollrahm, steif geschlagen

1 dl Sirup erhitzen und Gelatine darin auflösen. Restlichen Sirup mit Magerquark verrühren. Aufgelöste Gelatine dazugeben. Sobald die Masse am Rand fest zu werden beginnt, Rahm darunterziehen. — Mit Klarsichtfolie zugedeckt im Kühlschrank mindestens 2 Stunden fest werden lassen. — Mit saisonalem Kompott servieren.

Holunderblütensirup

Ergibt 2 Flaschen à 7 dl für den Vorrat
✻ — Muss 3 Tage ziehen
8 dl Wasser
800 g Zucker
20 g Zitronensäure, aus der Apotheke
6 Holunderblütendolden

Wasser, Zucker und Zitronensäure aufkochen, bis sich Zucker und Zitronensäure aufgelöst haben. Abkühlen lassen. — Die Dolden in ein Gefäss mit Deckel geben und den Sirup darübergiessen. Verschliessen und 3 Tage ziehen lassen. — Flüssigkeit durch ein Sieb giessen. In saubere Flaschen abfüllen.
✻ — Holunderblütensirup schmeckt in einem guten Prosecco.

Honigparfait der «Alpenrose»

Für eine Terrinenform von 1 Liter Inhalt
✻ — Muss mindestens 6 Stunden im Tiefkühler gefrieren
150 g Alpenrosenhonig oder Lindenblütenhonig
100 g Tannenschösslinghonig (Seite 203)
5 cl Kirsch
5 Eigelb
1 l Vollrahm, steif geschlagen

Honig und Kirsch aufkochen. Eigelb in einer Schüssel mit dem Mixer rühren, bis es sehr hell ist. Honigmischung im Faden einrühren. So lange schlagen, bis die Masse kalt ist. Rahm darunterziehen. Masse in eine mit Klarsichtfolie ausgekleidete Form geben. Mindestens 6 Stunden im Tiefkühler gefrieren. Gut mit Erdbeeren oder Schoggisauce (Seite 186).

Honigrüebli

Für 6 Personen
1,5 kg kleine Rüebli, geschält
3 EL Berghonig, im Wasserbad flüssig gemacht
1 TL Koriander
1 TL Bockshornkleesamen
½ Bund Thymian, Blättchen abgezupft, gehackt
Salz und **Pfeffer**

Backofen vorheizen auf 200 Grad. Rüebli mit Honig bestreichen, Gewürze und Thymian darüberstreuen, salzen und pfeffern. Auf ein mit Backpapier belegtes Blech legen. Ungefähr 30 Minuten im Ofen garen.
✻ — Passt zu verschiedenem Fleisch. Lammcarré (Seite 113), Schweinebraten (Seite 189) und Rindshacktätschli (Seite 166).

Hühnerbouillon

Ergibt 5 dl
1 Suppenhuhn
6 cl Weisswein
2 kleine Zwiebeln
1 Lorbeerblatt
1 Nelke
½ Bund Thymian
Ein paar Petersilienstängel
Ein paar Pfefferkörner

Alle Zutaten in einen hohen Kochtopf geben und so viel Wasser dazugiessen, dass das Huhn bedeckt ist. Sachte aufkochen und den aufsteigenden Schmutz abschöpfen. Hitze reduzieren und der Bouillon 2–3 Stunden Zeit lassen. — Danach Huhn aus der Suppe nehmen. Den Rest durch ein feines Sieb giessen und nochmals aufkochen. Köcheln, bis die Bouillon auf 5 dl reduziert ist.

I und J

I wie Italien. Der Mann auf dem Bild links ist unser Freund Antonio. Er stammt aus dem befreundeten Ausland im Süden, aus Italien, und ohne ihn ist in der «Alpenrose»-Küche gar nichts gegangen, solange er bei uns gearbeitet hat. Wir lieben ihn so, wie wir Italien an und für sich lieben. Weil uns Italien I wie inspiriert.

Involtini aus dem Tessin

Für 8 Personen
8 dünne Kalbsschnitzel, ca. 50 g
16 sehr dünne Scheiben Rohschinken
100 g Kalbsbrät
100 g Kalbshirn, fein gehackt
1 Bund Schnittlauch, feinst geschnitten
8 Basilikumblätter
2 EL Mehl
50 g Bratbutter
1 dl Weisswein
Etwas Hühnerbouillon (Seite 85)
60 g Butter, kalt

Schnitzel dünn klopfen. Mit je einer Scheibe Rohschinken belegen. Brät und Hirn mit Schnittlauch mischen und mit einem Spatel sorgfältig auf die Schnitzel streichen. In die Mitte ein Basilikumblatt legen. — Schnitzel einrollen, mit einer weiteren Scheibe Rohschinken umwickeln und mit einem Zahnstocher befestigen. Involtini im Mehl rollen. Backofen vorheizen auf 150 Grad. — Die *Rölleli* in der Bratbutter unter häufigem Wenden hellbraun braten. Mit Wein und etwas Bouillon ablöschen. In eine ofenfeste Form giessen und im Ofen ungefähr 10 Minuten fertig garen. — Fleisch herausnehmen. Die kalte Butter in die Sauce einrühren. Mit Salz und Pfeffer abschmecken.

Tine: Es ist besser, die Sauce nach der Butter abzuschmecken: Je nach Schinken könnten Sie die Sache versalzen. Dazu Risotto (Seite 170).

Januarschnitte

Wenn die Weihnachtsbäckerei erledigt ist, bleibt der Ofen oft für Monate kalt. Hier ein Rezept, für das es sich auch im Januar lohnt, die Hitze aufzudrehen.

Für 8–10 Personen
500 g Mehl
500 g Zucker
1 Beutel Backpulver (15 g)
60 g dunkles Schokoladenpulver
1 Messerspitze Nelkenpulver (8 g)

5 dl Milch, warm
1 TL Zimt
60 g Butter, geschmolzen

Backofen vorheizen auf 180 Grad. Alle Zutaten bis und mit Zimt sehr gut mischen. Milch unter ständigem Rühren zur Mischung giessen. So lange rühren, bis alles gleichmässig ist. Auf ein mit Backpapier belegtes Blech geben. Im Backofen ungefähr 30 Minuten backen. Nach dem Backen sofort mit geschmolzener Butter bestreichen.

Johannisbeeren, kalt gerührt

Ergibt 2 Gläser à 2,5 dl für den Vorrat
500 g Johannisbeeren, tiefgekühlt
250 g Zucker
3 cl Kirsch
2 cl einfacher Cognac
1 Orange, frisch gepresst
1 Zitrone, frisch gepresst

Beeren in gefrorenem Zustand mit den übrigen Zutaten mischen und mit einem Gummispatel verrühren bis sich der Zucker und die restlichen Zutaten vermischt haben. Wenn der Zucker komplett aufgelöst ist, in Einmachgläser abfüllen.
Tine: Kann im Kühlschrank 14 Tage aufbewahrt werden. Schmeckt gut zu einem Parfait.

Innereien

Gitzileberli — 62
Hirschleber — 82
Hirschnieren mit Senf und Sauerrahm — 82
Kalbsherz — 94
Kalbsleber — 95
Kalbsmilken — 95
Kalbsnieren — 96
Lammleber im Krautstiel — 115
Ochsenleber mit Brunnenkresse — 139
Pouletherzen — 150
Rehleber mit Bratapfel — 161
Rehnierli mit Eierschwämmli — 162
Rindsherz — 166
Trüschenleber auf Brot — 207
Wildschweinleber — 218

K

K wie **Kaninchen** (mehr oder weniger ausgezogen, vorige Seite, fachgerecht zubereitet ab Seite 98). Der Pelz an den Pfoten bleibt dran, weil man bekanntlich nicht genug Hasenpfoten im Sack haben kann, um das Glück ein bisschen zu den eigenen Gunsten zu biegen.

Kabis, so ein

Für 2 Personen
1 ganzer Rotkabis, 400 g
Butter

Wasser mit etwas Salz aufkochen und den ganzen Rotkabis hineinlegen. Er muss den Kopf unter Wasser haben. 30–40 Minuten kochen. Der Kabis ist gar, wenn das Messer durch den Storzen gleitet wie durch Butter. Herausnehmen, in zwei Hälften schneiden. Den heissen Kabis mit weicher Butter einreiben und salzen.
Tine: Nehmen Sie wirklich einen kleinen Kohl, ansonsten sind die Blätter oft bitter und *chöhlele*. Schmeckt auch wunderbar mit Olivenöl oder Sbrinz.

Kabissalat

Für 6 Personen
✻ – Weiss
½ Weisskabis, dünn gehobelt
Salz
2 Zwiebeln
Essig
Zucker
Sonnenblumenöl
Kümmel
✻ – Rot
½ Rotkabis, dünn gehobelt
Salz
2 rote Zwiebeln
Kastanienhonigessig (Seite 105)
4 Äpfel, geschält, in feine Scheiben geschnitten
Sonnenblumenöl

Rüsten, raffeln und rühren.
Tine: Oder für den Weisskabis eine Kräutervinaigrette und für Rotkabis eine Himbeervinaigrette (beide Seite 211).

Kalbsbacke geschmort

Für 6 Personen
6 Kalbsbacken
50 g getrocknete Steinpilze

Bratbutter
Salz und Pfeffer
1 Lorbeerblatt
1 Nelke
5 dl Weisswein
2 dl Kalbsfond (Seite 93)
2 Zweige Thymian, Blätter abgezupft
2 Zweige Majoran, Blätter abgezupft
2 dl Vollrahm
1 TL Maizena, in etwas kaltem Wasser aufgelöst

Ofen vorheizen auf 180 Grad. Pilze für 1 Stunde in 5 dl Wasser einlegen. — Kalbsbacken von Haut und Sehnen befreien. In Butter anbraten, salzen und pfeffern. — In einen feuerfesten Topf mit Deckel geben, restliche Zutaten bis und mit Majoran dazugeben. In der Mitte des Ofens ungefähr 1½ Stunden schmoren. — Fleisch herausnehmen. In die Sauce Rahm geben, aufkochen und mit Maizena abbinden.

Kalbsbrust gefüllt

Für 10 Personen
1,5 kg dicke Kalbsbrust, vom Metzger zum Füllen vorbereiten lassen
Küchenschnur
Salz und Pfeffer
Brotmasse für Füllung (Brotschnitte aus Sils Seite 000) oder 1 dicke Scheibe Brot
50 g Bratbutter
1 Zwiebel, fein gehackt
200 g braune Champignons, zerquetscht
2,5 dl Weisswein
2 dl Kalbsfond (Seite 93)
3 cl weisser Portwein
50 g Butter

Ofen vorheizen auf 160 Grad. Kalbsbrust auf beiden Seiten salzen und pfeffern. Die Brotmasse einfüllen und die Brust mit einer Küchenschnur ganz zunähen. — Bratbutter in einem Schmortopf erhitzen und Brust darin anbraten. Zwiebeln und Champignons dazugeben und mitbraten. Mit Weisswein ablöschen. Köcheln lassen, bis die Flüssigkeit auf die Hälfte reduziert ist. — Kalbsfond dazugeben und nochmals aufkochen. Zugedeckt im Ofen schmoren. Ab und zu den Deckel entfernen und mit einem Löffel die Kalbsbrust mit eigenem Saft begiessen. — Nach ungefähr 70 Minuten den Deckel entfernen und weitere 20 Minuten garen. Dabei die Kalbsbrust stetig mit Flüssigkeit begiessen. Topf aus dem Ofen nehmen, Schmorflüssigkeit in eine Pfanne giessen und nochmals aufkochen. Portwein und Butter einrühren und mit Salz und Pfeffer abschmecken. — Küchenschnur entfernen und Fleisch vor dem Schneiden zugedeckt mindestens 15 Minuten abstehen lassen.
Tine: Ich mag eine Scheibe mit einer gehörigen Portion Kopfsalat.

Kalbsbrustrollbraten

Für 6 Personen
50 g fein gemahlene Haselnüsse
50 g gutes Paniermehl
1 Bund glattblättrige Petersilie, fein gehackt
1 Bund Thymian, Blätter abgezupft, fein gehackt
3 Knoblauchzehen, gepresst
1 grosses Ei
5 cl Milch, heiss
Salz
Pfeffer
1 kg Kalbsbrust
Küchenschnur
5 Schalotten, halbiert
1 ganzer Knoblauch, horizontal halbiert
1 rote Peperoni
1 gelbe Peperoni
Olivenöl

Kalbsbrust ungefähr 30 Minuten vor dem Braten aus dem Kühlschrank nehmen. — Paniermehl, Haselnüsse, Kräuter und Knoblauch in eine Schüssel geben und mit der heissen Milch übergiessen. Alles sehr gut mischen, würzen. — Sobald die Milch auf Handwärme abgekühlt ist, das Ei dazugeben. Masse erkalten lassen. — Mit einem Spatel die Masse auf die Kalbsbrust streichen. Brust rollen und mit einer Küchenschnur binden. Salzen und pfeffern. — Backofen vorheizen auf 180 Grad. Fleisch auf ein geöltes Blech legen. Schalotten, Knoblauch und Peperoni satt an den Rollbraten legen. In der

Mitte des Ofens ungefähr 1½ Stunden braten. — Herausnehmen, Schalotten und Knoblauch schälen, Peperoni in Streifen schneiden und mit etwas Olivenöl beträufeln.
Tine: Kaufen Sie den dünnen Teil der Kalbsbrust, er lässt sich leichter rollen.

Kalbsfond

Ergibt 5 dl Fond
2,5 kg Kalbsknochen mit Fleisch, kleingehackt
Genug Bratbutter
300 g Röstgemüse (Sellerie, Rüebli und Petersilienwurzel), in Stücke geschnitten
4 Zwiebeln, geschält, geachtelt
1 Lorbeerblatt
1 Nelke
3 dl Rotwein

Knochen in einem grossen Topf mit grosser Auflagefläche mit Bratbutter unter ständigem Wenden caramelfarben anrösten. — Gemüse, Zwiebeln, Lorbeer und Nelke dazugeben und etwas mitrösten. Der Boden des Topfes sollte mit genug Bratbutter bedeckt sein, damit nichts anklebt. — Mit Rotwein ablöschen. Kurz aufkochen lassen und mit 3 l Wasser auffüllen. Aufkochen und mit einer Schöpfkelle den aufsteigenden Schaum abschöpfen. Hitze reduzieren und 2–3 Stunden köcheln lassen. — Alles durch ein Sieb giessen und den Fond nochmals aufkochen. So lange köcheln, bis die Flüssigkeit auf 5 dl reduziert ist. Fett abschöpfen.
Tine: Falls der Jus zu schmutzig ist, durch ein Tuch passieren. Diesen Fond können Sie auf die gleiche Weise auch mit Lammknochen zubereiten.

Kalbshaxe

Für 4–6 Personen
1 Haxe vom Kalb, ungefähr 1,5 kg
½ EL Salz
50 g Bratbutter
2 kleine Zwiebeln, halbiert
½ Knoblauch, mit Schale
500 g San-Marzano-Tomaten, zerdrückt
¼ Sellerieknolle, grob zerteilt
1 Lorbeerblatt
4 Zweige Rosmarin
5 dl Rotwein
1 EL Kastanienhonig

Backofen vorheizen auf 150 Grad. — Kalbshaxe salzen, Bratbutter in einer Bratpfanne schmelzen und Haxe darin sehr gut anbraten. Fleisch herausnehmen und in einen Schmortopf legen oder stellen. — In der Pfanne Zwiebeln und Knoblauch braten, bis sie Farbe bekommen, und zur Haxe legen. — Die zerdrückten Tomaten, Sellerie, Lorbeer und Rosmarin dazugeben. Im Schmortopf auf dem Herd kurz köcheln und mit Rotwein ablöschen. Honig dazugeben. — Zugedeckt im Ofen ungefähr 2 Stunden schmoren. — Wenn das Fleisch vom Knochen fällt, Haxe herausnehmen und auf ein Holzbrett legen. Rosmarinzweige und Lorbeerblatt aus dem Schmortopf fischen. Sauce und Gemüse abschmecken, in eine Schüssel giessen und mit der Haxe servieren.

Kalbshaxe mit Eierschwämmli

Für 6 Personen
500 g Eierschwämme
1 Kalbshaxe, ca. 2 kg
10 Knoblauchzehen, halbiert
1 Bund Thymian
Bratbutter
Salz und **Pfeffer**
1 Rüebli, in Würfel geschnitten
1 Stück Knollensellerie, in Würfel geschnitten
1 Lorbeerblatt
2,5 dl Weisswein
5 dl Kalbsfond (Seite 93)
Butter
1 Zwiebel, fein gehackt
1 Schuss Weisswein

Ofen vorheizen auf 160 Grad. Eierschwämmli gut putzen. Es lohnt, sich dafür Zeit zu nehmen. — Kalbshaxe mit einem Messer einstechen und halbierte Knoblizehen und Thymianstängeli hineinstecken. — Kalbshaxe in der Bratbutter in einem feuerfesten Topf gut caramelfarbig anbraten. Salzen und pfeffern. Gemüse und Lorbeer dazugeben.

Die Haxe aufs Gemüse setzen. Mit Weisswein und Kalbsfond ablöschen. — Im Backofen vor sich hin schmoren lassen. Ab und zu die Ofentür öffnen und mit einem Löffel den Jus übers Fleisch giessen. — Fällt die Haxe nach mehr als 2 Stunden vom Knochen, herausnehmen und in Alufolie einpacken. — Sauce durch ein Sieb abgiessen, beiseite stellen. Eierschwämmli in einer Pfanne in Butter anbraten, Zwiebeln dazugeben und mit einem Schuss Wein ablöschen. Zur Sauce geben. Eventuell noch mit einem Stück frischer Butter verfeinern.
✻ — Mit Bündner Tatsch (Seite 25) oder Quetschkartoffeln (Seite 154) servieren.

Kalbsherz

Für 4 Personen
1 Kalbsherz, von Sehnen, Arterien befreit
Salz und Pfeffer
50 g Bratbutter
2 rote Zwiebeln, gehackt
1 dl Weisswein
2 dl Kalbsfond (Seite 93), heiss
1 grosser Schuss Cognac
1 EL Thymian, Blättchen abgezupft
1 EL gute Butter, kalt
1 EL Maizena, in etwas kaltem Wasser aufgelöst

Das Kalbsherz in dünne, eher längliche Scheiben schneiden, salzen und pfeffern. — Bratbutter in einer Gusspfanne erhitzen und Fleisch ganz kurz darin tanzen lassen, schnell Zwiebeln dazugeben und mit Weisswein ablöschen. Warten, bis der Dampf abgezogen ist. Kalbsfond, Cognac, Thymian und Butter schnell dazugeben und vorsichtig mit Maizena abbinden.
Tine: Herz auf keinen Fall länger als 10 Minuten braten, alles muss gut vorbereitet sein. Ein Kalbsherz wiegt etwa 800 g mit Sehnen und Arterien.

Kalbskoteletts aus dem Ofen

Für 4 Personen
4 grosse Kalbskoteletts, à ca. 300 g
Bratbutter
200 g Butter
2 kleine Zwiebeln, in Streifen geschnitten
1 Bund Thymian
Salz
Pfeffer aus der Mühle

Backofen auf 150 Grad vorheizen. Die Koteletts kurz vor dem Anbraten salzen. Bratbutter in zwei Pfannen erhitzen und das Fleisch schön von allen Seiten anbraten. Wichtig ist, dass Sie mit der Hitze spielen, manchmal ein bisschen mehr Schub geben, dann wieder weniger. Wenn die Koteletts schön Farbe angenommen haben, die Butter zugeben und mit einem Esslöffel das Fleisch regelmässig übergiessen. Thymian zugeben und mit dem Braten weiterfahren. Eventuell noch Bratbutter zugeben. Die Hitze reduzieren, Koteletts in eine ofenfeste Schale legen. Im Ofen ungefähr 15 Minuten garen. Lassen Sie das Fleisch in Ruhe. — Hat es die Kerntemperatur von 65 Grad erreicht, herausnehmen, pfeffern. — Kurz vor dem Anrichten das Fleisch nochmals in der Pfanne heisslaufen lassen.
✻ — Mit Brioche (Seite 24) oder Rüebli im Frühling (Seite 173) servieren.

Kalbskoteletts «beurre noisette»

Für 4 Personen
4 Koteletts, ca. 4 cm dick
Genug Bratbutter
Salz und Pfeffer
200 g Butter

Koteletts eine Stunde bei Zimmertemperatur warten lassen. — Ziel ist, beim Braten eine Kerntemperatur von genau 65 Grad zu erreichen. — Zwei Bratpfannen heiss werden lassen, Bratbutter erhitzen. Koteletts in die Pfanne legen und auf jeder Seite 1 Minute anbraten. Salzen und pfeffern. Hitze reduzieren. Ungefähr 4 Minuten pro Seite braten. — Zur Bratbutter jetzt die frische Butter dazugeben, schmelzen und schäumen lassen. Die Koteletts unter ständigem Wenden darin baden oder sie mit einem Esslöffel fortwährend übergiessen. Am Herd bleiben und mit der Hitze spielen.
Tine: Ringfinger Daumen gibt 65 Grad (Glossar Seite 66) und die schäumende Butter wird wunderbar nussig!

Kalbsleber mit roten Zwiebeln und Salbei

Für 6 Personen
50 g **Bratbutter**
5 kleine **rote Zwiebeln**, in feinste Scheiben geschnitten
800 g **Kalbsleberscheiben**
Salz
Pfeffer
5 dl **trockener Cidre**
4 Zweige **Salbei**, Blätter abgezupft
120 g **Butter**

Backofen auf 80 Grad heizen. Etwas Bratbutter in einer Bratpfanne erhitzen und die Zwiebeln weich dünsten. Auf einen Teller geben und im Backofen warm halten. — Bratpfanne mit einem Haushaltspapier ausreiben. Erhitzen, Bratbutter hineingeben und die Kalbsleber 1–2 Minuten braten. Salzen, pfeffern und mit Cidre ablöschen. — Zwiebeln, Salbei und die Butter dazugeben. Kurz schwenken und sofort essen.
Tine: Ich mag gerne noch Apfelschnitze (Seite 12) und Kartoffelstock (Seite 103) dazu.

Kalbsleber mit «Bire und Schnitz»

Für 4 Personen
1 **roter Apfel**
1 weiche **Williamsbirne**
2 **rote Zwiebeln**, in feine Streifen geschnitten
2,5 dl **Pinot Noir**
1 EL **Rosinen**, in etwas Cognac eingelegt
600 g **Kalbsleber**, in feine Streifen geschnitten
50 g **Bratbutter**
Salz
Pfeffer

Apfel und Birne halbieren, entkernen und in feine Schnitze schneiden. — Zwiebeln in etwas Bratbutter anbraten, Birne und Apfel dazugeben und kurz zusammen dünsten. Rotwein und Cognacrosinen dazugeben, kurz aufkochen und beiseite stellen. — Eine zweite Bratpfanne heiss werden lassen und die Leberstreifen in der restlichen Bratbutter schnell anbraten, salzen und pfeffern. Alle Zutaten aus der beiseite gestellten Pfanne zur Leber kippen und kurz schwenken. Nochmals mit Salz und Pfeffer abschmecken.
✸ — Dazu passt Polenta (Seite 147).

Kalbsmilken

Für 4 Personen
500 g **Milken**
Salz und **Pfeffer**
1 Suppenteller voll **Mehl**
2 **Eier**, verquirlt
Paniermehl
Bratbutter
✸ — Für den Sud
2 **Zwiebeln**
1 Stück **Knollensellerie**
1 **Lorbeerblatt** und 1 **Nelke**
1 dl **Weisswein**

Für den Sud alle Zutaten in 1 l Wasser aufkochen. Milken hineingeben und ungefähr 15 Minuten unter dem Siedepunkt ziehen lassen. Milken sind von zartem Naturell und möchten nicht gekocht werden, sonst werden sie fahl und grau. — Milken herausnehmen und sie von der Bindehaut befreien, in Scheiben schneiden, salzen und pfeffern. Durch Mehl, Eier und Paniermehl ziehen. Abklopfen. Bratbutter in einer Bratpfanne schmelzen und Milken darin kurz braten.

Kalbsmilken aus dem Safransud

Für 4 Personen
1 Briefchen **Safranpulver**
550 g **Milken**
1 Briefchen **Safranfäden**
1 **Zwiebel**
1 Stück **Knollensellerie**
1 **Rüebli**
1 **Lorbeerblatt** und 1 **Nelke**
1 dl **Weisswein**
Bratbutter
2 **Eier**
Salz und **Pfeffer**

Milken mit Safranpulver einreiben. 1 l Wasser mit allen Zutaten bis und mit Pfeffer aufkochen. Milken hineingeben und ungefähr 15 Minuten zart köcheln lassen. — Herausnehmen. Die Milken sind perfekt, wenn sie innen noch rosa sind. Bindehaut lösen und Fleisch in Tranchen schneiden.

Kalbsnieren in Pinotsauce

Für 6–8 Personen
3 grosse Kalbsnieren, mit Fett daran
3 kleine Zwiebeln, gehackt
2,5 dl Pinot Noir
2 Knoblauchzehen, fein gehackt
5 cl Rapsöl
1 Bund Thymian, Blättchen abgezupft, gehackt
1 Bund glattblättrige Petersilie, gehackt
100 g Paniermehl
Salz und Pfeffer
4 dl Kalbsfond (Seite 93)
1 Schuss Cognac
50 g Butter, eiskalt

Backofen auf 230 Grad vorheizen. Kalbsnieren vorbereiten: Fett wegschneiden, aber so viel Fett daranlassen, dass die Nieren noch gut gebettet sind. Fleisch längs durchschneiden. Adern und Sehnen entfernen. Das abgeschnittene Fett in eine feuerfeste Form legen und die Nieren mit der Schnittfläche darauflegen. — Zwiebeln mit Wein und Knobli zu einer sämigen Sauce kochen. — Rapsöl in einer Bratpfanne erhitzen und Paniermehl, Thymian und Peterli leicht darin rösten. Vorsicht, die Mischung darf nicht zu dunkel werden. — Nieren salzen und pfeffern und die Form direkt auf den Boden des Ofens stellen. Ofentüre 6 Minuten lang nicht öffnen. — Dann mit einem Suppenlöffel das ausgelaufene Fett mehrmals über die Nieren schöpfen. Nierenhälften wenden. Wenn Blut herausdrückt, die Nieren herausnehmen. — Den Bratensatz zur Rotweinsauce giessen, Kalbsfond zugeben und alles aufkochen. Sauce auf ⅔ der Flüssigkeit einkochen. Mit Salz, Pfeffer abschmecken, Cognac zugeben und die eiskalte Butter mit dem Schwingbesen einrühren. — Paniermischung über die Nieren bröseln und nochmals kurz in den Ofen schieben, damit die Brösmeli etwas Farbe annehmen. Herausnehmen, Nieren in feine Scheiben schneiden, auf einer Platte anrichten und mit Sauce begiessen.
❊ — Am besten sind die Nieren auf einer Scheibe getoastetem Zopf (Seite 225).

Kalbsnieren mit Senfsauce

Für 6 Personen
3 Kalbsnieren, ca. 700 g
1 EL Zucker
50 g Butter
2 EL Weissweinessig
3 EL gemischter Senf
2 dl Kalbsfond (Seite 93)
Salz und Pfeffer
2,5 dl Doppelrahm
1 EL glattblättrige Petersilie, gehackt
1 EL Majoran, gehackt
2 Schalotten, fein gehackt
5 cl Cognac
2 dl Weisswein

Die Nieren aus dem Fett lösen und in kleinfingerbreite Scheiben schneiden. In einer Pfanne Zucker mit Butter caramelisieren und mit Weissweinessig ablöschen. Senf und Kalbsfond darunterrühren und ein paar Minuten köcheln lassen. — Nieren salzen und pfeffern und in einer zweiten Pfanne nicht länger als 2–3 Minuten in Butter anbraten. Immer schön wenden. Sauce zu den Nieren giessen. Doppelrahm dazugeben. Alles gut schwenken. Peterli, Majoran und Schalotten zugeben, alles gut in der Pfanne durch Schwenken tanzen lassen. Fertig.
Tine: Sofort mit einem guten Brot essen. Und falls Sie der Wunsch, sogleich die ganze Pfanne leerzuessen, überfällt, dann machen Sie das. Wozu alles auf Tellern anrichten.

Kalbsschnitzel mit Dörraprikosen

Für 6 Personen
❊ — Aprikosen einige Stunden einweichen
100 g Dörraprikosen, in Vierteln
6 Kalbsschnitzel, vom Metzger zu Taschen aufschneiden lassen

1 Schuss Aprikosenschnaps
6 dl Weisswein (Fendant)
6 TL Senf
6 Scheiben Raclettekäse
6 Scheiben Schinken
Salz und Pfeffer
Mehl
2 Eigelb
2 Eiweiss, steif geschlagen
100 g Sbrinz, gerieben
Gemahlene Haselnüsse
Bratbutter

Aprikosen einige Stunden in Wasser und Aprikosenschnaps einweichen. — Fleisch kurz im Fendant baden. — Mit einem Teelöffel in jede Tasche gleichmässig Senf, abgetropfte Aprikosen, 1 Scheibe Käse und Schinken verstecken. Tasche mit einem Holzstäbchen gut verschliessen. — Schnitzel salzen und pfeffern. Im Mehl wenden. Eigelb mit dem Eiweiss mischen. Sbrinz und Nüsse mischen. Das Fleisch im Ei baden und in der Käsehaselnussmischung trocken legen. — Bratpfanne heiss werden lassen und das Fleisch in Bratbutter anbraten, bis der Käse sich befreien möchte. Mit einem Schuss Wein ablöschen und anrichten. — Dazu passt am besten ein schöner einfacher Kopfsalat.

Kalbsschulterbraten in Weisswein geschmort

Für 4 Personen
800 g Kalbschulter
Salz und Pfeffer
Bratbutter
2 Knoblauchzehen, fein gehackt
1 Lorbeerblatt
4 dl Weisswein
2 EL Senf
5 dl Kalbsfond, heiss
1 TL Maizena, in etwas kaltem Wasser aufgelöst

Backofen vorheizen auf 170 Grad. Fleisch salzen und in einem Schmortopf mit Deckel in der heissen Bratbutter rundum anbraten. Knobli und Lorbeer dazu. — Weisswein und Senf verrühren, Fleisch damit ablöschen, kurz aufkochen, anschliessend den Kalbsfond dazugiessen und im Ofen 1 ½–2 Stunden schmoren. — Fleisch herausnehmen, warm stellen. Sauce durch ein Sieb in eine Pfanne giessen. Mit Maizena abbinden und nochmals kurz aufkochen.

Kalbssteak mit Zitronenrahm

Für 4 Personen
800 g Kalbshohrücken
50 g Bratbutter
Salz und Pfeffer
1 Zitrone, halbiert
✻ — Für den Zitronenrahm
500 g Doppelrahm
3 dl Vollrahm
2,5 dl Zitronensaft
1 Bund Basilikum, fein geschnitten
Salz

Fleisch 1 Stunde vor dem Braten aus dem Kühlschrank nehmen. — Für den Zitronenrahm alle Zutaten in einer kleinen Schüssel mit einem Löffel vermischen. So lange mit einem Handmixer schlagen, bis ein herrlicher Schlagrahm entsteht. Nach Belieben mit Salz abschmecken und in den Kühlschrank stellen. — 4 gleichgrosse Kalbssteaks schneiden. Pfanne sehr heiss werden lassen, Bratbutter hineingeben und die Steaks gleichmässig auf jeder Seite 1 Minute anbraten, salzen und pfeffern. Hitze reduzieren und die Steaks auf jeder Seite 3–4 Minuten weiterbraten. — Wenn die Kerntemperatur von 65 Grad erreicht ist, die Zitrone über dem Fleisch auspressen. Fleisch sofort aus der Pfanne nehmen, auf die Teller geben und auf jedes Fleisch 1 Kugel Zitronenrahm platzieren.

Tine: Auf die gleiche Weise kann das Fleisch auch auf dem Grill gebraten werden, und so schmeckt es natürlich noch besser.

Kalbszünglisalat mit Frühlingszwiebeln

Für 6 Personen
2 Kalbszungen
1 Stange Sellerie, grob geschnitten
1 Stange Lauch, grob geschnitten

1 kleine Zwiebel, grob geschnitten
1 Rüebli, grob geschnitten
1 Nelke und 1 Lorbeerblatt
✽ — Für die Vinaigrette
2 EL Kapern
1 dl Weissweinessig
5 cl Rapsöl
5 cl Sonnenblumenöl
1 Bund glattblättrige Petersilie, gehackt
3 Frühlingszwiebeln, in feine Ringe geschnitten

Für die Vinaigrette alle Zutaten miteinander verrühren. — 3 l Wasser aufkochen, Gemüse hineingeben und etwas salzen. Kalbzungen, Nelke und Lorbeer dazugeben und alles 45–50 Minuten köcheln lassen. — Den Topf vom Herd nehmen und Kalbszungen in der Flüssigkeit auf Zimmerwärme abkühlen lassen. — Kalbszungen herausnehmen und schälen. Mit einer Aufschnittmaschine oder einem scharfen Messer sehr dünne Scheiben schneiden und auf die Teller verteilen. — Mit Vinaigrette übergiessen.

Kaninchenfond

Für 3–5 dl
Knochen und Fleischabschnitte von
1 Kaninchen (beim Metzger vorbestellen)
50 g Bratbutter
1 Zwiebel, mit Schale
1 Knoblauchzehe, mit Schale
2 Rüebli, in Rugeli geschnitten
1 kleine Lauchstängel, in Rugeli geschnitten
1 Schnitz Knollensellerie
½ Bund Thymian
1 Nelke und 1 Lorbeerblatt
3 Petersilienstängel
1 dl Portwein
1 dl Rotwein, zum Beispiel Merlot

Knochen mit einem Küchenmesser oder Beil zerhacken. — Butter im Bräter auf dem Herd erhitzen und Knochen, Fleischabschnitte und Zwiebel dazugeben und kräftig anrösten. — Alles Gemüse, Kräuter und Gewürze dazugeben und zwei-, dreimal mit der Bratkelle wenden. Mit Porto und Merlot ablöschen und so lange köcheln, bis die Flüssigkeit fast verschwunden ist. — So viel Wasser zugeben, bis die Knochen unter Wasser sind. — Und so lange reduzieren, bis Sie die gewünschte Menge Fond erhalten haben. Entscheidend ist aber die Qualität und nicht die Quantität eines Fonds.

Kaninchen im Frühling

Für 6–8 Personen
2 Kaninchen, je in 8 Stücke geteilt
50 g Bratbutter
Salz
Pfeffer
2 rote Zwiebeln, gehackt
40 Senfkörner
1 Lorbeerblatt und 1 Nelke
5 dl Kaninchenfond (siehe oben) oder
Hühnerbouillon (Seite 85)
4 dl Weisswein
1 grosse Handvoll junger Bärlauchblätter
2 Bund Frühlingszwiebeln, etwas gekürzt, der Länge nach halbiert
Olivenöl

Backofen vorheizen auf 150 Grad. Butter in einer Bratpfanne schmelzen und die Kaninchenstücke in 2 Partien darin anbraten, bis sie schön caramelfarbig sind. Fleisch in einen Schmortopf geben, salzen und pfeffern. — In der gleichen Bratpfanne Zwiebeln andünsten, Senfkörner, Lorbeerblatt und Nelke dazu. Alles mischen und über das Fleisch geben. Mit Fond und Weisswein ablöschen. Bärlauchblätter dazugeben und im Ofen etwa 60 Minuten braten. Gegen Ende der Garzeit die Frühligszwiebeln in einer Bratpfanne mit etwas Olivenöl braten und salzen. — Frühlingszwiebeln unter die Kaninchenstücke heben. Auf den Tisch stellen und schöpfen.

Kaninchen mit Marc geschmort

Für 4–6 Personen
1 Kaninchen, zerteilt
Bratbutter
2 rote Zwiebeln, fein gehackt
2 Knoblauchzehen, fein gehackt
5 dl Kalbsfond (Seite 93)

4 cl milder Marc
2 dl Vollrahm
Salz
Pfeffer

Kaninchen in einer Bratpfanne in der Butter goldgelb anbraten, herausnehmen und in einem Schmortopf wieder zusammensetzen. Salzen und pfeffern. Zwiebeln und Knoblauch anbraten. Mit Kalbsfond und Marc ablöschen und alles über das Kaninchen giessen. Zugedeckt ungefähr 45 Minuten schmoren. — Abdecken, Rahm zugeben und nochmals 10 Minuten köcheln. Kaninchen auf einer Platte anrichten. Sauce abschmecken, evtl. noch mehr Marc dazugeben.

✳ — Schmeckt mit Kartoffelfuchs (Seite 101), Kartoffelselleriestock (Seite 103) oder Polenta (Seite 147).

Kaninchenschlegel mit Dörrzwetschgen

Für 6 Personen
50 g Bratbutter
6 Kaninchenschlegel
Salz
Pfeffer
3 rote Zwiebeln, fein gehackt
5 dl Dörrzwetschgensaft
5 dl Rotwein
1 Schuss Portwein
2 EL Honig
1 Lorbeerblatt
1 Nelke
15 Dörrzwetschgen, mit Stein
1 TL Maizena, in etwas kaltem Wasser aufgelöst
1 Becher Sauerrahm

Backofen vorheizen auf 150 Grad. Butter in der Pfanne schmelzen. Kaninchenschlegel sorgfältig darin anbraten, salzen und pfeffern und in einen Schmortopf legen. In derselben Pfanne Zwiebeln anbraten. — Dörrzwetschgensaft, Wein, Porto mit Honig, Lorbeer und Nelke aufkochen und über die Schlegel giessen. Zugedeckt im Backofen ungefähr 30 Minuten schmoren. — Dann die Dörrzwetschgen dazugeben, sie sollten gut mit der Flüssigkeit bedeckt sein. Eventuell etwas heisses Wasser dazugiessen. Nochmals 20 Minuten garen. Wenn die Schlegel zart sind und fast vom Knochen fallen, herausnehmen. Sauce mit etwas Maizena abbinden und abschmecken. — Mit Sauerrahm servieren.

Kaninchen zu Ostern

Für 4–6 Personen
1 kg Kaninchen, in grosse Stücke geschnitten
50 g Bratbutter
Salz
Pfeffer aus der Mühle
5 dl Weisswein
150 g Knollensellerie
150 g Rüebli
1 grosse Zwiebel, gehackt
3 Knoblauchzehen, in Scheiben
Ein paar Zweige Rosmarin
1 grosse Tomate, in Würfeln
2 dl Vollrahm
1 TL Maizena, in etwas kaltem Wasser aufgelöst

Backofen vorheizen auf 180 Grad. Fleisch in der Butter anbraten, salzen und pfeffern, mit Weisswein ablöschen und Flüssigkeit auf die Hälfte einkochen lassen. — Alle Zutaten bis und mit Rosmarin zugeben. Zugedeckt im Ofen ungefähr 40 Minuten schmoren. — Kurz vor Ende der Garzeit Fleisch herausnehmen und beiseite stellen. Tomaten dazugeben, Rahm mit Maizena zugeben. Kurz köcheln. Fleisch wieder zur Sauce geben und servieren.

Kartoffel

Von Anfang an habe ich mich in der «Alpenrose» der Kartoffel gewidmet. Begonnen habe ich mit dem Kartoffelstock, darauf folgte der Kartoffelgratin, und dann haben wir unser Kartoffelprogramm langsam, aber gewaltig ausgebaut.

Die Kartoffel ist für mich eine Königin. Schon mit etwas Salz kann ich ihren neutralen Geschmack zum Blühen bringen. Pellkartoffeln schälen, etwas Salz auf die Hand und schon ist man zufrieden und satt. Als Kind mochte ich gerne Salzkartoffeln, die ich mit einer guten Portion Butter zerdrückte. Oder zerdrückte Kartoffeln mit Schweinsbratensauce.

Die Kartoffel bedeutet für mich Heimat, Ackerbau und fette Erde. Sie ist genial, mit jedem Gewürz kann ich ihr einen anderen Geschmack verleihen. Mit Zwiebeln, Knoblauch, Olivenöl oder einem Fisch schmeckt jedes Kartoffelessen anders.

Als ich in die Schweiz kam, war ich verwöhnt von den deutschen Kartoffeln und habe viel Zeit auf die Suche nach der passenden Kartoffel verwendet. Ich hatte das Gefühl, dass man in der Schweiz die Kartoffel unterschätzte und deshalb zur Pasta griff.

Anfang der 80er Jahre war die Kartoffel regelrecht vom Verschwinden bedroht. Damals kamen wir gerade aus London mit seinen wunderbaren Kartoffeln, machten Ferien in Frankreich und genossen dort die besten Kartoffelgerichte. In der Schweiz hingegen gab es überall Pasta. Spaghetti, Nüdeli, Hörnli, aber keine angemessen guten Kartoffelsorten. Durch den einheitlichen Anbau von ein paar widerstandsfähigen und pflegeleichten Sorten waren die Schweizer Kartoffeln geschmacklos und nicht einmal mit Salz zu retten.

Woher also die guten Kartoffeln nehmen? Ich dachte lange über Kartoffelschmuggel aus Deutschland oder Frankreich nach. Die Idee, wegen Kartoffelschmuggels an der Grenze vor den Schnellrichter zu müssen, hat mich irgendwie amüsiert. Ob ich nun über die grüne Grenze in grossen Mengen Kartoffeln geschmuggelt habe, müssen die Aufzeichnungen der geheimen Überwachungskameras klären, ich sage nichts dazu. Jedenfalls unternahm ich alles für eine gute Kartoffel.

Heute sehe ich das gelassener. Ich kaufe, wenn ich unterwegs bin, einiges zusammen, wenn ich an einem Bio-Hofladen vorbeikomme, und probiere damit so manches aus. Freue mich, wenn ich fündig geworden bin, aber wenn die Kartoffeln gegessen sind, denke ich nicht mehr an sie.

In der «Alpenrose» verbrauchten wir Riesenmengen an Kartoffeln. Zeitweise schälten wir über die Wintermonate im Durchschnitt 600–700 kg, nur um damit Kartoffelstock und Gratin zuzubereiten. Das war eine Herausforderung für jeden Küchenburschen.

Auf die Agria konnte ich mich immer verlassen. Die Sorte ist gut mehlig, hat eine sehr gute Geschmacksentwicklung, wenn man sie mit Butter, Milch und Salz verkuppelt. Auf Muskatnuss und Pfeffer habe ich von Anfang an verzichtet. Weil ich das Wort Beilage nicht mag, habe ich mich übrigens entschlossen, den Kartoffelstock auf Silberplatten zu servieren, so wie es einer Königin würdig ist!

Seit einigen Jahren werden in der Schweiz wieder sehr schöne Sorten angebaut, *pro specie rara* sei dank. Sie werden oft zu überhöhten Preisen verkauft, sodass die Kartoffel heute zum Luxusprodukt aufgestiegen ist, während Nudeln und Reis eher Nebensachen geworden sind.

Bratkartoffeln, roh — 24
Frühkartoffeln mit Rosmarin — 54
Pommes dauphine — 149
Pommes duchesse — 150
Quetschkartoffeln — 154
Rösti mit zwei Pfannen — 171
Rösti mit Speck — 172
Schneekartoffeln — 183
Steinpilze mit Kartoffeln — 199
Strohkartoffeln — 200

Kartoffelauflauf aus der Waadt

Für 6 Personen
500 g Kartoffeln (Agria)
3 Äpfel, geschält, halbiert
Muskatnuss, frisch gerieben
Zimt, gemahlen
Salz und **Pfeffer**
3 Eier, verquirlt
1 dl Sauerrahm
1 altbackenes Brötchen, gerieben
100 g Butter

Backofen auf 150 Grad vorheizen. Gratinform sehr gut ausbuttern, kühl stellen. — Kartoffeln in feine Scheiben schneiden. Äpfel entkernen, an der Röstiraffel reiben und zu den Kartoffeln geben, mischen und mit Muskatnuss, Zimt, Salz und Pfeffer würzen. — Für den Guss Eier und Sauerrahm in einer separaten Schüssel mit einer Gabel verrühren. Die Kartoffelmischung in die Gratinform verteilen und Guss darübergeben. Brotbrösel darüberstreuen. Butter mit einem Kaffeelöffel abstechen und darübergeben. — In der Mitte des Ofens 45–60 Minuten gratinieren, bis sich eine ordentlich schöne Kruste gebildet hat.

✻ — Wunderbar zu diesem Auflauf ein Aargauer Suure Mocke (Seite 3).

Kartoffelfuchs

Für 5 Personen

✻ — Muss gut 1 Stunde im Kühlschrank stehen

900 g mehlige Kartoffeln, geschält

3 Eigelb

Muskatnuss, frisch gerieben

Sonnenblumenöl

Wasser in einer Pfanne aufkochen, Kartoffeln in einem Sieb über dem Wasser bei geschlossenem Deckel weich garen. Wenn sie beinahe auseinanderfallen, durch ein Passevite treiben. Einen kurzen Moment innehalten. — Ein Eigelb nach dem anderen darunterrühren. Salzen und mit Muskat würzen. Masse etwas abkühlen lassen. — Mit den Händen zu einem trockenen Teig verarbeiten. 1–2 Stunden in den Kühlschrank stellen. — Mit den Fingern kleine Häufchen formen. Etwas Öl in einer Bratpfanne erhitzen und die Füchsli auf allen Seiten goldbraun braten.

✻ — Passt zu Fisch, Fleisch und Gemüse.

Kartoffelfunggi

Für 6 Personen

1 kg Kartoffeln, geschält

150 g Knollensellerie

2 Äpfel, halbiert und herzlos

100 g Butter

½ Bund glattblättrige Petersilie, fein gehackt

1 Schuss Süssmost

Wasser in einer Pfanne aufkochen, Kartoffeln, Sellerie und Äpfel in einem Sieb über dem Wasser bei geschlossenem Deckel weich garen. Durchs Passevite treiben. Mit einem Kochlöffel Butter darunterheben und mit Salz abschmecken. Den Peterli darunterrühren. Ein Schuss Most gibt dem Geköch den Rest.

Kartoffeln gleich gross

Für 4 Personen

1 kg festkochende gleich grosse Kartoffeln

Salz und **Pfeffer**

Muskatnuss, frisch gerieben

180 g Raclettekäse, in Scheiben

3 dl Doppelrahm

Kartoffeln schälen und in Salzwasser ungefähr 25 Minuten kochen. Sie sollen weich sein, aber nicht zerfallen. — Kartoffeln durch ein Sieb giessen und mit einem Tuch abdecken. Backofen auf 180 Grad vorheizen. Mit der flachen Hand die Kartoffeln etwas eindrücken, in eine gebutterte Gratinform legen. Salzen, pfeffern und mit Muskat würzen. Den Käse über die Kartoffeln zerbröckeln. — Doppelrahm in einer Pfanne erhitzen und sehr heiss über die Kartoffeln giessen. Ungefähr 5 Minuten in der Mitte des Ofens gratinieren.

Kartoffelkroketten

Für 4–6 Personen

1 kg Kartoffeln

Salz

130 g Butter, kalt

1 Ei

5 Eigelb

80 g Mehl

Rapsöl, zum Frittieren

✻ — Für die Panade

3 Eier

Salz

300 g Paniermehl

Kartoffeln schälen und achteln. In einem Topf zugedeckt über Dampf garen. — Wenn die Kartoffeln sehr weich sind, Kartoffeln kurz ausdampfen lassen und dann schnell durchs Passevite treiben. Gut durchrühren, salzen und die Butter einrühren. Ei und Eigelb zugeben, die Kartoffelmasse vorsichtig binden. Kartoffelmasse in eine Schüssel geben. Backpapier mit Öl bestreichen und über die Kartoffelmasse legen. Einige Minuten kühl stellen. — Arbeitsfläche mit Mehl bestäuben, von der Kartoffelmasse mit einem kleinen Glacelöffel Bällchen abstechen und mit bemehlten Händen zu kleinen Röllchen formen. Leicht flach drücken und auf die bemehlte Arbeitsfläche legen. — Für die Panade Eier in einem Suppenteller mit einer Gabel verquirlen, etwas salzen und das Öl dazurühren. Paniermehl in einen zweiten Suppenteller geben. Kartoffelröllchen einzeln in der Eimasse baden, mit einer Gabel herausheben und ins Paniermehl schubsen. Etwas abklopfen und auf ein mit Backpapier belegtes Blech legen. Kurz kühl stellen. — Fritteuse auf 180 Grad vorheizen. Kroketten ungefähr 5 Minuten ausbacken. Auf Haushaltspapier abtropfen lassen und salzen.

Tine: Bei uns hiessen Kartoffelkroketten eine Zeitlang Kartoffelkoketten. Es hatte sich auf der Speisekarte wieder mal ein kleiner Fehler eingeschlichen. War aber nicht so schlimm wie Interkaken statt Interlaken!

Kartoffelkuchen von früher

Für 6 Personen
1 kg mehlige Kartoffeln, geschält
2 EL Mehl
2 EL Griess
1 dl Milch, warm
1 TL Kümmel
Pfeffer
Salz
Bratbutter

Kartoffeln in kaltem Wasser aufsetzen und ungefähr 40 Minuten kochen, bis sie weich sind. Herausnehmen und abkühlen lassen. — Durch ein Passevite in eine Schüssel treiben. Mehl, Griess und Milch zugeben und unter ständigem Rühren zu einem weichen Teig verarbeiten. Kümmel zugeben, salzen und pfeffern. — Bratbutter in einer Pfanne schmelzen. Eine Portion Kartoffelteig in die Pfanne geben, sodass es einen dicken Kuchen gibt. Den «Pfannenkuchen» auf beiden Seiten bei mässiger Hitze goldgelb braten.

Tine: Meine Mutter hat immer separat noch Speck gebraten und unter den Teig gemischt. Dazu gab es Kopfsalat.

Kartoffeln, frittiert

Für 4 Personen
1 kg kleine neue Kartoffeln, ungeschält
Rapsöl, zum Frittieren

Kartoffeln in einem Kochtopf über dem Dampf halb gar kochen. Auf einem Küchentuch ausbreiten und trocknen lassen. — Fritteuse auf 170 Grad vorheizen. Die trockenen Kartoffeln ungefähr 7 Minuten in die Fritteuse geben, bis sie eine schöne Kruste haben. — Herausnehmen, auf Haushaltspapier abtropfen lassen und salzen.

Tine: Natürlich wird sich etwas Schale lösen. Das Frittieröl nach Gebrauch durch ein Sieb mit einem Tuch giessen.

Kartoffeln in Form

Für 6 Personen
1 kg Kartoffeln (Agria)
130 g Mehl
3 Eier
100 g Sauerrahm
Salz und **Muskatnuss**, frisch gerieben
100 g Butter

Backofen auf 210 Grad vorheizen. Wasser in einer Pfanne aufkochen, Kartoffeln in einem Sieb über dem Wasser bei geschlossenem Deckel weich garen. Schälen, vierteln und durch ein Passevite treiben. Auf Handwärme abkühlen lassen. — Kartoffelmasse mit 100 g Mehl, 2 Eiern, Sauerrahm, Salz und Muskatnuss in einer Schüssel mischen und zu einem Teig kneten. — Eine Kugel formen. Arbeitsfläche mit restlichem Mehl bestäuben und die Masse auf die Formgrösse auswallen. — Kartoffelteig in eine gebutterte und bemehlte Gratinform legen und mit dem verquirlten dritten Ei bepinseln. Mit einer Gabel Kurven im Teig ziehen und Butter in kleinen Flocken darüberschneien lassen. — Ungefähr 10 Minuten backen.

Tine: Jeder Ofen hat seinen eigenen Charakter oder seine *Mödeli*. Nicht einer gleicht dem anderen. Schauen Sie durch das Fenster Ihres Ofens und bestimmen Sie die Farbe Ihrer Kruste selber.

Kartoffeln zum Felchen

Für 6 Personen
1 kg Kartoffeln
1 l Vollrahm
2 Beutel Verveinetee
Salz
50 g Butter

Kartoffeln in kaltem Wasser aufsetzen und ungefähr 20 Minuten kochen. Die Kartoffeln müssen noch schnittfest sein! — Durch ein Sieb giessen, schälen und in ungefähr 5 mm dicke Scheiben schneiden. Wieder in die Pfanne geben. — In einer separaten Pfanne Rahm mit Verveine und Salz aufkochen. Die Kartoffeln mit dem heissen Rahm übergiessen. Mit einer Holzkelle umrühren und einköcheln lassen. Zum Schluss mit Butter verfeinern und mit Salz abschmecken.
Tine: Ich mische gerne auch noch etwas frisch gehackten Dill darunter.

Kartoffelsalat mit Brunnenkresse

Für 6 Personen
1,5 kg festkochende Kartoffeln, ungeschält
Salz
1 dl Weisswein, zum Beispiel Räuschling
1 kleiner Bund glattblättrige Petersilie, gehackt
1 kleiner Bund Schnittlauch, fein geschnitten
Etwas Estragon, gehackt
1 rote Zwiebel, in sehr feine Scheiben geschnitten
1 Handvoll Brunnenkresse, dicke Stiele abgezupft
4 Eier, 6 Minuten gekocht, geviertelt
✳ — Für die Vinaigrette
2 EL Estragonessig
6 EL Sonnenblumenöl
Salz
Pfeffer
1 TL Estragonsenf

Kartoffeln in einer Pfanne mit Wasser bedecken und mit Salz ungefähr 25 Minuten kochen. Die Kartoffeln müssen noch schnittfest sein. — Schälen und in 3 mm dicke Scheiben schneiden. In eine Schüssel geben. Noch warm mit Räuschling übergiessen. — Für die Vinaigrette alle Zutaten mit dem Schwingbesen in einer Schüssel verrühren. Die Kräuter einstreuen, die Vinaigrette über die Kartoffeln giessen und die Zwiebeln daruntermischen. — Auf die Teller verteilen, mit Brunnenkresse begrünen und dazwischen die Eier verstecken.
Tine: Ich mag die Eier am liebsten, wenn sie fast noch ein bisschen flüssig sind.

Kartoffelselleriestock

Für 6 Personen
1 kg Kartoffel (Agria), geviertelt
500 g Knollensellerie, in Stücken
4 dl Milch
100 g Butter
Salz
1 Bund glattblättrige Petersilie, gehackt

Kartoffeln und Sellerie im Dampf kochen, bis sie sehr weich sind. In ein Passevite geben und einen Moment ausdampfen lassen. — Milch in einer separaten Pfanne aufkochen. Kartoffelselleriewürfel durchs Passevite zurück in den Kochtopf treiben. — Pfanne auf den Herd stellen und die heisse Milch unter ständigem Rühren einarbeiten, bis die gewünschte Konsistenz erreicht ist. — Die kalte Butter einrühren. Mit Salz abschmecken und Peterli dazugeben.

Kartoffelstock

Für 6 Personen
1 kg mehlige Kartoffeln, geschält
3 dl Milch
Salz
150 g Butter, sehr kalt, in kleinen Würfelchen

Kartoffeln achteln und weich dämpfen. Durch ein Passevite treiben. Milch sehr heiss kochen. Bevor die Milch ihren Weg zu den Kartoffeln findet, die Kartoffeln mit einer grossen Holzkelle verrühren. Etwas Salz einrieseln lassen. Jetzt die Milch eingiessen und rühren. Milch von den Kartoffeln aufsaugen lassen. — Die Butter mit der Kelle einarbeiten. Auf keinen Fall mit einem Schwingbesen

verrühren. Immer gut vom Rand zur Mitte arbeiten. Den heissen Kartoffelstock nach dem Rühren sofort auf den Tisch bringen.
Tine: Wenn Sie Lust auf Muskat haben, nur zu. Der französische Grossmeister des Kartoffelstocks, Joël Robuchon, nimmt keine mehligen Kartoffeln und würde bei der geringen Menge der Butter grinsen. In einer Saison schälten wir 600 kg Kartoffeln. Jede Köchin und jede Hilfskraft haben sich so ihren goldenen Rexschäler verdient.

Kartoffelstock mit Greyerzer und Gemüsezwiebeln

Für 6 Personen
1 kg mehlige Kartoffeln, geschält
Salz
1 grosse, weisse Gemüsezwiebel, in Ringe geschnitten
3 Knoblauchzehen, in feine Scheiben geschnitten
100 g Butter
4 Eigelb, verquirlt
2 Eier, verquirlt
1 Bund Schnittlauch, gehackt
5 dl Sauerrahm
200 g Greyerzer, gerieben
Pfeffer

Kartoffeln ganz in einen Topf legen und mit kaltem, gesalzenem Wasser bedecken. Zwiebeln und Knobli dazugeben. Aufkochen und ungefähr 30 Minuten köcheln. — In ein Sieb giessen, abtropfen lassen. Alles zurück in den Topf geben und gut verstampfen. Butter, Eier, Schnittlauch und je die Hälfte vom Sauerrahm und vom Greyerzer daruntermischen. Mit Salz und Pfeffer abschmecken. — Backofen vorheizen auf 200 Grad. Die Kartoffelmasse in eine gebutterte Gratinform geben und mit der Gabel mehrere Linien durch die Masse ziehen. Den restlichen Sauerrahm mit einem Spatel sorgfältig darüber verteilen und den restlichen Käse darüberstreuen. Ungefähr 20 Minuten in der Mitte des Backofens gratinieren.

✻ — Passt gut zu einem Salat oder zu kurz gebratenem Fleisch, zum Beispiel zu einem Schweinekotelett (Seite 190).

Kartoffelstock mit Sauerrahm, Senf und Spiegelei

Für 4 Personen
4 EL Dijon-Senf
5 dl Sauerrahm
2 Bund glattblättrige Petersilie, gezupft, oder zarter Spinat
Kartoffelstock (Seite 103)
Pro Person 1–2 Spiegeleier (Seite 198)

Dijon-Senf, Sauerrahm und Peterli in den Kartoffelstock einarbeiten. Mit Salz abschmecken. — Jedem seine Portion auf den Teller geben und ein Spiegelei darauf platzieren.

Kartoffeltätschli aus dem Tessin

Für 4 Personen
1 kg Kartoffeln, geviertelt
1 TL Fenchelsamen
200 g Butter oder 1 dl Olivenöl
200 g Mehl, gesiebt
1 Handvoll Fenchelkraut, fein gehackt
1 Eigelb
Bratbutter

Kartoffeln mit Fenchelsamen im Salzwasser aufkochen und ungefähr 20 Minuten kochen. — Kartoffeln durch ein Sieb giessen, abtropfen und mit einem Kartoffelstampfer zerdrücken. — 150 g Butter dazugeben und das Mehl darunterrühren. Salzen. Auf eine bemehlte Arbeitsfläche stürzen und zu einem festen Teig verarbeiten. Falls die Masse zu feucht ist, Mehl zugeben. Wenn Sie damit zufrieden sind, Fenchelkraut einarbeiten. — Eine lange Wurst formen und mit Mehl bestreuen. Mit einem Messer dicke Scheiben abschneiden und daraus Tätschli formen. — Bratbutter in einer Pfanne erhitzen. Ein paar Tätschli hineinlegen und auf beiden Seiten anbraten. — Backofen auf 150 Grad vorheizen. Tätschli auf ein gebuttertes und bemehltes Backblech legen. Weitere Scheiben abschneiden und Tätschli braten, bis die Wurst ein Ende hat. Restliche Butter schmelzen, über die Tätschli giessen. Tätschli mit Eigelb bestreichen und mit ein

paar Fenchelsamen bestreuen. Im Backofen 7–8 Minuten backen. Nach 5 Minuten allenfalls die Plätzchen wenden, damit sie auf allen Seiten eine schöne Farbe bekommen.
Tine: Schmeckt gut zu einem Salat oder Gemüse und wenn man es nicht lassen kann, zum Lamm-Ragout (Seite 115).

Käse

Er ist ein kulinarisches Aushängeschild der Schweiz. Ein genauer Blick auf das Angebot lohnt sich.

Gâteau au fromage — 58
Geissenfrischkäse im Bierteig — 59
Geissenkäse im Maisteig — 60
Geissenkäse mit Kruste — 60
Geissenkäseterrine mit Preiselbeeren — 60
Petits doigts aus der Waadt — 146
Sbrinzchips — 180
Sbrinzmousse — 180
Stängeli aus Walliser Bergkäse — 198
Vacherin im Ofen — 209

Kastanienhonigessig

Ergibt 2 Flaschen à 7 dl für den Vorrat
1,2 l guter Apfelessig
125 g Tessiner Kastanienhonig
125 g Tannenschösslinghonig (Seite 203)
3 Zweige Rosmarin
2 Knoblauch, in Scheiben geschnitten

Apfelessig aufkochen, Honig einrühren. Nochmals aufkochen und 5 Minuten sprudeln lassen. — Abkühlen lassen und in saubere Flaschen füllen. In jede Flasche 1 Scheibe Knobli und 1 Rosmarinzweig geben. — Ein paar Tage ziehen lassen. Im kühlen dunklen Keller ist er sehr lange haltbar.

Katzenzüngli

1 Dose für den Süssigkeitenschrank
Teig muss einige Stunden in den Kühlschrank
110 g Butter
4 Eiweiss, ca. 130 g
1 Vanillestängel, längs aufgeschnitten
130 g Feinzucker
1 Messerspitze Vanillezucker
130 g Mehl, gesiebt

Butter und Eiweiss 2 Stunden vor der Verwendung aus dem Kühlschrank nehmen. — Vanillemark mit einem Messer auskratzen und zum Zucker geben. Schüssel anwärmen und die Butter darin cremig schlagen. Vanillezucker dazugeben. Das warme Eiweiss unter sanftem Schlagen dazumischen. — Mehl nach und nach mit einem Spatel darunterheben. Auf keinen Fall die Masse zu stark rühren. Den Teig für einige Stunden in den Kühlschrank stellen. — Ofen vorheizen auf 200 Grad. Ein rechteckiges Blech mit Backpapier belegen. — Teig in einen Spritzsack mit einer Tülle von 4 mm Durchmesser füllen und Züngli aufs Blech spritzen. Genug Abstand zwischen den Züngli lassen, sie machen sich beim Backen breit. Im Ofen 10 Minuten backen. Achtung: Verlassen Sie die Küche nicht und schauen Sie nach 6 Minuten zu den Züngli, um ein Desaster zu vermeiden. — Die Züngli sind in einer verschlossenen Büchse 2 Wochen haltbar. Für kleine Kinder genau die richtige Gebäckgrösse.
Tine: Ich mag die Züngli gerne zum Kaffee.

Kichererbsensalat mit Mangold

Für 8 Personen
✻ — Kichererbsen über Nacht einweichen
200 g getrocknete Kichererbsen
2 TL Natron, aus der Apotheke
2 grosse Knoblauchzehen
5 cl Olivenöl
Salz und **Pfeffer**
1 kg Mangoldblätter
1 grosse rote Zwiebel, gehackt
2 grosse Rüebli, in kleine Würfel geschnitten
1 kleiner Peperoncino, halbiert
1 Zitrone, frisch gepresst
3 dl Weisswein
250 g Cherrytomaten, halbiert
1 Handvoll glattblättrige Petersilie, gehackt

Kichererbsen über Nacht oder am frühen morgen in Wasser und Natron einweichen. — Abgiessen

und abtropfen. In einer Pfanne mit so viel Wasser bedecken, dass sie gerade untergetaucht sind. Knoblauch und ein wenig Olivenöl dazugeben und so lange köcheln, bis die Kichererbsen weich sind. Beiseite stellen. — Salzwasser aufkochen, Mangold darin kurz blanchieren, abgiessen, abtropfen und klein hacken. — Zwiebel und Rüebli im Olivenöl erhitzen und weich dünsten. Salzen und pfeffern, Peperoncini dazu und kurz mitköcheln. Die Kichererbsen aus der Garflüssigkeit schöpfen, Mangold und Zitronensaft dazugeben. Weisswein, Tomaten und Peterli daruntermischen. Nochmals abschmecken, eventuell etwas Olivenöl zugeben.
Tine: Den Salat nicht in den Kühlschrank stellen, er schmeckt am besten zimmerwarm.

Kilchberger Schoggikuchen

Für eine Springform von 24 cm Durchmesser
200 g dunkle Schokolade
200 g Butter, zimmerwarm
300 g Zucker
6 Eigelb, verquirlt
200 g Mehl
3 cl Kaffeelikör
6 Eiweiss, steif geschlagen

Backofen vorheizen auf 160 Grad. Schoggi im Wasserbad schmelzen, Butter und Zucker schaumig rühren. Eigelb dazurühren und Mehl dazugeben. Schoggi und Kaffeelikör darunterrühren. Eiweiss darunterziehen. — In eine mit Backpapier ausgelegte Form füllen. In der Mitte des Ofens ungefähr 45 Minuten backen. Nadelprobe machen.
Tine: Ich habe mich immer gefragt, warum der Kilchberger Schoggikuchen so heisst, vermutlich deswegen, weil die Lindt-Schokoladen-Fabrik in diesem Ort beheimatet ist.

Kilterbutter

Wir wissen, dass diese Kräuterbutter im Emmental dafür gesorgt hat, das Entrecôte mit ein bisschen Geschmack anzureichern – genauso klassisch, wie das beim «Entrecôte Café de Paris» gemacht wird. Hier unsere Variante.

Für 8 Personen
250 g gute Butter, sehr weich
5 g Senfpulver
5 g Meerrettichsenf
1 Zweiglein Estragon, sehr fein gehackt
15 g Zwiebeln, sehr fein gehackt
1 grosse Knoblauchzehe, sehr fein gehackt
½ Schalotte, sehr fein gehackt
½ Bund krause Petersilie, sehr fein gehackt
1 Messerspitze Cayennepfeffer
1 Eigelb
Salz und **Pfeffer**
50 g Vollrahm, steif geschlagen

Butter schaumig rühren. — Alle weiteren Zutaten bis auf den Rahm dazugeben und gut verrühren. Zum Schluss den Schlagrahm darunterziehen. Mit einer kleinen Glacezange oder einem Löffel Kugeln formen und im Kühschrank fest werden lassen oder einfrieren.
✻ — Auf kurz gebratenem Fleisch, zum Beispiel Lammgigot-Steak (Seite 114).

Kinderflan

Für 6 Sandkastenförmchen
✻ — Muss ein paar Stunden fest werden
4 dl Milch
½ Vanillestängel, längs aufgeschnitten
7 Blatt Gelatine, in kaltem Wasser eingeweicht, ausgedrückt
4 Eigelb
150 g Zucker
4 dl Vollrahm, steif geschlagen

Milch mit Vanillestängel aufkochen. Gelatine darin auflösen und in eine Schüssel geben. Eigelb und Zucker mischen, zur Milch geben. Vanillestängel herausnehmen. — Sobald die Masse am Rand fest zu werden beginnt, Rahm darunterziehen. Sandkastenförmchen kalt auswaschen und den Pudding einfüllen. Mit Klarsichtfolie abgedeckt im Kühlschrank ein paar Stunden fest werden lassen. — Zum Servieren Förmchen kurz ins warme Wasser tauchen, Pudding vom Rand lösen und stürzen. — Dazu passen alle Beeri. Die Kinder mögen ihn bei uns am liebsten mit Himbisirup.

Kirschen aus Riehen im Kirsch aus Zug

Ergibt 3 Gläser à 2,5 dl für den Vorrat
✲ — Muss einige Tage ziehen
500 g Kirschen aus Riehen
180 g Zucker
3 dl Kirsch aus Zug

Kirschen mit einem Haushaltspapier abreiben, nicht waschen. Stiel abzupfen und dicht an dicht in sterile Gläser mit grosser Öffnung legen. Die Kirschen müssen es richtig kuschelig haben. — Zucker einfüllen und mit Kirsch drüber. Gut verschliessen, vorsichtig drehen und eine Woche darinlassen.
Tine: Gönnen Sie sich einen guten Kirsch. Kirschen ernten ist so aufwendig! Wäre schade, wenn der Aufwand in einem Fusel endet.

Kirschen, kalt gerührt

Ergibt 3 Gläser à 5 dl für den Vorrat
✲ — Muss 5 Tage im Kühlschrank verweilen
1 kg entsteinte Kirschen, tiefgekühlt
500 g brauner Zucker
5 cl «Zuger» Röteli (Seite 226)
5 cl Cognac
1 TL Vanillezucker

Kirschen im gefrorenen Zustand mit allen Zutaten mischen. Und so lange rühren, bis sich der Zucker vollständig aufgelöst hat. Es ist nicht nötig, die ganze Zeit zu rühren, sondern von Zeit zu Zeit. Wenn der Zucker wirklich aufgelöst ist, in Gläser abfüllen und vor dem Gebrauch 5 Tage im Kühlschrank stehen lassen.
Tine: Gut Ding will Weile haben. Ich habe die Erfahrung gemacht, dass die Mischung besser schmeckt mit gefrorenen Beeren. Warum, weiss ich eigentlich nicht. Im Kühlschrank gut 3 Wochen haltbar.

Kirschsorbet

Für 10–12 Personen
250 g Zucker
750 g gute Kirschen
1 Zitrone, frisch gepresst
1 TL Vanillezucker
1 dl guter fruchtiger Rosé

Kirschen waschen und entsteinen. Mit Zucker, Vanillezucker und Zitronensaft in eine Schüssel geben und mit dem Stabmixer pürieren. Rosé dazugiessen und in der Glacemaschine fertigstellen.
Tine: Als Sommerdrink in eine Champagnerschale 1 Kugel Sorbet legen und mit Prosecco auffüllen.

Kitzinger Prünellen

Jeden Herbst gab mir meine Mutter immer diese Arbeit auf: Die Zwetschgen wurden geschält. Die Steine wurden mit einem Holzstecken herausgestossen und die Zwetschgen aufgespiesst. War ein Holzspiess voll, hat meine Mutter die Spiesse am Kachelofen befestigt und die Zwetschgen getrocknet. Ich bekam dann sehr oft ein *Hutzelmannli* von ihr gebastelt.

Knoblauchsauce

Für 4 Personen
1 grosse Knoblauchknolle, geschält
1 EL Bratbutter
1 dl Weisswein
1 dl Lamm- oder **Kalbsfond** (Seite 93)
1 dl Vollrahm
2 dl Sauer Halbrahm
Salz und **Pfeffer**

Knoblauchzehen in grobe Scheiben schneiden. Die Bratpfanne erhitzen, Bratbutter schmelzen und die Scheiben rösten. Mit Weisswein ablöschen und so lange köcheln, bis der Wein fast verschwunden ist. — Fond dazugeben, kurz aufkochen und Rahm und Sauerrahm einrühren. Salzen und pfeffern. Die Sauce so lange köcheln, bis die Knoblauchzehen weich sind. Durch ein Sieb passieren.

Kohlräbligratin

Für 6 Personen
2 kg Kohlräbli, so dünn wie Chips geschnitten
250 g Zwiebeln, fein geschnitten

5 dl Vollrahm
5 dl Milch
1 Schuss Sherry
1 TL Maizena, in etwas kaltem Wasser aufgelöst
  Backofen vorheizen auf 180 Grad. Kohlräbli und Zwiebeln in Milch und Rahm kochen, salzen. Sherry zugeben. — Mit Maizena abbinden und in eine Gratinform geben. — Im Ofen so lange gratinieren, bis der Gratin Farbe angenommen hat.

Kompott

Wenn das Obst reif ist: Was schmeckt besser als ein schnelles Kompott?

  Für eine Schüssel
1 kg saisonale Früchte, gerüstet
300 g Zucker
1 Vanillestängel, halbiert
1–2 dl Wasser
  Früchte in Stücke schneiden, mit Zucker mischen. Alles zusammen mit dem Vanillestängel in einem Topf aufkochen, bis die Früchte weich sind. Zwischendurch mit einem Kochlöffel rühren. In eine Schüssel giessen und abkühlen lassen. Bleibt im Kühlschrank ungefähr 1 Woche haltbar.

Birnenkompott zum Fleisch — 20
Rhabarberkompott — 165

Konfitüre, Gelee und Honig

Wie man Geschmack am besten aus der kurzen Saison auf den langen Tisch rettet.

Hagebuttenkonfitüre — 77
Quittengelee — 156
Schlehengelee — 181
Tannenschösslinghonig — 203
Zwiebelkonfitüre — 229

Kräuterbutter

Angeblich helfen Oregano gegen Husten, Peterli gegen Zahnschmerzen und Basilikum gegen lästige Fliegen. Wir verwenden Kräuter allerdings immer nur wegen des Geschmacks (und freuen uns stillschweigend, wenn uns die Fliegen in Ruhe lassen).

  Für 5 Personen
250 g Butter, zimmerwarm
1 paar Spritzer Zitronensaft
Je 1 TL Rosmarin, Thymian, Majoran, Dill und Oregano, sehr fein gehackt
1 TL Paprikapulver
1 guter Schuss Cognac
1 EL Senf
1 EL Kapern, sehr fein gehackt
1 Messerspitze Cayennepfeffer
  Butter und Zitronensaft mit einem Handmixer luftig schlagen und dann Zutaten zugeben. Alles gut mischen. Mit einer kleinen Glacezange oder einem Löffel Kugeln formen und im Kühschrank fest werden lassen oder einfrieren.

Kräuteröl

  Ergibt 1 Flasche à 5 dl für den Vorrat
1 Bund Basilikum, fein gehackt
1 Bund Thymian, Blättchen abgezupft, gehackt
1 Bund Zitronenmelisse, fein gehackt
1 Knoblauchzehe
1 Peperoncino, fein geschnitten
5 dl Olivenöl
  Alle Kräuter und etwas Salz ins Öl geben und in eine Flasche abfüllen. Kräuteröl sollten Sie immer im Kühlschrank haben.

Kuchen, salzig

Der Backofen ist in der «Alpenrose» eigentlich nie kalt geworden. Denn wenn es gerade keinen Kuchen zu backen gab, fielen uns ganz bestimmt neue Variationen ein, zum Beispiel mit Fleisch oder Gemüse.

Erbsenkuchen — 44
Gâteau au fromage — 58
Lauchwähe mit Ziegenquark — 116
Seeländer Fladen — 193
Zucchettikuchen — 225

Kuchen, süss

Ich backe und esse sehr gerne Kuchen. Vor allem mag ich sehr einfache Rührkuchen aus guter Butter, Mehl, Eiern, Zitrone, Äpfeln, Zwetschgen, Schokolade, Nüssen. Alles darf zimmerwarm sein. Mich fasziniert, was mit diesen einfachen Lebensmitteln alles möglich ist. Ein bisschen von dem, eine Prise von jenem, ein wenig rühren und alles verbindet sich zu einer Köstlichkeit, die noch dazu perfekt zu einer Tasse Kaffee passt.

Aniskuchen — 9
Apfelblootz — 9
Apfelkuchen mit Piment und Sauerrahm — 10
Apfelkuchen vom Limmatladen — 10
Apfelküchlein mit Vanillesauce — 11
Apfeltarte — 12
Apfelwähe — 13
Butterkuchen — 26
Crostata al Limone — 35
Gâteau au Vin Cuit — 58
Gâteau du Vully — 58
Gugelhopf zu jeder Zeit — 74
Kilchberger Schoggikuchen — 106
Kuchen, gleich schwer — 109
Kuchen mit Magenträs — 109
Lebkuchen — 117
Linzertorte — 117
Mandelkuchen — 124
Mandelschoggikuchen aus dem Wallis — 124
Mandelschoggischnitten — 124
Marmorkuchen — 124
Marronikuchen — 126
Nusstorte — 135
Osterkuchen — 142
Polentazitronenkuchen — 149
Quittencake — 155
Randenkuchen — 159
Rotweinkuchen Nr. 1 — 173
Rüeblikuchen — 174
Schoggikuchen — 183
Schoggikuchen aus dem Eis — 184
Schoggikuchen mit Ristretto — 184
Schoggikuchen mit Schnaps — 184
Vergessener Kuchen — 210
Zitronenkuchen mit Erdbeeren — 224
Zwetschgenblootz — 228
Zwetschgenkuchen — 228

Kuchen, gleich schwer

Für eine Springform von 28 cm Durchmesser
250 g Zucker
1 TL Vanillezucker
250 g Butter
4 Eier
1 TL Backpulver
250 g Mehl
½ Zitrone
1 grosser Schuss Rum
5 Äpfel, geschält, entkernt

Backofen vorheizen auf 200 Grad, Umluft auf 180 Grad. — Zucker und Vanillezucker mischen und mit der Butter schaumig rühren. Ein Ei nach dem anderen dazugeben. Backpulver und Mehl darunterrühren. Zitronensaft und Rum dazugeben. — In eine passende Backform füllen. Äpfel halbieren und mit der Schnittseite nach unten auf den Teig drücken. In der Mitte des Ofens ungefähr 50 Minuten backen (Nadelprobe).

Kuchen mit Magenträs

Für ein Kuchenblech mit 25 cm Durchmesser
140 g Mehl
1 Messerspitze Backpulver
60 g Butter weich
½ Säckli Glarner Gewürzzucker (Magenträs)
¼ Schale Zitrone, gerieben
4 EL Milch
✳ — Für den Guss
120 g Zucker
1 EL Mehl
2,5 dl Doppelrahm
½ Säckli Glarner Gewürzzucker und **Zimt**
Etwas Butter

Backofen vorheizen auf 180 Grad. Für den Teig alle Zutaten bis auf die Milch in eine Schüssel geben

und so lange verreiben, bis die Masse die Konsistenz hat wie überspülter Sand am Meer. — Dann mit der Milch vermischen. Vom Teig eine Kugel formen und sofort auswallen. In eine gebutterte und bemehlte Form legen, den Rand hochziehen. Rand mit einer Gabel verzieren. Boden mit den Gabelspitzen einstechen. Für den Guss alle Zutaten miteinander verrühren, auf den Teig giessen und im Ofen ungefähr 30 Minuten backen.
Tine: Diesem Teig können Sie alles zumuten.

Kuchenteig für Süsses

Ergibt 1 kg Teig
300 g Butter
300 g Feinzucker
3 Eigelb
½ Zitrone, Schale
½ Vanillestängel, längs aufgeschnitten und das Mark ausgekratzt
500 g Mehl

Butter und Zucker mit dem Mixer schaumig schlagen. Eier nach und nach dazurühren. 1 Prise Salz, Zitrone und Vanillemark dazugeben. Mehl dazurühren. In Klarsichtfolie verpackt kühl stellen oder portionenweise einfrieren.
Tine: Es lohnt sich, grössere Mengen herzustellen und in passenden Portionen einzufrieren. Sie brauchen ihn für eine Apfelwähe (Seite 13) oder für eine Crostata al Limone (Seite 35).

Küchlein im Ofen «frittiert»

Vorsicht: Dieses Rezept funktioniert nur im Elektro- oder Heissluftofen. Wer es im Gasofen probiert, läuft Gefahr, dass er seine Küche in die Luft sprengt.

Für 12 Küchlein
Ein Muffinblech aus Metall
4 frische Eier
2 dl Milch
200 g Mehl, gesiebt
1 TL Rosmarinnadeln, fein gehackt
1 Messerspitze Chilipulver
5 dl Rapsöl

Ofen vorheizen auf 190 Grad. Eier mit dem Schwingbesen von Hand luftig schlagen. Milch dazugeben. Mehl und 1 Prise Salz dazumischen. Rosmarin und Chili dazugeben. Gut rühren, der Teig sollte keine Knöllchen haben und gut von der Kelle fliessen. — Die obersten drei Förmchen des Muffinblechs mit Öl füllen und jetzt vorsichtig, aber doch zügig die Backform lupfen und das Öl gleichmässig in die restlichen Förmchen laufen lassen (Bild Seite 67). — Form ungefähr 15 Minuten in den Ofen stellen. Achtung, das Öl wird extrem heiss! — Form aus dem Ofen nehmen und den Teig gleichmässig und sehr schnell in die Förmchen geben. Darauf achten, dass kein Teig auf den Rand der Form tropft. Sonst werden unsere Knusperküchlein nicht richtig frittiert. — Zurück in den Ofen schieben. Ofentür erst nach 25 Minuten wieder öffnen.
Tine: Diese Knusperküchlein können als Beilage zu einem Kalbskotelett oder einem Gemüseragout serviert werden. Da die Vorgänger aus England kommen, passen sie auch zu einem *Pint of Lager*.

Kürbis aus dem Ofen

1 Kürbis Muskat
Butter
Parmesan
Kürbiskernöl, nach Belieben

Ofen vorheizen auf 200 Grad. Ganzen Kürbis gut waschen. Auf ein Backblech stellen, ein wenig Wasser auf das Blech giessen. Je nach Grösse des Kürbisses 1–2 Stunden garen lassen. — Schälen und mit einer Glacezange Kugeln abstechen. Mit Butter, Salz und Parmesan bestreuen. Oder mit etwas Kürbiskernöl aus unserem befreundeten Nachbarland Österreich beträufeln. Wenn der Kürbis von sehr guter Qualität ist, braucht es wirklich nicht mehr.
Tine: Am schönsten ist es, den ganzen Kürbis auf den Tisch zu stellen und ihn mit Freunden gemeinsam zu schlachten!
Christian: Es gibt keine überraschendere Art, Kürbiskernöl zu servieren, als über einer Kugel Vanilleglace (209). Nicht nur die Farbe ist schön, auch das nussige Aroma des Öls kommt optimal zur Geltung.

L

L wie **Leber**. Unter deren Haut hat jeder Lehrling gern einmal seine Hände versteckt. Wir haben die Innereien immer ganz gekauft. So wurde unsere Küche fallweise zur Pathologie und zu einem Forschungslabor.

Lammcarré mit Nusskruste

Für 2 Personen
Lammcarré mit 10 Knochen
Bratbutter
Salz und **Pfeffer**
✱—Für die Kruste
50 g gemahlene Haselnüsse
90 g Baumnüsse, gehackt
2 Marroni, fein gehackt
2 Bund glattblättrige Petersilie, fein gehackt
1 Bund Thymian, Blättchen abgezupft
1 Knoblauchzehe, fein gehackt
80 g Paniermehl
200 g Butter

Fleisch aus den Kühlschrank nehmen und Zimmertemperatur annehmen lassen. Backofen auf exakt 100 Grad vorheizen. — Fleisch mit Haushaltspapier trocken tupfen. In Bratbutter rundherum gleichmässig bei mittlerer Hitze anbraten. Salzen und pfeffern. — Fleisch mit den Rippen auf ein Blech legen und eine ½ Stunde im Backofen garen. Backofentür die ganze Garzeit geschlossen halten. — Für die Nusskruste alle Zutaten über die Butter streuen. Den ganzen Berg in die Butter hacken. Immer wieder mit dem Messerrücken die Mischung zusammenkratzen. Die Nusskruste in Form des Carrés in eine Bratpfanne legen, kurz anrösten. Das Lamm aus dem Ofen nehmen und auf die Kruste setzen. Nach ungefähr 2 Minuten mit einem Spatel wenden. Halbieren und mit Gemüse servieren.

Lammgigot aus dem Puschlav

Für 6 Personen
1 Bund Rosmarin
6 grosse Knoblauchzehen
1 Zwiebel
1 Stück Knollensellerie
½ Lauch
1 Peperoncino
Salz
Pfeffer
1 Lorbeerblatt

1 **Lammgigot,** ohne Knochen
Thymianzweige
✻ — Für die Sauce
9 dl **Sauerrahm**
1 **Bund Frühlingszwiebeln,** in feine Ringe geschnitten
1 **Knoblauchzehe,** fein gehackt
2 EL **scharfer Senf**
1 **Bund glattblättrige Petersilie,** fein gehackt
1 **Handvoll Kapern,** abgetropft
Salz und **Pfeffer**

    Für den Sud Gemüse und Gewürze bis und mit Lorbeer mit Wasser aufkochen. — Häute und etwas Fett am Gigot entfernen. Die Innenseite vom Gigot gut salzen und pfeffern, Thymianzweige hineinlegen. Fleisch mit Küchenschnur zusammenbinden. Gigot in den Sud legen und ungefähr 1 Stunde vor sich hin blubbern lassen. Gigot ist zart und mag es, sanft gegart zu werden. — Für die Sauce alle Zutaten in einer Schüssel gut vermischen und zum Fleisch servieren.
Tine: Das Fleisch ist gar, wenn es sich kaum mehr eindrücken lässt. Federt es noch, ist es zu roh. Gibt das Fleisch nicht mehr nach, ist es bereits zu stark gegart. — Auf die gleiche Art kann auch Kalbschulter für Vitello tonnato zubereitet werden. — Gigot binden ist so eine Sache. Am besten denkt man an ein längliches Geburtstagspäckli.

Lammgigot-Steak

    Für 8 Personen
✻ — Fleisch muss 2 Tage lang mariniert werden!
1 **Lammgigot,** ohne Knochen
1 **grosse Knoblauchzehe**
2 TL **Salz,** im Mörser zerdrückt
2 TL **Senf,** grobkörnig
6 dl **Olivenöl**
Bratbutter

    Knoblauch pressen und mit den anderen Zutaten mischen. Fleisch damit bestreichen und 2 Tage marinieren. — Lammgigot aufrollen und mit der Haushaltsschnur alle 2 cm satt binden. Anschliessend kalt stellen. — Kurz vor dem Braten den Gigot zwischen den Schnüren in Steakscheiben schneiden.

Bratbutter in der Pfanne erhitzen und die Scheiben portionenweise auf beiden Seiten 2 Minuten braten. Die gebratenen Scheiben im Ofen bei 80 Grad warm halten.
Tine: Kräuteröl (Seite 108) muss auf den Tisch.

Lammgigot mit Bärlauch aus dem Ofen

    Für 4–6 Personen
1 **Lammgigot,** zimmerwarm
4 **Handvoll Bärlauchblätter,** vom Spaziergang
Bratbutter
Salz und **Pfeffer**
150 g **Butter,** mit etwas Bärlauch geschmolzen

    Ofen auf 160 Grad vorheizen. Gigot mit einem Messer einstechen und eine Handvoll Bärlauch in die Ritzen stecken. — Etwas Bratbutter in einer Bratpfanne erhitzen, Gigot langsam bei niedriger Temperatur ungefähr 10 Minuten golden anbraten. Mit zwei Kellen wenden, aber auf keinen Fall mit einer Fleischgabel einstechen. Salzen und pfeffern. Fleisch mit dem restlichen Bärlauch in eine feuerfeste Form legen und noch etwas Bratbutter darübergeben. Das Fleischthermometer möglichst nah am Knochen ins Fleisch stecken, ohne dass das Thermometer den Knochen berührt, und in die Mitte des Backofens schieben. Ab und zu mit der flüssigen Butter übergiessen. — Bei Kerntemperatur 55 Grad Gigot aus dem Ofen nehmen, mit Alufolie einwickeln und abstehen lassen. Wenn das Thermometer 60 Grad erreicht hat, das Fleisch in feine Scheiben schneiden und mit Bratensaft übergiessen.
✻ — Kleine Bratkartoffeln in Bärlauchbutter geschwenkt, sind wunderbar dazu.

Lammhaxe

    Für 6 Personen
6 **Lammhaxen**
2 **Zweige Rosmarin**
5 **rote kleine Zwiebeln,** fein gehackt
50 g **Bratbutter**
Salz
Pfeffer

1 kleiner Peperoncino, in feine Streifen geschnitten
7 dl Rotwein, zum Beispiel Merlot
1 dl roter Sherry
2 EL Kastanienhonig
1 grosszügiger EL Butter für die Sauce

Haxen 2 Stunden vor dem Schmoren aus dem Kühlschrank nehmen. — Ofen auf 150 Grad vorheizen. Mit einem spitzen Messer Haxen, wo Sie möchten, einstechen und Rosmarin hineinstecken. — Zwiebeln in der Butter anbraten, Lammhaxe dazugeben und rundherum etwa 6 Minuten anbraten. Salzen und pfeffern. Zwiebeln und Peperoncini in einen Bräter geben. Die Lammhaxen mit den Knochenenden nach oben hineinstellen. — Bräter bei mittlerer Hitze auf den Herd stellen, bis ein Rauschen aus dem Bräter tönt. Wein dazugiessen, dass es ordentlich zischt. Sherry und Honig zugeben. — Bräter mit Deckel verschliessen und in den vorgeheizten Backofen stellen. Je nach Grösse der Haxe mindestens 2 Stunden schmoren. — Haxen erst herausnehmen, wenn sie vom Knochen fallen. — Fleisch mit einem Messer an der dicksten Stelle längs durchschneiden und auf eine Platte geben. Sauce in eine Pfanne giessen, Butter einrühren, mit Salz und Pfeffer abschmecken und über die Haxen giessen.
Tine: Fergus Henderson (Seite 33) erspart sich das Anbraten. Dafür spickt er das Fleisch mit einer gehörigen Portion Knobli und eingelegten Rosinen. Egal, wie Sie die Haxen zubereiten: Wichtig ist, dass das Fleisch so lange im Saft schmort, bis es sehr weich ist und vom Knochen fällt. Am besten servieren Sie ein Stück Brot dazu, um damit die Sauce aufzutunken.

Lammhuft

Pro Person
1 Lammhuft, ungefähr 200 g
Bratbutter
Salz und Pfeffer

Backofen auf exakt 100 Grad vorheizen. Lammhuft in Bratbutter anbraten, würzen und in den vorgeheizten Ofen stellen. — Nach 15 Minuten mit einem Fleischthermometer messen. Die Kerntemperatur soll 60 Grad betragen. — Herausnehmen und sofort auf einem vorgewärmten Teller servieren.
✱ — Auf ein Nest von Mönchsbart (Seite 129) oder Spinat setzen.

Lammleber im Krautstiel

Für 2 Personen
500 g Lammleber, ganz
1 Zwiebel, gehackt
1 Zweig Rosmarin
5 cl Olivenöl
2 Knoblauchzehen, zerdrückt
Einige Krautstielblätter
Salz und Pfeffer
5 dl Lamm- oder Kalbsfond (Seite 93)

Leber häuten. Zwiebeln, Rosmarin, Olivenöl und Knobli mischen und mit der Leber 30 Minuten in die Marinade legen. — Den dicken weissen Stängel bei den Krautstielblättern herausschneiden. Das Grün kurz im Salzwasser blanchieren. In ein Sieb abgiessen und in kaltem Wasser abschrecken. — Leber aus der Marinade nehmen, abtropfen und mit Salz und Pfeffer würzen. Krautstielblätter auf einer Arbeitsfläche flach drücken. Die Lammleber darauflegen, aufrollen und mit einer Küchenschnur zum Päckli verschnüren. — Fond in einem Topf mit Sieb aufkochen. Die Leber in das Sieb legen. Zugedeckt ungefähr 8 Minuten pochieren. — Topf vom Herd nehmen und das Päckli noch 10 Minuten ziehen lassen. Leberpäckli herausnehmen, abtropfen und in Scheiben schneiden.

Lammragout

Für 6 Personen
Bratbutter
1 Lammschulter, ohne Knochen, in grobe Würfel geschnitten
Salz und Pfeffer
3 rote Zwiebeln, fein gehackt
1 Knoblauch, in Scheiben geschnitten
6 dl Weisswein
1 Nelke
1 Lorbeerblatt

3 dl Lamm- oder **Kalbsfond** (Seite 93)
1 TL **scharfes Paprikapulver**

Backofen vorheizen auf 150 Grad. Bratbutter in einem Schmortopf schmelzen, Fleisch darin anbraten, salzen, pfeffern. Zwiebeln und Knoblauch dazugeben, kurz mitdünsten. — Mit Weisswein ablöschen. Lorbeer, Nelke, Paprika und Lammfond dazugeben und aufkochen. — Zugedeckt im Ofen ungefähr 40 Minuten garen.

Lammschulter in Buttermilch

Für 4–6 Personen
2 **Lammschultern**, vom Metzger ausgelöst und gebunden
Rapsöl
Salz und **Pfeffer**
3 **Knoblauch**
3 **Rüebli**
3 **Zwiebeln**
1 **Lorbeerblatt** und 1 **Nelke**
1 **Lauch**
1 **Zimtstange**
1 l **Buttermilch**

Fleisch 2 Stunden vor der Zubereitung aus dem Kühlschrank nehmen. — Backofen auf 160 Grad vorheizen. Öl in einer Bratpfanne erhitzen und Fleisch rundum bei mittlerer Hitze anbraten, salzen und pfeffern. Fleisch in einen gusseisernen Topf legen. Gewürze und Gemüse dazugeben. Mit Buttermilch übergiessen, aufkochen und im Ofen ungefähr 30 Minuten schmoren. — Ofen ausschalten und 1 Stunde im warmen Ofen ruhen lassen.

Lammzüngli

Für 6 Personen
150 g **gemischtes Gemüse** wie Lauch, Sellerie und Zwiebeln
1 **Lorbeerblatt** und 1 **Nelke**
Salz und **Pfeffer**
1 **Knoblauch**
1 kleiner Bund **Petersilie**
1 dl **Weisswein**
12 **Lammzüngli**

✻ — Für die Sauce
1 **rote Zwiebel**, in feine Würfel geschnitten
1 **Knoblauchzehe**, in feine Würfel geschnitten
1 EL **Bratbutter**
50 g **Rosinen**, in warmes Wasser eingeweicht
1 EL **Senf**
1 Schuss **kräftiger Rotwein**
1 Schuss **Portwein**
1 Zweig **Rosmarin**, Nadeln fein gehackt
4 dl **Zungensud**, abgesiebt
1 TL **Maizena**, in etwas kaltem Wasser aufgelöst

Für den Sud Wasser in einem Topf aufkochen. Gemüse, Lorbeer, Nelke, Knobli und Peterli zugeben. Etwas salzen und pfeffern. Weisswein reinkippen. — Kurz aufkochen und dann alle Zungen hineinlegen. Die Züngli sollten mit Wasser bedeckt sein. Die Zünglein unter dem Siedepunkt 2 Stunden ziehen lassen. Die Zünglein sind gar, wenn sich die Haut abziehen lässt. — Für die Sauce Zwiebeln und Knoblauch kurz in Butter andünsten, Rosinen und Senf dazugeben. Mit Wein und Porto ablöschen, kräftig pfeffern und den Rosmarin dazugeben. So lange köcheln, bis der Wein aus der Pfanne verschwunden ist. — Mit Zungensud aufgiessen und etwas einköcheln lassen. Nachwürzen. Wer gerne Senf hat, soll mehr dazugeben. Eventuell mit Maizena abbinden. — Zunge in feine Scheiben schneiden, auf eine Platte legen und die Sauce darübergeben.
✻ — Passt gut zu Schwarzbrot.

Lauchwähe mit Ziegenquark

Für ein Blech von 26 cm Durchmesser
20 g **Bratbutter**
500 g **Frühlingslauch**, dünne Stängel, in feinste Ringe geschnitten
250 g **Ziegenquark**
2 **Eier**
1 dl **Vollrahm**
Salz und **Pfeffer**
Cayennepfeffer
Strudelteig (Seite 200)

Backofen vorheizen auf 200 Grad. Bratbutter in einer Pfanne erhitzen und Lauch dünsten. Er sollte noch ein bisschen knackig sein. Abkühlen lassen. —

Ziegenquark, Eier und Rahm mischen, unter den Lauch rühren und würzen. Teig auf ein gefettetes und bemehltes Backblech legen. Die Mischung daraufgeben und in der unteren Hälfte des Ofens 30–40 Minuten backen.
Tine: Schmeckt am besten noch heiss zu einem Glas Riesling.

Leber

Der Weg zur Leber war für Tine steinig. Als Kind konnte sie die Leber mit ihrem typischen Geschmack nicht ausstehen. Auch heute noch bevorzugt sie die zarten, eleganten Aromen der Gitzileber gegenüber allen anderen.

Gitzileberli — 62
Hirschleber — 82
Kalbsleber mit roten Zwiebeln und Salbei — 95
Kalbsleber mit «Bire und Schnitz» — 95
Lammleber im Krautstiel — 115
Ochsenleber mit Brunnenkresse — 139
Rehleber mit Bratapfel — 161
Trüschenleber auf Brot — 207
Wildschweinleber — 218

Lebkuchen

Für ein eckiges Blech
500 g Mehl
500 g Zucker
60 g dunkles Schokoladenpulver
1 Päckli Lebkuchenmischung
15 g Backpulver
5 dl Milch, lauwarm
3 EL Butter, geschmolzen, zum Bestreichen

Backofen auf 180 Grad vorheizen. Mehl, Zucker, Schoggipulver, Lebkuchenmischung und Backpulver in einer Schüssel mischen. Milch unter ständigem Rühren dazugiessen. Der Teig muss sehr gut von Hand gerührt werden, vor allem am Schüsselboden entlang. — Masse auf ein mit Backpapier belegtes Blech giessen und ungefähr 30 Minuten in der Mitte des Ofens backen. — Herausnehmen und sofort mit flüssiger Butter bestreichen.

Lebkuchenglace

Ergibt 1 Liter für 6–8 Personen
6 Eigelb
190 g Zucker
3,2 dl Vollrahm
3,2 dl Milch
1½ TL Lebkuchengewürz
1 Reihe dunkle Schokolade, geschmolzen
1 EL Honig

Eigelb mit Zucker cremig schlagen. In einem Topf Rahm, Milch, Lebkuchengewürz, Schoggi und Honig langsam aufkochen. — Pfanne vom Herd nehmen und etwas abkühlen lassen. — Dann unter ständigem Rühren zur Zucker-Ei-Mischung geben. Alles durch ein Sieb giessen, abkühlen lassen. — In der Glacemaschine fertigstellen.
✳ — Fein zu warmen Apfelschnitzen.

Linzertorte

Für ein Kuchenblech von 26 cm Durchmesser
300 g Butter
300 g Mehl
200 g Zucker
300 g gemahlene Mandeln
1 TL Kakaopulver
1 cl Kirsch
5 EL Johannisbeerkonfitüre
1 Ei und 1 Eigelb, zum Bestreichen

Backofen vorheizen auf 200 Grad. Kuchenblech buttern, bemehlen und kühl stellen. — Auf einem Brett die Butter fein unter das Mehl hacken, die übrigen Zutaten bis und mit Kirsch zugeben und von Hand zusammenfügen. — Vom grösseren Teil des Teiges einen dicken Boden auswallen und den Formenboden damit belegen. Für den Rand am besten mit einem Messer zwei lange Streifen schneiden, um den Rand des Teigbodens geben und leicht andrücken. Konfitüre auf den Teigboden streichen. Den restlichen Teig auswallen und Streifen für ein Gitternetz schneiden oder mit kleinen Förmchen ausstechen. Auf die Konfitüre legen. Den Teig mit Eigelb bestreichen und 30–35 Minuten backen.

Madeleines

Für 2 Dutzend Madeleines
✽ — Vor dem Backen 2 Stunden kühl stellen
140 g Butter
3 grosse Eier, verquirlt
100 g Zucker
1 EL Alpenrosenhonig oder **Lindenblütenhonig**
¼ Zitronenschale, gerieben
1 Schuss Kirsch
140 g Mehl
8 g Backpulver

Butter in einer Schüssel weich rühren. Eier und Zucker dazugeben und rühren, bis die Masse hell ist. Honig, Zitronenschale und Kirsch dazugeben. Mehl und Backpulver mischen, unter die Masse rühren. Teig 2 Stunden in Klarsichtfolie verpackt kühl stellen. — Ofen vorheizen auf 180 Grad. Mit einem Löffel Teig abstechen und in Madeleinesförmchen geben. Im Backofen 15 bis 20 Minuten backen.

M

M wie **Malfatti**. Malfatti (Rezept auf Seite 122) sind eines der wichtigsten Gerichte aus der «Alpenrose»-Historie. Auf dem Bild links die Zutaten für unsere Glückskugeln.

Magenbrot

Wir haben Magenbrot auf verschiedenen Jahrmärkten kennengelernt. Aber dann hatten wir das Gefühl, dass wir es am besten selber machen können.

1 Dose für den Süssigkeitenschrank
250 g Pottasche oder **Natron**, aus der Apotheke
½ EL Zimtpulver
½ TL Pimentpulver
½ TL Ingwerpulver
½ Zitrone, frisch gepresst
900 g Zucker
100 g Schokoladenpulver
900 g Mehl
✽ — Für die Glasur
800 g Zucker
1 Zitrone, nur Schale
50 g Schokoladenpulver
½ TL Zimt

Backofen auf 160 Grad vorheizen. Pottasche in 3 dl heissem Wasser auflösen, Gewürze und Zitronensaft einrühren. Zucker, Schoggipulver und Mehl dazurühren und zu einem festen Teig verarbeiten. Teig in drei Teile teilen und diese zu daumenbreiten Rollen formen. Teigrollen mit zwei Daumenbreiten Abstand auf ein mit Backpapier ausgelegtes Blech legen. Ungefähr 10 Minuten in der Mitte des Ofens backen. — Herausnehmen, auskühlen lassen. — Mit einem Messer schräge, ungefähr 2 cm breite Stücke schneiden. — Für die Glasur 3 dl Wasser mit allen Zutaten in eine Pfanne geben und so lange kochen, bis die Masse etwas Fäden zieht. — Magenbrot portionenweise in der Masse drehen, sodass die Stücke überall mit Glasur überzogen sind. Auf einem Gitter trocknen lassen.

Maisbällchen aus dem Tessin

Für 6–8 Personen
350 g 2-Minuten-Polenta
10 g Hefe
5 cl Milch, warm
300 g Mehl, gesiebt
1 Bund Basilikum, gehackt
Rapsöl, zum Frittieren

1,5 l Wasser aufkochen, etwas salzen und die Polenta im Sturz einrühren. So lange unter Rühren köcheln, bis die Polenta fest ist. Abkühlen lassen. — Hefe in der Milch auflösen und zur Polenta geben. Mehl und Basilikum daruntermischen. Eine Stunde ruhen lassen. — Rapsöl in einem Topf von mittlerer Grösse erhitzen. Mit dem Glacelöffel kleine Bällchen von der Polenta abstechen und im Öl frittieren, bis sie eine goldbraune Farbe angenommen haben.
Tine: Ich mag die Bällchen gerne nach dem Frittieren mit Rosmarinbutter begossen.

Maisbrot

Für zwei Cakeformen von 30–35 cm
2,5 l Buttermilch
20 Eier
50 g Salz
3 dl Olivenöl
1 kg Weissmehl
1 kg 2-Minuten-Polenta
150 g Backpulver

Buttermilch, Eier, Salz und Olivenöl in eine Schüssel geben. Mit einem Schwingbesen zu einer homogenen Masse verrühren. Mehl, Backpulver und Polenta in einer zweiten Schüssel vermischen. Mehlgemisch im Sturz heftig mit dem Schwingbesen in die Flüssigkeit einrühren. Die Masse sollte glatt sein und keine Knollen haben. Ungefähr 15 Minuten quellen lassen. — Backofen vorheizen auf 180 Grad und Brot in einer mit Backpapier belegten Form ungefähr 45 Minuten backen.
Tine: Ich hab lange geübt. Mit Buttermilch wird das Brot viel luftiger. Passt zu vielem, aber am besten zu einer «schönen Müllerin» (Seite 15) mit Tomaten im Bauch.

Maischratzete mit Apfelschnitzen

Maischratzete ist ein Auflauf aus Mais, Eiern, Buttermilch und Gewürzen. Für viele Schweizer eine Erinnerung an längst vergangene Zeiten.

Für 4–6 Personen
6 dl gute Buttermilch
5 Eier
15 g Salz
1 dl Olivenöl
250 g Mehl
40 g Backpulver
250 g 2-Minuten-Polenta
Sonnenblumenöl
1 EL Butter
✻ — Für die Apfelschnitze
4–5 Äpfel (zum Beispiel Reika, Spartan, Gravensteiner), mit der Schale in Schnitze geschnitten
1 dl Süssmost
Zucker, nach Belieben
1 Zweig Rosmarin
Zimt

Buttermilch, Eier, Salz und Olivenöl in eine Schüssel geben. Mit einem Schwingbesen zu einer homogenen Masse verrühren. — Mehl, Backpulver und Polenta in einer zweiten Schüssel vermischen. Mehlgemisch im Sturz heftig mit dem Schwingbesen in die Flüssigkeit einrühren. Die Masse sollte glatt sein und keine Knollen mehr haben. Ungefähr

15 Minuten quellen lassen. — Olivenöl in einer Bratpfanne erhitzen. Mit einer Suppenkelle von der Maismasse in die Pfanne schöpfen und anbraten. Sobald sich die Masse zu binden beginnt und auf der Unterseite Farbe angenommen hat, wenden. Zweite Seite kurz anbraten und dann mit zweit Spateln den «Kuchen» auseinanderreissen. Immer wieder wenden, bis die Stücke goldbraun gebraten sind. — Für die Apfelschnitze Butter in einer Pfanne schmelzen, die Schnitze dünsten. Sobald sie Farbe angenommen haben, mit Süssmost ablöschen und nach Belieben zuckern. Rosmarin beigeben. Bei kleiner Hitze köcheln lassen, bis die Äpfel weich sind. — Romarinzweig herausfischen. Maischratzete auf eine vorgewärmte Platte geben, die Apfelschnitze darübergeben und mit Zimt und Zucker bestreuen.
✻ — Maischratzete mit und ohne Apfelschnitze passt auch zu Fleisch- oder Gemüseragout.

Maisguetzli mit Haselnüssen

Ergibt 50 Stück
150 g ganze Haselnüsse
2 Eiweiss
1 Prise Salz
110 g Zucker
50 g Maismehl

Ofen vorheizen auf 220 Grad. Haselnüsse in einer Pfanne rösten. Herausnehmen, grob hacken, abkühlen lassen. — Eiweiss sehr steif schlagen, Salz dazugeben. Zucker unter Schlagen einrieseln lassen. Das Eiweiss sollte so fest sein, dass Matterhornspitzen zu sehen sind. — Maismehl darunterheben. Die kalten Haselnüsse sanft darunterheben. Kleine Häufchen Teig mit etwas Abstand zueinander auf ein mit Backpapier belegtes Blech geben. Darauf achten, dass die Nüsse schön gleichmässig verteilt sind. Im Backofen ungefähr 10 Minuten backen.
Tine: Die Guetzli sollten knusprig sein. Die Backzeit ist etwas heikel. In 1 Minute kann das Backergebnis von himmelhochjauchzend in zu Tode betrübend kippen. Die Küche nicht verlassen und das iPhone ausschalten!
Katharina: «Wieso röstest du die ganzen Nüsse und hackst sie erst danach?»

Tine: «Gute Frage, aus Gewohnheit. Was anderes ist mir gar nicht in den Sinn gekommen!» Rösten Sie die Nüsse vor oder nach dem Hacken. Rösten aber auf alle Fälle!

Maismöndli in Salbei und Butter

Für 6 Personen
1 kleine Zwiebel
1 l Milch
160 g Maisgriess
3 Eigelb
Bratbutter
1 Bund Salbei, Blätter abgezupft
100 g Butter

Zwiebel in der Milch mit etwas Salz aufkochen. Mais im Sturz hineingeben und so lange rühren, bis ein fester Brei entstanden ist. — Eigelb nacheinander einrühren. Zwiebel herausnehmen und den Maisbrei vorsichtig ungefähr 2 cm dick auf ein nasses Holzbrett verteilen. Auskühlen lassen. — Mit einem Ausstechförmchen Möndli ausstechen. Bratbutter in einer Pfanne erwärmen, die Möndli hineingeben und braten. Währenddessen in einer separaten Pfanne die Butter schmelzen und die Salbeiblätter dazulegen. Wenn alle Möndli fertig gebraten sind, auf eine Platte legen und mit der Salbeibutter übergiessen.
✻ — Sehr gut zum Mondkalbsragout (Seite 159).

Maispoularde mit Zitronenbauch

Immer, wenn meine Mutter ein Hähnchen zubereitete, trug sie mir einen Reim vor:
«Ich war einmal im Dorfe / da gab es einen Sturm / Da zankten sich fünf Hühner / um einen Regenwurm. / Und als kein Wurm zu sehn war / da sagten alle *piep*. / Da hatten die fünf Hühnchen / einander wieder lieb.» Ich weiss bis heute nicht, von welchem Dichter der Reim stammt! Aber ich mag ihn.

Für 2–4 Personen
5 unbehandelte Zitronen
Salz und **Pfeffer**
1 Maispoularde, 1–2 kg

2 kleine Zwiebeln
1 Bund Zitronenmelisse
1 Bund Thymian

Backofen vorheizen auf 200 Grad. Zitronen mit lauwarmem Wasser waschen, mit einem Sparschäler schälen und halbieren. — Hände salzen, pfeffern und mit Bratbutter einreiben. Das Ganze an das Huhn weitergeben. Dazwischen mal eine Zitrone über dem Geflügel auspressen und es weiter einreiben. — Einige Zitronenschalenfetzen unter die Poulardenhaut schieben. Das Innere des Huhns salzen und pfeffern. Hände gut waschen, dann die restlichen Zitronen auf dem Küchentisch kräftig flach drücken. Gerade so fest, dass sie leicht platzen. In die Bauchhöhle füllen. Zwiebeln, Thymian und Zitronenmelisse dazugeben und den Bauch verschliessen. — Poularde auf ein Backblech setzen und ungefähr 90 Minuten im Ofen braten. — Die Maispoularde ist dann fertig, wenn kein rosa Wasser mehr aus dem Bauchinneren läuft. Dazu das Huhn mit einer Fleischgabel kurz aufspiessen und schräg halten.

Tine: Wenn Sie noch nicht genug von der Zitrone haben, dann empfehle ich einen Salat von Cedri oder Amalfi-Zitronen, die Sie mit der Schale essen. In sehr durchsichtige Scheiben schneiden, salzen und mit Olivenöl beträufeln.

Maispoulardenbrüstchen mit Mönchsbart

Für 6 Personen
6 Maispoulardenbrüstchen
50 g Bratbutter
1 Zwiebel, in feine Ringe geschnitten
Pfeffer
2 Bund Barba di Frate (Mönchsbart), Wurzeln abgeschnitten
2 rote Zwiebeln, in feine Ringe geschnitten
Kräuteröl, zum Dünsten
100 g Butter

Die Brüstchen salzen. Bratbutter in einer Bratpfanne schmelzen und die Brüstchen mit der Hautseite nach unten in die Pfanne legen. Bei niedriger Temperatur — es muss wie ein nicht enden wollender Nieselregen klingen — so lange auf der Haut liegen lassen, bis diese knusprig ist. — Brüstchen wenden und die Zwiebeln dazulegen. Mit Salz und Pfeffer würzen. Wenn die Haut knusprig bleiben soll, auf keinen Fall einen Deckel auf die Pfanne legen. — Mönchsbart und rote Zwiebeln in einer Bratpfanne mit etwas Kräuteröl weich dünsten, salzen. Butter zugeben, schmelzen und den Mönchsbart darin wenden.

Malagaparfait

Für eine Terrinenform von 1 Liter Inhalt
✻ — Muss 6 Stunden gefrieren
3 Eigelb
120 g Zucker
2 Vanillestängel, längs halbiert, Mark herausgekratzt
3 Eiweiss
5 dl Greyerzer Doppelrahm
2,5 dl Malaga

Eigelb, Zucker und Vanillemark sehr hell schlagen. Doppelrahm und Malaga fest aufschlagen. Unter die Eimasse heben. Eiweiss sehr fest aufschlagen. Darunterheben. Masse in eine mit Klarsichtfolie ausgelegte Terrinenform füllen. Im Tiefkühler 6 Stunden gefrieren lassen.

✻ — Dazu kalt gerührte Heidelbeeren (Seite 79).

Malfatti

Sowohl im Tessin als auch in Norditalien tragen kleine, lockere Knödel den Namen Malfatti. Von diesen haben wir in den «Alpenrose»-Jahrzehnten mindestens eine halbe Million hergestellt.

Für 10 Bällchen
500 g Ricotta
2 Eier
1 grosse Prise Salz
180 g Mehl
130 g feinster Sbrinz, gerieben
✻ — Für die Sauce
1 dl Weisswein
1 kleine Zwiebel

6 dl Vollrahm
50 g Butter
1 TL Maizena, in etwas kaltem Wasser aufgelöst
Noch etwas Sbrinz, zum Bestreuen

Ricotta mit einem Handmixer homogen schlagen. Eier und Salz dazugeben. Mehl und Sbrinz im Sturz dazugeben und alles sehr gut mischen. — Salzwasser zum Kochen bringen. Mit einer Glacezange Bällchen formen und nach und nach ins Wasser setzen. Sobald die Bällchen obenauf schwimmen, ungefähr 12 Minuten pochieren. — Für die Sauce Weisswein mit der Zwiebel aufkochen und so lange köcheln, bis die Flüssigkeit auf die Hälfte reduziert ist. — Rahm dazugeben und kurz alles miteinander kochen lassen. Butter einrühren und mit Maizena abbinden. Mit Salz abschmecken. Die fertige Sauce auf die Teller verteilen und 2–3 Malfatti hineinsetzen und mit Sbrinz bestreuen.

✼ — Die Malfatti schmecken mit vielen Saucen gut. Trüffelrahm (Seite 206), Steinpilzsauce (Seite 200), Eierschwämmlisauce (Seite 42) oder Tomatensauce (Seite 205).

Maluns

Maluns ist ein traditionelles Bündner Bauerngericht, das urkundlich zum ersten Mal im Jahr 1758 erwähnt wurde.

Für 4 Personen
✼ — Kartoffeln müssen am Vortag gekocht werden
1 kg mehlige Kartoffeln, ungeschält
300 g Mehl
100 g Bratbutter
100 g Butter

Kartoffeln in der Schale einen Tag vorher kochen. — Kartoffeln schälen und an der Röstiraffel reiben. Mehl daruntermischen. Bratbutter in einer Bratpfanne schmelzen. Die Kartoffelmasse unter ständigem Wenden braten. Butterflocken darüberverteilen und mit einer Holzkelle in der Masse stochern, bis das Ganze körnig geworden ist.
Tine: Ich mag die Maluns zu Zwetschgenkompott (Seite 108), aber auch mit Quittenschnitzen, als ein süsses Znacht.

Maluns mit Mais

Für 5 Personen
✼ — Muss einige Stunden quellen
500 g grobe Polenta (Bramata)
3 dl Milch
300 g mehlige Kartoffeln, in der Schale gekocht
120 g Butter
Salz und Pfeffer

Polenta mit der Milch verrühren und einige Stunden quellen lassen. — Kartoffeln schälen. Mit einer Röstiraffel reiben und unter die Polenta rühren. — In einer Bratpfanne etwas Butter schmelzen. Die Masse langsam braten und immer wieder Butter zugeben, bis sie goldbraun ist. Mit einer Holzkelle in der Masse stochern, bis das Ganze körnig geworden ist. Salzen und pfeffern. — Schmeckt gut zu einem Salat oder zu Ragout.
Tine: Unsere Schweizer Alternative zu Bulgur. Lässt sich genau gleich verwenden. Kalt mit Tomaten, Gurken, Oliven und anderem, war es auch unser Sommersalat.

Mandarinensorbet

Für 10–12 Personen
3,5 dl Mineralwasser
200 g Zucker
2 Mandarinen
4 dl Mandarinensaft, frisch gepresst von ungefähr 12 Mandarinen
1 Zitrone, frisch gepresst

1,5 dl Mineralwasser und Zucker in einem kleinen Topf erhitzen, rühren, bis sich der Zucker aufgelöst hat. Den Zuckersirup in eine Schüssel geben und abkühlen lassen. — Schale von zwei ungespritzten Mandarindli so abschälen, dass kein weisses Fleisch an den orangen Schalen bleibt. Diese in den Zuckersirup legen. — Mandarinen-, Zitronensaft und das restliche Wasser verrühren. Sirup durch ein Sieb giessen und zum Saft geben. In der Glacemaschine fertigstellen.
Tine: Das Sorbet schmeckt am besten direkt aus der Maschine.

Mandelkuchen

Für eine Cakeform, 30 cm
250 g **Butter**, zimmerwarm
250 g **Zucker**
350 g **Mehl**
15 g **Backpulver**
5 **Eier**
5 cl **Amaretto**

Backofen vorheizen auf 180 Grad. Butter und Zucker mit dem Mixer schaumig rühren. Eier dazurühren. Mehl und Backpulver daruntermischen und den Likör dazugeben. — In eine mit Backpapier ausgelegte Cakeform füllen. Ungefähr 40 Minuten in der Mitte des Ofens backen.

Mandelschoggikuchen aus dem Wallis

Für eine Springform von 24 cm Durchmesser
220 g **Mandelblättchen**
225 g **Schokolade**, mit 47 Prozent Kakaoanteil
225 g **Butter**, zimmerwarm
225 g **Feinzucker**
50 g **Mehl**
5 **Eigelb**
4 cl **Williams**
5 **Eiweiss**, schaumig geschlagen

Ofen vorheizen auf 150 Grad. Mandelblättchen und Schoggi grob hacken. Butter und Zucker sehr schaumig rühren. Mehl dazugeben und Eigelb nach und nach in die Masse rühren. Schoggi-, Mandelbruch und Williams dazugeben. Eiweiss darunterziehen. — In eine mit Backpapier ausgekleidete Springform füllen. Ungefähr 40 Minuten in der Mitte des Ofens backen.

Mandelschoggischnitten

Für eine Springform von 24 cm
250 g **Butter**, zimmerwarm
220 g **Zucker**
5 **Eier**
250 g **geschälte Mandeln**, fein gehackt
250 g **Schokolade**, mit 60 Prozent Kakaoanteil, fein gehackt
50 g **Mehl**
2 cl **Amaretto**
5 **Eiweiss**

Backofen vorheizen auf 160 Grad. Butter und Zucker mit dem Mixer schaumig rühren. Eier nach und nach darunterrühren. Mandeln, Schoggi, Mehl und Amaretto dazurühren. — Eiweiss steif schlagen und darunterziehen. — In eine mit Backpapier belegte Form geben. Ungefähr 40 Minuten in der Mitte des Ofens backen.

Marcparfait

Für eine Terrinenform von 1 Liter Inhalt
✻ — Muss 6 Stunden gefrieren
3 **Eigelb**
120 g **dunkler englischer Zucker**
500 g **Doppelrahm**
5 cl **guter Marc**
2 EL **Kastanienhonig**
3 **Eiweiss**

Eigelb und Zucker 5 Minuten mit einem Mixer schlagen. — Doppelrahm mit Marc und Kastanienhonig so lange aufschlagen, bis Schlagrahm entstanden ist. — Eiweiss fest aufschlagen. — Alles zusammen unterziehen, in eine mit Klarsichtfolie ausgelegte Terrinenform füllen und mit der überhängenden Folie abdecken. 6 Stunden im Tiefkühler gefrieren.
Tine: Der englische dunkle Zucker ist grobkörniger als unserer und hat einen Caramelgeschmack. Falls Sie mal in England sind, ein 500-g-Päckli kaufen. Es schmeckt vorzüglich mit diesem Zucker!

Marmorkuchen

Für eine Gugelhopfform
200 g **Butter**, zimmerwarm
200 g **Zucker**
8 **Eigelb**
5 cl **Rum**
230 g **Mehl**
10 g **Backpulver**

200 g Zucker
8 Eiweiss
50 g dunkles Schokoladenpulver

Backofen vorheizen auf 170 Grad. Gugelhopfform sehr gut buttern und bemehlen. Kurz umdrehen und auf die Tischkante schlagen, damit das Restmehl rausfliegt. — Butter und Zucker mit dem Mixer sehr schaumig rühren. Eigelb und Rum dazurühren. Mehl und Backpulver mischen und dazugeben. Eiweiss mit dem Mixer kurz schlagen und dann den Zucker einrieseln lassen. Schlagen, bis das Eiweiss fest ist und beim Test auf der Fingerspitze ein kleines Matterhorn bleibt. — Eischnee unter die Masse ziehen und ⅔ des Teiges auf die Seite stellen. Ins letzte ⅓ das Schoggipulver einrühren. Denn hellen Teig in die Form einfüllen, dann den Schoggiteig darübergeben. Mit einem Holzstäbchen den Schoggiteig etwas mit dem unteren, hellen Teig vermischen. Nochmals die Form hart auf die Arbeitsfläche setzen, sodass der Teig gut in der Form sitzt. — Ungefähr 45 Minuten in der Mitte des Ofens backen. Der Kuchen sollte sich am Rand lösen. Nadelprobe machen.

Tine: Bis der Kuchen fertig ist, das Mehl auf dem Boden mit einem Beseli und Wischerli wegkehren. Kuchen backen ist wunderbar. Bringen Sie einen selber gebackenen Kuchen mit und Sie werden zur Königin oder zum König.

Marroni geschmort

Für 8 Personen
40 Marroni, in der Schale
Rapsöl, zum Frittieren
100 g Zucker
6 dl Gemüsebrühe
Salz und **Pfeffer**

Fritteuse auf 170 Grad vorheizen. Die Schale der Marroni mehrmals mit einem sehr scharfen Messer einschneiden. Darauf achten, dass die weisse innere Haut nicht verletzt wird. — Marroni für wenige Augenblicke in die Fritteuse geben. Herausheben und auf einem Haushaltspapier abtropfen lassen. — Nun löst sich die Schale wunderbar. Mit einem Küchentuch die weisse Schutzhaut abreiben.

Zucker in einer Chromstahlpfanne erhitzen und zu einem hellen Caramel köcheln. — Mit Gemüsebrühe ablöschen. Das Caramel unter ständigem Rühren auflösen, Marroni hineingeben und ohne zu rühren kochen, bis die Sauce sirupartig ist. — Salzen und pfeffern.

Tine: Die Prozedur des Schälens kann man sich ersparen, in dem man gefrorene, bereits geschälte oder beim Marronistand geröstete Marroni kauft. Oder den Backofen die Prozedur machen lässt.

Marronipudding

Für 6–8 Personen
✲ — Muss im Kühlschrank einige Stunden fest werden
5 Eigelb
500 g Marroni, tiefgekühlt
160 g Zucker
5 dl Milch
½ Vanillestängel, längs aufgeschnitten
8 Blatt Gelatine, in kaltem Wasser eingeweicht, ausgedrückt
250 g Marronipüree
2 cl Kirsch
3 dl Vollrahm, steif geschlagen

Tiefgekühlte Marroni weich kochen, hacken. 50 g Zucker in einer Chromstahlpfanne schmelzen und Marroni dazugeben. Unter Rühren caramelisieren und abkühlen lassen. — Eigelb und restlichen Zucker mit dem Mixer schlagen, bis die Masse sehr hell ist. — Milch und Vanille aufkochen. Pfanne vom Herd nehmen, bis zehn zählen und dann die Milch unter ständigem Rühren zur Eimasse geben. Alles zurück in die Pfanne geben und zur Rose köcheln (Glossar Seite 70). Es darf auf keinen Fall sprudeln. Vanillestängel herausfischen, Gelatine dazugeben und unter ständigem Rühren auflösen. Sofort in eine Schüssel giessen. — Wenn die Masse auf Handwärme abgekühlt ist, Marronipüree und Kirsch mit dem Schwingbesen einrühren. — Sobald die Masse am Rand festzuwerden beginnt, Rahm darunterziehen. Marroni unter den Pudding mischen. Mit Klarsichtfolie zugedeckt, im Kühlschrank fest werden lassen.

Marronikuchen

Für eine Cakeform von 37 cm
✻ — Muss nach dem Backen einige Stunden kühl gestellt werden
8 **Eiweiss**, zimmerwarm
200 g **Feinzucker**
100 g **Butter**, zimmerwarm
15 g **Vanillezucker**
8 **Eigelb**, zimmerwarm
1 kg bestes **Marronipüree**, zimmerwarm
2 cl guten **Grappa**
5 dl **Vollrahm**, zum Servieren
Puderzucker

Backofen vorheizen auf 180 Grad. Eiweiss kurz schlagen, dann 100 g Zucker mitschlagen, bis die Masse steif ist. — Butter, Vanillezucker und restlichen Zucker mit dem Mixer rühren, bis die Masse sehr hell ist. Eigelb einzeln darunterrühren. — Den Mixer eine Stufe runterschalten, Marronipüree und den Grappa darunterrühren. Eiweiss darunterheben und in eine mit Backpapier ausgelegte Cakeform füllen. Zwei- bis dreimal die Form auf die Arbeitsfläche klopfen, damit die Masse gleichmässig verteilt ist. — 40 Minuten in der Mitte des Ofens backen. Abkühlen lassen. — In Klarsichtfolie verpackt einen Tag kühl stellen. — Rahm steif schlagen, auf ein Kuchenstück geben und mit einer gehörigen Portion Puderzucker bestäuben.
Tine: Der Grappa muss sein. Es braucht nicht viel, aber er parfümiert den Kuchen.

Marronimousse

Für 6 Personen
5 dl **Vollrahm**
4 Blatt **Gelatine**, in kaltem Wasser eingeweicht und ausgepresst
500 g **Marronipüree**, tiefgekühlt
6 EL **Puderzucker**
4 EL **Rum**

4 dl Rahm steif schlagen und kühl stellen. — Restlichen Rahm aufkochen, Gelatine darin auflösen. — Marronipüree, Puderzucker und Rum mit dem Mixer verrühren. Die aufgelöste Gelatine zum Püree rühren. Sobald die Masse fest zu werden beginnt, Schlagrahm darunterziehen.

Mayonnaise

War früher wirklich alles besser? Sage ich ohne Umschweife ein deutliches Nein dazu. Zumindest, was das Essen betrifft. Ich hatte ja das Glück, in einem Elternhaus gross zu werden, wo auf gutes Essen Wert gelegt wurde. Bei meinen Freundinnen sah das in den 60er Jahren zum Teil ganz anders aus. Dort gab es die ersten Fischstäbchen. Die wurden kurz angetaut, um dann leblos auf dem Boden einer Bratpfanne zu liegen und vor sich hin zu bräunen. Immer, wenn ich im Gartenbad nach einer Stunde im Wasser auf den von der Sonne gewärmten Betonplatten lag und schlotternd vor mich her trocknete, musste ich an diese Fischstäbchen denken.

Dazu ein Klecks weisser Masse, die auf meinem Teller landete. Mayonnaise. Zu dieser Zeit durfte sich kein Kind selber an der Tube bedienen. Nur die Mutter bestimmte die Menge. Irgendwie mussten sich alle Mütter abgesprochen haben, denn der Klacks Mayo oder Senf sah bei allen meinen Freundinnen gleich winzig aus.

Ein Klacks Mayo für zwei Fischstäbchen, das war ein Ding der Unmöglichkeit. Und erst kurz vor dem letzten Biss kam dann die obligatorische Frage: «Willst du noch ein bisschen Mayonnaise?» – «Nein, danke», erwiderte ich. Dann begann ich mit der sogenannten Klacks-aus-der-Tube-Studie. Je grösser der Klacks, desto grosszügiger die Familie. Plötzlich waren die Fischstäbchen Luxus pur. Der Sprung in die Moderne gelang mit der Mayonnaise aus der Tube und ersparte der Hausfrau damals viel Arbeit.

Ergibt 5 dl
2 gute **Eigelb**
1 TL milder, guter **Senf**
4 dl gutes **Raps-** oder **Sonnenblumenöl**
1 EL **Weissweinessig**
Salz und **Pfeffer**
½ **Zitrone**, frisch gepresst
1 dl **Vollrahm**

Alle Zutaten müssen zimmerwarm sein. Eigelb, 1 Esslöffel Wasser und Senf in einer Schüssel mit dem Schwingbesen sehr gut schaumig rühren. Öl in ganz feinem Faden unter ständigem Rühren zur Eimasse geben. Essig dazugeben und mit Salz, Pfeffer und Zitronensaft abschmecken. Kurz vor dem Essen Rahm steif schlagen und darunterziehen.

Meerrettichbutter

Für 5 Personen
200 g **Butter**, zimmerwarm
1 guter Spritzer **Zitronensaft**
80–100 g **Meerettich**, frisch gerieben
1 TL **Senf**
Salz und **Pfeffer**

Butter und Zitronensaft mit dem Mixer sehr luftig schlagen. Meerrettich, Senf, Salz und Pfeffer dazugeben und verühren. Mit einer kleinen Glacezange oder einem Löffel Kugeln formen und im Kühschrank fest werden lassen oder einfrieren.
❊ — Passt zu Fleisch und Fisch.

Meerrettichglace

Ergibt 1 Liter für 6–8 Personen
6 dl **Doppelrahm**
6 **Eigelb**
1 TL **Zucker**
6 EL **Meerrettich** aus der Tube
1 **Apfel**, fein gerieben

Doppelrahm, Eigelb und Zucker schlagen. Meerrettich und 1 Prise Salz dazugeben. — In der Glacemaschine fertigstellen. Wenn die Glace fertig ist, den geriebenen Apfel darunterheben.
Tine: Leichtere Variante: Doppelrahm durch Vollrahm ersetzen. Passt gut zu Ochsenfleisch.

Meerrettichglace zu Fisch

Ergibt 1 Liter für 6–8 Personen
8 **Eigelb**
2 EL sehr fein geriebener **Meerrettich**
4 dl **Milch**
4 dl **Vollrahm**

Eigelb und Meerrettich vermischen. Milch, Rahm und 1 Prise Salz in einem Topf zum Kochen bringen. Die Mischung vom Herd nehmen, einige Momente verweilen und mit einem Schneebesen zu den Eiern rühren. Zurück in die Pfanne geben und langsam unter ständigem Rühren so lange kochen, bis eine Creme entsteht. Sofort aus dem Topf in eine Schüssel umgiessen. Die Masse darf nicht kochen! Anschliessend in ein kaltes Wasserbad stellen und ungefähr 5 Minuten mit einem Schwingbesen schlagen, sodass die Masse abkühlen kann. In der Glacemaschine fertigstellen.
Tine: Ich spüle den Topf mit dem Rahmmilchgemisch immer aus, bevor ich die Masse zurückgiesse. Oft klebt am Boden schon etwas vom Milchzucker und dann hat man die Bescherung! Es lohnt sich wirklich nur mit einer grösseren Menge. Ich mag eine Kugel davon auch gerne in frisch gemixtem Tomatensaft.

Meerrettich mit Apfel

Für 4 Personen
1 dl **Vollrahm**, steif geschlagen
3 rote **Äpfel**, mit der Schale geraffelt
3 EL **Meerrettich**, fein gerieben

Vollrahm steif schlagen. Apfel und Meerrettich mischen und darunterheben. Mit etwas Salz abschmecken.
❊ — Passt zu Beinschinken (Seite 18) oder Ochsenfleisch (Seite 139).

Meringues Pavlova

Für ein Blech
3 × 110 g **Puderzucker**
180 g **Eiweiss**
Prise **Salz**
❊ — Für die Sauce
650 g frische **Himbeeren**
330 g **Puderzucker**
1 **Zitrone**, frisch gepresst

Backofen vorheizen auf 110 Grad. Drei Schalen mit je 110 Gramm Zucker vorbereiten. Eiweiss mit Salz und 110 Gramm Zucker schaumig schlagen.

Nochmals 110 g Zucker einrieseln lassen. Den restlichen Zucker unter das fest geschlagene Eiweiss heben. — Mit der Glacezange Häufchen auf ein mit Backpapier belegtes Blech geben. Im Ofen je nach Grösse 2–4 Stunden backen. — Für die Sauce Himbeeren, Puderzucker und Zitronensaft pürieren, durch ein feines Sieb streichen und zusammen mit den Meringues anrichten.
Tine: Wir haben immer jede Menge Eiweiss und backen deshalb unsere Meringues gerne selber. Wir lassen unsere Meringues über Nacht, nachdem wir gekocht haben, bei absteigender Temperatur trocknen. Dann caramelisiert der Zucker leicht. Unsere Meringues schmecken ganz gut, aber noch bessere haben wir bei Angelo Rime im Greyerzerland gekauft. Um gute Meringues herzustellen, braucht es sehr viel Können und Geduld und gutes Eiweiss von guten Eiern. Meringues aus dem Holzofen sind einfach unschlagbar.

Milchlammgigot

Für 4 Personen
500 g kleine, neue Kartoffeln
Salz
3 rote Zwiebeln, geachtelt
50 g Bratbutter
1 Milchlammgigot mit Knochen
Pfeffer
2 dl Pinot Noir
1 Handvoll Thymianzweige, die Blättchen abgezupft
Einige Zweige Rosmarin, Nadeln fein gehackt

Backofen auf 180 Grad vorheizen. Kartoffeln halbieren, abtrocknen, in einen Bräter geben und salzen. Zwiebeln dazugeben. Bratbutter auf die Kartoffeln verteilen. Fleisch salzen, pfeffern und auf die Kartoffeln legen. Ungedeckt in den vorgeheizten Ofen schieben. — Nach 30 Minuten mit dem Deckel zudecken. Nach weiteren 30 Minuten den Wein dazugiessen und den Bräter wieder verschliessen. — Wenn der Gigot vom Knochen fällt, Deckel abnehmen und nochmals 8–10 Minuten braten. — Gigot herausnehmen, Thymian und Rosmarin über die Kartoffeln geben und gut wenden.

Milken

Von den Innereien ist das Kalbsbries (die Milke) das vielleicht zarteste Stück. Sein feiner, eleganter Geschmack ist immer wieder verführerisch.

Kalbsmilken — 95
Kalbsmilken aus dem Safransud — 95

Mistchratzerli

Für 6 Personen
1 kg Ziger oder **trockener Quark**
Salz und **Pfeffer**
6 Mistchratzerli
1 Bund Rosmarin
500 g fetter Frühstücksspeck, in sehr dünne Scheiben geschnitten
100 g Bratbutter
2–3 dl Marc

Ziger mit der Hand zerdrücken. Salzen, pfeffern und den Vögeln damit den Bauch füllen. In jeden Bauch einen Rosmarinzweig stecken, sodass das Ende wie eine letzte Feder heraushängt. Chratzerli vorsichtig salzen, pfeffern und mit den Speckscheiben einwickeln. — Bratbutter auf ein Backblech verteilen und die Chratzerli darauf platzieren. Für ungefähr 40 Minuten bei 200 Grad braten. Wenn die Vögel fertig sind, herausnehmen und alle Flüssigkeit in einen Kochtopf giessen. Aufkochen, den Marc zugeben. Flüssigkeit etwas reduzieren und über die Vögel giessen.
Tine: Ziger ist die Schweizer Antwort auf Riccotta oder Topfen. Er ist sehr trocken und gut zum Stopfen geeignet.

Mohnparfait

Für eine Form von 1 Liter Inhalt
✲ — Muss 6 Stunden tiefgekühlt werden
120 g Mohnsamen, zerstossen
1 Vanillestängel, längs aufgeschnitten
2 dl Milch
120 g Zucker

2 EL Waldhonig
4 Eigelb
5 dl Vollrahm, steif geschlagen

Mohn, Vanillestängel in der Hälfte der Milch kurz köcheln. Beiseite stellen, die Stängel herausfischen. — Eigelb und Zucker schaumig rühren. — Restliche Milch und Honig aufkochen, abkühlen lassen. — Wenn die Mohnmasse kalt ist, den Rahm darunterziehen. In eine mit Klarsichtfolie ausgelegte Form füllen und mindestens 6 Stunden in den Tiefkühler stellen.

Mokkabonet

Für 6–8 ofenfeste Förmchen à 1,2 dl
6 ganze Eier
75 g Zucker
75 g Amaretti, grob zerbrochen
7,5 dl Milch
3 EL löslicher Kaffee (für Espresso)
3 dl Schlagrahm
Dunkles Schoggipulver, zum Bestreuen

Milch und Kaffeepulver aufkochen. Währenddessen Eier und Zucker schaumig schlagen. — Milchkaffee kurz beiseite stellen und anschliessend mit einer Suppenkelle nach und nach in die Eimasse rühren. Zerbrochene Amaretti in die Flüssigkeit geben. Feuerfeste Förmchen abfüllen und darauf achten, dass die Amaretti gleichmässig verteilt sind. Im Wasserbad in den Ofen stellen und 45 Minuten bei 150 Grad pochieren. Abkühlen lassen und aus dem Förmchen stürzen. Schlagrahm daneben und Schoggipulver darüber.

Mokkasauce

Ergibt 6 dl
3 Eigelb
3 dl Milch
3 dl Vollrahm
60 g Zucker
1 TL Maizena
1 EL löslicher Kaffee (für Espresso)

Eigelb ungefähr 10 Minuten mit dem Mixer rühren. — Milch in einer Pfanne mit Rahm, Zucker und Kaffee aufkochen. Pfanne vom Herd nehmen, etwas abkühlen lassen. — Eier zur Milchrahmmischung geben. Pfanne wieder auf den Herd stellen und Maizena dazurühren.
✱ — Passt zum Amarettoparfait (Seite 8) oder zu Reisrahmkugeln (Seite 164).

Mönchsbart mit Spiegelei

Der Mönchsbart (ital.: *barba di frate*) ist eines unserer Lieblingsgemüse aus dem benachbarten Ausland. Wenn es auf dem Markt Mönchsbart gibt, ist endgültig das Frühjahr da.

Pro Person
200 g gerüsteter Mönchsbart
1 kleine Zwiebel, gehackt
1 EL Butter
1 Ei
1 EL Kräuteröl (Seite 108)

Mönchsbart und Zwiebeln in einer Bratpfanne mit etwas Butter 2–3 Minuten schwenken. Auf eine Seite schieben und das Ei hineinschlagen und braten. Leicht salzen und einen Esslöffel Kräuteröl über alles.
Tine: Bei ganz grossem Hunger mit einem Stück Brot direkt aus der Pfanne essen.

Monte Carasso

Eine Art Tiramisu, das seinen Namen nach einer der schönsten Orte im Tessin bekam.

Für eine Form von 1 Liter Inhalt
✱ — Muss ein paar Stunden im Kühlschrank fest werden
¼ l Espressokaffee
1,5 dl Nocino (Nussschnaps)
20 Löffelbiskuits
12 Eigelb
220 g Zucker
500 g Mascarpone
7 Blatt Gelatine, in kaltem Wasser eingeweicht, ausgedrückt
2,5 dl Vollrahm, steif geschlagen

Espresso und Nocino in einem Suppenteller mischen. Löffelbiskuits darin baden und in eine Form mit hohem Rand legen. — Eier und Zucker schaumig schlagen. Mascarpone dazurühren. Die eingeweichte Gelatine im warmen Rahm auflösen und untermischen. — Sobald die Masse fest zu werden beginnt, geschlagenen Rahm darunterziehen. Creme über die getränkten Löffelbiskuits verteilen und mit Klarsichtfolie zugedeckt im Kühlschrank zwei Stunden fest werden lassen. — Kräftig mit Schoggipulver bestreuen. Mit einer Glacezange kleine Kugeln abstechen.
Tine: Mag ich als kleines Dessert mit einer Tasse Kaffee.

Morchelrahm

Für 6 Personen
✽ — Morcheln müssen 2 Stunden eingelegt werden
30 g getrocknete Morcheln
3 dl Wasser
2 rote kleine Zwiebeln, gehackt
2 Knoblauchzehen, fein gehackt
50 g Bratbutter
2 dl Weisswein
3 dl Einweichwasser
4 dl Vollrahm
Salz
Pfeffer
4 Zweige Thymian, Blättchen abgezupft
1 TL Maizena, in etwas kaltem Wasser aufgelöst
1 Handvoll zarte Spinatblättchen

Morcheln 2 Stunden im kalten Wasser einlegen. — Herausnehmen und das Wasser durch einen Kaffeefilter giessen, um den Sand auszusieben. Morcheln halbieren, falls nötig abspülen. Zwiebeln und Knobli in der Bratbutter anbraten, Morcheln dazugeben und kurz mitdünsten. — Mit Weisswein ablöschen und so lange köcheln, bis der Wein verdampft ist. Morchelwasser dazugeben und auf die Hälfte reduzieren. — Rahm dazugeben. Aufkochen und würzen. Thymian einstreuen. Mit Maizena abbinden. Zuletzt den frischen Spinat zugeben.
✽ — Schmeckt zu Malfatti (Seite 122).

Mousse

Auch wenn man eigentlich kein Dessert möchte – ein Mousse geht immer.

«Fée verte»-Mousse — 49
Holunderblütenmousse — 85
Marronimousse — 126
Sanddornmousse — 179
Sbrinzmousse — 180
Schoggimousse — 185
Schoggimousse, weiss — 186

Muskatblütenglace

Ergibt 1 Liter für 6–8 Personen
3 Eigelb
150 g Zucker
1,5 dl Vollrahm
5 dl Milch
1 TL Muskatblüten

Eier und Zucker schaumig rühren. Rahm, Milch und ein paar Muskatblüten aufkochen. Die Flüssigkeit etwas abkühlen lassen. — Milchrahm unter die Eimasse rühren. Durch ein Sieb giessen. Abkühlen lassen. — In der Glacemaschine fertigstellen.

Mürbeteig

Für 2 Bleche
100 g Zucker
200 g Butter, zimmerwarm
1 Ei
300 g Mehl
1 Zitrone, Schale

Zucker, Butter und eine Prise Salz in einer Schüssel mischen und das Ei dazugeben. Rühren, bis die Masse cremig ist. Das Mehl von Hand einarbeiten. Der Teig sollte geschmeidig sein, deshalb wildes Kneten vermeiden. Teig halbieren, gut mit Folie einpacken und für ein paar Stunden im Kühlschrank einlagern.
Tine: Der Teig ist, in eine Klarsichtfolie verpackt, ein paar Wochen im Tiefkühler haltbar.

Nektarinen-Zitronen-Sorbet

Für 4 Personen
6 sehr weiche Nektarinen
1 Zitrone
1 EL Honig
180 g Zucker

Nektarinen kreuzweise einschneiden. Kurz in sehr heisses Wasser tauchen und die Nektarine ausziehen. Alle Zutaten zusammen pürieren und in der Glacemaschine fertigstellen.

Nieren

Innereien besorgen Sie sich am besten beim Metzger Ihres Vertrauens – wie eigentlich sowieso alles Fleisch.

Hirschnieren mit Senf und Sauerrahm — 82
Kalbsnieren in Pinotsauce — 96
Kalbsnieren mit Senfsauce — 96
Rehnierli mit Eierschwämmli — 162

Nudeln von Patrizia

Patrizia Fontanas Teigwaren sind für mich die besten der Welt. Es war ein Privileg, dass wir sie in der «Alpenrose» verkaufen durften. Und es ist mindestens ein ebenso grosses Privileg, dass wir ihr Rezept hier aufschreiben dürfen.

Ergibt 500 g Teig
350 g Hartweizendunst
150 g Weissmehl Typ 400
4 Eier
2 Prisen Salz

Alle Zutaten von Hand zu einem Teig kneten. Wenn nötig, etwas Wasser zufügen. — Teig mit einem Tuch bedeckt mindestens 30 Minuten ruhen lassen. — Teig mit einer Nudelmaschine oder mit einem Wallholz in der gewünschten Dicke auswallen. Teig locker aufrollen und mit einem Messer Nudelstreifen schneiden. Gesalzenes Wasser aufkochen und Nudeln bissfest kochen.

N

N wie **Niere**. Ein schönes Teil, die Niere, auch wenn sie eine gewisse Ähnlichkeit mit einer Handgranate besitzt. Aber es heisst ja nicht von ungefähr, man soll alles auf Herz und Nieren prüfen. Rezeptvorschläge dafür gleich nebenan.

Nussbrot

Für eine Cakeform von 30 cm Länge
320 g **Roggenmehl**
150 g **Weissmehl**
1 EL **Salz**
30 g **Hefe**
4 dl **Milch**, lauwarm
100 g **Butter**, zimmerwarm
100 g **Baumnüsse**, grob gehackt
100 g **geschälte Haselnüsse**, grob gehackt
100 g **getrocknete Preiselbeeren**, grob gehackt
1 **Eigelb**, mit etwas Wasser verquirlt

Mehl, Salz und die in der lauwarmen Milch aufgelöste Hefe mischen und gut kneten. Butter zügig einarbeiten. Nüsse und Preiselbeeri dazugeben. Teig herausnehmen und in eine leicht warme Schüssel geben. An der Wärme etwa 1 Stunde zugedeckt aufgehen lassen. — Teig herausnehmen und auf der bemehlten Tischplatte nochmals gut kneten. In die Backform legen und weitere 30 Minuten aufgehen lassen. — Backofen vorheizen auf 200 Grad. Teig mit Eigelb bestreichen und in der Mitte des Ofens 30 Minuten backen. — Die Farbe ist jetzt schön und benötigt Ihren Schutz. Also ein Stück Alufolie darüberlegen und nochmals 20–30 Minuten weiterbacken. — Herausnehmen und auf ein Kuchengitter stürzen.

Nusspudding

Für 10–12 Personen
✻ — Muss 2 Stunden kühl gestellt werden
120 g **beste Hasel- und Baumnüsse**, gehackt
1 l **Milch**
120 g **Weizengriess**
2 EL **Kastanienhonig**
90 g **Zucker**
½ **Zitrone**, frisch gepresst
100 g **Butter**
2 **Eigelb**, verquirlt

Nüsse in einer Pfanne rösten, beiseite stellen. — Milch in einem Topf aufkochen, Griess einrühren und köcheln, bis der Griess zum Brei wird. Honig, Zucker und Zitrone einrühren. 15 Minuten kochen. Butter dazurühren. Pfanne vom Herd nehmen, etwas abkühlen lassen. — Eigelb und Nüsse darunterrühren. Die Masse in einzelne Förmchen abfüllen und einige Stunden kühl stellen.
✻ — Fein zu Zwetschgenkompott (Seite 108) oder mit Schoggisauce (Seite 186).

Nusssauce

Ergibt 5 dl
1 dl **Weisswein**
1 **Knoblauchzehen**, in Scheiben
5 dl **Vollrahm**
2 **Zweige Rosmarin**, abgezupft, fein gehackt
Salz und **Pfeffer**
1 TL **Maizena**, in etwas kaltem Wasser aufgelöst
1 cl **Nocino** (Nussschnaps)
70 g **verschiedene Nüsse**, gehackt und geröstet

Weisswein mit Knoblauch in einem Topf auf die Hälfte reduzieren. Den Vollrahm eingiessen, Rosmarin dazu und weiterkochen. Mit Salz und Pfeffer abschmecken. Mit Maizena abbinden und Nocino einrühren. — Kurz vor dem Servieren die gehackten und gerösteten Nüsse einstreuen.
✻ — Schmeckt gut zu Haselnussravioli (Seite 78).

Nussterrine

Für eine Cakeform von 30 cm
Muss 5 Stunden tiefgekühlt werden
250 g **Doppelrahm**
350 g **Puderzucker**
7 cl **Nocino** (Nussschnaps)
500 g **Ricotta**
300 g **verschiedene Nüsse** und **Mandeln**, gehackt
150 g **Schokolade**, mit 85 Prozent Kakaoanteil, 50 g davon gehackt
1,5 dl **Vollrahm**

Mit dem Mixer Doppelrahm, Puderzucker und Nocino verrühren. Ricotta daruntermischen, Nüsse und 50 g gehackte Schoggi darunterheben. — In eine mit Klarsichtfolie ausgelegte Cakeform geben. Mit einem Spatel gleichmässig verstreichen. Mit Folie abdecken und 5 Stunden tiefkühlen. — Restliche Schoggi mit dem Rahm im Wasserbad schmelzen. Terrine aus der Form nehmen, die Glasur darübergiessen und verstreichen. Terrine nicht mehr abdecken und nochmals kurz tiefkühlen, damit die Schoggi fest wird.

Nusstorte

Für eine Spingform von 26 cm Durchmesser
150 g **Butter weich**
150 g **Zucker**
300 g **Mehl**
1 **Ei**
1 **Eigelb**
✼ — Für die Füllung
250 g **Rohrzucker**
2,5 dl **Vollrahm**
30 g **Kastanienhonig**
300 g **Baumnüsse**, frisch geknackt und gehackt

Backofen vorheizen auf 180 Grad. Für den Teig Butter und Zucker verrühren, Eier dazugeben und rühren, bis die Masse hell ist, Mehl darunterrühren. Teig auswallen und in eine mit Backpapier belegte Form legen. Mit einer Gabel Löcher in den Teig stechen. — Für die Füllung alle Zutaten miteinander vermischen und auf den Teig geben. Ungefähr 40 Minuten in der Mitte des Ofens backen.

O

O wie **Ochsenaugen**. Hier zeigt unser Lehrling Lili eine gelungene Ausbeute. Backen ist eine wichtige Disziplin für alle, die Kochen lernen wollen. Denn man braucht Geduld und ein gutes Auge, wann es genug ist.

Ochsenaugen

Wer den Namen dieser Guetzli merkwürdig findet, muss ihnen nur einmal genau ins Auge schauen: Voilà.

Ergibt ungefähr 40 Stück
120 g Zucker
250 g Weissmehl
1 unbehandelte Zitrone, Schale fein gerieben
1 frisches Ei
120 g Butter, zimmerwarm
Quittengelee (Seite 156) oder ein gutes Gelee einkaufen

Zucker, Mehl, 1 Prise Salz und Zitronenschale mischen. Butter dazugeben. Zutaten zwischen den Händen zu Krümeln verreiben. — Ei dazugeben und alles zusammen zu einem Teig kneten. In Klarsichtfolie eingepackt für 1 Stunde im Kühlschrank kühl stellen. — Backofen vorheizen auf 160 Grad. Teig in kleine Portionen teilen und diese zwischen 2 Klarsichtfolien auf ungefähr 3–4 mm Dicke auswallen. Mit einem Ausstecher mit einem Durchmesser von 4 cm Kreise ausstechen. Mit einer etwas kleinerer Form die Hälfte der Kreise zu Ringli ausstechen. Teigreste wieder auswallen und Vorgang wiederholen. Eventuell Teig noch einmal kurz kühl stellen. — Ringli und Kreise (Bödeli) mit etwas Abstand zueinander auf ein mit Backpapier belegtes Blech legen und in der Mitte des Ofens 5–7 Minuten backen. Herausnehmen, abkühlen lassen. — Mit einem Pinsel die Bödeli mit Quittengelee bestreichen und die Ringli daraufsetzen. Die Mitte gut mit Gelee auffüllen und mit Puderzucker bestreuen.
Tine: Wir backen die Bödeli und Ringe vor, füllen sie frisch und reichen sie zum Kaffee.

Ochsenbacken

Das Buch meiner Kindheit: *Der Bulle Ferdinand* war das einzige Buch, welches ich von meinem Vater geschenkt bekam. Das Buch der Bücher, sagte mein Vater. Und wenn schon ein Buch über das Leben, dann der *Ferdinand*. Schliesslich hiess mein Vater

Ferdinand. Ich kaufe ab und zu dieses Buch und überlasse es einem Briefkasten. Es soll nicht vergessen gehen. Ich konnte mir das Leben von Ferdinand sehr gut vorstellen. Wie er unter seiner Korkeiche die Tage vorbeiziehen lässt und Gras frisst. — Ich mag sehr gerne Ochsenfleisch. Der Ochs ist gemütlich, braucht sehr lange, bis er sein Schlachtgewicht erreicht hat. Wenn er Glück gehabt hat und seine Zeit verschlendern durfte, konnte er viel wunderbares Gras fressen. Dann ist er ein Hochgenuss. Ideal für eine Ochsenschwanzsuppe, Siedfleisch, Ochsenschwanzragout, Ochsenbraten, Ochsenmaulsalat.

Für 6 Personen
✻ — Muss 3 Tage in der Marinade liegen
1 l kräftiger Rotwein
5 cl Cognac
1 Lorbeerblatt
1 Nelke
2 Rüebli, in kleine Würfel geschnitten
2 rote Zwiebeln, fein gehackt
1 Stück Knollensellerie, in Würfel geschnitten
1 dl Portwein
4 Ochsenbacken
20 g getrocknete Steinpilze
Bratbutter
Salz und Pfeffer
Mehl
1 Bund Thymian
150 g Speck, in kleine Würfel geschnitten

Alle Zutaten bis und mit dem Portwein in eine Schüssel geben und die Ochsenbacken 3 Tage lang zugedeckt im Kühlschrank darin marinieren. — Steinpilze in 5 dl Wasser einweichen. — Das Fleisch herausnehmen, abtropfen und in Bratbutter anbraten. Salzen und pfeffern und mit etwas Mehl bestäuben. Backen immer wieder wenden. — Fleisch herausnehmen und in einen Schmortopf legen. Marinade, Thymian und Pilze mit Einweichwasser zusammen aufkochen und übers Fleisch geben. Zugedeckt ungefähr 1½ Stunden schmoren. Kurz vor Ende der Schmorzeit Deckel heben und schauen, wie zart die Backen sind. — Notfalls dauert es halt noch etwas länger. Wenn die Geduld zu Ende ist, werden die Backen weich sein. Herausnehmen, die Flüssigkeit durch ein Sieb giessen und aufkochen. Speck braten und alles über die Backen geben.
✻ — Am besten mit Kartoffelstock (Seite 103).

Ochsenbraten

Für 4 Personen
4 Zwiebeln
Bratbutter
3 Rüebli
1 kleines Stück Knollensellerie
½ Lauchstange
50 g Bauernspeck
1 Scheibe dunkles Brot, zerzupft
800 g Ochsenschulter, zimmerwarm
1 Lorbeerblatt und 1 Nelke
1 Zweig Thymian
1 Zweig Majoran
7 dl kräftiger Rotwein
5 dl Kalbsfond (Seite 93)
Salz und Pfeffer
1 EL Maizena, in etwas kaltem Wasser aufgelöst

Backofen auf 180 Grad vorheizen. Bratbutter in einer Pfanne erhitzen. Zwiebeln mit der Schnittfläche nach unten darin russschwarz rösten. Lauch, Rüebli und Sellerie zugeben, mitbraten, mit dem zerzupften Brot und den Gewürzen in den Schmortopf geben. — Fleisch sehr gut anbraten, zum Gemüse legen und mit 6 dl Wein ablöschen. Den verbleibenden Deziliter sofort selber trinken. — Kalbsfond dazugeben und kurz aufkochen. Zugedeckt ungefähr 1½ Stunden im Ofen schmoren. Mit dem Daumen ein Garprobe machen (Glossar Seite 66). Auf keinen Fall mit einer Fleischgabel hineinstechen. Falls Sie es doch machen, lassen Sie die Gabel stecken wie der Matador beim besiegten Stier. Fleisch in Alufolie einpacken und mindestens 20 Minuten stehen lassen. Sauce durch ein Sieb abgiessen, aufkochen, abschmecken. Eventuell mit Maizena abbinden.
Tine: Die Gabel einstechen, um den Garzustand zu prüfen, ist eine Unsitte, so läuft die Flüssigkeit aus. Drücken Sie kurz mit dem Daumen aufs Flcisch, wenn es nicht mehr federt, ist es gar. Ein kurzer Schmerz am Daumen ist eher zu verkraften als ein trockener Braten.

Ochsenfleisch

Für 6 Personen
2 mittelgrosse Zwiebeln, ungeschält, halbiert
1 Stück Knollensellerie
1 Rüebli, in grobe Stücke geschnitten
1 Petersilienwurzel, in grobe Stücke geschnitten
1 Stange Lauch, in grobe Stücke geschnitten
1 Nelke
1 Lorbeerblatt
2 kg Ochsenfleisch, am besten Schulter
Pfeffer
Meerrettich mit Apfel (Seite 127)

Die Zwiebeln mit der Schnittfläche nach unten auf einem Stück Alufolie in einer Bratpfanne rösten, bis sie schwarz sind. In leicht gesalzenem Wasser mit dem Gemüse, Nelke und Lorbeer aufkochen. Sofort das Ochsenfleisch dazugeben. — Nach dem Aufkochen die Hitze reduzieren. Schaum abschöpfen und mindestens 2 Stunden unter dem Siedepunkt ziehen lassen. — Das Fleisch ist fertig, wenn es auf Fingerdruck nachgibt. Das Fleisch herausnehmen, in fette Scheiben schneiden und mit dem Gemüse auf einer Platte anrichten. Fleisch pfeffern, mit etwas Ochsenbouillon und Meerrettich mit Apfel (Seite 127) geniessen.

Ochsenleber mit Brunnenkresse

Für 4 Personen
800 g Ochsenleber oder Rindsleber, in dünne Scheiben geschnitten
5 dl Milch
50 g Bratbutter
4 Schalotten, längs in feine Scheiben geschnitten
Salz
Pfeffer
4 Hände voll Brunnenkresse, für in die Leber
4 Hände voll Brunnenkresse, als Salat
Honigvinaigrette (Seite 211)

Ochsenleber in die Milch legen. Bratpfanne heiss werden lassen und Bratbutter hineingeben. Leber aus der Milch nehmen und etwas abtropfen lassen. Leber in die Pfanne legen und auf beiden Seiten rasch anbraten. — Zwiebeln dazugeben und kräftig salzen und pfeffern. Brunnenkresse dazugeben, alles sehr schnell wenden. — Die restliche Kresse auf Teller verteilen, Kastanienhonigvinaigrette darüberträufeln und die Leber dazugeben.
Tine: Meine Mutter hat Leber und Bratwürste vor dem Braten immer in Milch eingelegt. Das sei wegen der Farbe, sagte Berta. Und so mach ich das eben auch!

Ochsenmaulsalat

Für 4 Personen
1 gepökelte Ochsenzunge
1 Lorbeerblatt
1 Zwiebel
1 Nelke
Ein paar Pfefferkörner
Vinaigrette (Seite 211)
1 Bund Schnittlauch

Die Zunge ½ Stunde wässern und waschen. In einem Topf Zwiebel, Lorbeer und Nelke mit etwa 2 l Wasser aufkochen und die Ochsenzunge 2 Stunden, wenn nicht länger köcheln lassen. Ab und zu Schaum abschöpfen. — Wenn die Zunge weich ist, aus dem Sud nehmen, abspülen und die Haut abziehen. Die Zunge sehr dünn quer schneiden und dann mit der Vinaigrette übergiessen, mischen. — Nach 30 Minuten fein geschnittenen Schnittlauch darübergeben.
Tine: Wunderbar passt ein gutes Brot dazu. Als Hauptgang gab es immer Bratkartoffeln (Seite 24) dazu.

Ochsenschwanz

Für 4 Personen
2 kg Ochsenschwanz, in Stücke geschnitten
Salz und Pfeffer
Bratbutter
2 Zwiebeln, gehackt
1 kleine Lauchstange, in Stücke geschnitten
3 Knoblauchzehen, gehackt
2 Tomaten
1 Rüebli, in kleine Würfel geschnitten

1 Bund Thymian
1 Lorbeerblatt
7 dl Rotwein
2 dl Portwein

Ofen vorheizen auf 120 Grad. In einer Pfanne Ochsenschwanz in der Bratbutter anbraten, salzen und pfeffern. Herausnehmen und in einen Bräter geben. — Zwiebeln anbraten, Lauch kurz mitdünsten, herausnehmen und zum Fleisch geben. Knobli, Tomaten, Rüebli, Thymian und Lorbeer dazugeben und gut rühren. Mit zwei Schuss Wein ablöschen. 2,5 dl Wasser dazugeben und alles einkochen, bis die Flüssigkeit fast verschwunden ist. — Den restlichen Rotwein und nochmals 2,5 dl Wasser hineingeben, sodass alle Ochsenteile bedeckt sind. Zugedeckt im Ofen ungefähr 4–6 Stunden garen, bis das Fleisch fast vom Knochen fällt. — Die Wohnung ist von Düften erfüllt. Ochsenschwanz herausnehmen. Den Rest durch ein Sieb in einen anderen Topf giessen, abschmecken. Sauce nun mit einer Kelle entfetten. Porto dazugeben und noch ein paar Minuten köcheln. Ochsenschwanz wieder dazugeben. Den Ochsenschwanz isst man von Hand mit einem guten Stück Brot.

Tine: Beim Bräter nur den besten mit dem schwersten Deckel kaufen. Bei billigen Modellen dichtet der Deckel nicht ab. Dann heisst es nachgiessen. Und während der 6 Stunden Garzeit können Sie das Haus nicht einfach verlassen. Aber auch wenn Sie nachgegossen haben, seien Sie nicht erschüttert, der Inhalt im Bratgeschirr sieht derb und unanständig aus! Aber dann ist der Ochsenschwanz perfekt!

Ofenguck

Für 8–10 Personen
2 kg mehligkochende Kartoffeln
2,5 dl Milch, warm
Salz
Muskatnuss, frisch gerieben
100 g Butter
300 g geräucherter Speck, in Würfel geschnitten
3 Eigelb, verquirlt
1 Bund krause Petersilie, gehackt
250 g fetter Reibkäse

Ofen vorheizen auf 200 Grad. Kartoffeln dämpfen. Durch ein Passevite treiben, Milch einrühren, mit Salz und Muskat abschmecken, Butter einarbeiten, Speckwürfeli in einer Bratpfanne kurz anbraten und zur Kartoffelmasse rühren. Eigelb, Peterli und Käse dazurühren und in eine gebutterte und bemehlte Auflaufform gebe. 20–30 Minuten in der Mitte des Ofens backen.

Tine: Für die, die partout kein Fleisch essen wollen, den Speck weglassen, dafür mehr Peterli zugeben.

Ofenguck im Apfel

Pro Person
1 Apfel
70 g Ofenguckmasse (vorheriges Rezept), jedoch ohne Käse und Speck

Ofen vorheizen auf 180 Grad. Äpfel mit einem Pariser Löffel aushölen und beim *Bütschgi* ein bisschen abschneiden, sodass die Äpfel gut sitzen können. — Ofenguckmasse gut abschmecken, in jeden Apfel ungefähr 70 g Masse füllen. — Äpfel in eine Gratinform setzen und im Ofen 15–20 Minuten schmoren. Je nach Reifegrad der Äpfel.

Ofenküchlein

Für 4 Personen
1 dl Milch
Je 1 Messerspitze Salz und Zucker
1 Messerspitze Vanillezucker
90 g Butter
110 g Mehl
4 Eier

Ofen vorheizen auf 230 Grad. — 1 dl Wasser, Milch, Salz, Zucker, Vanillezucker und Butter in einer Pfanne langsam erhitzen. Wenn die Mischung zu kochen beginnt, Pfanne vom Herd nehmen und Mehl im Sturz hineingeben. — Pfanne wieder auf den Herd stellen und mit einer Holzkelle den Teig ungefähr 2 Minuten lang «trocknen», bis er sich vom Topfboden löst. — Ein Ei nach dem anderen mit dem Schwingbesen hineinschlagen. Sobald der Teig gut geschmeidig ist, aufhören, zu schlagen! Teig in einen Spritzsack mit einer Lochtülle von ungefähr

10 mm geben und auf ein mit Backpapier belegtes Blech kleine Ofenküchlein setzen. Küchlein mit einem verrührten Ei bestreichen. Temperatur des Backofens auf 180 Grad reduzieren und Küchlein ungefähr 20 Minuten backen. — Ofentür kurz öffnen, wieder schliessen und nochmals 15–20 Minuten backen. Küchlein herausnehmen und auf einem Gitter auskühlen lassen. — In der Mitte durchschneiden und den Boden mit Schlagrahm bestreichen. Deckel darauflegen und die Küchlein kräftig mit Puderzucker bestreuen.
Tine: Bereiten Sie die angegebene Brandteigmenge zu, er wird sicherlich so am besten. Mit Schlagrahm und Schoggisauce (Seite 186) gefüllt schmecken sie noch besser.

Ofetori mit Äpfeln

Für 8 Personen
1 l Milch
400 g Maisgriess, fein
1 kg saure Äpfel, geachtelt
100 g Butter

Ofen vorheizen auf 180 Grad. Milch, 1 l Wasser mit etwas Salz aufkochen. Mais im Sturz unter ständigem Rühren zugeben. Zum Brei kochen. — Apfelstückli in eine gebutterte Form geben, Maisbrei darüber verteilen, mit Butterflöckli bestreuen. Ungefähr 40 Minuten auf der untersten Rille des Backofens backen, bis der Mais goldbraun ist.
Tine: Wir machen auch eine Mischung mit Speckwürfeli und geben die in kleine gebutterte Förmchen. Passt gut zu Ragout (Seite 159).

Orangenglace

Ergibt 1 Liter für 6–8 Personen
4 Eigelb
100 g Zucker
5 dl Vollrahm
1,4 dl Milch
250 g süsse Orangenkonfitüre
1 Orange, Schale

Eigelb und Zucker schlagen. Rahm, Milch und Konfitüre köcheln (auf keinen Fall kochen) und zu dem Eigelbzucker rühren. — Alles durch ein Sieb giessen und in der Glacemaschine fertigstellen. — Die Orange fein reiben und unter die fertige die Glace mischen.

Orangenravioli

Für 6–8 Personen
500 g Ricotta di bufala (Büffelricotta)
2 Tarocco-Orangen, frisch gepresst
1 Bergamotte oder **halbe Zitrone,** ausgepresst
1 daumennagelgrosses Stück Ingwer
2 TL Senffrüchte (Orangen, Mandarinen), püriert
Currysalz
Pfeffer
500 g Ravioliteig (Seite 160)
1 Eiweiss, geschlagen

Den Ricotta mit einem Schwingbesen weich rühren, Saft der Orangen und der Bergamotte daruntermischen. Ingwer entweder im Mörser zerstampfen oder mit einer Raffel fein reiben. Dazugeben. Senffrüchtemus, Currysalz und Pfeffer in den Ricotta rühren. Abschmecken. Die Füllung soll süss, etwas scharf und genug salzig sein, aber nicht so süss wie für ein Dessert! — Den Ravioliteig durch die Teigmaschine drehen, bis er hauchdünn ist. Teigband halbieren. Eine Bandhälfte mit geschlagenem Eiweiss bestreichen. Mit dem Spritzsack haselnussgrosse Häufchen auf den Teig setzen. Die zweite Bandhälfte darüberlegen, gut bis an die Füllung andrücken und mit einem Teigrad Ravioli ausschneiden. — In viel Salzwasser 2–4 Minuten köcheln.
✣ — In Zitronenbutter (Seite 224) schwenken.

Orangensauce

Ergibt 7 dl
7 dl Blutorangensaft, frisch gepresst
1 grosses Stück Ingwer, grob gehackt
1 Zwiebel, halbiert
2 Knoblauchzehen
1 dl Orangensirup
4 EL Kastanienhonig
1 EL Tannenschösslinghonig (Seite 203)
1 TL Maizena, in etwas kaltem Wasser aufgelöst

Alle Zutaten zusammen aufkochen und 10 Minuten köcheln lassen. Zum Schluss mit Maizena abbinden. Durch ein Sieb passieren.
Tine: Dicsc Sauce gehört zu Entenbrust (Seite 44), Wachteln (Seite 215) oder zu Hirschhacktätschli (Seite 81). Kalt gerührte Preiselbeeren (Seite 150) dazu.

Orangenterrine

Für eine Form von 1 Liter Inhalt
5 Eigelb
150 g Feinzucker
300 g Magerquark
350 g Naturjoghurt
6 dl Blutorangensaft, frisch gepresst, von ungefähr 3 Orangen
13 Blatt Gelatine, in kaltem Wasser eingeweicht, ausgepresst
5 dl Vollrahm, steif geschlagen
✻ — Für die Sauce
5 dl Blutorangensaft, frisch gepresst, von ungefähr 3 Orangen
1,5 dl Orangensirup
1 TL Maizena, in etwas kaltem Wasser aufgelöst

Eigelb und Zucker mit dem Handmixer in einer Schüssel rühren, bis die Masse hell ist. — Magerquark und Joghurt verrühren und in die Eimasse rühren. 1 dl Orangensaft erhitzen und die Gelatine darin auflösen. Mit dem restlichen Orangensaft zur Quarkmasse rühren. — Sobald die Masse am Rand fest zu werden beginnt, Schlagrahm darunterziehen. In eine mit Klarsichtfolie ausgekleidete Terrinenform füllen, mit Folie abdecken und einige Stunden im Kühlschrank abkühlen lassen. — Für die Sauce alle Zutaten aufkochen und mit Maizena etwas abbinden.

Ossobuco mit Gremolata

Für 6 Personen
3 kleine rote Zwiebeln, fein gehackt
100 g Bratbutter
¼ Knollensellerie, in feinste Würfel geschnitten
4 Knoblauchzehen, in feine Scheiben geschnitten
4 Sardellenfilets, aus der Dose, gut gewässert
7 dl Weisswein
2 fette Tomaten
4 Kalbshaxenscheiben, je 7 cm dick
100 g Mehl
Salz und **Pfeffer**
✻ — Für die Gremolata
3 Zitronen, Schalen, fein abgerieben
Kräuteröl (Seite 108)

Für die Gremolata alle Zutaten miteinander vermischen. — Backofen vorheizen auf 150 Grad. Zwiebeln in etwas Bratbutter dünsten. Sellerie dazugeben, dünsten, bis alles goldgelb ist. Knoblauch und Sardellen dazugeben. Mit Wein ablöschen, Tomaten hineinlegen und quetschen. — Haxen im Mehl wenden, abklopfen. Salzen und pfeffern und in einer zweiten Bratpfanne jede Haxe einzeln schön in Bratbutter anbraten. — Flach in einen grossen Bräter mit Deckel legen. Die Haxen sollten dicht nebeneinander liegen und nicht gestapelt schmoren. Gemüse darübergeben. Zugedeckt im Ofen ungefähr 2 Stunden schmoren. — Kalbshaxen erst rausnehmen, wenn sie fast vom Knochen fallen. Auf eine vorgewärmte Platte legen. Die Sauce gut verrühren und über das Fleisch verteilen. Gremolata darübergiessen.
Tine: Ich habe gerne dicke Kalbshaxenscheiben. Je nach Dicke verändert sich die Garzeit.

Osterkuchen

Für ein Wähenblech von 22 cm Durchmesser
3 dl Milch
60 g Reis, Vialone
30 g Butter
2 Eigelb, verquirlt
2 EL Zucker
1 Zitrone, Schale
2 EL gemahlene Haselnüsse
2 EL Rosinen, einige Minuten im Wasser eingeweicht, ausgedrückt
2 Eiweiss
Puderzucker
Mürbeteig (Seite 130)

Für die Füllung Milch mit einer Prise Salz aufkochen, Reis dazugeben und 40 Minuten köcheln lassen. — Backofen vorheizen auf 180 Grad. Den fetten Reisbrei durch ein Sieb streichen. — Butter in einer Schüssel mit dem Mixer schaumig rühren, mit Eigelb, Zucker, Zitronenschale, Haselnüssen und Rosinen unter die Reismasse rühren. Eiweiss steif schlagen und darunterziehen. — Mürbeteig auf ein gebuttertes und bemehltes Blech legen, Füllung daraufgeben. Ungefähr 30 Minuten in der unteren Hälfte des Ofens backen, bis sich der Boden von der Form löst. Abkühlen lassen und mit Puderzucker bestreuen.

Osterlikör

Für 1 Flasche à 5 dl
300 g Puderzucker
½ TL Vanillezucker
4 frische Eier
1 dl Kirsch
5 cl Alpenbitter
1,5 dl Malaga
2,5 dl Vollrahm

Zucker, Vanillezucker und Eier mit dem Mixer schaumig rühren. Allen Alkohol mit dem Rahm verrühren und mit Eimasse mischen. In eine saubere Flasche abfüllen und ein paar Tage im Kühlschrank aufbewahren. Ab und zu mal schütteln.

Panna cotta Malaga

Für 15 Förmchen à 1,2 dl
✱ — Muss im Kühlschrank 2 Stunden fest werden
1 l Vollrahm
1 Vanillestängel, längs aufgeschnitten
150 g Zucker
5 cl Malaga
12 Blatt Gelatine, in kaltem Wasser eingeweicht und ausgedrückt
4 dl Vollrahm, steif geschlagen

Rahm, Vanille und Zucker in einer Pfanne 10 Minuten kochen. — Vanille herausfischen, Malaga dazugeben, aufkochen. Gelatine einrühren. Pfanne vom Herd nehmen und in einer Schüssel abkühlen lassen. — Sobald die Masse am Rand fest zu werden beginnt, Rahm darunterziehen und in Förmchen füllen. Im Kühlschrank fest werden lassen.

Parfait

Eigentlich ist Eis das perfekte Dessert. Aber wenn man gerade ein bisschen Wärme braucht, ist Parfait eine grad so gute Alternative.

Amarettoparfait aus dem Tessin — 8
Apfelparfait — 11
Baumnussparfait — 16
Dörrzwetschgenparfait — 39
Grappaparfait — 73
Honigparfait der «Alpenrose» — 85
Malagaparfait — 122
Marcparfait — 124
Mohnparfait — 128
Schoggikuchen aus dem Eis — 184
Torroneparfait — 205
Weihnachtsparfait — 216
Zuger Kirschparfait — 226

P

P wie **Pavlova**. Pavlova ist der Nachname unserer Meringues, die wir gerne backen, weil in unserer Küche immer viel Eiweiss anfällt. Das Rezept steht beim Vornamen auf Seite 127.

Peterligemüse

Für 4 Personen
750 g glattblättrige Petersilie
50 g Butter

1 grosse Zwiebel, sehr fein gehackt
2,5 dl Doppelrahm
Pfeffer

Grobe Stiele vom Peterli abzupfen, die feinsten dürfen dranbleiben. Salzwasser in einer grossen Pfanne aufkochen. Peterli hineingeben, aufkochen und 7 Minuten kochen lassen. — Mit einer Lochkelle herausheben und in ein Sieb geben. Mit kaltem Wasser auf Handwärme abschrecken. Peterli auspressen. Butter in einer Pfanne erhitzen und Zwiebeln darin zum Schäumen bringen. Den zusammengepressten Ballen Peterli dazugeben und mit zwei Gabeln auseinanderzupfen. Doppelrahm dazugeben, kurz aufkochen, mit Salz und Pfeffer würzen.
Tine: Dieses Gemüse muss kurz vor dem Servieren zubereitet werden, sonst verliert es seine Farbe. Wir haben sehr oft eine Peterli-Spinat-Mischung gekocht. Als Vorspeise mit einem Verlorenen Ei.

Petits doigts aus der Waadt

Kleine Finger: Bei diesem Rezept stimmt der Spruch, dass man nach dem kleinen Finger die ganze Hand will – oder zumindest auf jeden Fall alle Finger!

Für 4–6 Personen
400 g Gruyère
2 Gläser Chasselas
200 g Mehl
Salz und Pfeffer
3 Eiweiss, sehr steif geschlagen
Rapsöl, zum Frittieren

Käse in kleinfingergrosse Stängeli schneiden und im Chasselas sich betrinken lassen. — Mehl mit Weisswein, Salz und Pfeffer zu einem leicht zähen Teig verrühren. — Kurz vor dem Frittieren den Eischnee unter den Teig ziehen. Käse im Mehl wenden, etwas abklopfen und ab in den Teig. In der Fritteuse bei 190 Grad 3 Minuten golden backen. Wenn der Käse aus der Hülle ausbrechen möchte, herausnehmen. Kurz abtropfen lassen.
Tine: Beginnen Sie mit dem Frittieren erst, wenn die Gäste schon bei einem Glas Wein sitzen. Die Käsestängeli schmecken wirklich nur sehr gut, wenn sie frisch gebacken auf den Tisch kommen.

Pfannkuchen von Berta

Pro Person
100 g Mehl
1,5 dl Milch
2 Eier
1–2 EL Zucker
½ TL Vanillezucker
Bratbutter

In einer Schüssel Mehl und Milch gründlich mit einem Schwingbesen verrühren, sodass keine Knollen entstehen. Zucker, Vanillezucker und Eier darunterrühren. Schüssel mit einem Deckel abdecken und den Teig 10 Minuten ruhen lassen. — In einer Pfanne Bratbutter heiss werden lassen und Pfannkuchen darin backen. Nach ungefähr 2 Minuten anheben und nachschauen, ob Ihnen die Farbe schon gefällt. Wenden und auf der anderen Seite fertig backen.
Tine: Pfannkuchen backen gehörte sozusagen zu meiner Grundausbildung. Ich konnte Pfannkuchen backen, noch bevor ich rechnen lernte. Ich höre noch heute die Anweisungen meiner Mutter. Für eine salzige Variante Zucker und Vanillezucker durch etwas Salz ersetzen und mit Speck essen.

Pfirsiche aus dem Ofen

Für 4 Personen
4 Pfirsiche
200 g gemischte Nüsse, grob gehackt
200 g Butter, zimmerwarm
Zucker
1 TL Vanillezucker

Backofen vorheizen auf 200 Grad. Bei den Pfirsichen den Deckel abschneiden und mit einem Rüstmesser den Stein entfernen. — Restliche Zutaten mischen und grosszügig in die Pfirsiche füllen. Etwas von der Masse als Klebstoff für den Deckel benutzen. Deckel daraufsetzen. Auf ein Blech setzen und je nach Reife der Früchte 30–40 Minuten backen. Herausnehmen und mit der ausgelaufenen Butter begiessen. Dazu eine Kugel herrliches Vanilleglace (Seite 209) essen.

Pilzragout

Für 4 Personen
500 g grosse, feste braune Champignons
50 g Bratbutter
2 kleine rote Zwiebeln, fein gehackt
2 Knoblauchzehen, fein gehackt
1 Bund glattblättrige Petersilie, Bätter gezupft
1 dl kräftiger Weisswein
3 dl Doppelrahm
½ Zitrone, Saft
½ Bund Thymian gezupft
Salz und **Pfeffer**
1 TL Maizena in kaltem Wasser aufgelöst
50 g junger Spinat

Pilze reinigen und in der Hand andrücken, gerade so, dass sie durchgehend aufbrechen. — Butter in einer Bratpfanne schmelzen. Zwiebeln und Knoblauch darin dünsten. — Mit Wein ablöschen und so lange köcheln, bis er fast verschwunden ist. Rahm und Thymian einmischen und gut kochen lassen. Auf die Seite stellen. — Zweite Bratpfanne nehmen und die Pilze in Bratbutter sehr heiss anbraten. Alles muss sehr schnell gehen. So vermeidet man das lästige Wasserziehen der Pilze. Salzen, pfeffern und in die Sauce geben. Gut mischen, so dass sich die Pilze mit der Sauce vollsaugen, und bei Bedarf vorsichtig mit Maizena abbinden. Spinat beimischen.

Pizokel

«Alpenrose» ohne Pizokel wäre ein Unding. Wir haben in den letzten 20 Jahren immer wieder die Karte gewechselt, aber die Pizokel haben an keinem einzigen Tag gefehlt. Sie sind beliebt bei allen Einheimischen, Menschen aus den befreundeten Nachbarländern und Besuchern aus der ganzen Welt. Ich habe in den 22 Jahren für die vereinten Nationen 19 690 kg Pizokel gekocht – wunderbar!

Pizokelteig für 4 Personen
✤ — Teig muss mindestens 1 Stunde ruhen
4 Eier
3 dl Milch
500 g Mehl
10 g Salz
½ Bund Petersilie, fein gehackt

Milch, Eier und Salz mit einem Mixer zu einer homogenen Masse verrühren. — Mehl im Sturz zugeben und so lange rühren, bis es keine Knöllchen mehr gibt. — Gehackte Peterli daruntermischen. Zugedeckt im Kühlschrank 1 Stunde ruhen lassen.
Tine: Ich esse die Pizokel klassisch, nur mit Speck, roten Zwiebeln, Federkohl und ein paar Nadeln Rosmarin und Butter. — Wir haben im Laufe der Jahre verschiedene Varianten von Pizokel angeboten:
✤ Mit pochierten Birnen
✤ Mit Speck, pochierten Birnen und Spinat
✤ Mit Eierschwämmli oder Steinpilzen
✤ Mit gemischten Pilzen
✤ Mit roten Zwiebeln und Winterspinat
✤ Mit Marroni, Zwiebelringen, Salbei und Wirz

Pizokel mit Speck

Für 4 Personen
Bratbutter
300 g dünn geschnittener Frühstücksspeck
2 rote Zwiebeln, fein geschnitten
2 Rosmarinzweige, abgezupft
600 g Schwarzkohl, blanchiert, in Streifen geschnitten
Pizokelteig (vorheriges Rezept)

Speckstreifen dreimal schneiden, anbraten. Zwiebeln dazugeben und alles schön braten. Kohl und Rosmarin zugeben und alles vermischen. — Salzwasser in einem Topf aufkochen. Pizokel in Bahnen auf das Holzbrett streichen. Stellen Sie sich ein Sprungbrett im Schwimmbad vor. Schieben Sie die Pizokel über den Rand. Einer nach dem anderen fliegt ins Wasserbad. Aufkochen und einige Minuten sieden lassen. Pizokel mit einer Lochkelle herausheben, zum Schwarzkohl und Speck legen und mischen.

Plain in Pigna

Eine andere Rösti, im Ofen gemacht, die gut ist und besonders schnell geht.

Für 8 Personen
1,5 kg mehlige Kartoffeln, am besten am Vortag in der Schale gekocht
250 g Speck, in kleine Würfel geschnitten
1 hohle Handvoll Mehl
Muskatnuss, frisch gerieben
Genug Butter

Ofen vorheizen auf 200 Grad. Kartoffeln schälen und an der Röstiraffel in eine Schüssel reiben. Alle Zutaten dazugeben und mischen. In eine Gratinform geben. Im Ofen 35 Minuten backen, bis alles goldig-knusprig gebacken ist.

Tine: Gab es oft als Mittagsmenü. Weil es da schnell gehen muss, kochen wir die Kartoffeln am Vortag. Es geht aber auch mit Kartoffeln vom gleichen Tag. Dazu gibt es Gemüse und Spiegelei. Oder wir servieren Plain in Pigna als Beilage zu einem Stück Fleisch. Falls Sie vom Vortag noch Braten übrig haben, reinschnetzeln!

Polenta Grundrezept

An meiner ersten Polenta wäre ich fast erstickt. Ich habe alles falsch gemacht, was man falsch machen kann. Zu wenig Flüssigkeit, kein Käse, weder Butter noch Olivenöl, kein Salz. Das sollte «das Brot des Südens» sein? Meine Polenta war irgendwas zwischen Vogelfutter und einer Portion verschlucktem Sand.

Ich war neugierig gewesen. Meine ersten Schweizer Freunde schwärmten vom Tessin, von der Polenta, die dort im Kupferkessel gerührt wird. Ich war gerade in die Schweiz gekommen und wusste noch nicht, dass bei den Eidgenossen gerade Italien ausgebrochen war. Italien war allgegenwärtig. Nicht nur, dass die Italiener gerade Fussballweltmeister geworden waren (Endspiel gegen Deutschland 1:3). Anstatt Hörnli gab es Spaghetti und statt Griessbrei Polenta. Beide mussten al dente sein. Bei den Spaghetti war das noch okay, aber bei der Polenta eher schwer zu verstehen. Ich denke, ich war zu dieser Zeit nicht die Einzige, die der Polenta den Rücken zeigte.

Aber was wäre das Leben ohne Herausforderungen? Und keine Herausforderung ist grösser, als einem hässlichen Entlein zum Siegeszug zu verhelfen. Hier also unser ultimatives Grundrezept für eine Polenta, der man gern ins Gesicht schaut.

Das sind die Maissorten, die in der «Alpenrose» zum Einsatz kamen; *Rosso del Ticino integrale, da mais nero «Millo corvo» integrale, «Mais bianco» integrale* und *Polenta Onsernone*.

Für 4 Personen
1,5 l Wasser
250 g Polenta ihrer Wahl
100 g kalte Butter
100 g Sbrinz, gerieben

Wasser in einer Pfanne aufkochen. Polenta unter ständigem Rühren im Sturz zugeben und ungefähr 35 Minuten unter fortwährendem Rühren zu einem Brei kochen. Butter und Sbrinz darunterrühren. Mit Salz abschmecken.

Polenta mit Dörrzwetschgen

Für 4 Personen
1,5 l Wasser
250 g Polenta integrale
100 g Dörrzwetschgen, ohne Stein, halbiert
100 Butter
100 g Sbrinz, frisch gerieben

Wasser in einem Topf aufkochen. Polenta im Sturz unter ständigem Rühren dazugeben. Salzen und unter Rühren ungefähr 30 Minuten zu einem Brei kochen. Dörrzwetschgen dazugeben, Butter und Sbrinz darunterrühren. Nochmals mit Salz abschmecken.

Tine: Passt gut zu Lughaniga oder einer selbst gemachten Wurst (Seite 220).

Polenta mit «Guter Luise»

Die Gute Luise ist eine Birne mit vollem, kräftigem Eigengeschmack. Wenn ich an Birne denke, dann denke ich an die Gute Luise.

Für 6 Personen
Für eine Backform von 30 cm Länge
40 g Mehl
15 g Backpulver

150 g gemahlene Mandeln
130 g weisse Polenta
350 g **Butter,** zimmerwarm
250 g **Rohrzucker**
4 **Eier**
1 kg **Birnen Gute Luise,** geschält und entkernt
2 EL **flüssiger Kastanienhonig**
1 **Zitrone**

Mehl, Backpulver, Mandeln und Polenta in einer Schüssel mischen. Von der Butter 60 g abwägen und beiseite stellen. Restliche Butter und Zucker schaumig schlagen und ein Ei nach dem andern dazuschlagen. Wenn alles vermischt ist, Polentamischung dazugeben. — Backofen vorheizen auf 180 Grad. — Die Guten Luisen in ungefähr 1 cm dicke Scheiben längs der Birnenform nach schneiden. Die beiseite gestellte Butter und den Honig in eine Pfanne geben und etwas caramelisieren, Birnen dazugeben, im Caramel wenden und in einer Schüssel etwas abkühlen lassen. — Die lauwarmen Birnenscheiben in die Polenta geben und mit einer Kelle daruntermischen. Die Schale der Zitrone abreiben und dazugeben. Kaum zu glauben, dass dies ein Kuchen werden soll. Masse in eine mit Backpapier ausgelegte Form geben. Kurz zweimal mit der gefüllten Form auf den Küchentisch klopfen und dann in die Mitte des Ofens stellen. Ungefähr 60 Minuten backen. — In der Form etwas auskühlen lassen.
✻ — Schmeckt gut lauwarm am Besten, mit gutem Doppelrahm.

Polenta mit Milch

Für 4 Personen
1 l **Hühnerbouillon** (Seite 85)
1 l **Milch**
250 g **Bramata** (grob gemahlener Mais)
100 g **Butter**
100 g **Sbrinz**

Bouillon und Milch in einem Topf aufkochen. Polenta im Sturz unter ständigem Rühren dazugeben und ungefähr 45 Minuten unter Rühren zu einem Brei kochen. Butter und Sbrinz darunterrühren, mit Salz abschmecken.

Polentazitronenkuchen

Für eine Springform von 28 cm Durchmesser
450 g **Butter,** zimmerwarm
450 g **Zucker**
6 **Eier**
450 g **Mandeln,** gemahlen
1 TL **Vanillezucker**
450 g **Bramata** (grob gemahlener Mais)
3 TL **Backpulver**
5 **Zitronen,** frisch gepresst, und Zesten

Backofen vorheizen auf 160 Grad. Butter und Zucker mit dem Mixer schaumig rühren. Nach und nach die Eier dazurühren. Mandeln und Vanillezucker einrieseln lassen, Polenta mit dem Backpulver mischen und in die Masse rühren. Zum Schluss Zitronensaft und Zesten dazugeben. — In eine gebutterte und bemehlte Form geben. Ungefähr 70 Minuten in der Mitte des Ofens backen. Nadelprobe machen.

Pommes dauphine

Für 4–6 Personen
100 g **Butter**
150 g **Mehl**
4 **Eier**
✻ — Für die Kroketten
1 kg **mehlige Kartoffeln,** geschält
150 g **Butter**
1 **Ei** und 5 **Eigelb**
Muskatnuss, frisch gerieben
Rapsöl, zum Frittieren

Für den Brandteig in einer Pfanne 2,5 dl Wasser mit Salz aufkochen. Butter dazugeben und schmelzen. Das Mehl im Sturz mit einer Holzkelle einrühren. Sobald sich die Masse vom Rand löst, Pfanne vom Herd nehmen und ein Ei nach dem anderen einrühren. Mit Salz abschmecken. — 300 g von dem Brandteig für die Kroketten beiseite stellen und den Rest einfrieren. Es ist unmöglich, nur eine kleine Menge des Brandteiges herzustellen. — Für die Kroketten Kartoffeln im Salzwasser weich kochen. Abgiessen und abtropfen lassen. Durchs Passevite zurück in die Pfanne treiben. Butter und Eier daruntermischen. Mit Muskatnuss würzen. — Öl in einer Fritteuse oder einem Topf auf 170 Grad erhitzen. Kartoffelmasse und 300 g Brandteig mit einem Holzlöffel verrühren. Masse in einen Spritzsack mit grosser Tülle füllen und 5 cm lange Stücke direkt in die Fritteuse pressen. — Sobald sie schön Farbe angenommen haben, mit einer Lochkelle herausfischen, abtropfen lassen und leicht salzen.

Pommes duchesse

Für 4–6 Personen
1 kg **Kartoffeln**, geschält
250 g **Butter**
2 **Eier**
4 **Eigelb**
Muskatnuss, frisch gerieben

Kartoffeln ganz in eine Pfanne legen und mit kaltem Wasser fingerbreit bedecken. Aufkochen, ungefähr 25 Minuten kochen. Die Kartoffeln sollen weich sein, aber nicht zusammenfallen. — Ofen vorheizen auf 200 Grad. Das Wasser abgiessen und die Kartoffeln ausdampfen lassen. Durch ein Passevite zurück in den Kochtopf treiben. 150 g Butter einrühren, bis sie geschmolzen ist. 1 ganzes Ei und alles Eigelb einrühren, salzen und mit Muskatnuss würzen. — Ein Backblech einfetten und mit der restlichen Butter einreiben. Die Kartoffelmasse in einen Spritzsack mit Sterntülle füllen. — Die Pommes duchesse mit etwas Abstand auf das Backblech setzen und mit dem restlichen Ei bestreichen. 5 Minuten in der Mitte des Ofens backen.
Tine: Eine gute «Duchesse» hat ihren Namen verdient, aber nur selbst gebacken!

Porridge

Für 2 Personen
300 g **grobe Haferflocken**
1 dl **Milch**
50 g **gesalzene Butter**, zimmerwarm
3 EL **kräftiger Honig**

5 dl Wasser mit den Flocken in einen Topf geben und unter gelegentlichem Rühren bei mittlerer Hitze etwa 15 Minuten kochen. — Um eine sämige Konsistenz zu erreichen, Milch und Butter dazurühren. Mit Honig abschmecken und in zwei Suppentellern anrichten.
✻ — Schmeckt auch mit Zimt und Zucker, einem geriebenen Apfel, Apfelschnitzen (Seite 12) oder gemischten Beeren mit Rohzucker oder kalt gerührten Heidelbeeren (Seite 79).

Pouletflügeli

Für 3–6 Personen
✻ — Muss 2 Stunden marinieren
24 **Pouletflügeli**
Salz und **Pfeffer**
Genug Olivenöl
1 **Knoblauchzehe**
½ **Bund Rosmarin**
Je 1 TL **scharfes** und **mildes Paprikapulver**
Rapsöl, zum Braten

Alle Zutaten mischen und die Flügeli damit marinieren. Im Kühlschrank ungefähr 2 Stunden ruhen lassen. — Herausnehmen, Zimmertemperatur annehmen lassen und im Öl knusprig braten.

Pouletherzen

Für 2–4 Personen
50 g **Bratbutter**
800 g **Hühnerherzen**
3 **Schalotten**, fein gewürfelt
Salz
1 TL **Zucker**
Pfeffer
3 **Knoblauchzehen**, in feine Scheiben geschnitten
1 dl **Weisswein**
1 dl **Vollrahm**
1 TL **mittelscharfer Senf**
1 **Bund glattblättrige Petersilie**, abgezupft
1 EL **gute Butter**

Bratbutter in einer Pfanne erhitzen, Herzen und Schalotten zusammen 3–4 Minuten herzhaft braten, salzen und pfeffern. — Zucker und Knoblauch zugeben und mit Weisswein ablöschen. Hitze reduzieren. Pfanne immer wieder schwenken und mit

den Herzen spielen. Rahm und Senf dazurühren. Abschmecken, Butter und Peterli dazugeben.
Tine: Schmeckt auch mit Trutenherzen. Gut im Risotto (Seite 170), mit Kartoffelstock (Seite 103) oder mit einem gutem Stück Brot. Hühnerherzen haben etwas von Calamares. Zu lange gekocht, werden sie gummig.

Preiselbeeren, kalt gerührt

Ergibt 3 Gläser à 5 dl für den Vorrat
1 kg **Preiselbeeren**, frisch
500 g **Zucker**
5 cl **Cognac**
5 cl **Portwein**
1 **Orange**, frisch gepresst

Die Zutaten in eine Schüssel geben und so lange rühren, bis sich der Zucker aufgelöst hat. In Einmachgläser abfüllen und 1 Woche im Kühlschrank stehen lassen. Reicht für viele Tage.

Preiselbeersauce für Wild

Ergibt 5 dl Sauce
2 dl **Rotwein**
1 dl **Portwein**
1 **rote Zwiebel**, in feine Scheiben geschnitten
5 **Wacholderbeeren**, zerdrückt
1 TL **rote Pfefferkörner**, aus dem Glas
4 **Zweige Thymian**
4 EL **kalt gerührte Preiselbeeren** (Seite 151)
3 dl **Wildfond** (Seite 217) oder aus dem Laden
1 TL **Maizena**, in etwas kaltem Wasser aufgelöst
1 dl **Crème fraîche**

Rotwein, Portwein, Zwiebeln, Wacholderbeeren, Pfeffer, Thymian und 2 Esslöffel Preiselbeeren in einen Topf geben, aufkochen und so lange weiter köcheln lassen, bis die Flüssigkeit auf ein Drittel reduziert ist. Flüssigkeit durch ein Sieb passieren, den Wildfond dazugeben und nochmals aufkochen. Mit einem Stabmixer alles gut mixen und eventuell mit Maizena abbinden. Crème fraîche darunterrühren und die restlichen Preiselbeeren dazugeben.
✻ — Passt zu Hirschhacktätschli (Seite 81) oder zu Rehschlegel aus dem Ofen (Seite 163).

Punsch

10–12 **Stück Würfelzucker** werden mit **wenig Wasser** aufgelöst. Dazu gibt man 1 **Flasche Rotwein**, der nicht zu herb sein darf, den **Saft von 1 Orange** und 1 **Zitrone** und endlich 3 **Schnapsgläser Arrak**. Diese Mischung wird nicht ganz zum Sieden gebracht. Dieser Punsch ist rasch fertig! — Arrak wird aus Palmsaft oder Zuckerrohr und Reismaische hergestellt. Sein Geschmack liegt zwischen dem von Whisky und Rum.

Quarkglace

Ergibt 1 Liter für 6–8 Personen
1,5 dl **Vollrahm**
1,5 dl **Milch**
150 g **Lieblingshonig**
300 g **Rahmquark**
2 TL **Honigblütenpollen** (Bioladen)

Rahm und Milch zusammen aufkochen und abkühlen lassen. — Honig und Quark dazugeben. In der Glacemaschine fertigstellen. Am Schluss Honigblüten darunterziehen.

Quarkkuchen

Für eine Kuchenform von 28 cm Durchmesser
✽ — Muss im Kühlschrank ein paar Stunden kühl gestellt werden
1,5 kg **Magerquark**
9 **frische Eier**
375 g **Zucker**
1 **Zitrone**, frisch gepresst
100 g **Butter**, sehr weich, aber nicht geschmolzen
15 g **Vanillezucker**
15 g **Backpulver**

Ofen auf 150 Grad vorheizen. — Alle Zutaten in eine entsprechend grosse Schüssel schütten und mit einem Stabmixer zu einer homogenen Masse mischen. In eine mit Backpapier ausgelegte Form abfüllen und ungefähr 60 Minuten backen. — Wenn die Masse gestockt und caramelfarben geworden ist, den Kuchen aus dem Ofen nehmen. Abkühlen und im Kühlschrank eine paar Stunden gut durchkühlen lassen.

Quarkomelette mit Quittengelee

Für 4 Personen
500 g **Quark**, fettarm
200 g **Sauerrahm**
4 **Eigelb**
1 **Zitrone**, frisch gepresst, und Schale
80–100 g **Zucker**
4 **Eiweiss**

Q

Q wie **Quitte**. Quitten sind nicht nur schön, als hätte sie Rubens erfunden, sie verbreiten auch den besten Geruch, den man sich denken kann. Und wenn man sie endlich geschält hat, was ein Kampf sein kann, schmecken sie einzigartig (ab Seite 154).

150 g Mehl
Genug Bratbutter
1 EL Quittengelee (Seite 156) **pro Omelette**
oder flüssiger Honig

 Quark, Sauerrahm, Eigelb, Zitrone sowie die Hälfte des Zuckers mit einem Schwingbesen zu einer glatten Masse verarbeiten. Eiweiss anschlagen und unter Rühren den restlichen Zucker dazurieseln lassen. Das Eiweiss sollte die Konsistenz eines schweren Winterschnees im März haben. — Mehl und Eischnee im Wechsel unter die Quarkmasse ziehen. — Eine Teflonpfanne leicht erwärmen und Bratbutter hineingeben. Teig in die Pfanne geben und bei mässiger Hitze das Omelette zugedeckt beidseitig caramelfarben werden lassen. Quittengelee oder Honig darüberlaufen lassen.
Tine: Quittengelee ist nur eine Anregung, wenn Sie keinen haben, nehmen Sie Ihre Lieblingkonfi aus dem Kühlschrank oder das Honigglas aus der Vorratskammer. Macht das für eure Kinder mit Himbeersirup!

Quetschkartoffeln

 Für 6 Personen
6 sehr grosse Kartoffeln
Salz
250 g Butter
1 Bund Rosmarin

 Backofen vorheizen auf 180 Grad. — Kartoffeln in einem Topf mit kaltem Wasser bedecken und weich kochen. — Durch ein Sieb abgiessen, schälen und auf einem Backblech auf Zimmertempertur abkühlen lassen. — Mit der Hand etwas flach drücken und salzen. In der Mitte des Ofens backen, bis die Kartoffeln etwas Farbe annehmen. — Butter auf die Bruchstellen verteilen und diesen Vorgang ein paarmal wiederholen. Eventuell noch nachsalzen. Die Rosmarinnadeln in die Bruchstellen stopfen. Die Kartoffeln sind schon recht heiss, aber ein wenig Schmerz in Extremsituationen gehört zum Erfolg. — Wenn die Kartoffeln goldgelb und von Butter gesättigt sind, herausnehmen, auf eine Platte legen und mit der flüssigen Butter vom Blech übergiessen.

Quicheteig

 Für 2 Bleche von 26 cm Durchmesser
500 g Mehl
300 g Butter, zimmerwarm
2,5 cl Essig

 Arbeitsfläche mit dem Mehl bestreuen. Butter und Mehl mit den Händen verreiben. 2 dl lauwarmes Wasser mit Essig und etwas Salz mischen, zum Teig geben. So lange kneten, bis ein schöner Teig entstanden ist. Diesen zu einer Kugel formen und in Klarsichtfolie eingepackt im Kühlschrank lagern.
Tine: Der Essig ist die beste Würze für eine Quiche.

Quitten für Süsses

Die Quitten immer mit einem weichen Tuch vom Flaum befreien. Ich mache das gern, weil ich damit meine Vorfreude auf den Genuss steigere. Keine andere Frucht hat mehr Anspruch auf individualistisches Wachstum als Quitten. Jede einzelne möchte beachtet werden. Ich gönne ihnen das, kurz bevor sie ihren letzten Weg antreten.

 Meine Mutter hat mir erzählt, dass Quitten deswegen so gelb sind, weil man sie in der Nacht erntet. Die Bestätigung bekam ich bei der Lektüre von Wilhelm Busch: «Die Quitte stiehlt man bei der Nacht!» Dass Goethe in seinem berühmten Satz: «Kennst du das Land, wo die Zitronen blühn» Italien gemeint hat, ist klar. Dass er beim Dichten unter einem Quittenbaum im sonnigen Weimar lag, kann ich nicht beweisen – aber ich kann es mir gut vorstellen.

 Für 4–6 Personen
6 grosse Quitten
500 g Zucker
½ Vanillestängel, längs aufgeschnitten
1 Briefchen Safran

 Backofen vorheizen auf 180 Grad. Quitten sehr gut schälen und zack mit einem grossen Messer teilen, vierteln und mit einem kleinen Messer das Kerngehäuse vollständig herausschneiden. Zucker, 2 l Wasser, Vanille, Safran aufkochen. — Und jetzt

der geniale Trick von Fergus Henderson: Alle Schalen und Quitteninnereien in den Topf legen und mit einem Backpapier bedecken. Die Quitten auf das Backpapier legen und den kochenden Zuckersirup darübergiessen. Mit einem weiteren Backpapier bedecken. Mit einem Teller beschweren und den Topf mit Alufolie gut verschliessen. In den vorgeheizten Ofen schieben und ungefähr 80 Minuten garen. — Wenn die Quitten fertig sind, die Folie wegnehmen und die Quitten im Topf abkühlen lassen.
✻ — Mit Dörrzwetschgenparfait (Seite 39).

Quitten für Kräftiges

Für 4–6 Personen
6 grosse Quitten
500 g Zucker
5 dl Weisswein
1 dl Malzessig
1 Briefchen Gurkengewürz
1 Briefchen Safran

Backofen vorheizen auf 180 Grad. Quitten sehr gut schälen und zack mit einem grossen Messer teilen, vierteln und mit einem kleinen Messer das Kerngehäuse mühsam herausschneiden. Zucker, 1,5 l Wasser und die restlichen Zutaten in einem Topf aufkochen. — Alle Schalen und Quitteninnereien in einen zweiten Topf legen und mit einem Backpapier bedecken. Die Quitten auf das Backpapier legen und die kochende Flüssigkeit darübergiessen. Mit einem weiteren Backpapier bedecken. Mit einem Teller beschweren und den Topf mit Alufolie gut verschliessen. In den vorgeheizten Ofen schieben und ungefähr 80 Minuten garen. — Wenn die Quitten fertig sind, die Folie wegnehmen und die Quitten im Topf abkühlen lassen.
✻ — Gut zu Wurst oder Beinschinken (Seite 18).

Quitten aus dem Ofen

Für 6 Personen
8 Quitten
1 kg Zucker
2 dl Zitronensaft, frisch gepresst
1 Nelke
2 Briefchen Safran
Butter

Quitten halbieren und mit einem Ausstecher das Kerngehäuse entfernen. 2 l Wasser mit 800 g Zucker, Zitronensaft, Safran und Nelke in einem Topf aufkochen. Die Quittenhälften hineingeben und 20–30 Minuten (je nach Grösse) kochen, bis sie weich sind. — Backofen vorheizen auf 250 Grad. Bachblech grosszügig mit Butter einfetten. Die Quitten mit der Schnittfläche nach oben aufs Blech legen. In jede Quitte ein wenig Butter stopfen, mit etwas Sud begiessen und den restlichen Zucker über die Quitten verteilen. Die Quitten so lange im Ofen backen, bis sie caramelfarben sind.
✻ — Wunderbar zu Leber.

Quitten aus dem Ofen mit Honig-Mascarpone

Für 8 Personen
8 Quitten mit üppigen Formen
8 Gewürznelken
500 g Mascarpone oder Greyerzer Doppelrahm
4 EL Kastanienhonig
1 Zitrone, frisch gepresst
1 TL Zimt

Ofen vorheizen auf 220 Grad. — Quitten mit einem Tuch vom Flaum befreien. Mit einer Stricknadelspitze mehrmals einstechen. Jeder Quitte eine Nelke ins *Bütschgi* stecken. — Jede Quitte in Alufolie wickeln. In eine feuerfeste Form setzen und in der Mitte des Backofen 60–70 Minuten backen oder so lange, bis sie weich sind. — Mascarpone oder Doppelrahm, Honig, Zitronensaft und Zimt verrühren und dazu essen.

Tine: Wenn Sie nirgends heimische Quitten kaufen können, gehen Sie zum Türken. Türkische Quitten sind intensiv und gross. Oder frei nach Wilhelm Busch: «Die Quitte stiehlt man bei der Nacht.»

Quittencake

Für eine Cakeform von 30 cm Länge
50 g Mehl
15 g Backpulver

150 g **Haselnüsse**, gehackt
130 g **Polenta integrale**
300 g **Butter**, zimmerwarm
200 g **Zucker**
4 Eier
600 g **Quitten**, die bei der Herstellung von Quittengelee (Seite 156) im Sack geblieben sind
2 dl **Quittengelee** oder mehr (Seite 156)

Backofen vorheizen auf 180 Grad. Mehl, Backpulver, Haselnüsse und Polenta in einer Schüssel mischen. Butter und Zucker in einer separaten Schüssel schaumig schlagen und ein Ei nach dem anderen dazurühren. Haselnuss-Polenta-Mischung dazugeben. — Die klebrigen Quittenstücke aus dem Sack holen, von den harten Teilen befreien und in kleine Stücke schneiden. Quitten mit einem Gummispatel unter den Teig heben. — In eine mit Backpapier ausgelegte Cakeform füllen und in der Mitte des Ofens ungefähr 60 Minuten backen. — Auf ein Gitter stürzen und noch lauwarm mit Quittengelee bestreichen. Der Kuchen muss richtig klebrig sein.

Quittenchutney

Ergibt 4 Gläser à 2,5 dl für den Vorrat
750 g **Quitten**, geschält und in Würfel geschnitten
250 g **Schalotten**, fein geschnitten
2 **Knoblauchzehen**, gehackt
100 g **Ingwer**, frisch gerieben
5 cl **Ingwersirup**
350 g **Zucker**
1 dl **Kastanienhonigessig** (Seite 105)

Alle Zutaten bis auf den Essig in einen Topf geben und bei kleiner Hitze ungefähr 30 Minuten köcheln lassen, bis die Quitten weich sind. Ab und zu rühren. Wenn die Quitten zu trocken sind, noch ein wenig Wasser zugeben. Mit dem Kastanienhonigessig abschmecken.

Quittengelee

Ergibt 3 Gläser à 2,5 dl für den Vorrat
1 kg **Quitten**
1 kg **Gelierzucker**

Die Hälfte der Quitten schälen, bei einigen das Kerngehäuse herausschneiden. Mit Zucker mischen. 5 cl Wasser in einen Kochtopf geben, Quitten hineinlegen und so lange kochen, bis sie weich sind, das kann gut 60–80 Minuten dauern. — Alles zack in einen Stoffsack geben. Früchtemus durchs Sacktuch tröpfeln lassen, ohne zu pressen, sonst wird der Gelee trüb (Bild Seite 68).
Tine: Ich empfehle, einen eher breiten, nicht einen hohen Topf zum Kochen der Quitten zu verwenden. Das ausgepresste Mus im Sack kann noch für den Quittencake (Seite 155) verwendet werden.

Quittenpästli

Der Geschmack der Quitte ist ein wunderbares Herbsterlebnis. Mit einer Dose *Quittenpästli* nimmt man die Herbstsonne mit in den Winter.

1 Dose für den Süssigkeitenschrank
✱ — Muss 1 Woche lang trocknen
1 kg **Quitten**
1 **Zitrone**, frisch gepresst
1 **Briefchen Safran**
6 dl **Wasser**
500 g **Zucker**, je nach Menge

Quitten mit einem weichen Tuch vom Flaum befreien und mit der Schale in Stücke schneiden. Zitronensaft, Safran, Wasser und Quitten in einen Topf geben und etwa 35 Minuten köcheln lassen. — Wenn die Quitten sehr weich sind, mit einer Gabel zerquetschen und abkühlen lassen. — Die abgekühlten Quitten portionenweise durch ein Passevite drehen und die aufgefangene Menge abmessen. Pro Deziliter Quittenmus 100 g Zucker zugeben. — Alles in einen Topf geben und den Zucker unter ständigem Rühren auflösen. Aufkochen lassen und 50–60 Minuten zu einer dicken Paste köcheln. Regelmässig rühren, damit nichts anbrennt. Wenn die Paste am Holzlöffel kleben bleibt, ist sie fertig. — Auf ein mit Backpapier ausgelegtes Blech geben. Glatt streichen und abkühlen lassen. — Quittenpästli in kleine Würfel schneiden. 1 Woche lang mit einem Backpapier zugedeckt an einem kühlen Ort ruhen lassen.

Ragout, Voressen und Pfeffer

Ganze Fleischstücke haben einen grossen Auftritt. Aber kleine Fleischstücke haben den Vorteil, dass man mehr Sauce bekommt.

Bisonvoressen aus dem Baselland — 22
Blanquette de Veau — 22
Dorngrüt-Zimis — 38
Emmentaler Schafsvoressen — 42
Emmentaler Wedelebock-Kalbsvoressen — 42
Gamsragout — 57
Hirschragout — 82
Lammragout — 115
Rehpfeffer — 162
Rehragout mit Preiselbeeren — 162
Rindsragout vom «Galloway» — 167
Rindsragout vom «Limousin» — 168
Rindsvoressen vom Rätischen Grauvieh — 169
Wildschweinragout — 218

Rahmtäfeli

1 Dose für den Süssigkeitenschrank
1 dl Milch
5 dl Vollrahm
500 g Zucker
1 TL Vanilleextrakt

Alle Zutaten in eine Pfanne geben, wir nehmen eine Kupferpfanne, und unter ständigem Rühren so lange kochen, bis die Masse goldig bis braun wird. Masse auf ein flaches Backblech giessen. Abkühlen lassen, die Platte in *Täfeli* von etwa 1×1 cm Grösse schneiden.

Randenkuchen

Für eine Gugelhopfform
4 Eigelb
100 g Zucker
200 g rohe Randen, sehr fein gerieben
150 g Apfel, sehr fein gerieben
1 Prise Salz
300 g Mandeln, gemahlen

R

R wie **Ravioli** von Patrizia Fontana. Schon wenn wir Patrizia beim Teigmachen zuschauten, bekamen wir Hunger. Es war ein Privileg, dass wir 22 Jahre lang ihre Ravioli bekamen – und für dieses Buch das Rezept ihres Teigs (Seite 160).

15 g Backpulver
60 g Mehl
4 Eiweiss, steif geschlagen

Backofen vorheizen auf 180 Grad. Eigelb und Zucker sehr schaumig rühren. — Randen, Äpfel und Salz dazugeben. Mandeln, Backpulver und Mehl mischen, dazugeben. Eiweiss darunterziehen. In eine gebutterte und bemehlte Gugelhopfform füllen. Ungefähr 45 Minuten in der Mitte des Ofens backen.

Räuschlingpudding mit Erdbeeren

Für 4 Personen
✻ — Muss 2 Stunden kühl gestellt werden
5 dl Räuschling (Weisswein)
125 g Zucker
¼ Zimtstange
8 Eigelb, verquirlt
500 g Erdbeeren
Zucker
3,5 dl Vollrahm

Backofen vorheizen auf 160 Grad. Weisswein, Zucker und Zimt aufkochen und so lange kochen, bis die Flüssigkeit auf 4 dl reduziert ist. — Pfanne vom Herd nehmen, kurz warten und dann Wein zum Eigelb rühren. Flüssigkeit durch ein Sieb giessen und in Förmchen füllen. Förmchen in ein feuerfestes Gefäss stellen und dieses mit Wasser füllen, sodass die Förmchen bis 1 cm unter dem Rand im Wasser stehen. Ungefähr 30 Minuten im Backofen pochieren. Herausnehmen und 2 Stunden kühl stellen. — Erdbeeren halbieren, mit etwas Zucker bestreuen. 1 Stunde ziehen lassen. — Pudding in schöne Gläser stürzen. — Erdbeeren mit einer Gabel zerdrücken. Rahm steif schlagen, unter die Erdbeeren ziehen und auf den Pudding setzen.

Ravioli von Patrizia

Ravioli waren in der «Alpenrose» neben Brot das einzige Produkt, das nicht selbst gemacht wurde. «Warum», fragte sich Tine, «soll ich etwas selbst machen, das es perfekt zu kaufen gibt?»

Die Ravioli stammen aus der Pastamanufaktur von Patrizia Fontana, einer kleinen, schnellen Frau aus Zürich, die sich rasch als Gesinnungsgenossin erwies. Ihre Qualitätsansprüche decken sich mit jenen der «Alpenrose»-Frauen. Die Betriebsstruktur ist ebenso familiär. Die Beziehung verläuft von Anfang an freundschaftlich.

«Was braucht ihr?»
«Was hast du heute?»
«Wildschweinravioli.»
«Okay. Vier Kilo.»

Mehr als 20 Jahre arbeiten Patrizia und Tine eng zusammen.

«Es ist mir eine grosse Ehre», sagt Tine, «dass diese grossartigen Rezepte in meinem Buch erscheinen dürfen.»

Ravioliteig

Ergibt 500 g Teig, das reicht ungefähr für 8–10 Personen
350 g Hartweizendunst
150 g Weissmehl Typ 400
4 Eier
2 Prisen Salz
1 Eiweiss, geschlagen

Alle Zutaten bis zum Salz von Hand zu einem Teig kneten. Wenn nötig, etwas Wasser zufügen. Teig mit einem Tuch bedeckt mindestens 30 Minuten ruhen lassen. — Teig durch die Teigmaschine drehen, bis er hauchdünn ist. Teigband halbieren. Eine Bandhälfte mit geschlagenem Eiweiss bestreichen. Die Füllung mit einem Spritzsack mit etwas Abstand darauf verteilen. Die zweite Bandhälfte darüberlegen. Mit den Fingern vom Rand bis an die Füllung gut andrücken. Ravioli mit einem Teigrad ausschneiden oder mit Förmchen ausstechen. — Die Ravioli in einem breiten Topf mit viel Salzwasser 2–4 Minuten köcheln.

Haselnussravioli — 78
Orangenravioli — 141
Sellerieravioli — 194
Trevisanoravioli — 206
Wildschweinravioli — 219

Rehleber mit Bratapfel

Für 4 Personen
150 g **Bratbutter**
8 Scheiben **Rehleber**, à 60 g
80 g **feinstes Paniermehl**
20 g **getrocknete Morcheln**, fein und frisch gemahlen
2 grosse **Eier**
✼ – Für die Bratäpfel
4 gute, gleich grosse **Äpfel**
2 EL **Dörrzwetschgenmus** (Seite 39) oder 2 **Dörrzwetschgen**, grob gehackt
1 EL **Rosinen**
2 EL **Haselnüsse**, gehackt
5 cl **Rum**
50 g **gute Butter**
1 Messerspitze **Zimt**
1,5 dl **trüber Apfelsaft**
80 g **Marzipanrohmasse**
1 EL **Orangenmarmelade**
2 EL **Rohrzucker**
4 **Würfelzucker**
3 cl **Rum**

Dörrzwetschgenmus und Rosinen mit dem Rum mischen und ein paar Stunden stehen lassen. Backofen auf 200 Grad vorheizen. — Eine feuerfeste Form mit etwas Butter bestreichen. Zimt darüberstreuen und den Apfelsaft zugiessen. — Marzipan, Honig und Orangenmarmelade zu einer Masse verrühren und die eingelegten Zutaten dazugeben. — Apfel im oberen Drittel mit Stiel als Deckel abschneiden. Das Kerngehäuse mit einem Pariserlöffel herauslösen und die Äpfel mit Zitronensaft beträufeln. Die Füllung mit einem Löffel in die Äpfel verteilen. Die Äpfel in die Form setzen. Würfelzucker im Rum baden und je 1 auf die Apfelfüllung setzen. 1 Butterstückchen dazu und mit den Apfeldeckeln schliessen. Die Form für gute 30 Minuten in den Backofen schieben. — Paniermehl mit den gemahlenen Morcheln mischen. Die Eier in einen Suppenteller schlagen und verrühren. Eine Bratpfanne heiss werden lassen. — Kurz bevor die Äpfel fertig gegart sind, die Rehleber salzen, pfeffern, ganz kurz in Mehl wenden, durch das Ei ziehen und im Paniermehl kehren. Bratbutter in die heisse Pfanne geben und die Leber caramelfarben braten. — Auf jeden Teller einen Bratapfel setzen, und falls in der Form etwas Jus vorhanden ist, mit einem Löffel über die Äpfel geben.

Tine: Die Leber mit einer Rösti (Seite 171) essen. Ich habe mir im Laufe der Zeit einige kleine elektrische Kaffeemühlen im Brockenhaus gekauft. Damit lassen sich wunderbar Wacholderbeeren, Senfsamen oder getrocknete Pilze mahlen.

Rehmedaillons mit Kirschen

Für 4 Personen
4 **Speckscheiben**, knusprig gebraten, fein gehackt
12 **Rehmedaillons**, à 50 g, vom Metzger aus dem Rehrücken herausgelöst
50 g **Bratbutter**
Salz und **Pfeffer**
1 grosser Zweig **Rosmarin**
6 **Wacholderbeeren**, leicht mit der Gabel zerdrückt
Kalt gerührte Kirschen (Seite 107), 1 dl Saft und 4 EL Kirschen
1,5 dl **Wildfond** (Seite 217) oder **Kalbsfond** (Seite 93)
50 g **Butter**, kalt

Backofen auf exakt 80 Grad vorheizen, Speck darin warm stellen. — Medaillons zwischen einer Klarsichtfolie etwas platt drücken. Bratbutter in einer Chromstahlpfanne erhitzen und Medaillons darin auf jeder Seite 2–3 Minuten anbraten. Salzen und pfeffern. Rosmarin und Wacholderbeeren dazugeben. Fleisch auf eine Platte geben und im Ofen warm stellen. Bratbutter mit einem Haushaltspapier aus der Pfanne entfernen, Kirschsaft hineingeben und köcheln, bis die Flüssigkeit auf die Hälfte reduziert ist. Wildfond dazugiessen, aufkochen. Rosmarinzweig entfernen. Die kalte Butter mit einem Schwingbesen einrühren und Sauce abschmecken. Medaillons aus dem Backofen nehmen und die Sauce darüber verteilen. Kirschen und den Speck darübergeben und mit einer Flasche sattem Merlot geniessen.

Rehnierli mit Eierschwämmli

Für 4 Personen
600 g **Eierschwämme**
2 **Rehnieren**
50 g **Bratbutter**
Salz und **Pfeffer**
2 **Schalotten**, fein gehackt
4 **Knoblauchzehen**, gehackt
1 **Bund Thymian**
2 dl **Vollrahm**

Eierschwämmli nur mit einem kleinen Rüstmesser reinigen und halbieren (auf keinen Fall im Wasser waschen). — Rahm erhitzen. Die Nierli quer in 5 mm dicke Scheiben schneiden und in einer sehr heissen Pfanne in der Bratbutter zügig anbraten. Salzen, pfeffern. Fleisch aus der Pfanne nehmen. Eierschwämmli in derselben Pfanne anbraten. Zwiebeln und Knoblauch zugeben und mitbraten. — Nierli wieder in die Pfanne geben und den heissen Rahm dazugiessen. Thymian hineingeben und kurz köcheln lassen, mit Salz und Pfeffer abschmecken. ✲ — Wunderbar auf einer Brotschnitte aus dem Bergell (Seite 25).

Rehpfeffer

Für 6 Personen
✲ — Fleisch muss 1 Woche mariniert werden
1,3 kg **Rehschulter**, ohne Knochen
2 **Zwiebeln**, fein geschnitten
1 **Nelke**
5 dl **Rotwein**
10 **Wacholderbeeren**
1 dl **Holundersaft**
3 **Korianderkörner**
1 dl **Essig**, zum Beispiel Himbeeressig (Seite 80)
1 **Bund Thymian**
Bratbutter
Salz und **Pfeffer**
1 **Rüebli**, in kleine Würfel geschnitten
1 **Stück Sellerie**, in kleine Würfel geschnitten
2 dl **Reh-** oder **Schweineblut** (beim Ihrem Metzger vorbestellen)

Alle Zutaten bis und mit Thymian mischen und das Fleisch für 1 Woche zugedeckt und kühl marinieren. — Das Fleisch aus der Beize nehmen und mit einem Haushaltspapier trocken tupfen. In Würfel schneiden und in der Bratbutter in einem Schmortopf sehr gut anbraten. Salzen, pfeffern. Fleisch herausnehmen. — Rüebli und Sellerie in den Topf geben und anbraten. Fleisch wieder dazugeben. — Beize durch ein Sieb in einen separaten Topf giessen und aufkochen. Eventuellen Schaum abschöpfen. Zum Fleisch giessen und zugedeckt 1½ Stunden schmoren. Topf vom Herd nehmen und kurz vor dem Servieren das Blut einrühren, damit die Sauce bindet.

Rehragout mit Sauerrahm und Preiselbeeren

Für 6 Personen
1,5 kg **Rehschulter**, ohne Knochen
50 g **Bratbutter**
Salz und **Pfeffer**
2 **rote Zwiebeln**, fein gehackt
1 **Rüebli**, in kleine Würfel geschnitten
1 **kleines Stück Knollensellerie**, in kleine Würfel geschnitten
2 **Knoblauchzehen**, gehackt
Ein paar Zweige Rosmarin
5 dl **Wildfond** (Seite 217)
1 dl **Portwein**
7 dl **Rotwein**
100 g **Speck**, am Stück
6 **Wacholderbeeren**, zerdrückt
1 **Bund Thymian**, Blättchen abgezupft
1 **Orange**, frisch gepresst
1 **Apfel**, geviertelt
1 TL **Maizena**, in etwas kaltem Wasser aufgelöst
1 **kleiner Becher Sauerrahm**
Kalt gerührte Preiselbeeren (Seite 151)

Backofen vorheizen auf 150 Grad. Falls nötig, Fett und Sehnen am Fleisch wegschneiden, Fleisch in Würfel schneiden. — Bratbutter in einem Schmortopf schmelzen, Fleisch darin anbraten, salzen und pfeffern. Zwiebeln dazugeben und mitdünsten. Darauf achten, dass die Zwiebeln nicht schwarz werden. — Gemüse, Knobli und Rosmarin dazugeben und mit Fond, Porto und Wein ablöschen. Speck und Wacholder hineinlegen. — Zugedeckt im Ofen ungefähr 1½ Stunden schmoren. Deckel öffnen, und wenn das Fleisch so ist, wie es für Sie sein soll, herausnehmen. — Thymian in den Topf geben und die Schmorflüssigkeit noch ungefähr 10 Minuten auf dem Herd köcheln lassen. Orangensaft und Apfel dazugeben und mitkochen. Nochmals abschmecken. Sauerrahm dazugeben. Eventuell mit Maizena abbinden. — Durch ein Sieb über das Fleisch giessen. Mit den kalt gerührten Preiselbeeren servieren.

Rehschlegel an Holunderbeerensauce

Für 6–8 Personen
✼ — Muss ½ Tag mariniert werden
Rehschlegel mit Knochen
2 dl Sonnenblumenöl
2 EL Himbeeressig (Seite 80)
1 TL Koriander
5 Wacholderbeeren
1 Bund Thymian
1 Orange
1 Zimtstange
1 Nelke
1 Lorbeerblatt
Salz
Pfeffer
50 g Bratbutter
Holunderbeerensauce (Seite 84)

Für die Mariande alle Zutaten bis und mit Lorbeer mischen und den Schlegel darin ½ Tag zugedeckt bei Zimmertemperatur marinieren. — Backofen vorheizen auf 180 Grad. Schlegel aus der Marinade fischen, abtropfen, salzen und pfeffern. Butter in einer Gusspfanne erhitzen und den Schlegel rundherum sehr gut anbraten. Achtung, er soll keine Kruste entwickeln, die Haut soll nur eine schöne Farbe haben. Fleisch in einem Bratgeschirr auf der untersten Rille des Backofens ungefähr 2 Stunden garen. Die Kerntemperatur muss exakt 80 Grad betragen.

Rehschlegel aus dem Ofen

Für 6–8 Personen
Rehschlegel mit Knochen
100 g grüner Speck, in Streifen geschnitten
50 g Bratbutter
5 dl Rotwein
1 Schuss Portwein
5 Wacholderbeeren
Senfkörner
1 Bund Thymian
1 kleine Knoblauchknolle
2 dl Wildfond (Seite 217)

Backofen vorheizen auf 180 Grad. Mit einer Spicknadel die Speckstreifen in den Rehschlegel ziehen. Salzen und pfeffern. Bratbutter in einem Schmortopf schmelzen. Fleisch darin rundum anbraten. — Mit Merlot und Porto ablöschen. Wacholder, Senf, Thymian und Knobli dazugeben. Wildfond dazugeben und im Ofen braten. Ab und zu Fleisch mit der Bratflüssigkeit begiessen. — Wenn nach ungefähr 2 Stunden die Kerntemperatur von 80 Grad erreicht ist, Fleisch herausnehmen. Auf eine Platte legen und mit Alufolie bedeckt 20 Minuten stehen lassen. — Die wenige Sauce durch ein Sieb geben. Abschmecken.
✼ — Dazu kalt gerührte Heidelbeeri (Seite 79).

Reiche Ritter

Arme Ritter kennt jeder. Dieses Rezept zeigt, wie man die ärmsten Ritter sehr reich machen kann.

Für 4 Personen
2,5 dl Milch
2,5 dl Vollrahm
1 Zitronenschale, eine Zeste abgezogen
1 Lorbeerblatt
1 Vanillestängel, längs aufgeschnitten
4 Gipfeli, vom Vortag
3 Eier, verquirlt
80 g Butter
Zimt und **Zucker**
3 dl Zimtglace (Seite 223)

Milch, Rahm und Gewürze aufkochen, abkühlen lassen. — Gipfeli hineinlegen, mit einem Teller zudecken. Gipfeli ab und zu wenden, damit sie sich schön vollsaugen. — Gipfeli herausnehmen, abtropfen. In den Eiern wenden. Butter in einer Pfanne schmelzen und Gipfeli darin goldbraun braten. — Mit Zimt und Zucker bestreuen und mit einer Kugel Zimtglace servieren.

Reis nach Winzerart

Für 4 Personen
50 g **Bratbutter**
1 kleine **Zwiebel,** fein gehackt
450 g **Langkornreis**
8 dl **Hühnerbouillon** (Seite 85)
50 g **Rosinen**
1 **Lorbeerblatt**
40 g **Butter**

Rosinen mit Wasser bedecken. Backofen vorheizen auf 200 Grad. Bratbutter in einem Schmortopf schmelzen, Zwiebel darin glasig dünsten, Reis dazugeben, kurz mitdünsten und die sehr heisse Bouillon dazugeben. Rosinen und Lorbeerblatt dazugeben. Zugedeckt im Ofen ungefähr 10 Minuten garen. Nicht umrühren! Den Topf aus dem Ofen nehmen und weitere 10 Minuten auf ein Rechaud oder an den Kochherdrand stellen. Lorbeerblatt herausfischen. Butter einrühren und mit Salz abschmecken.

Reisrahm

Für 6 Personen
5 dl **Milch**
50 g **Vialone-Reis**
½ **Vanillestängel,** längs aufgeschnitten
100 g **Feinzucker**
5 cl **Kirsch**
6 Blatt **Gelatine,** in kaltem Wasser eingelegt, ausgedrückt
5 dl **Vollrahm,** steif geschlagen

In einer Pfanne Milch, Reis und Vanille so lange kochen, bis der Reis fast weich ist. Zucker einrühren und kurz mitkochen. Vanille herausnehmen. Kirsch erwärmen, Gelatine darin auflösen und in die Milch rühren. Reis in eine Schüssel geben und kühl stellen. — Ab und zu mit einer Kelle umrühren. Wenn der Reis langsam fest wird, den Rahm darunterziehen. Es lohnt sich, die Menge herzustellen. Reisrahm lässt sich gut einfrieren.
Tine: Zucker immer erst zugeben, wenn der Reis fast gar gekocht ist. Die beiden mögen sich nicht, also nie zusammen kochen. Zu einer Kugel Reisrahm passen Toblerone-Sauce (Seite 203), Schoggisauce (Seite 186) und Beeri mit Beerisauce.

Remoulade für das Roastbeef

Ergibt 5 dl
1 **Eigelb**
Salz und **Pfeffer**
1 TL **Weinessig**
1,5 dl **Sonnenblumenöl**
2 kleine **Essiggurken,** fein gehackt
2 EL **Kapern,** zerdrückt
2 **Sardellen**
1 Bund **Schnittlauch,** in feine Röllchen geschnitten
1 EL **Estragon,** gehackt
1 **Zitrone,** frisch gepresst

Mit einem Schwingbesen Eigelb, Salz, Pfeffer und Essig zu einer Creme verrühren. — Sonnenblumenöl in dünnstem Faden dazugiessen und ständig weiterrühren. — Ist alles Öl verrührt, müsste die Masse gut fest sein. Gurken, Sardellen, Kapern und Kräuter daruntermischen. Zitronensaft darunterrühren.

Rettichsalat

Für 4 Personen
1 dl **Weissweinessig**
2 dl **Sonnenblumenöl**
Etwas **Dijon-Senf**
Salz
2 **Rettiche**

Für die Salatsauce alle Zutaten in einem Schüsselchen verrühren. Vorsicht mit dem Salz. — Rettiche mit dem Sparschäler runterschälen. Die Strei-

fen in einer Schüssel etwas salzen, bis zehn zählen und dann die Salatsauce daruntermischen.
Tine: Es ist wichtig, dass der Salat gleich gegessen wird. Wartet man zu lange, wird er wegen des Salzes lampig.

Rhabarberkompott

Für eine Schüssel
1 kg Rhabarber
300 g Zucker
1 **Vanillestängel**, längs aufgeschnitten

Rhabarber rüsten und in gleich grosse Stücke schneiden. In einem Topf mit Zucker, Vanille und etwas Wasser langsam unter ständigem Rühren köcheln, bis der Rhabarber fast zerfällt. — Vanille herausnehmen.
Tine: Ich nehme gerne roten Rhabarber, den ich nicht schäle. Wenn Erdbeeren auf dem Markt sind, gebe ich pro 1 kg Rhabarber 200 g Erdbeeren dazu.

Ribelmais aus dem Rheintal

Für 6 Personen
✻ — Muss 3 Stunden quellen
700 g Rheintaler Ribelmais
6 dl Milch
5 dl Wasser
1 gestrichener EL Salz
50 g Bratbutter
½ TL Sesamsamen
1 EL Butter
5 cl Vollrahm

Ribelmais in eine grosse Schüssel geben. Milch, Wasser und Salz aufkochen, über den Mais giessen. Gut mischen und zugedeckt ungefähr 3 Stunden quellen lassen. — In einer Gusspfanne Bratbutter erhitzen, die Ribelmasse und Sesamsamen hineingeben. Mit einer Holzkelle den Ribel stochernd und schiebend rösten. Nach ungefähr 25 Minuten noch etwas Butter und den Rahm zugeben und weiterrösten. Der Ribelmais ist fertig, wenn alles wie geröstete Krümeli ausschaut.
Tine: Der Sesam kann auch durch andere schmackhafte Kerne ersetzt werden.

Ricotta al Forno

Für 6 Personen
500 g Ricotta
1,3 dl Mascarpone
3 ganze Eier
140 g gemahlene Nüsse
40 g **Parmesan**, gerieben
1 Bund **glattblättrige Petersilie**, gehackt
1 Bund **Basilikum**, gehackt
Salz und **Pfeffer**

Backofen vorheizen auf 200 Grad. Alle Zutaten mischen und in eine runde Gratinform geben. Im Ofen im Wasserbad 20 Minuten pochieren. — Auf die Mitte des Tisches stellen und mit einem Esslöffel schöpfen.
Tine: Wenn der Teig zu weich erscheint, etwas mehr Nüsse zugeben. Passt gut als Beilage zu zimmerwarmem Sommergemüse (Seite 60).

Rindsbacken, geschmort

Für 4 Personen
2 grosse Rindsbacken
50 g Bratbutter
300 g **Schalotten**, sehr fein gehackt
50 g **Speck**, in kleinste Würfeli geschnitten
1 Lorbeerblatt und 1 Nelke
2 **Knoblauchzehen**, sehr fein gehackt
1 Bund Thymian
2 Flaschen kräftiger Rotwein
1 dl Portwein
1 TL **Maizena**, in etwas kaltem Wasser aufgelöst

Ofen vorheizen auf 150 Grad. Die Rindsbacken in der Bratbutter anbraten, salzen und pfeffern. — Schalotten dazugeben und mitbraten. Speck, Lorbeer, Nelke, Knoblizehen und Thymian dazugeben und alles gut vermischen. Salzen und pfeffern. Mit Rotwein und Porto ablöschen. Zugedeckt im Backofen ungefähr 2 Stunden schmoren. — Wenn die Backen weich sind, herausnehmen. Alles aufkochen und Sauce eventuell mit Maizena abbinden. Nochmals abschmecken.
✻ — Mit Polenta (Seite 147) essen.

Rindsbouillon

Ergibt 5 Liter
1 kg **Ochsenfleisch**, durchwachsen
2 kg **Rindsknochen**, mit Fleischresten
5 **Zwiebeln**, mit der Schale, halbiert
1 **Rüebli**, in Stücke geschnitten
500 g **Lauch**, in Stücke geschnitten
1 kleiner **Knollensellerie**, halbiert
Salz
1 **Nelke**
1 **Lorbeerblatt**

Die Zwiebeln mit der Schnittfläche nach unten auf einem Stück Alufolie in einer Pfanne rösten, bis die Schnittflächen schwarz sind. — Alle Zutaten in 10 l Wasser aufkochen und Hitze reduzieren. Ab und zu abschäumen. Wenn sich die Flüssigkeit nach ungefähr 4 Stunden auf die Hälfte reduziert hat, Knochen mit einer Lochkelle herausheben und durch ein Spitzsieb giessen.

Tine: Am liebsten nehme ich mir die Brust vom Ochsen vor. Das Fleisch ist wunderbar und ein voller Geschmacksträger. Viele meiner Kollegen blanchieren die Rindsknochen vor der Weiterverarbeitung in Wasser. Ich bin der Meinung, dass dabei den Knochen schon viel Geschmack entzogen wird, deshalb mache ich das nicht!

Rindshacktätschli vom Rätischen Grauvieh

Ergibt etwa 16 Tätschli
2,5 kg **gehacktes Rindfleisch**, von der Schulter
2 **Zwiebeln**, fein gehackt
2 **Knoblauchzehen**, fein gehackt
½ **Stange Lauch**, sehr fein geschnitten
2 grosse **Rüebli**, in kleinste Würfel geschnitten
200 g **Speck**, in feinste Würfel geschnitten
3 **Eier**, verquirlt
Salz
1 EL **süsses Paprika**
1 Messerspitze **Pfeffer**
1 EL **Fenchelsamen**
300 g **gemahlene Haselnüsse**
1 Bund **glattblättrige Petersilie**, gehackt
1 Bund **Schnittlauch**, gehackt
50 g **Bratbutter**

Alle Zutaten ausser Bratbutter miteinander verrühren und zugedeckt im Kühlschrank kurz ruhen lassen. — Ofen auf 150 Grad vorheizen. Mit nassen Händen aus der Masse grosse Kugeln formen und leicht flach drücken. In einer Pfanne Bratbutter erhitzen, Tätschli hineingeben und auf jeder Seite ungefähr 3 Minuten braten. Anschliessend für 15 Minuten im Ofen fertig garen.

Tine: Die übrig gebliebenen Tätschli schmecken mindestens so gut kalt am nächsten Tag. Wenn man genug Senf dazu nimmt.

Rindsherz

Für 6 Personen
1 **Rindsherz**, halbiert und von Sehnen und Arterien befreit
50 g **Bratbutter**
Salz
Pfeffer
4 **rote Zwiebeln**, in feinste Würfel geschnitten
4 **Knoblauchzehen**, in Scheibchen geschnitten
1 Bund **Thymian**, Blättchen abgezupft
2 dl **kräftiger Rotwein**
1 dl **Portwein**
5 dl **Kalbsfond** (Seite 93), heiss
50 g **gute Butter**, kalt, in kleinen Würfeln

Beim Herz muss es schnell gehen. Deshalb müssen alle Zutaten wie bei einer Operation bereitstehen. Die Herzhälften in dünne, eher längliche Scheiben schneiden. Eine gusseiserne Bratpfanne sehr heiss werden lassen. Bratbutter und Herz hineingeben, salzen und pfeffern. Zwiebeln, Knobli und Thymian dazugeben. — Mit Rotwein ablöschen und Kalbsfond dazugeben. Mit Portwein abschmecken und etwas einköcheln lassen. Butter darunterrühren.

Tine: Wenn keine grosse gusseiserne Bratpfanne vorhanden ist, das Herz in zwei bis drei Arbeitsgängen braten und in einer vorgewärmten Schüssel im auf 50 Grad vorgewärmten Backofen warm halten.

Rindskotelett mit Mark und Zwiebeln

Wo finden Sie ein gut abgehangenes Fleisch: nur beim Metzger Ihres Vertrauens.

Pro Personen
Bratbutter
1 Rindskotelett (Angus, Limousin, Charolais oder Galloway), 2 fingerbreit, gut abgehangen
Salz und **Pfeffer**
1 rote Zwiebel, in feinste Streifen geschnitten
1 Markbein, längs geschnitten

Backofen vorheizen auf 150 Grad. — Pfanne erhitzen, wenig Bratbutter hineingeben und das Fleisch sofort darauflegen. Eine Kehrtwendung und das Fleisch salzen. — Braten, bis beide Seiten schön caramelfarbig sind, Fleisch im Bratgeschirr in den Ofen geben. Auf keinen Fall mit der Bratpfanne in den Ofen. Alles gerät ausser Kontrolle und Sie verbrennen sich mit Garantie die Finger. Zwiebeln kurz anbraten und über das Markbein verteilen. Etwas salzen und neben das Kotelett legen. — Nach ungefähr 12 Minuten ist ein Kotelett dieser Dicke gar. Auf der wirklich sicheren Seite ist man nur mit einem Thermometer (Kerntemperatur 60 Grad). Das Kotelett auf einen Teller legen und vor dem Servieren das Mark aus dem Bein über das Fleisch kratzen.

Tine: Ich salze Fleisch erst nach der ersten Wende, denn ich bin der Meinung, dass Salz dem Fleisch sofort Wasser entzieht. Das Schöne an der Frage wann und wie salzen ist, dass sie immer wieder Diskussionen in Gang setzt. Zudem gelten folgende Regeln:

✲ Fleisch mindestens 1 Stunde vor dem Anbraten aus dem Kühlschrank nehmen.
✲ Nur mit Guss- oder Stahlpfannen arbeiten.
✲ Backofen auf ungefähr 150 Grad vorheizen.
✲ Umluft vermeiden.
✲ Fleisch vor dem Anbraten trocknen.
✲ Die Pfeffermühle grob einstellen.
✲ Wenig Bratbutter einsetzen.
✲ Kerntemperatur 60 Grad.

Rindsragout vom «Galloway»

6 Personen
50 g Bratbutter
800 g Rindsschulter, vom Galloway-Rind, in grosse Würfel geschnitten
Mehl
Salz
Schwarzer Pfeffer
2 Rüebli, in Rugeli geschnitten
1 Stück Knollensellerie, geschält
2 rote Zwiebeln, fein gehackt
4 Knoblauchzehen, halbiert
3 dl kräftiger Rotwein
6 dl Kalbsfond (Seite 93)
1 Lorbeerblatt
1 Nelke
100 g Speck, in kleine Würfel geschnitten
200 g braune Champignons

Bratpfanne heiss werden lassen, Bratbutter schmelzen und Fleisch portionenweise anbraten und mit Mehl bepudern. Rundherum schön braten, salzen und pfeffern. Darauf achten, dass das Mehl nicht verbrennt. — Nach einiger Zeit das Fleisch in einen Schmortopf umleeren. Dann die nächste Portion Fleisch anbraten. Den Vorgang so oft wiederholen, bis alles Fleisch angebraten ist. Dazwischen ist es ratsam, die Pfanne etwas auszukratzen. Wenn alles Fleisch im Schmortopf ist, Bratpfanne reinigen und die Rüebli kurz darin dünsten, mit dem Sellerie zum Fleisch geben und umrühren. Zwiebeln anbraten. Mit Rotwein ablöschen, Fond dazugiessen und aufkochen. — Alles über das Fleisch giessen. Lorbeer und Nelke dazugeben. Die Pfanne nochmals reinigen und Speckwürfeli anbraten. Zum Fleisch rühren und alles nochmals aufkochen. — Zugedeckt in der Mitte des Ofens ungefähr 90 Minuten schmoren. — Die Champignons kurz vor Ende der Garzeit von Hand zerdrücken und zum Fleisch geben. Wenn das Fleisch zart ist und fast von der Gabel fällt, nochmals abschmecken.

Tine: Es ist wichtig, dass Fleischmenge und Schmortopf zusammenpassen. Das Fleisch sollte mit Flüssigkeit gut bedeckt sein.

Rindsragout vom «Limousin»

Für 8 Personen
2 kg **Schulterfleisch**, vom Limousin-Rind
Salz und **Pfeffer**
Mehl
50 g **Bratbutter**
200 g **geräucherter Bauernspeck**, in Streifen
4 **rote Zwiebeln**, gehackt
1 **Lorbeerblatt**
1 **Nelke**
1 **Bund Thymian**
1 l **kräftiger Rotwein**
3 dl **Kalbsfond** (Seite 93)
60 g **Butter**, kalt, in Würfeln

Backofen vorheizen auf 150 Grad. Limousin in eher grosse Würfel schneiden, salzen, pfeffern und kurz in einer Schüssel mit Mehl wenden. Mehl abklopfen. In einer Bratpfanne Bratbutter erhitzen und Fleisch sehr schön langsam von allen Seiten anbraten, Speck und Zwiebeln dazugeben. Alles in einen Schmortopf geben. — Rotwein und Bouillon in die Bratpfanne giessen, aufkochen lassen und zum Fleisch geben. — Lorbeer, Nelke und Thymian zum Fleisch geben. Gut mischen und zugedeckt im Ofen 80 Minuten schmoren. Deckel heben und schauen, ob das Fleisch schon zart ist. Wenn nicht, nochmals ab in den Ofen, ansonsten abschmecken und den Thymian herausnehmen. Die kalte Butter einrühren.
Tine: Das Limousin ist ein Prachtsrind. Da es lange auf der Weide gestanden ist, braucht es auch dementsprechend Zeit im Topf.

Rindsschmorbraten

Für 4 Personen
50 g **Bratbutter**
1,4 kg **Rindsschulter**, zimmerwarm
Salz und **Pfeffer**
2 **Zwiebeln**, mit Schale, halbiert
¼ **Sellerie**, grob geschnitten
80 g **Speck**
7 dl **Rotwein**
2 dl **Kalbsfond** (Seite 93)
1 **Lorbeerblatt** und 1 **Nelke**
1 TL **Maizena**, in etwas kaltem Wasser aufgelöst

Eine grosse Gussbratpfanne heiss werden lassen, Bratbutter und das zimmerwarme Fleisch hineingeben und auf allen Seiten schön anbraten. Das braucht Zeit und weckt die Vorfreude auf einen feinen Braten! Das Feisch auf allen Seiten salzen und pfeffern. Herausnehmen und in einen Schmortopf legen. Zwiebeln, Sellerie, Speck in Butter anbraten und zum Fleisch geben. Eventuelle schwarze Rückstände vom Anbraten in der Gusspfanne entfernen, dann den Wein hineingiessen und kurz mit dem Rindsfond köcheln lassen. Flüssigkeit übers Fleisch giessen. Lorbeer und Nelke dazugeben. Zugedeckt ungefähr 2 Stunden garen. Fleisch herausnehmen und in eine Alufolie einwickeln. Der Braten hat es weiterhin schön warm und Sie haben Zeit, sich der Sauce zu widmen. — Erstmal alles durch ein Spitzsieb in einen anderen Topf giessen. Sauce aufkochen lassen und mit Maizena abbinden.
Tine: Ein guter Braten will gekonnt sein. Wenn ich ehrlich bin, kann ich Ihnen nicht richtig erklären, wie es genau funktioniert. Es hängt von vielen Faktoren ab, dem richtigen Fleisch, den Zutaten, dem Wein. Aber das Entscheidende ist Erfahrung.

Rindsschulterbraten mit Holunderbeerensauce

Für 4 Personen
1 kg **Rindsschulter**
50 g **Bratbutter**
Salz und **Pfeffer**
1 **Rüebli**, in Würfel geschnitten
1 **kleines Stück Knollensellerie**, in Würfel geschnitten
2 **Zwiebeln**, halbiert
3 **Dolden Holunderbeeren**, ersatzweise
1 dl **Holunderbeerensaft**
1 **Flasche sehr guter Rotwein**
1 **Thymianzweig**
5 dl **Kalbsfond** (Seite 93)
1 EL **Zucker**
1 TL **Maizena**, in etwas kaltem Wasser aufgelöst

Das Fleisch in der Bratbutter sehr gut anbraten unter dem Motto «Gut Ding will Weile haben». Salzen und pfeffern. — Rüebli und Sellerie in Bratbutter rösten. Alufolie in eine Bratpfanne geben und Zwiebeln darauf pechschwarz rösten. Die Folie schützt die Pfanne, die Zwiebeln kleben nicht am Pfannenboden. Fleisch, Gemüse und Zwiebeln mit dem Holunder in einen Schmortopf legen. — In einem separaten Topf 6 dl Rotwein, Thymian und den Kalbsfond aufkochen und über das Fleisch geben. In der Zwischenzeit 1 dl Wein trinken. — Nach 1 Stunde 45 Minuten könnte der Schulterbraten weich sein. Das Fleisch ist gar, wenn der Daumen eine Delle auf ihm hinterlässt. — Fleisch herausnehmen und in Alufolie einpacken. Sauce durch ein Sieb giessen, aufkochen. Abschmecken, eventuell Zucker dazugeben, mit Maizena abbinden. Fleisch in Tranchen schneiden, auf einer vorgewärmten Platte anrichten und mit Bratensauce übergiessen.
Tine: Herbstgewitter, das ist die Zeit von Holunderbeeren.

Rindssteak vom Hohrücken

6 Personen
6 Hohrückensteaks, ungefähr 4 cm dick
Bratbutter
Salz und **Pfeffer**

Steaks 2 Stunden bevor sie in die Pfanne wandern aus dem Kühlschrank nehmen. Wenn Sie das nicht machen, ist es etwa so, wie wenn Sie völlig überhitzt ins kalte Wasser springen. Sie ziehen sich zusammen und erstarren! — Pfanne erhitzen, Bratbutter darin schmelzen. Die Steaks zum Braten hineinlegen und rasch auf jeder Seite 1 Minute bei voller Hitze anbraten. Salzen und pfeffern. Anschliessend Temperatur reduzieren. — Steaks auf jeder Seite 3–4 Minuten weiter braten. Zum Wenden einen Spatel benutzen, auf keinen Fall mit einer Fleischgabel hineinstechen. Wir braten unser Hohrückensteak auf eine Kerntemperatur von 55–58 Grad. — Kurz vor dem Servieren Bratbutter abgiessen und durch frische Butter ersetzen.
Tine: Das Thermometer immer von der Seite reinstecken, so bis zur Mitte des Fleischstückes.

Rindsvoressen vom Rätischen Grauvieh

Für 6 Personen
✻ — Muss 24 Stunden mariniert werden, Pilze vor dem Schmoren 3 Stunden einlegen
1,2 kg Rindsschulter, am Stück
1,5 l Rotwein
1 Zwiebel, geviertelt
1 Stück Lauch
1 Stückchen Knollensellerie
1 grosses Rüebli
1 Lorbeerblatt
40 g getrocknete Steinpilze
Bratbutter
Salz und **Pfeffer**
Mehl, zum Bestäuben

Fleisch in mundgrosse Stücke schneiden. Alle Zutaten bis und mit Lorbeerblatt mischen und über das Fleisch geben. Fleisch darin 24 Stunden marinieren. — 3 Stunden vor dem Schmoren Steinpilze einweichen. — Backofen vorheizen auf 180 Grad. Fleisch aus der Marinade nehmen, mit Haushaltspapier trocken tupfen. Bratbutter in einer Pfanne schmelzen und Fleisch portionenweise darin anbraten, würzen und mit etwas Mehl bestäuben. Fleisch in einen Schmortopf geben. Steinpilze und Einweichwasser dazugeben. Das Gemüse aus der Marinade nehmen und ebenfalls kurz in der Bratpfanne andünsten. Mit der Marinade ablöschen, zum Fleisch geben und alles aufkochen lassen. — Zugedeckt im Ofen 1½ Stunden schmoren lassen. Wenn Sie Glück beim Metzger hatten und gut gelagertes Fleisch bekommen haben, ist es dann gar. Sonst müssen Sie mehr Zeit einrechnen. Ziel ist, dass das Fleisch zart ist.

Rindszunge

Für 6 Personen
2 Zwiebeln
4 Rüebli
1 Stück Sellerie
½ Bund glattblättrige Petersilie

1 **Lorbeerblatt** und **1 Nelke**
1 Rindszunge, roh
2 Schalotten, fein gehackt
Bratbutter
Mehl
2 dl Weisswein
1 dl Madeira
2 dl Vollrahm
1 TL Maizena, in etwas kaltem Wasser aufgelöst
1 Bund Estragon, Blätter abgezupft
Sonnenblumenöl
Weissweinessig

Einen Topf gut mit Wasser füllen und Rüebli, Zwiebeln, Sellerie, Peterli, Lorbeer und Nelke darin aufkochen. Die Zunge hineinlegen und etwa 3 Stunden fein köcheln, bis sie weich ist. — Die Zunge muss wirklich ganz zart sein. Zunge herausnehmen, häuten und längs in möglichst feine Scheiben schneiden. Zurück in den Sud geben und warm halten. — Schalotten in Bratbutter dünsten. Mit dem Wein ablöschen und auf die Hälfte einköcheln. — Eine Kelle vom Sud, Madeira und Rahm dazugeben und die Sauce köcheln lassen. Eventuell würzen. Mit etwas Maizena abbinden. — Die Zunge aus dem Sud nehmen, kurz abtropfen und mit der Sauce mischen. Estragonblätter hineinstreuen. Am besten auf eine Platte verteilen.
✱ — Dazu schmecken Bratkartoffeln (Seite 24).

Ringbrot

Ergibt 2 Brote
600 g Roggenmehl, gesiebt
150 g Ruchmehl, gesiebt
1 EL Salz
2 TL Fenchelsamen
25 g Hefe
Etwas Roggenmehl, zum Bestäuben

Mehl in einer Schüssel mischen. Salz und Fenchelsamen dazugeben. Mit der Faust eine Kuhle machen und mit 5 dl lauwarmem Wasser einen See aufgiessen. Hefe im Wasser verrühren. Etwas Mehl darüberstreuen und ungefähr 10 Minuten stehen lassen. — Alles zusamen vermischen und zu einem weichen Teig kneten. Den Teig mit einem feuchten Tuch abdecken und an einem warmen Ort 1 Stunde aufgehen lassen. — Teig in zwei Hälften teilen und zu Kugeln formen. Mit den Fingerkuppen je ein Loch eindrücken und einen Ring ziehen. Mit Mehl bestäuben. Auf ein mit Backpapier belegtes Blech legen und nochmals 15–20 Minuten aufgehen lassen. — Backofen vorheizen auf 230 Grad. Mit einem Küchenmesser ein paar Einschnitte auf der Oberfläche des Rings schneiden. In der Mitte des Ofens ungefähr 45 Minuten backen.

Risotto

Für 2 Personen
1 kleine Zwiebel
20 g Butter
1 Knoblauchzehe, in Scheibchen geschnitten
250 g Risotto
1 dl Weisswein
8 dl Hühnerbouillon (Seite 85), kochend
1 dl Buttermilch

Zwiebeln sehr gut und lange in der Butter andünsten. Knobli und Reis dazugeben und so lange mischen, bis alles von der Hitze glasig, aber nicht braun ist. Mit Weisswein ablöschen und den Wein einkochen lassen. — Mit einer Schöpfkelle nach und nach die kräftig kochende Bouillon dazugiessen und unter ständigem Rühren fertig garen. Risotto in den Tellern mit Buttermilch begiessen.
Tine: Dieses Risotto stand in der «Alpenrose» oft auf der Mittagskarte. Manchmal auch als Beilage zu einem Rindskotelett (Seite 167) oder Lammcarré (Seite 113). Für weitere Risottovarianten, zum Beispiel mit Pilzen, Wurst, Trevisano oder anderen Gemüsen, schlagen Sie das Buch *Die klassische italienische Küche* von Marcella Hazan auf Seite 217 auf.

Roastbeef vom «Angus»

Für 4–5 Personen
5 Kalbsknochen
4 Zwiebeln, in der Schale geviertelt
5 dl Rotwein
50 g Bratbutter
1 kg Entrecôte vom Angus-Rind, am Stück

Salz und **Pfeffer**
½ Bund Thymian, Blättchen abgezupt, gehackt
½ Bund Rosmarin, Nadeln abgezupt, gehackt
1 Bund Basilikum, gehackt
½ Bund Majoran, gehackt
100 g Butter

Backofen vorheizen auf 175 Grad. Knochen und Zwiebeln in einer Pfanne rösten und mit dem Wein ablöschen. In einen separaten Bräter legen und in den Ofen schieben. — Bratbutter in einer grossen Pfanne erhitzen. Das Entrecôte von allen Seiten sehr sorgfältig gleichmässig anbraten. Salzen, pfeffern und zu den Knochen legen. Bis die Kerntemperatur von 60 Grad erreicht ist, dauert es etwa 40 Minuten. — Herausnehmen und ungefähr 20 Minuten in einer Alufolie verpackt ruhen lassen. — Den Bräter mit den Knochen auf den Herd stellen. Knochen herausfischen und die gehackten Kräuter plus Butter mit einer Holzkelle mischen. — Etwas köcheln lassen. Eventuell noch etwas Wein dazugeben. — Fleisch auspacken und ganz auf eine vorgewärmte Platte legen. Den Bratenjus durch ein Sieb über das Fleisch giessen.

✻ — Mit Béarnaise (Seite 17) servieren.

Roastbeef vom «Charolais»

Für 4–5 Personen
900 g Entrecôte vom Charolais-Rind, am Stück mit Haut
6 Knoblauchzehen, halbiert
Bratbutter
Pfeffer
Salz
1 Zwiebel, halbiert
¼ Knollensellerie
5 dl Rotwein

Backofen vorheizen auf 200 Grad Oberhitze. Mit einem Messer in die Haut vom Fleisch Kerben ritzen und den Knoblauch darin verstecken. — Butter mit einem Papier in der Pfanne verreiben. Pfanne kalt auf den Herd stellen, das Fleisch und die Zwiebeln hineinlegen. Langsam die Pfanne erhitzen und die Haut knusprig braten. Fleisch würzen und damit beginnen, das Fleisch rundum gut anzubraten. Immer wieder mit dem Fett übergiessen. — Das Fleisch auf ein Backblech geben und in den vorgeheizten Ofen schieben. So lange im Backofen lassen, bis die Kerntemperatur von 60 Grad erreicht ist. Herausnehmen und Fleisch etwas ruhen lassen. Den Jus kurz aufkochen und nochmals abschmecken. Das Fleisch dünn aufschneiden, auf warme Teller verteilen und mit einem Esslöffel Jus beträufeln. Dazu gibt es Sauce Remoulade (Seite 164).

Roastbeef vom «Galloway»

Für 6 Personen
1,2 kg Entrecôte vom Galloway-Rind
1 Bund Rosmarin, grob gehackt
1 Bund Thymian, grob dreimal durchgehackt
2 TL scharfer Senf
1 ganzer Knoblauch, halbiert

Ofen vorheizen auf 80 Grad. Fleisch in einer Bratpfanne rundherum wunderbar anbraten. Salzen und pfeffern. — Fleisch mit Senf einpinseln. Fleischthermometer quer ins Fleisch stechen und Entrecôte in einen flachen Bräter legen. Kräuter und Knoblauch dazugeben und ab in den Ofen. Bei 60 Grad Kerntemperatur müsste das Fleisch gut sein. **Tine:** Für die Garzeit berechnet man in der Regel pro 1 kg Fleisch 1 Stunde. Es hängt aber von der Qualität, der Lagerung des Fleisches und Ihrem Ofen ab. Mit Senfglace (Seite 195) servieren.

Rösti mit zwei Pfannen

Für 6 Personen
✻ — Kartoffeln müssen am Vortag gekocht werden!
2 kg Kartoffeln, ungeschält
50 g Bratbutter
Viel Butter

Kartoffeln in kaltem, leicht gesalzenem Wasser aufkochen. So lange kochen, bis beim Einstechen mit der Gabel noch ein wenig Widerstand zu spüren ist. Aus dem Wasser nehmen und bis am nächsten Tag ruhen lassen. — Kartoffeln schälen und mit der Röstiraffel in eine Schüssel raffeln, salzen. Bratbutter in einer Bratpfanne erhitzen. Die Kartoffeln zugeben und mit einer Holzkelle ständig wenden. —

Nach ungefähr 10 Minuten die Kartoffeln zu einer Art Omelette oder Kuchen formen und den «Boden» goldbraun braten. Währenddessen eine zweite, gleich grosse Bratpfanne warm werden lassen und dann wie einen Deckel auf die Rösti setzen. Pfannen miteinander umdrehen. — Jetzt die andere Seite der Rösti goldbraun backen. Falls sie beim Wenden auseinandergebrochen ist, mit dem Holzspatel Rösti wieder zusammenschieben. Am Rand kleine Butterflocken verteilen. Oben auf die Rösti ebenfalls Butterflöckchen setzen und die Rösti wieder in die andere Pfanne zurückschicken. Wenn die Rösti kompakt und schön knusprig ist, auf eine vorgewärmte Platte gleiten lassen.

Tine: Die richtigen Kartoffeln auswählen und sie am Vortag kochen. Den perfekten Garpunkt treffen, das Schälen, Raffeln, das Braten und die Salzmenge. Eine Rösti muss von aussen knusprig sein, innen aber butterzart. Ich habe die Rösti zur Chefinnen-Sache erklärt. Früher konnte man erst heiraten, wenn man die Kunst des Röstibratens beherrschte.

Rösti mit Speck

Für 6 Personen
✳︎ — Kartoffeln müssen am Vortag gekocht werden
1,5 kg Kartoffeln, ungeschält
300 g Brustspeck, in kleine Würfel geschnitten

Kartoffeln kochen und einen Tag stehen lassen. — Kartoffeln schälen, an der Röstiraffel reiben. Speck in einer Pfanne anbraten. Kartoffeln dazugeben und wie im vorangehenden Rezept braten.
✳︎ — Passt gut mit einem Spiegelei (Seite 198) oder zu einem Schweinekotelett (Seite 190).

Rotaugen im Teig

Für 4 Personen
800 g Rotaugenfilets
100 g Mehl
Rapsöl, zum Frittieren
✳︎ — Für den Teig
250 g Mehl
2 dl Bier
200 g Butter, zimmerwarm

Mehl in eine Schüssel geben und das Bier mit einem Schwingbesen schnell daruntermischen. Rühren, bis die Masse glatt und etwas dicker als ein Omelettenteig geworden ist. — Teig salzen und Butter einrühren. Fischfilets salzen und ein paar Minuten ruhen lassen. — Filets mit einem Küchenpapier trocken tupfen, im Mehl wenden und dann durch den Bierteig ziehen. — Öl auf 200 Grad erhitzen und die Fischfilets darin schwimmend knusprig backen.
✳︎ — Mit Remoulade (Seite 164) servieren.

Rotkraut

Für 6 Personen
2 kleine Köpfe Rotkohl, geraffelt
2 Zwiebeln, sehr fein geschnitten
3 Äpfel, entkernt, in feine Scheiben geschnitten
200 g Himbeerkonfitüre
1 Tasse Risottoreis
5 dl Rotwein
5 dl Süssmost
1 Nelke
1 Lorbeerblatt
Etwas Rotweinessig
100 g Butter

Alles in einen Topf geben, mit einem Kochlöffel gut durchrühren und zugedeckt so lange schmoren, bis das Kraut weich ist. Währendessen ab und zu rühren. — Zum Schluss die Butter dazu.

Rotkrautsalat

Für ein grosses Glas à 1 Liter
✳︎ — Muss 1 Tag ruhen
150 g Rotkohl
1,2 dl Rotwein
1 dl Apfelmost
1 EL Honig
1 Prise Zucker
1 Nelke
1 Lorbeerblatt
Salz und **Pfeffer**
✳︎ — Für die Sauce
1 grosser Apfel
2 EL Apfelessig

4 EL Sonnenblumenöl
1 Orange, frisch gepresst, und Zeste
1 EL Himbeerkonfitüre
   Rotkohl fein schneiden und in ein Einmachglas stopfen. Rotwein, Most, Honig, Gewürze, Salz und Pfeffer aufkochen. Die Marinade über den Rotkohl giessen, das Glas verschliessen und 1 Tag stehen lassen. — Kurz vor dem Essen Apfel an der Röstiraffel reiben. Mit Essig, Sonnenblumenöl, Himbeerkonfi, Orangensaft und Zeste und verrühren. Alles mit dem Rotkohl mischen.

Rotweinbutter

   Für 10 Personen
125 g Schalotten, fein gehackt
5 Knoblauchzehen, fein gehackt
2 dl kräftiger Rotwein
500 g Butter, zimmerwarm
1 Zitrone, frisch gepresst
15–20 g Salz
1 Bund Schnittlauch, fein geschnitten
1 Bund glattblättrige Petersilie, fein gehackt
6 Eigelb
   Zwiebeln und Knoblauch im Rotwein auf den Herd stellen und bis auf 1 dl reduzieren. Kalt werden lassen. — Butter und Eigelb mit Zitronensaft luftig schlagen, langsam den reduzierten Wein samt Knoblauch und Zwiebeln dazuschlagen. Salzen. Den Schnittlauch und Peterli mit einem Holzlöffel dazurühren. — Mit einer kleinen Glacezange oder einem Löffel Kugeln formen und im Kühschrank fest werden lassen oder für später einfrieren.

Rotweinkuchen Nr. 1

   Für eine Gugelhopfform
300 g Butter, zimmerwarm
300 g Zucker
2 TL Zimt
2 TL dunkles Kakaopulver
5 Eier
2,5 dl guter Pinot Noir, am besten Bachtobel Nr. 1
375 g Mehl
15 g Backpulver

   Backofen vorheizen auf 190 Grad. Butter und Zucker sehr hell schlagen. Zimt, Kakaopulver und ein Ei nach dem anderen dazugeben. Wein dazugiessen und zum Schluss Mehl und Backpulver einrühren. In eine gebutterte und bemehlte Form füllen. Für einen Moment in den Kühlschrank stellen. — In der Mitte des Ofens ungefähr 60 Minuten backen. Der Kuchen sollte sich gut vom Rand lösen. 15 Minuten stehen lassen und dann auf ein Gitter stürzen.

Rüebli im Frühling

500 g zarte Rüebli, mit etwas Grün, geschält
1 Frühlingszwiebel, feinst gewürfelt
1 EL Butter
1 Prise Zucker
Salz und Pfeffer
4 cl Mineralwasser, ohne Kohlensäure
1 Zweiglein glatte Petersilie, gehackt
   Rüebli längs halbieren. Zwiebeln in einer Bratpfanne in der Butter andünsten, Rüebli dazugeben und mitdünsten. Mit Zucker, Salz und Pfeffer würzen. Mineralwasser dazugiessen und zugedeckt weich dünsten. Die Garflüssigkeit sollte sirupartig eingekocht sein. — Nochmals abschmecken, anrichten und mit Peterli bestreuen.

Rüebliflan

   Für eine Terrinenform
600 g Rüebli, geschält, in Rugeli geschnitten
3 dl Vollrahm
5 Eier
   Backofen vorheizen auf 150 Grad. Eine Form mit Deckel sehr, sehr gut buttern. Den Deckel am Rand auch buttern. Form kühl stellen. Rüebli im Wasserdampf sehr weich garen. — Mit dem Rahm sehr fein pürieren und salzen. Auf Handwärme abkühlen lassen. — Eier in die Rüeblimasse geben und mit dem Mixer gut verrühren. — In die gebutterte Form füllen. Deckel drauf, in eine zweite, grössere, mit kochend heissem Wasser gefüllte Form stellen und in den Ofen schieben. 20 Minuten garen. Nadelprobe machen. — Herausnehmen. Vorsichtig den

Deckel heben. Mit einem Messer die Masse vom Rand lösen und auf eine Platte stürzen.
Tine: Schmeckt auch kalt gut. Mit etwas Sauerrahm, Salz und Pfeffer servieren oder im Vorbeigehen eine Scheibe abschneiden und so essen, auf dem Weg zum *Tatort*. Funktioniert mit verschiedenen Gemüsesorten wie Broccoli, Sellerie. Mit Blumenkohl mochten wir das nicht so. Zum Broccoli mixe ich noch 1 Bund Basilikum. Das Gemüse muss aber sehr weich gedämpft werden.

Rüebligemüse

Für 4–6 Personen
1 dl Olivenöl
2 kg Rüebli, in Scheiben geschnitten
1 Knoblauchzehe, geschält, in Scheibchen geschnitten
1 dl Marsala
Salz und **Pfeffer**

Olivenöl in einer Pfanne erhitzen, Rüebli und Knoblauch darin dünsten. Mit Marsala ablöschen und so lange köcheln, bis sie weich sind. Mit Salz und Pfeffer abschmecken und neben Ihr Lieblingsfleisch legen.

Rüeblikuchen

Für eine Gugelhopfform
8 Eigelb
400 g Zucker
1 Zitrone, frisch gepresst und Schale
400 g Rüebli, geraffelt
80 g Mehl
15 g Backpulver
400 g gemahlene Haselnüsse
Eiweiss, steif geschlagen
Puderzucker

Backofen vorheizen auf 180 Grad. Eier und Zucker schaumig schlagen, Zitrone und Rüebli dazugeben. Mehl mit dem Backpulver mischen und mit den Haselnüssen dazugeben. — Eiweiss darunterziehen. In eine gebutterte Form füllen und in der Mitte des Ofens ungefähr 45 Minuten backen. Am nächsten Tag mit Puder zuckern.

Sablés

1 Dose für den Süssigkeitenschrank
350 g Butter, zimmerwarm
200 g Zucker
1 Prise Salz
½ Vanillestängel, längs aufgeschnitten, Mark ausgekratzt
10 g Vanillezucker
500 g Mehl

Butter, Zucker, Salz, Vanillezucker und Vanillemark schaumig rühren. Mehl dazugeben und zu einem glatten Teig verarbeiten. In Klarsichtfolie verpacken und einige Minuten kühl stellen. — Teig zur Rolle formen, wieder einpacken und nochmals ½ Stunde kühl stellen. — Backofen vorheizen auf 200 Grad. Von der Rolle 1 cm dicke Taler abschneiden und mit etwas Abstand auf ein mit Backpapier belegtes Blech legen. Im Ofen 10–12 Minuten backen.
Tine: Es lohnt sich, die grosse Menge zu backen und in einer Blechbüchse aufzubewahren. Es gibt nichts Schöneres, als die Büchse zu öffnen und den Duft von Vanille und Butter einzuatmen.

Safrancreme

Für 6 Personen
✲ — Muss 1–2 Stunden kühl stehen
2 Briefchen Safranpulver
1 Briefchen Safranfäden
3 EL Milch, warm
800 g sehr fettes Joghurt (griechisches)
3 EL kräftiger, flüssiger Bienenhonig
120 g Zucker
½ Beutel kandierter Ingwer, mittelfein gehackt
Frischer Ingwer, feinst gerieben

Safran in der Milch 15 Minuten einweichen. — Alle anderen Zutaten in einer Schüssel sehr gut verrühren. Zum Schluss Safranmilch dazurühren. 1–2 Stunden kühl stellen.
Tine: Menge des frischen Ingwers ist individuell. Ich mag die Creme gerne ausgewogen. Manchmal ist weniger mehr. Die Creme braucht Zeit, um ihr Aroma zu entfalten.

S

S wie **Spanferkel** (links, in den Armen von Linda). Schweinebratenrezepte gibt es gleich ein paar (ab Seite 189), aber kein einziges Suppenrezept. Warum? Weil es nämlich ein ganzes Suppenkochbuch von uns gibt (Seite 315).

Saibling mit Tomaten

Für 2 Personen
2 Saiblinge, gut geputzt
1 Handvoll Datterini-Tomaten, halbiert
2 Frühlingszwiebel, in feine Ringe geschnitten
30 g Bratbutter
50 g gute Butter
Salz
✱ — Für die Marinade
1 Zitrone, frisch gepresst
2 dl kräftiger Weisswein
1 dl Wasser
1 Lorbeerblatt und 1 Nelke

Alle Zutaten für die Marinade in einem flachen Geschirr mischen. Die Fische darin platzieren und 10 Minuten in der Marinade verweilen lassen. — Bratbutter in einer Pfanne erhitzen, Saiblinge anbraten, salzen, nach 1 Minute drehen, die Butter dazu und alles kurz aufschäumen lassen. Mit einem Esslöffel in den nächsten 5 Minuten die Fische mehrmals übergiessen. — Wenn die Fische eine schöne Farbe angenommen haben, auf einen vorgewärmten Teller legen. Die Tomaten und Zwiebeln in die Butter geben und alles sehr schnell dünsten. Grosszügig von der Marinade dazugiessen und etwas einkochen lassen. Die Fische nochmals kurz zu den Tomaten in die Pfanne legen.

Salate und Salatsaucen

Bei mir ist nur im Sommer Karneval, denn dann feiere ich die Salate in ihrer farbigen Vielfalt. Heute sind Salatblätter ja das ganze Jahr omnipräsent. Zu Haus gab es Salat nur im Sommer, und zwar Kopf- oder Gurkensalat. Die Salatsauce wurde aus Essig und Öl mit etwas Zucker und Salz angerührt. Dabei wurde folgende Reihenfolge immer eingehalten: Das Salz kam erstmal in guten Essig, dann wurde mit einem kleinen Schwingbesen das Öl eingerührt.

Wichtig dabei ist, dass sich die drei Grundzutaten zu einer homogenen Sauce verbinden. Anschliessend kann man die Sauce nach eigenem Geschmack verändern, zum Beispiel mit einem milden Senf.

Die beste Salatsauce aller Zeiten stammt von meiner Mutter. Wie sie die genau gemacht hat, blieb leider ihr Geheimnis. Ich weiss nur, dass sie Sonnenblumenöl genommen hat. Den Rest hat sie mir nie verraten.

Ich mag Salat nur zur Haupterntezeit. Den Hauptanteil esse ich beim Rüsten, ohne Sauce, einfach nur die Salatblätter. Wenn die im kühlen, sauberen Wasser liegen, bin ich kaum zu bremsen. Ich mag die unterschiedlichen Blätter und Formen.

Auch in der Schüssel finde ich den Salat schön, aber leider kommt dann das Dressing drauf. Meistens mag ich das nicht. Weil der Salat dann nicht mehr so schön aussieht? Oft hängen die Salatblätter trostlos an den Schöpfgabeln, weil sie in zu viel Salatsauce ertrunken sind.

Salatschleudern kannte ich lange nicht. Ich habe die Sache mit der Fliehkraft erst richtig begriffen, als mir jemand gesagt hat, ich soll mit der mir damals unbekannten Salatschleuder den Salat trocknen. Okay, Salat rein, Deckel drauf, an der Reissleine ziehen, Deckel wieder runter, und die Salatblätter flogen ungebremst an die Wand und mir um die Ohren. Die Bremsung war hart. Mein Finger blutete vom Schnitt des Korbes.

Seither habe ich so viele unterschiedliche Köche und Lehrlinge an der Salatschleuder gesehen. Das hat mich dazu bewegt, den Salat möglichst immer selbst zu schleudern. Die wunderbarsten Salatblätter wurden zu Tode geschleudert, bis das Wasser die Farbe einer Kloake annahm und der Salat k.o. in der Schleuder hing. Im Laufe der Jahre habe ich auch die Schleuderboliden studiert. Mein Ergebnis: Nicht die Salatschleuder ist das Problem, sondern ihr Pilot.

Ist der Pilot sensibel, dann ist es eigentlich egal, welche Methode zum Salattrocknen eingesetzt wird. Es genügt zum Beispiel ein Sieb, Tüchlein drauf, leicht schütteln. Oder den Salat in einem Tüchlein auf dem Balkon leicht schwingen und die dahinfliehenden Wassertropfen zum Besprengen der Blumenkisten einsetzen. Ob die Salatschleuder aus Plastik oder aus Chromstahl ist, ist völlig egal. Wichtig ist nur, nicht zu vergessen, dass Salatblätter zarte Pflänzchen sind!

Über die Jahre habe ich den Einsatz der Salatschleuder freilich perfektioniert. Ich kann von mir behaupten, dass ich eine Koryphäe auf dem Gebiet des Salatschleuderns bin.

Gurkensalat zu Kalbszungen — 75
Kabissalat — 91
Kalbszünglisalat mit Frühlingszwiebeln — 97
Kartoffelsalat mit Brunnenkresse — 103
Kichererbsensalat mit Mangold — 105
Ochsenmaulsalat — 139
Rettichsalat — 164
Rotkrautsalat — 172

Natürlich ist nicht alles ein Salat, was grün ist und verloren auf dem Teller liegt. Dafür braucht es nämlich das Wichtigste: die richtige Sauce.

Himbeervinaigrette — 211
Kräutervinaigrette — 211
Kürbisvinaigrette — 211
Salatsauce der «Alpenrose» — 179
Salatsauce mit Rahm — 179
Salatsauce mit Roquefort — 179
Vinaigrette — 211

Salatsauce der «Alpenrose»

Ergibt 5 Flaschen à 5 dl für den Vorrat
1,5 dl **Weisswein**
5 dl **Weissweinessig**
1,5 l **Sonnenblumenöl**
250 g **Dijon-Senf**, grob
50 g **Salz**

Alle Zutaten miteinander vermischen und in Flaschen mit Verschluss abfüllen. Im Kühlschrank 3 Wochen haltbar. Vor Gebrauch gut schütteln.

Salatsauce mit Rahm

Ergibt 3 Flaschen à 5 dl für den Vorrat
1,5 dl **Apfelessig**
6 cl **Sonnenblumenöl**
6 dl **UHT-Vollrahm**
1 EL **Dijon-Senf**
30 g **Meerrettich**, aus der Tube
2,5 dl **UHT-Milch**
25 g **Salz**
1 kleine **Knoblauchzehe**, feinst gehackt
1 Bund **Schnittlauch**, sehr fein geschnitten
3 Blättchen **Maggikraut**, feinst gehackt
½ Bund **Dill**, gehackt
1 Briefchen **Safranpulver**
1 **Zitrone**, frisch gepresst

Alle Zutaten miteinander vermischen. In Flaschen mit Deckel abfüllen. Hält sich ungefähr 3 Wochen im Kühlschrank. Vor der Verwendung gut schütteln.

Salatsauce mit Roquefort

Ergibt 2 Flaschen à 5 dl für den Vorrat
2 frische **Eigelb**
2 dl **Sherryessig**
4 dl **Olivenöl**
3 dl **Gemüsebouillon** (Seite 61)
180 g **Roquefort-Käse**
1 Schuss **Worcestersauce**
Salz und **Pfeffer**

Eigelb und Essig zu einer Creme verrühren. Olivenöl in feinem Strahl unter ständigem Rühren dazugeben. Dasselbe mit der Bouillon machen. — Den Käse so fein wie möglich verkrümeln, zugeben und weiter rühren. Falls die Sauce zu dick ist, noch etwas Bouillon zugeben. Worcestersauce zugeben und mit Salz und Pfeffer abschmecken.
✻ — Passt gut zu bitteren Salaten.

Sanddornmousse

Für 5 Personen
✻ — Muss einige Stunden fest werden
220 g **Sanddornkonfitüre**
150 g **fettes Joghurt** (griechisches)
50 g **Sauerrahm**
5 cl **Sanddornsaft**
1 dl **Vollrahm**
5 Blatt **Gelatine**, in kaltem Wasser eingeweicht, ausgedrückt
1,5 dl **Vollrahm**, steif geschlagen

Sanddornkonfi, Joghurt, Sauerrahm und Saft mischen. 1 dl Rahm aufkochen, etwas abkühlen und die Gelatine darin auflösen. Zur Joghurtmasse geben. Sobald die Masse am Rand fest zu werden beginnt, Schlagrahm darunterziehen. Kühl stellen und einige Stunden fest werden lassen.

Saucen und Pestos, salzig

Bärlauchpesto — 16
Basilikumpesto — 16
Béarnaise — 17
Biersauce — 19
Dörrzwetschgensauce — 39
Eierschwämmlisauce — 42
Estragonsauce — 46
Glühweinsauce — 72
Grüne Sauce — 74
Hollandaise — 83
Holunderbeerensauce — 84
Knoblauchsauce — 107
Nusssauce — 134
Orangensauce — 141
Preiselbeersauce für Wild — 151
Remoulade für das Roastbeef — 164
Senfsauce — 195
Steinpilzsauce — 200
Trüffelrahm — 206
Zitronenmascarpone — 224
Zwiebelsauce — 230

Saucen, süss

Dörrzwetschgen im Merlot — 38
Mokkasauce — 129
Schoggisauce — 186
Toblerone-Sauce von Katharina — 203
Vanillesauce — 209

Sauerkraut mit Äpfeln

Für 8 Personen
2 kg Sauerkraut, gekocht
4 Äpfel, am besten 4 verschiedene Sorten, geschält, in Schnitzen
2 Zwiebeln, gehackt
1 dl trüber Apfelsaft
3 dl Weisswein
2 Wacholderbeeren
1 Nelke und **1 Lorbeerblatt**
100 g Butter

Alle Zutaten bis auf die Butter in eine Pfanne geben und etwa 20 Minuten köcheln, bis die Äpfel zerfallen. — Am Schluss die Butter darunterrühren.

Sbrinzchips

Für 5 Personen zum Apéro
200 g Sbrinz oder **Parmesan**, fein gerieben
2 Drehungen mit der Pfeffermühle

Käse mit Pfeffer mischen. Zum Braten eignet sich eine Teflonpfanne am besten. Käse dicht einstreuen. — Wenn das Käsechip golden ist, mit einem flachen Spatel herausnehmen und auf einen umgekehrten Suppenteller legen. — Das Spiel startet wieder von vorne.

Sbrinzmousse

Für 8 Personen
✽ — Muss im Kühlschrank ½ Stunde fest werden
2,5 dl UHT-Milch, sehr kalt
3 Blatt Gelatine, in kaltem Wasser eingeweicht, ausgedrückt
250 g Sbrinz, sehr fein gerieben, sehr kalt
Salz und **Pfeffer**
2,5 dl Vollrahm, steif geschlagen, sehr kalt

In einer Pfanne 5 cl Milch erwärmen und Gelatine darin auflösen. Restliche Milch und den Käse mit dem Mixer kurz vereinen. Salzen und pfeffern, aufgelöste Gelatine dazugeben. Kurze Zeit verstreichen lassen und den geschlagenen Rahm darunterziehen. In eine Form abfüllen und mit Klarsichtfolie zugedeckt im Kühlschrank 30 Minuten fest werden lassen.

Schenkeli

Ein frisch gebackenes Schenkeli zum Samstagsfrühstück schmeckt wunderbar. Zwei auch.

1 Dose für den Süssigkeitenschrank
✤ — Teig muss 12 Stunden in den Kühlschrank
100 g Butter
250 g Zucker
4 frische Eier
1 EL Kirsch
2 EL Sauerrahm
1 unbehandelte Zitrone, nur Schale
500 g Mehl
20 g Backpulver
½ TL Vanillezucker
Rapsöl, zum Frittieren

Butter, Zucker und Eier schaumig schlagen. Kirsch, Rahm, Zitronenschale dazugeben und Mehl, Backpulver und Vanillezucker darunterrühren. Wenn der Teig schön fest und glatt ist, in Klarsichtfolie einpacken und über Nacht im Kühlschrank lagern. — Am nächsten Morgen aus dem Teig ungefähr 30 g schwere Zigarren drehen. In der Fritteuse bei 170 Grad schwimmend backen, bis die Schenkeli caramelfarben sind. Achtung: Nicht zu heiss backen, sonst sind die Schenkeli aussen braun und innen noch nicht gut.

Tine: Je nach Eiergrösse kann der Teig klebrig werden. Ich lasse das dann so und gebe nicht noch mehr Mehl dazu. In meiner Fritteuse haben maximal drei Schenkeli Platz. Schenkeli backen ist ein Müssiggang in den Sonntag.

Schlehenfeuer

Das ist das Feuer, das uns manchmal durch die dunkle Jahreszeit wetterleuchtet.

Ergibt 1 Flasche à 7 dl für den Vorrat
✤ — Muss 6 Wochen lang betreut werden
500 g Schlehen, selbst gepflückt
½ Vanillestängel, längs aufgeschnitten
250 g Rohrzucker oder weisser Zucker
7 dl Korn (Schnaps)

Schlehen, nach dem ersten Frost pflücken. Wenn kein Frost in Aussicht ist, können die Beeren eine Nacht im Gefrierbeutel im Tiefkühler überlistet werden. — Jede Frucht mit einer Stecknadel einmal anstechen. Schlehen, Vanille und Zucker in ein sauberes Einmachglas füllen und den Schnaps dazugiessen. Das Glas mit einem Tuch verschliessen und 6 Wochen lang an einen hellen sonnigen Platz stellen. Der schönste Platz ist ein Fensterbrett. — Jeden Tag einmal schwenken, damit der Zucker sich auflöst. — Durch ein Sieb abgiessen und das fertige Schlehenfeuer in eine Flasche umfüllen.

Tine: Rohrzucker hat im Vergleich zu weissem Zucker eine leichte Caramelnote.

Schlehengelee

Das ist Bertas Rezept: Es braucht dafür Gummihandschuhe, Geduld, einen Stuhl mit vier Beinen, ein grosses Passiertuch, ein langes Stück Schnur und einen Topf.

Ergibt 3 Gläser à 2,5 dl für den Vorrat
1 kg Schlehen, nach dem ersten Frost gepflückt
½ Zitrone, frisch gepresst
5 dl trüber Süssmost
3 EL Pektin, aus dem Reformhaus
1 kg Zucker

Die Schlehen mit ein wenig Wasser weich kochen. Unterdessen mit Stuhl und Tuch ein Entsaftergestell bauen. Dazu Stuhl umgekehrt aufstellen und das Tuch mit der Schnur an den vier Beinen festbinden. Einen Topf unter das Tuch stellen. — Den Schlehensaft in aller Ruhe durch das Passiertuch tropfen lassen. Auf keinen Fall die Schlehen auswinden, um den Vorgang zu beschleunigen. Sonst wird der Saft trüb. — Den aufgefangenen Schlehensaft in einer Pfanne mit Zitrone und Süssmost erhitzen. Pektin mit etwas Zucker vermischen und in den heissen Saft rühren. Unter ständigem Rühren den übrigen Zucker dazugeben. — Nach ungefähr 2 Minuten die Gelierprobe machen. Wenn der Gelee auf einem Unterteller nicht mehr über den Tellerrand flüchten will, kann er in die Gläser abgefüllt werden. Mit den Deckeln gut verschliessen und die Gläser für einige Minuten auf den Kopf stellen.

Tine: Wenn die Gläser auf den Kopf gestellt werden, entsteht ein Vakuum und der Gelee bleibt so haltbar!

Schleihe blau

Für 4 Personen
1 Schleihe, ungefähr 1,5 kg, oder Karpfen
1 EL Essig
1 Lorbeerblatt und 1 Nelke
8 Pfefferkörner
2 Wacholderbeeren
3,5 dl Weisswein, zum Beispiel Chasselas
1 Zwiebel, halbiert
¼ Knollensellerie, in Stücke geschnitten
1 Rüebli, in Stücke geschnitten
¼ Lauchstange, in Stücke geschnitten
200 g Butter

Fisch nur auf Innenseite waschen. Es ist wichtig, dass die Schleimschicht der Schleihe intakt bleibt. Fisch innen salzen, mit etwas Essig beträufeln und 15 Minuten ruhen lassen. — Gewürze in einen grossen Teebeutel zum Selberfüllen geben. — So viel Wasser mit Weisswein und etwas Salz aufkochen, dass der Fisch untertauchen kann. Gewürzsack, Gemüse und Zwiebeln zugeben und etwa 10 Minuten kochen lassen. Die Schleihe in den kochenden Sud geben und etwa 20 Minuten knapp unter dem Siedepunkt ziehen lassen. — Fisch und Gemüse herausnehmen, auf eine Platte legen und mit einer gehörigen Portion geschmolzener Butter übergiessen.
Tine: Die Augen einer frischen Schleihe sind wunderschön!

Schmalznudeln

Für 10–12 Stücke
1 Würfel frische Hefe (42 g)
100 g Zucker
2 dl Milch, warm
500 g Mehl
1 Zitrone, Schale
2 Eier
80 g Butter, sehr weich
Rapsöl, zum Ausbacken

Hefe und 1 EL Zucker in der Milch auflösen und 15 Minuten an einem sehr warmen Ort aufgehen lassen. — Mehl in eine Schüssel sieben, 1 Prise Salz, Zitronenschale, Zucker und Eier dazugeben. Zuoberst die Butter platzieren. Die Hefemilch dazugiessen und alles zusammen in einer Teigmaschine kneten, bis sich der Teig vom Rand löst. Teig aus der Schüssel nehmen. Von Hand kurz kneten und den Teig dabei ein paar Mal auf den Tisch klatschen. — Teig zurück in die Schüssel geben und an einem sehr warmen Ort ungefähr 30 Minuten aufs Doppelte aufgehen lassen. — Den Teig nochmals kurz kneten und etwa 1 cm dick auswallen. Mit einem Glas Kreise von ungefähr 6 cm Durchmesser ausstechen. Teigreste immer wieder zusammenfalten und auswallen, bis aller Teig aufgebraucht ist. — Mit der Hand die Teigkreise auseinanderziehen, sodass sie in der Mitte ganz dünn werden. Alle «Ufos» nochmals 30 Minuten aufgehen lassen. — Öl in einer Fritteuse oder einer weiten Pfanne erhitzen. «Ufos» nochmals etwas auseinanderziehen und im Öl ausbacken. — Achten Sie darauf, dass in die Vertiefungen in der Mitte auch genug Öl kommt. Tauchen Sie die «Ufos» unter. Sobald sie caramelfarben sind, herausnehmen, auf ein Teiggitter legen und abtropfen lassen.
Tine: Aus dem Teig lassen sich auch wunderbare kleine Berliner backen. Nehmen Sie dazu die Hälfte des Teiges und formen Sie Kugeln von etwa 30 g.

Schneeballen

Ein grossartiges Dessert aus dem Fränkischen.

Für 10–12 Stücke
✱ — Muss 30 Minuten kühl gestellt werden
60 g Butter
250 g Mehl
30 g Zucker
1 Prise Salz
2 Eier
1 cl Kirsch
Rapsöl, zum Ausbacken

Mehl, Butter, Zucker und Salz mit den Handflächen verreiben. Eier und Kirsch dazugeben und alles zu einem Teig kneten. In Klarsichtfolie einpacken und 1 Stunde im Kühlschrank lagern. — Den Teig herausnehmen und Bällchen von 25 g formen.

Auf einer bemehlten Arbeitsfläche hauchdünn ungefähr 16 cm rund auswallen. Bis auf 1 cm vom Rand entfernt mit dem Teigrad oder einem spitzen Messer nudelbreite Streifen von etwa 5 mm schneiden. Jeden zweiten Nudelstreifen mit den Fingern auffädeln und zu kleinen Nestern formen. — In ein Siebchen für Fondue chinoise legen. Mit einem zweiten Siebchen zur Kugel abdecken. Im heissen Rapsöl goldbraun backen. Herausnehmen, kurz abtropfen lassen und mit Puderzucker bestreuen.
Tine: Das war ein typisches Wintergebäck. Und schmeckt auch noch am nächsten Tag.

Schneekartoffeln

Für 4 Personen
1 kg mehlige Kartoffeln
100 g Butter, in Stücken
Kartoffeln schälen und im Dampf gar kochen. — Die weichen Kartoffeln durch ein Passevite auf eine vorgewärmte Platte schneien lassen. Die Butterstücke darüber verteilen und etwas salzen.
Tine: Wenn es im Winter nicht schneien will, ein bisschen Schnee in der guten Stube.

Schnitzel

Für 6 Personen
Jede Menge Bratbutter
6 Kalbschnitzel
3 Eier
5 cl Vollrahm, steif geschlagen
80 g Mehl
200 g feines Paniermehl
Fleisch zwischen Klarsichtfolie legen und mit einem Fleischklopfer flach schlagen. Bitte nicht totschlagen. — Eier verklopfen und mit dem geschlagenen Rahm vermischen. Fleisch salzen, ins Mehl legen, etwas abklopfen, im Eirahm baden und zuletzt im Paniermehl trocknen. In viel Butter braten.
Tine: Ich mag das Fleisch gerne etwas dicker, weil ich ausser Panade noch etwas Geschmack vom Fleisch haben möchte. Ich bewundere das Wiener Schnitzel, für mich kann es tellergross sein, aber bitte mehr Fleisch als Panade!

Schoggiflan aus dem Ofen

Für 10 Personen, für eine Form mit hohem Rand und 28 cm Durchmesser
10 Eier
500 g Zucker
2,5 dl Wasser
650 g Schokolade, mit 63 Prozent Kakaoanteil
450 g Butter
Doppelrahm
Backofen vorheizen auf 160 Grad. Eier und 200 g Zucker mit dem Mixer richtig schaumig rühren (8 Minuten). — Den restlichen Zucker mit dem Wasser aufkochen und köcheln, bis er zu Sirup geworden ist. Schoggi und Butter im Wasserbad schmelzen. Unter ständigem Rühren zum Sirup geben und zu einer gleichmässigen Masse verrühren. Etwas abkühlen lassen. — Schoggimasse unter die Eier rühren. Alles in eine mit Backpapier belegte Form geben, diese in ein Backblech stellen und heisses Wasser bis 1 cm unter den Formenrand einfüllen. Vorsichtig in den Backofen schieben. — Ungefähr 50 Minuten in der Mitte des Ofens backen. Zimmerwarm abkühlen lassen und vom Rand lösen. Er schmeckt am besten wirklich warm mit Doppelrahm. Braucht etwas Erfahrung!
Tine: Wir nehmen eine Wähenform mit hohem Rand. Die Form muss dicht sein, eine Springform eignet sich nicht für diesen Kuchen.

Schoggikuchen

Für eine Springform von 24 cm Durchmesser
150 g Schokolade, mit 46 Prozent Kakaoanteil
100 g Butter
100 g Zucker
3 Eigelb
60 g Mehl
3 Eiweiss, steif geschlagen
Backofen vorheizen auf 180 Grad. Schoggi und Butter im Wasserbad schmelzen. Zucker und Eigelb schlagen, bis die Masse hell ist. — Schoggi dazugeben. Mehl dazurühren. Zu guter Letzt den Eischnee darunterziehen. In eine mit Backpapier aus-

gekleidete Form füllen. Den Kuchen in der Mitte des Ofens ungefähr 45 Minuten backen. Nadelprobe machen.

Schoggikuchen aus dem Eis

Für ein Kuchenblech von 28 cm Durchmesser
✼ — Muss ein paar Stunden gefrieren
6 dl Milch
1 Vanillestängel, längs aufgeschnitten
375 g **dunkle Schokolade,** mit 60 Prozent Kakaoanteil
200 g **Zucker**
10 Eigelb
5 cl Cognac
5 dl Vollrahm, steif geschlagen

Milch mit Vanillestängel erwärmen und Schoggi langsam darin schmelzen. Etwas abkühlen. — Vanillestängel herausfischen. Zucker und Eigelb sehr hell schlagen. Schoggimilch zur Eigelb-Mischung giessen und so lange rühren, bis die Masse kalt ist. — Cognac dazugeben und Rahm daruntermischen. — In eine mit Klarsichtfolie ausgelegte Cakeform geben und im Tiefkühler ein paar Stunden gefrieren.
Tine: Wenn Sie einen grossen Tiefkühler haben, machen Sie genug. Sie werden froh sein, wenn Sie ein paar Tage später einen zweiten Kuchen aus dem Fach zaubern können.

Schoggikuchen mit Ristretto

Für eine Springform von 24 cm Durchmesser
100 g **Schokolade,** mit 70 Prozent Kakaoanteil
100 g **Butter**
7 Eigelb
100 g **Rohrzucker**
2 EL Kakaopulver
250 g gemahlene Haselnüsse
1 Ristretto
2 cl Kirsch
7 Eiweiss
100 g **Zucker**

Backofen vorheizen auf 180 Grad. Schoggi und Butter im Wasserbad schmelzen. Eigelb und Rohrzucker schlagen, bis die Masse hell ist. — Geschmolzene Schokolade zur Eigelbmasse giessen, Kakaopulver mit den Haselnüssen mischen und darunterrühren. Ristretto und Kirsch dazugeben. Eiweiss mit 1 Prise Salz und hellem Zucker steif schlagen und darunterziehen. — In eine gefettete und bemehlte Form füllen und kurz hart auf die Arbeitsfläche aufsetzen, damit sich der Teig gut verteilt. 40 Minuten in der unteren Hälfte des Ofens backen. — Wenn der Kuchen sich vom Rand löst, dürfte er fertig sein. Ansonsten 5 Minuten länger backen und die Nadelprobe machen.

Schoggikuchen mit Schnaps

Für ein rundes Blech von 20 cm Durchmesser
80 g **Schokolade,** mit 75 Prozent Kakaoanteil
90 g **Butter,** sehr weich
150 g **Zucker**
45 g Mehl
3 frische Eier
15 g dunkles Kakaopulver
2 cl Grappa

Backform buttern, mehlen und in den Kühlschrank stellen. Backofen vorheizen auf 150 Grad. — Schokolade in einem Topf bei kleiner Hitze schmelzen. Auf keinen Fall rühren. Alle Zutaten bis auf den Schnaps zur Schokolade geben und kräftig rühren. Sobald die Masse glatt ist, den Grappa einrühren. In die eiskalte Form giessen und in der Mitte des Ofens 12–15 Minuten backen.
Tine: Dazu schmeckt Doppelrahm und noch ein Gläschen Grappa. Wir haben den Kuchen auch schon mit Whisky und Kirsch gebacken.

Schoggiglace

Ergibt 1 Liter für 6–8 Personen
✼ — Muss 12 Stunden tiefgekühlt werden
200 g **Schokolade,** mit 85 Prozent Kakaoanteil
220 g **Schokolade,** mit 70 Prozent Kakaoanteil
4 Eigelb
100 g **Rohrzucker**
6 dl Milch
1 dl Vollrahm

Jede Schokolade einzeln mit einem Messer klein hacken, nicht mischen. Eigelb und Zucker mit dem Schwingbesen zu einer dicken Creme schlagen. Milch kurz aufkochen und langsam in die Creme schlagen. In einen Kochtopf giessen und unter ständigem Rühren etwas eindicken lassen. — Die ganze 85er-Schokolade und die Hälfte der 70er-Schokolade im Wasserbad schmelzen. In die Creme rühren und abkühlen lassen. — Wenn die Masse sehr kalt ist, Vollrahm steif schlagen, darunterziehen und die restliche Schokolade einrühren. In eine mit Backpapier ausgekleidete Cakeform giessen und für mindestens 12 Stunden in den Tiefkühler stellen.
Tine: Das Rezept funktioniert auch mit der Glacemaschine.

Schoggi-Haselnuss-Kekse von Berta

1 Dose für den Süssigkeitenschrank
200 g Schokolade, mit 70 Prozent Kakaoanteil
75 g Butter
220 g Rohrzucker
1 Messerspitze Vanillezucker
2 Eier
150 g Mehl
1 Schuss Kirsch
50 g Haselnüsse, leicht geröstet

Backofen vorheizen auf 160 Grad. Schoggi über dem Wasserdampf zaghaft schmelzen. Butter, Zucker, Vanillezucker und Eier schaumig rühren. — ⅓ der Nüsse grob hacken, den guten Rest fein hacken. Jetzt dem Eiergemisch das Mehl zugeben und im Anschluss die geschmolzene und gut verrührte Schoggi, Haselnüsse und den Kirsch daruntermischen. — Mit einem Esslöffel kleine Hügel mit etwas Abstand zueinander auf ein mit Backpapier belegtes Blech setzen. In der Mitte des Ofens 10 Minuten backen. Die Kekse verlassen dabei ihre Form und sind platt von der Hitze. Herausnehmen und auf ein Gitter gleiten lassen.
Tine: Da meine Mutter damals keinen braunen Zucker hatte, hat sie irgendwie den Zucker carmelisiert, ohne dass er flüssig wurde.

Schoggi Marquise

Marquise ist ein vornehmes Wort für diese Mousse. Und entsprechend respektvoll wird sie dann auch verzehrt.

Für eine Terrinenform von 30 cm
✼ — Muss 3 Stunden im Kühlschrank stehen
400 g Schokolade, mit 65 Prozent Kakaoanteil
100 g Butter
4 Eigelb
60 g Puderzucker
Crème Chantilly (Seite 34)
20–24 Löffelbiskuits
5 dl Kaffee, gezuckert und mit einem grosszügigen Schuss Cognac parfümiert

Schoggi mit der Butter im Wasserbad schmelzen. Eigelb und Puderzucker mit dem Schwingbesen rühren, bis die Masse hell ist. Geschmolzene Schokolade und 500 g Crème Chantilly dazugeben. Alles zu einer homogenen Masse verarbeiten. — Löffelbiskuits in Kaffeecognac baden. Eine Terrinenform mit Folie auskleiden und ⅔ der Biskuits auf den Boden und den Seiten entlang legen. Die Masse einfüllen, restliche Biskuits darauflegen. Abdecken und 3 Stunden in den Kühlschrank stellen. Herausnehmen und dicke Scheiben schneiden. Die übrig gebliebene Crème Chantilly dazu essen.

Schoggimousse

Für 4 Personen
✼ — Muss im Kühlschrank 2 Stunden fest werden
300 g Schokolade, mit 70 Prozent Kakaoanteil
1,2 dl Milch
5 Blatt Gelatine, in kaltem Wasser eingeweicht, ausgepresst
5 cl Cognac
5 Eigelb
70 g Feinzucker
7,5 dl Vollrahm, steif geschlagen

Schoggi mit der Milch im Wasserbad schmelzen. Die Schüssel am besten in ein Sieb stellen, sodass diese die Wasseroberfläche nicht berührt. Etwas

abkühlen lassen. — Mit dem Handmixer Eigelb und Zucker sehr hell schlagen. Schokolade und Cognac in die Eimasse rühren. Gelatine zugeben und auflösen. Wenn die Masse langsam fest zu werden beginnt, die Hälfte des Schlagrahms sorgfältig darunterziehen, dann den restlichen Schlagrahm. — Masse in eine Schüssel füllen, mit Folie zudecken und im Kühlschrank 2 Stunden fest werden lassen.
Tine: Es gibt Desserts, da lohnt es sich, eine grössere Menge herzustellen. Dieses Schoggimousse gehört dazu. Sie lässt sich gut in einem Plastikgeschirr einfrieren. Mit Crème Chantilly (Seite 34) oder Greyerzer Doppelrahm schmücken.

Schoggimousse, weiss

Für 4 Personen
✻ — Muss im Kühlschrank 2 Stunden fest werden
10 Kardamomkapseln
1 Lorbeerblatt
1 dl Milch
250 g weisse Schokolade
3 Eiweiss, sehr steif geschlagen
3 dl Doppelrahm
Schokoladenpulver, zum Bestreuen

Kardamom zwischen Daumen und Zeigefinger einzeln zerdrücken und mit dem Lorbeerblatt in der Milch zaghaft zum Köcheln bringen. Schokolade zerbrechen und über dem Wasserbad schmelzen: Darauf achten, dass der Schüsselboden mit der Schoggi nicht das Wasser berührt. — Schüssel wieder auf den Tisch stellen, Milch dazusieben und mit dem Schwingbesen verrühren, bis eine gleichmässige Masse entsteht. Eiweiss darunterziehen. Doppelrahm in einer separaten Schüssel leicht schlagen, aber auf keinen Fall zu Schlagrahm. Zur Masse geben. In Gläser abfüllen und im Kühlschrank fest werden lassen. Kurz vor dem Servieren mit Schoggipulver bestreuen.

Schoggisauce

Für 6 Personen
5 dl Milch
250 g Schokolade, mit 70 Prozent Kakaoanteil
6 cl Cognac
50 g Butter

Milch erwärmen. Schoggi noch in der Verpackung mit dem Wallholz zerbrechen, auspacken und Stückli in der Milch langsam zum Schmelzen bringen. Zwischendurch mit einer Holzkelle rühren. — Die Schoggimilch zum Kochen bringen. Cognac einrühren. Kurz kochen und die Butter in zwei, drei Möckli einrühren.
Tine: Wenn wir die Schoggisauce zu unserem Amarettoparfait servieren, lassen wir den Cognac weg und rühren stattdessen einen Ristretto ein.

Schoggischnitte

Im Lauf der Jahre hatte ich verschiedene Schnupperlehrlinge. Einer ist mir besonders in Erinnerung geblieben. Zum Ende der dreitägigen Schnupperlehre war es üblich, dass die Schnupperstifte einen selbst gebackenen Schoggikuchen mit nach Hause nehmen konnten. Rezept lesen, besprechen, Kuchen herstellen, mitnehmen. Bis anhin hatte das wunderbar geklappt – bis zu besagtem Samstagnachmittag, der mir ewig im Gedächtnis bleiben wird. Alles war so weit klar, mein Schnupperlehrling begann enthusiastisch. Hier die Schüssel, dort der Mixer, ran an 800 g Schoggi, 800 g Butter, Zucker, Eier, Mehl, Himbeerschnaps, die Backformen, die Alufolie. Ofen an, das Wasserbad aufstellen und loslegen. Der Lehrling krempelte seine Ärmel hoch. Dann warf er Schoggi und Butter, zack, direkt ins heisse Wasser. Seit damals hat der Begriff «Wasserbad» für mich einen doppelten Boden.

Für eine Springform von 28 cm Durchmesser
✻ — Muss 12 Stunden kühl gestellt werden
400 g Schokolade, mit 47 Prozent Kakaoanteil
400 g Butter
10 Eigelb
400 g Zucker
90 g Mehl
5 cl Kirsch
10 Eiweiss

Backofen auf 160 Grad vorheizen. Schoggi und Butter über dem Wasserbad schmelzen. — Eigelb und Zucker rühren, bis die Masse hell ist. Mehl zugeben. Zimmerwarme Schoggibutter mit einem Schwingbesen zu einer homogenen Masse rühren. Kirsch dazu. — Eiweiss nicht allzu steif schlagen, darunterrühren. Alles in eine mit Alufolie ausgelegte Springform geben. — In der Mitte des Ofens 45 Minuten backen. Herausnehmen. Achtung, der Kuchen geht wunderbar auf, fällt aber nach dem Abkühlen zusammen. Das muss so sein! Wenn der Kuchen zimmerwarm abgekühlt ist, 12 Stunden im Kühlschrank kühl stellen und auf keinen Fall aus der Form nehmen.

Schornstein mit Zitronenluft

Okay, der Name ist nicht sofort zu verstehen. Aber man muss sich nur eine Gugelhopfform vorstellen, und dann sieht man sofort den Schornstein in der Mitte. Und aus diesem steigt nach dem Backen die herrlichste Zitronenluft auf.

> Für eine Gugelhopfform von 24 cm Durchmesser

5 Eier
300 g Butter, zimmerwarm
300 g Zucker
300 g Mehl
1 TL Vanillezucker
1 Zitrone, Schale abgerieben
1 guter Schuss Cognac

Ofen vorheizen auf 250 Grad. Eier und Butter zu einer hellen, fast dicken Creme verrühren. Den Zucker portionenweise daruntermischen. Der Teig ist fertig gerührt, wenn nichts mehr zwischen den Zähnen knirscht. — Mehl, Vanillezucker, Zitronenschale, Cognac zugeben und so lange rühren, bis eine Art Vaselinesalbe entsteht. Kuchenteig in eine ausgebutterte und bemehlte Gugelhopfform füllen. — Im Ofen zuerst 5 Minuten bei 250 Grad backen, dann die Temperatur auf 180 Grad hinunterschalten und in weiteren 30–35 Minuten fertig backen.
Tine: Es lohnt sich, dem Gebot der Langsamkeit zu folgen und diesen Kuchen wirklich von Hand zu rühren.

Schupfnudeln

Manchmal wird die geduldigste Köchin ungeduldig. Nachdem sie etwa 1 Million Gnocchi gedreht hatte, begab sich Tine auf die Suche nach einer neuen Beilage und wurde in der eigenen Küche fündig. Eine oberösterreichische Köchin berichtete von den «Mohnnudeln» der Mutter und der zugehörigen alpinen Nudelfamilie. Schupfnudeln werden süss oder salzig gegessen. Oft werden die salzigen Versionen am Schluss noch angebraten – diesen letzten Schritt lässt Tine aus. Er passte nicht in ihren Küchenablauf.

> Für 6 Personen

1,2 kg Kartoffeln (Agria), geschält
20 g Salz
3 Eigelb
500 g Mehl

Kartoffeln dämpfen, durchs Passevite treiben. Kartoffeln abkühlen lassen. — Salz und Eigelb und zu guter Letzt das Mehl darunterrühren. Schnell zu einem Teig verarbeiten. Teig in drei Teile teilen und diese rollen. Auf einem bemehlten Holzbrett Schupfnudeln portionenweise fingerdick rollen und mit einem Teigschaber in 7 cm lange Stücke teilen. — In einem weiten Topf Salzwasser zum Kochen bringen und die Nudeln reinschupfen. Für kurze Zeit ziehen lassen, bis sich alle Schupfnudeln an der Wasseroberfläche treffen. — Mit einer Lochkelle herausheben und ihrer Bestimmung zuführen. Als Beilage in Butter geschwenkt servieren, mit einer Tomatensauce (Seite 205) oder nach den folgenden Rezepten fortfahren.

Schupfnudeln mit Marroni und Mortadella di Poschiavo

> Für 6 Personen

50 g Butter
300 g Mortadella di Poschiavo, in Scheiben
4 rote Zwiebeln, in Streifen geschnitten
1 Knoblauch, in feine Scheiben geschnitten
3 San-Marzano-Tomaten, in Würfel geschnitten

2 dl **Rotwein**, am besten Veltliner
1 **Rosmarinzweig**, gezupft und gehackt
400 g **Marroni**, gehackt, vom Marronistand oder aus der Tiefkühltruhe
Salz und **Pfeffer**
Schupfnudeln (Seite 187)
200 g **Sbrinz**, gerieben
2 EL **Butter**, geschmolzen

    Butter schmelzen, Mortadella, Zwiebeln, Knoblauch, Tomaten dazugeben und alles zusammen dünsten. Mit Rotwein ablöschen, Rosmarin und Marroni dazugeben, pfeffern. Ungefähr 10 Minuten dünsten, bis die Marroni weich sind. — Dann erst mit Salz abschmecken. Sauce mit den Schupfnudeln vermischen, Sbrinz und geschmolzene Butter darübergeben.

Schupfnudeln mit Marroni, Wetterschmöckerli und Salbei

Wetterschmöckerli sind kleine geräucherte Schweinswürstli, ein absolutes Muss («Metzgerei Heinzer» in Muotathal). Sie sind eine Hommage an die bekannten «Muotathaler Wetterschmöcker». Diese treffen sich zweimal im Jahr zur Wetterprognose. Sie beobachten die Natur und verraten natürlich niemanden ihre Tricks.

Für 6 Personen
Schupfnudeln (Seite 187)
500 g **Marroni**, tiefgekühlt, geschält und grob gehackt
6 **Wetterschmöckerli**, in Scheiben geschnitten
3 **rote Zwiebeln**, in Ringe geschnitten
3 **Knoblauchzehen**, gehackt
50 g **Butter**
5 **San-Marzano-Tomaten**, geschält, in Würfel geschnitten
1 Bund **Salbei**, zerzupft
2 dl **Rotwein**
Salz und **Pfeffer**
Sbrinz

    Marroni, Wetterschmöckerli, Zwiebeln und Knoblauch in der Butter andünsten. Tomaten dazugeben und mit Rotwein ablöschen. Etwas köcheln lassen. — Salbei dazugeben, salzen und pfeffern. Schupfnudeln direkt aus dem Wasser in die Sauce geben. Sauce abschmecken, vielleicht nochmals etwas Butter beigeben. — Zum Schluss frisch geriebenen Sbrinz darübergeben.

Schwarzkohl mit Speck

Für 1 Person
150 g **kleine Schwarzkohlblätter**
Butter
½ **Zwiebel**, fein gehackt
20 g **Speck**, in feine Streifen geschnitten

    Salzwasser aufkochen. Den Strunk des Schwarzkohls etwas abschneiden, Kohl kurz ins kochende Wasser geben. Durch ein Sieb abgiessen. — Butter in einer Pfanne schmelzen und Zwiebeln darin dünsten. Herausnehmen. Speckstreifen braten und nochmals Butter zugeben und Zwiebeln und den Schwarzkohl darin wenden. Sofort auf Teller geben.
Tine: Wer Lust hat auf ein Spiegelei … nur zu!

Schwein mit Milch und Zitrone

Für 6 Personen oder weniger
1,5 l **Milch**
4 **Kardamomkapseln**, zerdrückt
2 **Lorbeerblätter**
2 kg **Schweineschulter** mit viel Fett und Schwarte
Salz und **Pfeffer**
8 **Knoblauchzehen**, halbiert
2 **Zwiebeln**, fein gehackt
3 **Zitronen**, Schale mit Sparschäler abgezogen

    Milch mit Kardamom und Lorbeerblättern aufkochen. — Schweineschulter salzen und in einem Bräter im eigenem Fett langsam anbraten. Immer wieder wenden und sich viel Zeit dafür lassen. Wichtig ist, dass am Pfannenboden nichts schwarz wird. Salzen und pfeffern. Wenn das Fleisch eine schöne Farbe hat, herausnehmen. Knobli und Zwiebeln hineingeben und braten. — Fett abgiessen, Fleisch zurück in den Bräter geben und mit der heissen Milch übergiessen. — Zitronenschalen dazugeben und zugedeckt im Backofen bei 150 Grad schmoren, bis die Schulter schön weich ist. — Fett abschöpfen, Sauce eventuell abschmecken. Die Schulter in Scheiben schneiden und Sauce darübergeben.

Schweinebauch am Knochen

Für 4–6 Personen
3 kg **Schweinebauch am Knochen**
50 g **Bratbutter**, zimmerwarm
Grobes **Meersalz**
6 dl **dunkles Bier**
1 EL **scharfer Senf**
1 Bund **Majoran**

Backofen vorheizen auf 250 Grad. — Schweinebauch mit Bratbutter einreiben und salzen. Fleisch in eine Bratform legen und im Backofen knusprig braten. Fleisch 45 Minuten braten und dabei alle 15 Minuten wenden. — Wenn die Schwarte knusprig zu werden beginnt, die Temperatur auf 170 Grad senken. Bier mit dem Senf mischen und in die Form giessen. Auf keinen Fall über das Fleisch! Majoran dazugeben und 1 weitere Stunde im Ofen garen. — Dann die Temperatur auf 120 Grad senken und weiterbraten, bis die Schwarte komplett trocken und knusprig ist. Fleisch aus dem Ofen nehmen und zwischen den Rippen teilen.

Schweinebraten aus dem Tösstal

Für 6 Personen
1,2 kg **Schweinehals**, wenn möglich mit Schwarte
50 g **Schweineschmalz**
Salz und **Pfeffer**
100 g **Honigsenf**
2 **Rüebli**, in Stücke geschnitten
4 **Zwiebeln**, gewürfelt
5 dl **saurer Apfelmost**
2 dl **Kalbsfond** (Seite 93)
1 Bund **Majoran**
1 kg **Kartoffeln**, geviertelt

Backofen vorheizen auf 200 Grad. Fleisch etwas einritzen. Schweineschmalz in einer Pfanne schmelzen und Fleisch darin anbraten. Salzen und pfeffern. — Fleisch aus der Pfanne nehmen. Mit einem Pinsel das Fleisch mit Senf bestreichen. Rüebli und Zwiebeln golden anbraten, mit Most und Fond zischen lassen. Den Bund Majoran kurz wie einen Tee darin ziehen lassen. — Alles in einen Bräter geben und das Fleisch darauflegen. Ungefähr 1½ Stunden im Ofen braten. — Ab und zu den Bratensaft über das Fleisch giessen. Fleisch herausnehmen, und falls Sie die Schwarte mitgebraten haben, das Fett abschöpfen.
Tine: Im Klassiker «Tösstaler» werden Kartoffeln geviertelt und zuerst in Wasser gekocht. Wenn sie etwa halb gar sind, werden sie zum Fleisch gelegt. Ich mach das privat auch so. Fette die Bratenflüssigkeit ab und lege die Kartoffeln dazu. Am liebsten nehme ich mehlige Kartoffeln, die fast zerfallen, und ich drücke dann mit einer Gabel das Ganze zu Stampfkartoffeln. Das gibt eine sehr saftige Beilage. Den Braten esse ich mit etwas Senf.

Schweinebraten mit Bier

Irgendwann kam ich auf die Idee, unser Bier selber zu brauen. Schweinebraten mit eigenem Bier, das zudem schon mit etwas Honig gesüsst wurde, das wärs. Aber wir überhitzten bei der Vorbereitung die Hefe und uns blieb nichts anderes übrig, als uns Hilfe vom Bierbrauer zu holen. Unser damaliger Kellner Peter Wyss radelte mitten im Winter spärlich bekleidet zu «Turbinenbräu». Keine Mütze, kein Schal, obwohl Schnee angesagt war. «Ich fahr ganz schnell», versprach er. Unterdessen bereitete ich in der warmen Küche alles für den zweiten Versuch vor. Kaum begann ich, mir Sorgen zu machen, wo der Peter denn bleibt, stand er keuchend in der Küche. Kesseli vergessen, kein Geschirr für die Hefe. Wieder zurück zum Brauer und dann begann es deftig zu schneien! Als Peter zurückkam, hatte er eine wunderbare Schneekrone auf dem Kopf – ein gutes Omen für ein perfektes Bier.

Ich habe zwischendurch immer mal wieder Bier gebraut, das für unseren Schweinsbraten reserviert blieb. Bei meiner letzten Brauung hatte das Bier aber gar keinen Pfupf und ich stellte den Kasten in den Weinkeller, wo ich ihn dann vergass. Nach drei Jahren wollte ich beim Aufräumen die alten Flaschen endlich leeren. Wir öffneten eine, und Katharina und mir flogen Schaum und Bier nur so um die Ohren. Herrlicher Schaum, goldige Farbe, super Geschmack. Ab in die Kühle. Danach haben wir ab und zu eine Flasche getrunken. Wir hatten ein wunderbares Jahrgangsbier gebraut.

Für 6 Personen
1,5 kg **Schweineschulter**, mit Schwarte
5 fette **Knoblauchzehen**, in Scheiben geschnitten
Salz und **Pfeffer**
Bratbutter
2 **Rüebli**, in grobe Stücke geschnitten
½ **Knollensellerie**, geviertelt
5 dl **Kalbsfond** (Seite 93)
5 EL **kräftiger herber Honig**
5 dl **dunkles Bier**

Backofen vorheizen auf 150 Grad. Schweineschwarte rombenartig einschneiden, Knoblizehen unter die Haut schieben. — Fleisch salzen und pfeffern und auf der Seite ohne Schwarte in der Bratbutter anbraten. Gemüse auf einem Backblech verteilen und das Fleisch mit der Schwarte nach unten dazulegen. Fond und Honig mischen, dazugiessen und das Fleisch mit Bier übergiessen. Das Fleisch in den Ofen schieben und alle 15 Minuten mit der Bratflüssigkeit übergiessen, damit es nicht austrocknet und die Haut schön knusprig wird. Nach ungefähr 2 Stunden herausnehmen.

Schweinebraten mit Dörrfrüchten

Für 4–6 Personen
800 g **Schweinsnierstück**
Küchenschnur
2 EL **gedörrte Heidelbeeren**
2 **getrocknete Apfelschnitze**
2 **Dörraprikosen**
50 g **Baumnusskerne**
1 EL **kalt gerührte Preiselbeeren** (Seite 151)
50 g **Bratbutter**
1 **Rüebli**, in kleine Würfel geschnitten
¼ **Sellerie**, in kleine Würfel geschnitten
1 **Rosmarinzweig**
1 dl **Weisswein**
2 dl **Kalbsfond** (Seite 93)
1 TL **Maizena**, in etwas kaltem Wasser aufgelöst
4 cl **Portwein**
Salz und **Pfeffer**

Dörrfrüchte vierteln, Baumnusskerne und Preiselbeeren hacken, mischen. — Das Fleisch mit einem langen spitzen Tranchiermesser der Länge nach in der Mitte einschneiden. Die Öffnung satt mit der Frucht-Nuss-Mischung füllen. Fleisch mit einer Küchenschnur zusammenbinden. — Backofen vorheizen auf 160 Grad. Das Fleisch in einem Schmortopf mit Bratbutter anbraten. Im Ofen garen, bis die Kerntemperatur von 65 Grad erreicht ist. Während des Garens hin und wieder mit Fleischsaft begiessen. — Fleisch herausnehmen und in Alufolie eingepackt einige Minuten stehen lassen. — Das Gemüse hineingeben und andünsten, Rosmarinzweig dazu. Den Bratsatz mit Weisswein ablöschen und Flüssigkeit auf die Hälfte einkochen lassen. Kalbsfond zugeben, nochmals einkochen lassen und mit Maizena leicht abbinden. Sauce durch ein Sieb giessen, mit dem Portwein verfeinern. Den Braten in dünne Tranchen schneiden, anrichten und mit etwas geschmolzener Butter bepinseln. Sauce separat in einer Saucière servieren.
❋ — Dazu passt ein Kartoffelauflauf (Seite 100).

Schweinekotelett

Für 6 Personen
50 g **Bratbutter**
6 **Schweinekoteletts**, 4 cm dick
Salz
Pfeffer
6 **Knoblauchzehen**, in Scheiben geschnitten
60 g **Butter**
4 EL **grobkörniger Senf**

Eine grosse Bratpfanne stark erhitzen. Bratbutter und Koteletts hineinlegen, salzen und pfeffern. Fleisch auf jeder Seite ungefähr 3 Minuten anbraten. Wenden Sie das Fleisch mit einem Spatel. Stechen Sie auf keinen Fall mit einer Fleischgabel hinein. Hitze reduzieren und ungefähr 5 Minuten weiterbraten. — Sobald die Garstufe «Daumen Ringfinger» (Glossar Seite 66) erreicht ist, Knobli dazugeben und noch etwas weiterbraten. Butter dazugeben.

Kurz vor Ende der Bratzeit den Senf auf die Koteletts verteilen. Nochmals in der Butter wenden und fertig ist das Kotelett.
Tine: Falls Sie keine Pfanne besitzen, in der 6 Koteletts Platz finden, braten Sie mit zwei kleinen. Die Kerntemperatur 74 Grad ist beim Schweinekotelett ideal. Wenn man das Fleisch am Knochen einritzt, sollte es dort noch rosa sein.
✻ — Dazu schmecken gedünstete Apfelschnitze.

Schweinekotelett Estermann

Sepp Estermann war einmal Stadtpräsident von Zürich. Wir fanden immer, er müsse mehr Fleisch auf den Rippen haben. So entstehen Rezepte.

Pro Bürgermeister
1 Schweinekotelett, 4 cm dick
2 Aprikosen, gedörrt, im Wasser eingelegt
1 Scheibe milder Raclettekäse
1 Ei
Vollrahm, steif geschlagen
Brotbrösel
Bratbutter

Backofen auf 150 Grad vorheizen. Bevor wir unser Kotelett einkleiden, schneiden wir auf der Seite des Koteletts längs eine Tasche ein und füllen diese mit 2 halbierten und flach gedrückten Dörraprikosen und Käse. — Dann folgt die Einkleidung. Ei, etwas Salz und Rahm mischen und das Kotelett darin baden, dann in den Brotbrösmeli wenden. Butter in der Pfanne schmelzen und Kotelett auf jeder Seite 3 Minuten anbraten. — Herausnehmen und im Ofen ungefähr 20 Minuten braten. Mit Thermometer messen, das Fleisch ist gar, wenn es eine Kerntemperatur von 70 Grad erreicht hat.

Schweinemedaillon an Senfsauce

Für 4 Personen
50 g Bratbutter
1 ganzes Schweinsfilet, à 600–700 g
✻ — Für die Sauce
20 g Bratbutter
1 kleine Zwiebel, in feine Würfel geschnitten
1 dl Kalbsfond (Seite 93)
1 dl Weisswein
½ Briefchen Safran
1 EL gestrichener Dijon-Senf
1 EL gestrichener Kräutersenf
2 Zweiglein Majoran, gezupft und fein gehackt
1 Zweiglein Thymian, gezupft und fein gehackt
1 Scheibe durchwachsener Speck, 1 cm dick, in feine Streifen geschnitten
1,5 dl Vollrahm oder **Crème fraîche**
Pfeffer
Salz
1 Cornichon aus dem Glas, in feinste Würfelchen geschnitten

Das Filet am Stück anbraten und im Ofen bei 100 Grad sich selber überlassen. — Für die Sauce Zwiebel in Bratbutter dünsten, mit Weisswein ablöschen und auf die Hälfte reduzieren. — Kalbsfond dazu und Safran, Senf, Thymian und Majoran einmischen. Aufkochen und den Rahm dazugeben. Jetzt pfeffern und vorsichtig salzen. Ein paar Minuten köcheln lassen. — Währenddessen die Speckstreifen kurz anbraten und mit den Cornichonwürfeli in die Sauce rühren. — Das Schweinefilet bei einer Kerntemperatur von 65 Grad aus dem Backofen nehmen. In Tranchen schneiden und auf einer Platte oder direkt auf die Teller verteilen und Sauce darübergiessen.
Tine: Das Filet am Stück anbraten und dann in Medaillons schneiden. Es bleibt saftiger und ist eine Herausforderung für jede Köchin.

Schweinesteak mit Hagebuttensauce

Für 4 Personen
4 Schweinesteaks vom Nierstück, je 200 g
Pfeffer
Salz
Bratbutter
2 EL Hagebuttenkonfitüre (Seite 77)
2 dl Sauerrahm

Backofen vorheizen auf 80 Grad. Fleisch salzen und pfeffern. In der Bratbutter gut anbraten. Im Ofen ungefähr 30 Minuten garen. Während das

Fleisch im Ofen ist, in der Fleischpfanne Hagebuttenkonfi erhitzen und den Sauerrahm einrühren. **Tine:** Wichtig ist, dass der Ofen auf genau 80 Grad vorgeheizt wird und ohne Temperaturschwankungen funktioniert.

Schweinesteak mit Speck

Für 6 Personen
Bratbutter
6 Schweinesteaks vom Hals, ca. 4 cm dick
Salz und **Pfeffer**
200 g Frühstücksspeck, in Scheiben
2 Bund glattblättrige Petersilie, abgezupft
1 EL Butter

Ofen vorheizen auf 180 Grad. Pfanne heiss werden lassen, Bratbutter darin schmelzen. Schweinesteaks auf jeder Seite 3 Minuten anbraten. Salzen und pfeffern. — Herausnehmen und in eine feuerfeste Form legen. Ungefähr 6 Minuten in den Backofen stellen. In einer anderen Pfanne den Speck knusprig braten. Peterli dazugeben und es richtig krachen lassen. Frische Butter dazugeben und auf einem mit Haushaltspapier belegten Teller abtropfen lassen. — Garstufe der Steaks mit Fleischthermometer oder Daumen-Zeigefinger-Methode (Glossar Seite 66) prüfen. Steaks aus dem Ofen nehmen, Speck und Peterli darauf verteilen.
❊ — Schmeckt mit Quetschkartoffeln (Seite 154).

Schweinshaxe von «Turopolje»

Turopolje-Schweine sind so robuste Tiere, dass sie sowohl im Sommer als auch im Winter draussen auf der Weide sein können. Entsprechend gut schmeckt ihr Fleisch.

Für 4 Personen
1 Haxe vom Turopolje-Schwein, 1,4 kg
Salz und **Pfeffer**
1 Bund Majoran
Schweineschmalz
2 rote Zwiebeln, in Würfel geschnitten
4 Knoblauchzehen, in Scheiben geschnitten
2 Rüebli, in Rugel geschnitten
1 Stück Knollensellerie, in Würfel geschnitten
1 Petersilienwurzel, in Würfel geschnitten
5 dl dunkles Bier
1 l Kalbsfond (Seite 93)
1 Nelke
1 TL Senfkörner
1 Bürli oder 1 Scheibe dunkles Brot, zerzupft
3 dl helles Bier, sehr kalt

Fleisch 3 Stunden vor Beginn aus dem Kühlschrank nehmen. Backofen vorheizen auf 180 Grad. In die Schwarte vom Schwein mit einem superscharfen Messer kleine Rauten schneiden. Mit Salz und Pfeffer einreiben. — Wo es möglich ist, Majoranzweige in die Haxe stecken. Ansonsten mit dem Messer einstechen und die Zweige in die Löcher stossen. — Haxe im Schweineschmalz anbraten, dann das Gemüse dazugeben. — Nach einiger Zeit mit der Hälfte des dunklen Biers ablöschen. Kalbsfond, Senf, Nelke und das Bürli dazugeben. — In einen Bräter geben und im Ofen ungefähr 2 Stunden braten. Ab und zu die Haxe mit Flüssigkeit übergiessen, dann wird sie schön knusprig. Ab und zu vom kalten hellen Bier selber einen Schluck trinken. — Wenn die Haxe fast vom Knochen fällt, herausnehmen und in Alufolie einpacken. So zieht der Saft nach innen. — Den verbliebenen Braten-Bier-Saft durch ein Sieb in einen Topf giessen. Restliches dunkles Bier dazugeben. Das weiche Gemüse mit einem Fleischklopfer verhauen. Wenn Sie keinen Fleischklopfer besitzen, nehmen Sie die leere Bierflasche. — Flüssigkeit richtig fest aufkochen und einkochen. Das weich geklopfte Gemüse wieder zugeben. Nochmals probieren, eventuell nachsalzen und pfeffern.

Schweinsschwänzchen

Für 6 Personen
2,5 kg Schweineschwänze, in 6 Portionen
2,5 dl Wasser
50 g Schweineschmalz
2 EL dunkler Honig
1 Lorbeerblatt
1 Bürli oder **dunkles Bauernbrot,** zerzupft
1 Rüebli, in Würfel geschnitten
½ Stange Lauch, in Ringe geschnitten

1 Stück Knollensellerie, in Würfel geschnitten
1 Stück Petersilienwurzel, in Würfel geschnitten
3 Zwiebeln, in Würfel geschnitten
3 Knoblauchzehen, in Scheiben geschnitten
2 EL süsses Paprikapulver
Pfeffer
2 dl dunkles Bier
2 dl helles Bier
1 TL Maizena, in etwas kaltem Wasser aufgelöst

Schweineschwänze mit Haushaltspapier abtrocknen und mit Salz einreiben. Ungefähr 1 Stunde ziehen lassen. — Backofen vorheizen auf 200 Grad. Wasser, Schweineschmalz, Honig, Lorbeerblatt, Bürli und Gemüse in einen Bräter geben. Ringelschwänze mit Paprikapulver einreiben, pfeffern und auf das Gemüse legen. In den Ofen geben und ab und zu mit Bratensud bepinseln. Nach 1 Stunde das ganze Bier darübergiessen und 1 weitere Stunde schmoren. Zwischendurch die Schweineschwänze drehen. Wenn das Fleisch sich langsam vom Knochen löst, herausnehmen und auf ein mit Backpapier belegtes Blech legen. — Grillfunktion im Ofen einschalten und die Ringelschwänze grillieren. Gemüse und Bier durch ein Sieb giessen. Die Sauce auf die Hälfte reduzieren, salzen und pfeffern und mit Maizena abbinden.

Schweinszunge, gepökelt

Für 4 Personen
5 dl Weisswein
2 Zwiebeln, geschält und geachtelt
3 Rüebli
1 Stück Sellerie
1 Lorbeerblatt
4 Wacholderbeeren
1 EL Senfkörner
50 g Speck
2 gepökelte Schweinszungen
Butter

Alle Zutaten bis und mit Speck zusammen aufkochen. Zungen hineinlegen. — Nochmals aufkochen, dann Hitze reduzieren. Je nach Grösse der Zungen bis zu 2 Stunden sieden. Die Zungen müssen sehr weich gekocht werden. — Herausnehmen und Zungen häuten. Der Länge nach schneiden und in geschmolzener Butter wenden.
Tine: Ich esse die Zunge am liebsten zu einem guten Sauerkraut, mit Brot oder Kartoffelstock.

Seeländer Fladen

Ein Gericht, das als kleiner Imbiss zum Aperitif immer eine gute Figur macht.

Für ein Backblech von 28 cm Durchmesser
15 Scheiben geräucherter Speck
Butter
1 TL Rosmarinnadeln, gehackt
2,5 dl Crème fraîche
Pfeffer
✣ — Für den Teig
500 g Weissmehl
1 TL Salz
4 EL Olivenöl
20 g frische Hefe
3 dl Wasser, lauwarm

Für den Teig Mehl mit Salz in einer Schüssel mischen, eine Mulde ins Mehl drücken und Olivenöl hineinträufeln. Hefe im Wasser auflösen und in die Mulde geben. Von der Mitte her den Teig anrühren und dann sehr kräftig durchkneten. Ungefähr 2 Stunden an einem warmen Ort auf das Doppelte aufgehen lassen. — Backofen vorheizen auf 230 Grad. 300 g vom nun aufgegangenen Teig abwägen und auf einer bemehlten Arbeitsfläche auf die Blechgrösse auswallen, sodass der Teig über den Rand hinauslappt. Restlichen Teig einfrieren. — Mit einer Gabel einige Löcher in den Teig stechen und grosszügig Burespeck darauf verteilen. Auf der untersten Rille des Ofens backen, bis der Teig knusprig und der Speck gebraten ist. — In einem kleinen Pfännchen Butter schmelzen, Rosmarin darin baden und über den Speck verteilen. Und noch 2 Minuten im Ofen lassen. — Herausnehmen und die Crème fraîche über den Fladen verteilen. Kräftig pfeffern.
Tine: Noch schneller geht es, wenn Sie beim Bäcker oder in einem anderen guten Geschäft ein Stück fertigen Hefeteig oder Pizzateig kaufen, aber auf keinen Fall einen bereits ausgewallten.

Seezunge

Die Seezunge hat ihr natürliches Habitat, wie genaue Beobachter sicherlich erkannt haben, weder im Zürichsee noch im Rhein. Dass sie dennoch in diesem Kochbuch vorkommt, hat mit den Eigenheiten der Schweizer Lehrabschlussprüfung zu tun. Dort wird regelmässig ein gekonnter Umgang mit dem flachen Meeresfisch abgefragt. Weil in der «Alpenrose» regelmässig Lehrlinge ausgebildet wurden, gab es hin und wieder Seezunge fürs Personal. Hier eine sehr einfache, schnelle Variante.

Für 4 Personen
4 ganze Seezungen, ausgenommen
200 g Butter
Salz und Pfeffer
150 g Mehl
3 Zitronen, halbiert

Mit einem Messer auf der dunklen Seite des Fisches beim Schwanz quer durch die Haut schneiden, die Haut mit einem Tuch festhalten und abziehen. Fisch wenden und die andere Seite gleich häuten. Sie haben noch 3 Versuche, um es zu perfektionieren. — Butter in zwei Pfannen gleichzeitig schmelzen. Fische salzen, pfeffern und im Mehl wenden. In die geschmolzene Butter legen und 2 Minuten braten, Fische wenden. Mit einem Esslöffel die Bratbutter über den Fisch schöpfen. — Zitronenhälften darüber auspressen und die Fische im Saft wenden. Auf eine warme Platte verteilen und mit Butter übergiessen.

Sellerieknollenstock

Für 4 Personen
1 kg Knollensellerie, geschält, geviertelt
5 dl Doppelrahm
100 g Butter

Sellerie im Dampf garen, bis er butterweich ist. Mit dem Mixstab grob pürieren. Doppelrahm dazurühren, mit Salz und Butter abschmecken. Vorsichtig erwärmen. Falls kein Doppelrahm vorhanden ist, mit Rahm und Butter ersetzen.

Sellerieravioli

Für 6–8 Personen
700 g Sellerie, in grobe Stücke geschnitten
5 cl Olivenöl
100 g Parmesan, gerieben
2 ganze Eier
1 Handvoll Paniermehl
Pfeffer
500 g Ravioliteig (Seite 160)
1 Eiweiss, geschlagen

Sellerie im Salzwasser kurz blanchieren. Die Stücke in Scheiben schneiden und mit Olivenöl in einer Bratpfanne weich schmoren. — Pürieren und in einer Schüssel erkalten lassen. Parmesan, Eier und Paniermehl daruntermischen, mit Salz und viel schwarzem Pfeffer würzen. — Den Ravioliteig durch die Teigmaschine drehen, bis er hauchdünn ist. Teigband halbieren. Eine Bandhälfte mit geschlagenem Eiweiss bestreichen. Mit dem Spritzsack haselnussgrosse Häufchen auf den Teig setzen. Die zweite Bandhälfte darüberlegen, gut bis an die Füllung andrücken und mit einem Teigrad zu Ravioli ausschneiden. — Ravioli in viel Salzwasser 2–4 Minuten köcheln.

✣ — Passt gut zu Trüffelrahm (Seite 206).

Semifreddo aus dem Tessin

Ein etwas kompliziertes Rezept, das die Mühe aber lohnt – jedenfalls, solange etwas davon da ist.

Für 8–10 Tassen à 1,2 dl
✣ — Muss 2 Stunden gefrieren
125 g Espressobohnen
250 g Zucker
5 Eigelb
80 g Zucker
1,2 dl Kaffeelikör
2,5 cl Amaretto
5 dl Vollrahm, steif geschlagen
Dunkles Schokoladenpulver

7,5 dl Wasser, Bohnen und 250 g Zucker zusammen in einem Topf so lange kochen, bis ein dicker

Sirup entsteht (ungefähr 30 Minuten). Wichtig ist, dass die Sirupmischung 1,3 dl beträgt. Es braucht seine Zeit! — Den Sirup durch ein Sieb giessen. Die klebrigen Bohnen auf einem Brett verteilen und in den Kühlschrank stellen. Sobald sie steinhart sind, sehr fein hacken. — Zucker und Eigelb rühren, bis die Masse hell ist. Sirup und restliche Zutaten ausser Rahm und Schoggipulver miteinander mischen und nochmals aufkochen. Die heisse Kaffeesirup-likörmischung im Faden zur Eigelbmasse geben und kräftig weiterschlagen. — Ins kalte Wasserbad stellen und so lange rühren, bis die Masse wieder kalt ist. Schlagrahm darunterziehen. — Kaffeetassen mit Klarsichtfolie auskleiden und den pulverisierten Kaffee einstreuen. Anschliessend das Parfait einfüllen. Mit Schoggipulver bestreuen und im Tiefkühler mindestens 2 Stunden gefrieren.

Tine: Machen Sie den Sirup wirklich selber, es lohnt sich. Mit einem gekauften Kaffeesirup wird dieses Dessert nur halb so gut.

Senfbutter

Für 5 Personen
1 Spritzer **Zitronensaft**
200 g **Butter**, zimmerwarm
1 EL **scharfer Senf**
1 EL **Dijon-Senf**
1 EL **Honigsenf**
2 Zweige **Majoran**, fein gehackt
2 Zweige **Thymian**, Blättchen abgezupft, gehackt
3 grosszügige Spritzer **Worchestersauce**
Salz und **Pfeffer**

Butter und Zitronensaft mit dem Handmixer sehr luftig schlagen. Restliche Zutaten zugeben, mischen und abschmecken. — Mit einer kleinen Glacezange oder einem Löffel Kugeln formen und im Kühschrank fest werden lassen oder einfrieren.

Senfglace

Ergibt 1 Liter für 6–8 Personen
1,5 dl **Vollrahm**
5 dl **Milch**
30 g **scharfer Senf**
30 g **Honigsenf**
30 g **Kräutersenf**
1 Prise **Brotgewürz**
1 Briefchen **Safran**
6 **Eigelb**
1 Schuss **Cognac**
1 Zweig **Majoran**, fein gehackt
1 Bund **Schnittlauch**, sehr fein geschnitten

Rahm, Milch, alle Senfsorten, Brotgewürz und Safran in einem Topf aufkochen. Pfanne beiseite stellen und Gemisch etwas abkühlen lassen. — Eigelb mit dem Schwingbesen zu einer glatten Creme verrühren. Milch-Senf-Gemisch im Faden unter ständigem Rühren zu den Eiern geben, abkühlen lassen. Cognac und Kräuter dazugeben und in der Glacemaschine fertigstellen. — Sofort essen und den Rest einfrieren.

Tine: Eine Kugel Senfglace schmeckt sehr gut zu kurz gebratenem Fleisch, wie einem Rindssteak (Seite 169) oder einem Kotelett (Seite 94, 190), aber auch zu Tomaten aus dem Ofen. Die Eiweisse nicht wegwerfen! Machen Sie Meringues Pavlova (Seite 127) oder frieren Sie das Ganze ein für später.

Senfsauce

Für 4–6 Personen
2 **Zwiebeln**, fein gehackt
50 g **Bratbutter**
5 dl **Weisswein**
6 dl **Gemüsebouillon** (Seite 61)
2 EL **scharfer Senf**
1 EL **Dijon-Senf**
1 EL **milder Senf**
1 EL **Senfkörner**
30 g **Speck**, am Stück
½ **Zitrone**, frisch gepresst
3 dl **Vollrahm**
4 Zweige **Majoran**, Blättchen abgezupft
1 TL **Maizena**, in etwas kaltem Wasser aufgelöst
Salz und **Pfeffer**

Zwiebeln in Butter andünsten und mit Weisswein ablöschen. Flüssigkeit auf 1 dl einköcheln. — Gemüsebouillon dazugiessen. Allen Senf mit einem Schwingbesen einrühren. Speck dazugeben, kurz

Siedfleisch mit Estragonsauce

Für 6 Personen
1 Stange Lauch
2 Rüebli
½ Knollensellerie
2 Zwiebeln
1 Petersilienwurzel
1 Lorbeerblatt
1 Thymianzweig
1 Bund glattblättrige Petersilie
Salz
Ein paar Pfefferkörner
Ein paar Senfkörner
500 g Rindsknochen mit viel Fleisch dran
1,5 kg Rindfleisch von der Schulter
Estragonsauce (Seite 46)

Wasser zum Kochen bringen, Gemüse und Gewürze zugeben und 10 Minuten köcheln lassen. Rindsknochen und Fleisch zugeben und darauf achten, dass alles gut bedeckt in der Suppe liegt. Alles zum Kochen bringen und etwa 1 Stunde köcheln. Schaum und Fett immer wieder abschöpfen. — Nach 1 Stunde das Fleisch aus der Pfanne heben und prüfen. Wenn das Fleisch gar ist, wieder in den Topf zurücklegen und vom Herd nehmen. Ungefähr 20 Minuten ruhen lassen. Das Fleisch herausnehmen und in Scheiben schneiden, mit dem Gemüse und Estragonsauce servieren.
Tine: Ein Arbeitsgang und Sie haben zwei Gerichte: Suppe und Hauptgang.

Sorbet

Camparisorbet — 29
Cassissorbet — 31
Clementinensorbet — 33
Erdbeersorbet — 46
Himbeersorbet — 80
Kirschsorbet — 107
Limonensorbet — 225
Mandarinensorbet — 123
Nektarinen-Zitronen-Sorbet — 133
Tomaten-Basilikum-Sorbet — 204
Zitronensorbet — 225

Spanferkel

Für 12 Personen
1 Ferkel, vier Wochen alt, mit den Innereien
150 g Bratbutter, zimmerwarm
Salz und Pfeffer
1 l dunkles Bier für das Ferkel
5 dl helles Bier, zum selber Trinken
500 g Brot, vom Vortag
3 Zwiebeln, fein geschnitten
1 Bund Majoran, gehackt
1 Bund Thymian, gehackt
1 TL Brotgewürz
2–3 Eier
2 TL Senf
1 TL Maizena, in etwas kaltem Wasser aufgelöst

Backofen vorheizen auf 200 Grad. Das Nierenfett aus dem Schweinchen entfernen. Das Schweinchen mit der Hälfte der Bratbutter, Salz und Pfeffer aussen und innen einreiben. Das Ferkel mit dem dunklem Bier begiessen, selber einen Schluck vom Hellen trinken. — Brot in feine Scheiben schneiden. Zwiebeln in etwas Bratbutter glasig dünsten, Nieren und Leber hacken, Kräuter, Brotgewürz und Eier daruntermischen. Zu guter Letzt den Senf dazugeben, salzen und pfeffern. — Dem Schweinchen den Bauch mit der Mischung vollstopfen. Zubinden und nochmals mit der restlichen Bratbutter einreiben. Und selber wieder einen Schluck Bier nehmen. — Schweinchen auf ein Blech setzen, das restliche dunkle Bier dazugiessen und im Ofen bei 200 Grad 2 Stunden braten. Das Ferkel anheben. Wenn es keine Blutspur hinterlässt, ist es gar. — Ferkel vorübergehend auf eine warme Platte setzen. Den Bierbratensaft würzen und mit etwas Maizena abbinden.
Tine: Sollte das Spanferkel nicht in Ihren Ofen passen, gehen Sie doch einfach zu Ihrem Nachbarn und fragen ihn, ob er einen grösseren hat.

Spanferkelschulter mit Schwarte

Für 4 Personen
1 kg Spanferkelschulter, den Knochen ausgelöst und zerhackt
Salz und **Pfeffer**
50 g Bratbutter
1 Lorbeerblatt
1 Stück Knollensellerie
2 Zwiebeln, geviertelt
1 Rüebli
2 Knoblauchzehen
2 EL Senf
1 dl Weisswein

Backofen vorheizen auf 220 Grad. Die Schulter gut salzen und pfeffern. Knochen im Brattopf verteilen und die Schulter mit der Fettseite auf die Knochen legen. Die Bratbutter in den Topf geben und etwas Wasser und Lorbeer dazugeben. Im vorgeheizten Backofen ungefähr 30 Minuten braten. — Die Schulter umdrehen und mit einem sehr scharfen Messer Rauten in die Schwarte schneiden. Gemüse zum Fleisch geben. Senf dazugeben und mit Weisswein ablöschen. Zugedeckt weiterbraten. Nach ungefähr 40 Minuten schauen, ob das Fleisch weich ist. — Wenn das Spanferkel fertig ist, das bisschen Bratensaft abschmecken.

Spargeln, weisse

Solange die Spargeln bei uns noch kalte Füsse haben, kaufe ich keine. Stattdessen mache ich einen Ausflug in ein Spargelgebiet in meiner Heimat oder warte, bis Spargeln auf dem Wochenmarkt angeboten werden. Pro Person rechne ich 500 g Spargeln, ungeschält gewogen. Mein untrüglicher Frischetest: 2 Spargeln aneinander reiben. Quietschen sie, sind sie noch frisch. Ich mag Spargeln am liebsten geschält, mit einem Würfelzucker im Wasser so lange gekocht, bis sie sehr weich sind. Dann gebe ich viel geschmolzene Butter und ein paar Tropfen Spargelessig aus unserem Nachbarland Österreich darüber. Dazu Salzkartoffeln, Milchschinken oder ein Verlorenes Landei (Seite 210).

Spargeln für die Armen

Eines Tages bemerkte ich, dass ich vor allem Gemüse gerne habe, bei dessen Vorbereitung eine Riesensauerei entsteht. Da muss ich etwas dafür tun, um dem Kern, dem Geschmack, so nahe wie möglich zu kommen. Die grösste Sauerei beim Rüsten entsteht bei einem meiner Lieblinge, der Schwarzwurzel. Kaum ist die letzte Portion verarbeitet, freue ich mich bereits wieder auf die «Spargeln für die armen Leute». Ich frage mich allen Ernstes, was daran arm sein soll. Putzen nur die Armen? Möchten sich Reiche womöglich die Hände nicht schmutzig machen? Jedenfalls konnte mir noch nie jemand die Frage beantworten. Mit den Gummihandschuhen zu arbeiten, habe ich erst in der Schweiz angefangen. Eher aus praktischen Gründen. Früher wurde ich durch meine Hände immer daran erinnert, dass ich vor drei Tagen wunderbare Schwarzwurzeln gekocht hatte.

Für 4 Personen
1,2 kg Schwarzwurzeln mit viel Erde dran
1 Zitrone, frisch gepresst
Salz
2 dl Vollrahm
1 Schuss Wermut
Weisser Pfeffer
50 g Butter

Doppelte Tageszeitungsseiten im Waschbecken auslegen. Schwarzwurzeln mit einer trockenen Bürste von der Erde befreien. Dann Zeitung und Dreck herausnehmen und das Waschbecken mit Wasser füllen. Wurzeln im Wasserbad mit einer zweiten Bürste schrubben. Wasser mit Zitronensaft und Salz in einem Topf bereitstellen. Die Schwarzwurzeln schälen, auf die gewünschte Grösse zuschneiden und sofort ins Zitronenwasser legen. — Schwarzwurzeln im Zitronenwasser aufkochen und so lange garen, bis sie spargelweich sind. — Durch ein Sieb giessen und zurück in den Topf geben. Rahm, Wermut und Pfeffer zugeben. Aufkochen und Butter dazugeben. — Da Ihr Waschbecken so oder so schon einem Schachtfeld gleicht, lohnt es

sich, vor dem Aufräumen noch ein paar Kartoffeln zu schälen und als Beilage zu servieren.
Tine: Sie können den Dreck auch ohne Zeitung im Waschbecken abschrubben, aber vielleicht müssen Sie anschliessend den Sanitär bestellen.

Spätzli

Für 8 Personen
2,5 dl Milch
2,5 dl Mineralwasser
15 g Salz
10 Eier
4 Eigelb
1 kg Mehl

Milch, Mineralwasser, Salz und Eier mit dem Mixer mit Knethaken verrühren. Mehl im Sturz dazugeben. So lange rühren, bis sich Blasen bilden. Teig etwas ruhen lassen. Leicht gesalzenes Wasser in einem grossen Topf aufkochen und den Teig portionenweise durch das Spätzlisieb in das kochende Wasser schaben. Wenn die Spätzli nach 2–3 Minuten oben aufschwimmen, mit einer Lochkelle herausnehmen und in eine Schüssel füllen. Mit etwas warmer Butter vermischen. Diesen Vorgang wiederholen, bis der ganze Teig aufgebraucht ist.
Tine: Wir verwenden Mineralwasser mit Kohlensäure, es gibt so die viel schöneren Spätzli. Was übrig bleibt, am nächsten Tag in Butter braten.

Spiegelei

Spiegeleier gehören auf einen vorgewärmten Teller. Das ist ein absolutes Muss.

Pro Person
Bratbutter
2 Eier
Butter
Brot

Pfanne erhitzen, etwas Bratbutter hineingeben und die Eier in die Pfanne hauen. Salzen. Ein paar Butterstückchen am Eierrand einflocken. Mit einem Spatel die Eier kurz anheben, sodass sich die Butter unter der warmen Decke verstecken kann. Auf einen gut vorgewärmten Teller gleiten lassen. — Währenddessen das Brot toasten oder in einer Bratpfanne rösten. Jetzt ist die Welt in Ordnung!
Tine: Ich brate die Eier so lange, bis der Rand leicht knusprig ist.

Spiegelei für Einsame im Glück

Für 1 Person
3 Tomaten
50 g Bratbutter
1 rote Zwiebel, sehr fein gehackt
1 Knoblauchzehe, sehr fein gehackt
Salz und Pfeffer
2 Eier

Ofen vorheizen auf 130 Grad. Die Tomaten kurz im heissen Wasser blanchieren. Herausnehmen, schälen, halbieren, entkernen und grob hacken. — Bratbutter in einer Gusspfanne schmelzen, Zwiebel, Knobli und Tomaten darin dünsten. Nach Lust und Laune salzen, pfeffern und wenige Minuten stehen lassen. Tomate in eine gebutterte Gusspfanne geben. Etwas auf die Seite schieben, 2 Eier in die Pfanne aufschlagen und kurz auf dem Herd anbraten. Eier salzen, pfeffern und für einige Minuten in den heissen Ofen stellen. — Pfanne auf den Tisch stellen und direkt daraus essen.

Stängeli aus Walliser Bergkäse

Für 6 Personen zum Apéro
2 dl Milch
2 Eigelb
150 g Mehl
2 Eiweiss, steif geschlagen
400 g Walliser Bergkäse, in 1 cm dicke Scheiben geschnitten
Pfeffer
Mehl, zum Wenden
Rapsöl, zum Frittieren

Für den Teig Milch und Eigelb verrühren, Mehl und etwas Salz unter Rühren zugeben. Teig etwas ruhen lassen. — Kurz vor dem Frittieren Eiweiss darunterziehen. — Käse in 2 cm breite Streifen schneiden. Leicht salzen und pfeffern, im Mehl wenden. — Öl in einer weiten Pfanne erhitzen. Käse durch den Teig ziehen und ins heisse Öl gleiten lassen. Goldgelb backen. — Mit einer Lochkelle herausheben und auf einem Haushaltspapier kurz abtropfen lassen. Sofort heiss servieren.

✼ — Dazu passt ein guter Walliser Weisswein, zum Beispiel Petite Arvine oder Heida.

Steinbockwurst

Ergibt 30 Stück
1,5 kg Steinbockgigot
500 g fetter, geräucherter Speck, in Streifen geschnitten
1 Peperoncino
150 g kalt gerührte Preiselbeeren (Seite 151), zerdrückt
15 Wacholderbeeren, zerdrückt
2 Knoblauchzehen, gehackt
100 g rohe Rande, in kleine Würfel geschnitten
2 TL Paprikapulver
Salz und Pfeffer
½ Bund Thymian, Blättchen abgzupft
Schweinedarm (Kaliber 3), vom Metzger

Gigot in Streifen schneiden, mit Speck, Gewürzen und dem Grünzeug mischen und 1 Stunde kühl stellen. — Alles durch den Fleischwolf treiben oder mit einem Messer fein hacken. Mit Salz und Pfeffer nachwürzen, nochmals gut vermischen. Und los geht's. Die Masse in eine Wurstmaschine geben und in Därme abfüllen. Die Würste alle 15 cm abdrehen und mit einem Fleischbindfaden oder einer Küchenschnur auf beiden Seiten zusammenbinden. — Bei kleiner Hitze in einer Grill- oder Chromstahlpfanne braten.

Tine: Diese Würste sofort verbraten oder für den späteren Gebrauch im Tiefkühler einfrieren.

Steinpilze mit Speck und Landei

Für 6 Personen
6 grosse, feste Steinpilze
6 Scheiben Frühstückspeck, dünn geschnitten
2 Knoblauchzehen, in feine Scheiben geschnitten
1 Bund Thymian
Salz und Pfeffer
6 Verlorene Eier (Seite 210)
Butter, geschmolzen

Ofen vorheizen auf 230 Grad. Pilze mit einer Bürste reinigen. — Den Stiel bis zum Hut einschneiden. In jeden Einschnitt 1 Scheibe Speck, 1 Scheibe Knoblauch, Thymian und 1 Stück Butter stecken und mit wenig Salz und Pfeffer würzen. — Alle Pilze in eine Form legen und mit Butter ungefähr 15 Minuten im vorgeheizten Ofen garen. Die Garzeit hängt von der Grösse der Steinpilze ab. Wenn der Speck knusprig ist und der Pilzhut schon etwas schrumpelt, herausnehmen. — Mit der geschmolzenen Butter übergiessen und mit Verlorenen Eiern servieren.

Tine: Pro Person eine Scheibe schön geröstetes Brot nicht vergessen.

Steinpilze mit Kartoffeln

Für 4–6 Personen, Gratinform
600 g neue Kartoffeln, geschält
3 Knoblauchzehen, in feine Scheiben geschnitten
2 Frühlingszwiebeln, nur das Weisse, in feine Scheiben geschnitten
Salz und Pfeffer
50 g Bratbutter
600 g schöne Steinpilze
2 Zweige Rosmarin, die Nadeln abgestreift
Olivenöl, zum Beträufeln
½ Zitrone

Backofen vorheizen auf 200 Grad. — Kartoffeln der Länge nach in ungefähr 5 mm dicke Scheiben schneiden. Mit Knoblauch und Frühlingszwiebeln in einer Schüssel mischen, salzen und pfeffern. Bratbutter in eine Gratinform geben und Kartoffelmischung darauf verteilen. Nicht mehr als zwei Lagen übereinanderschichten. — Steinpilze mit einem Küchentuch abreiben (nicht waschen). Stiele herausdrehen, Hüte und Stiele der Länge nach in ungefähr 5 mm dicke Scheiben schneiden. — Mit Rosmarin mischen und über die Kartoffeln verteilen. Mit etwas Olivenöl beträufeln, Zitrone darüber auspressen und salzen. Gratinform sehr gut mit einer Alufolie abdecken und verschliessen. Im Backofen 30–40 Minuten braten.

Steinpilze mit Pfirsich

Für 6 Personen
1 Zwiebel, fein gewürfelt
2 Knoblauchzehen, fein gehackt
30 g Bratbutter
350 g feste Steinpilze, in feinen Scheiben
2 kleine Pfirsiche, in feine Scheiben geschnitten
Salz und Pfeffer
Etwas Petersilie, fein gehackt
2 Zweige Thymian, Blättchen abgezupft
1 dl Hühnerbouillon (Seite 85)
1 dl Vollrahm

Zwiebel und Knobli in Bratbutter golden dünsten. Die Temperatur erhöhen und die Steinpilze in den goldenen Herbst entlassen. Alle Zutaten bis auf den Rahm dazugeben. Aufkochen und Hitze sofort wieder reduzieren. Rahm dazurühren und noch ungefähr 2 Minuten köcheln.
Tine: Steinpilze gibt es im Sommer und dazu passt eine süsse Frucht. Ich ersetze mit den Pfirsichen die Süsse der Preiselbeeren, die es erst im Herbst gibt.

Steinpilzsauce

Für 4–6 Personen
50 g Bratbutter
1 kleine Zwiebel, fein gehackt
2 Knoblauchzehen, fein gehackt
50 g getrocknete Steinpilze, in Wasser eingelegt
2 dl Weisswein
4 dl Gemüsebouillon (Seite 61)
3 dl Doppelrahm
½ Bund Thymian, Blättchen abgezupft
4 Steinpilze, in Scheiben geschnitten
1 TL Maizena, in etwas kaltem Wasser aufgelöst
50 g feiner Spinat

Etwas Butter in einer Bratpfanne schmelzen. Zwiebeln und Knoblauch darin dünsten. Eingeweichte Steinpilze dazu und kurz mitdünsten. Mit Weisswein ablöschen und so lange köcheln, bis er fast verschwunden ist. — Gemüsebouillon beigeben und 5 Minuten köcheln lassen. Doppelrahm und Thymian dazugeben und einmal gut durchkochen lassen. Pfanne beiseite stellen. — In einer zweiten Bratpfanne die Steinpilze in der restlichen Bratbutter anbraten. Salzen, Pfeffern und in die Sauce geben. — Nochmals aufkochen und bei Bedarf mit Maizena abbinden. Spinat daruntermischen.
✽ — Schmeckt zu Malfatti (Seite 122), Schupfnudeln (Seite 187), Wildschweinravioli (Seite 219).

Strohkartoffeln

Für 6 Personen
1 kg sehr grosse, festkochende Kartoffeln
Rapsöl, zum Frittieren

Kartoffeln schälen, mit dem Julienne-Schäler «Rex» in Streifen schneiden und einige Minuten in kaltes Wasser legen. — Herausnehmen und mit einem Haushaltspapier trocknen. Das Öl in einer hohen Pfanne auf 180 Grad erhitzen und Kartoffeln 3–4 Minuten darin frittieren. — Herausnehmen, auf einem Haushaltspapier abtropfen lassen, salzen und sofort essen!

Strudelteig

Ergibt 300 g Teig
✽ — Teig muss 45 Minuten ruhen
200 g Mehl
1½ EL Sonnenblumenöl
1,25 dl Wasser, lauwarm

Mehl in die Schüssel einer Teigmaschine sieben. Mit dem Knethaken rühren und Öl, ½ Teelöffel Salz und Wasser dazugiessen. Den Teig bei langsamer Tour 15 Minuten kneten. — Die Teigkugel mit etwas Sonnenblumenöl einreiben. In eine kleine Schüssel legen und mit einem Tuch abgedeckt an einem sehr warmen Ort 45 Minuten stehen lassen.

Suppen

Suppen fehlen in diesem Buch – aber nur in diesem Buch. Es gibt zu diesem grossen, saftigen Thema bereits eine eigene Publikation der «Alpenrose»-Wirtinnen: Das *Suppenkochbuch* mit allen Rezepten des darauf spezialisierten «Limmatlädeli». Von der Aal- bis zur Zürcher Chostsuppe.

Feld, Wald und Wiese

Zubereitungszeit: 15 Minuten
Für 4–6 Portionen

4 Bund Radieschen, gewaschen und in Scheiben geschnitten (sehr frische Blätter können mit verwendet werden)
50 g Bratbutter
1 Zwiebel, fein gehackt
1 l heisse Hühnerbouillon
Salz, Pfeffer
½ TL Meerrettichpaste
100 g Mascarpone
100 g Crème fraîche
1 Bund Schnittlauch, fein geschnitten

Radieschencremesuppe

Ein kleiner Teil der Radieschenscheiben zurückbehalten, den Rest mit Zwiebeln in Butter andünsten, mit heisser Hühnerbouillon ablöschen. Würzen mit Salz, Pfeffer und Meerrettich. Etwa fünf Minuten köcheln lassen. Im Mixer pürieren und mit Mascarpone und Crème fraîche vermischen. Nochmals aufkochen lassen und die fein geschnittenen Radieschenblätter, Schnittlauch und die beiseitegelegten ganzen Radieschenscheiben dazugeben.

Zubereitungszeit: 30 Minuten
Für 4–6 Portionen

50 g Bratbutter
1 Zwiebel, fein gehackt
½ Peperoncino, entkernt
300 g mehligkochende Kartoffeln geschnitten
500 g Zucchetti, in Würfel gesch...
1 Gemüsebouillon
nd Schnittlauch, fein gesc...
Pfeffer
weige Zitronenmelisse,

Kartoffel-Zucch...

Zwiebel in Butter andünst... toffeln und Zucchetti beif... löschen. Köcheln lassen. W... Den Peperoncino rausne... fügen. Im Mixer pürieren... nenmelisse dazugeben.

Tine: Lieber junge, kl... emplare verwenden. We... gekocht werden. We... gen, dann den Pepe...

Tannenschösslinghonig

Für 2–3 Gläser à 2,5 dl
✲ — Muss 2 Monate lagern
900 g Zucker
1 l Wasser
600 g zarte, hellgrüne Tannenspitzen
(Auf eine Wanderung mitnehmen: 1 kleine Schere, 1 kleine Papiertüte)
½ gute Zitrone

Wasser, Zucker, Tannenschösslinge und Zitrone ungefähr 30 Minuten köcheln und 5 Minuten stehen lassen. — Anschliessend durch ein nasses heisses Tuch giessen. — Wieder in einen Topf geben und mindestens 1 Stunde einkochen lassen, bis eine honigähnliche Masse entsteht. — In heisse Gläser füllen und im dunklen, kühlen Keller lagern. — Genussfertig nach 2 Monaten.

Teige

Backteig für Fisch — 16
Bierteig — 19
Bierteig ohne Eier — 20
Hefeteig, süss — 79
Kuchenteig für Süsses — 110
Mürbeteig — 130
Ravioliteig — 160
Strudelteig — 200

Terrinen

Geissenkäseterrine mit Preiselbeeren — 60
Nussterrine — 134
Orangenterrine — 142
Tomatenterrine — 205

T

T wie Teig. Teigmachen ist ein grosser Spass. Der Teig auf dem Bild links ist zum Beispiel ein Strudelteig. Der ist sehr elastisch und angenehm zum Angreifen. Aber wehe, er reisst. Alle anderen Teige gleich nebenan.

Toblerone-Sauce von Katharina

Katharina arbeitete bei Schoggi-Tobler in Bern. Dessen dreieckige Kreation mit türkischem Honig und Haselnüssen heisst Tobler*one* (Aussprache: englisch für eins). Die Liebe Katharinas zur Nummer eins ist ungebrochen.

Für 4 Personen
2,5 dl Milch
185 g Toblerone
65 g Schokolade, mit 70 Prozent Kakaoanteil
50 g Kastanienhonig
20 g Butter
100 g Mandeln, gehackt und geröstet

Milch in einer Pfanne erhitzen. — Toblerone und Schoggi langsam darin schmelzen. Honig dazugeben und kurz aufkochen. Butter unter ständigem Rühren dazugeben. Abkühlen lassen. — Zum Schluss Mandeln mit einem Löffel einrühren.
Tine: Die Mandeln wirklich erst zugeben, wenn die Sauce kalt ist, sonst werden sie gummig.

Tomaten für den Winter

Ergibt 5 Gläser à 5 dl für den Vorrat
3 kg sehr reife Tomaten

Tomaten vierteln und in einen Topf geben. Mit kaltem Wasser bis 3 Zentimeter über die Tomaten auffüllen. Bei kleiner Hitze köcheln und gelegentlich mit einem Holzlöffel umrühren. — Sobald die Tomaten schäumen, sind sie gar. Zum Abtropfen in ein Sieb giessen und darin abkühlen lassen. — Die abgetropften Tomaten durch ein Passevite treiben. — Einmachgläser mit kochendem Wasser überbrühen. Tomaten in die Gläser füllen. Verschliessen und mit einem Tuch umwickeln, damit sie beim Sterilisieren nicht aneinanderschlagen. Wasser in einem Topf aufkochen, Gläser hineinstellen und wieder aufkochen. Topf vom Herd nehmen und die Gläser darin stehen lassen, bis das Wasser kalt ist.
Tine: Reife Tomaten im Spätsommer und Herbst nicht würzen. Pur schmecken sie am besten.

Tomaten mit Bohnenkraut

Aus Auslikon haben wir immer unser bestes Gemüse bekommen. Das Bohnenkraut schmeckt zu den Tomaten mindestens so gut wie Basilikum.

1 Stück Butter
1 fette Tomate, Babuschka, in Scheiben schneiden
Grosszügig Bohnenkrautblättchen

Butter in einer Teflonpfanne schmelzen, Tomatenscheiben darin kurz wenden, salzen und Bohnenkraut dazu. Fertig!
Tine: Einfach so mit Brot oder einem Verlorenen Landei (Seite 210).

Tomaten-Basilikum-Sorbet

Für 10–12 Personen
1 Bund Basilikum, fein gehackt
7,5 dl Tomatensaft
Salz
Pfeffer
½ Zitrone, frisch gepresst
5 cl Olivenöl

Basilikum, Tomatensaft und Olivenöl mischen, salzen, mit Zitronensaft abschmecken. — Und in der Glacemaschine fertigstellen.

Tomatenkrapfen

Für 4–6 Personen
10 San-Marzano-Tomaten, halbiert
Salz und **Pfeffer**
1 Bund Thymian, Blättchen abgezupft
5 dl Rapsöl
❊ — Für den Teig
100 g Weizenmehl
100 g Reismehl
1 TL Honig
1,5 dl Bier

Für den Teig Mehle und etwas Salz mischen. Honig, 1,5 dl Wasser und Bier verrühren und im Faden zum Mehl rühren. Teig beiseite stellen. — Backofen auf 120 Grad vorheizen, Tomaten halbieren und mit der Schnittseite nach oben auf ein Backblech legen, etwas salzen und pfeffern. 1 Stunde im Ofen verweilen lassen. — Wenn die Tomaten sich leicht krümmen, herausnehmen und abkühlen lassen. Nochmals salzen und pfeffern und mit Thymianblättchen bestreuen. Einen grossen Topf mit Öl erhitzen. Die Tomatenhälften in den Bierteig tauchen, abtropfen und 2–3 Minuten frittieren.
Tine: Die Tomatenkrapfen schmecken nur mit sehr reifen Tomaten.

Tomatensauce

Für 6 Personen
1 rote Zwiebel, fein gehackt
2 Knoblauchzehen, in feine Scheiben geschnitten
1 grosszügiger Schuss Olivenöl
1 EL Zucker
1 grosse Dose San-Marzano-Tomaten (800g)
700 g Datteltomaten, leicht gequetscht
1 grosser, weisser, sehr reifer Pfirsich, halbiert, ohne Stein und in Schnitze geschnitten
Meersalz

Zwiebeln und Knoblauch in Olivenöl dünsten. Zucker einrieseln und leicht caramelisieren lassen. Dosentomaten, Datteltomaten und Pfirsich daruntermischen. Alles aufkochen und die Sauce etwa 30 Minuten sanft ohne Deckel köcheln lassen. — Sauce durch ein Sieb passieren und erst jetzt mit Salz abschmecken.
Tine: Die Sauce nach eigenem Geschmack mit Pfeffer und Kräutern würzen. Schmeckt mit Malfatti (Seite 122) und Schupfnudeln (Seite 187).

Tomatenterrine

Für 1 Terrinenform von 1 Liter Inhalt
✻ — Muss 5 Stunden kühl gestellt werden
1,5 kg sehr reife San-Marzano-Tomaten, gehäutet, halbiert
11 Blatt Gelatine, in kaltem Wasser eingeweicht und ausgedrückt
3 dl Tomatensaft
Salz und Pfeffer
1 Knoblauchzehe, in Scheiben geschnitten
1 Terrinenform voll Basilikum

Ofen vorheizen auf 100 Grad. Tomaten 1½ Stunden im Ofen garen. — Tomatensaft mit Knobli erhitzen, salzen, pfeffern und die Gelatine darin auflösen. Die Tomaten aus dem Ofen nehmen und den Tomatensaft abkühlen lassen. — Terrinenform mit Klarsichtfolie auslegen. Etwas Saft auf den Boden der Form geben. Abwechselnd Tomaten, Basilikum und Saft einfüllen. Mit Saft abschliessen. — Mindestens 5 Stunden kühl stellen.

Topinambur- und Randen-Chips

Oft lese ich in Illustrierten, dass Topinambur und alle Wurzelgemüse am besten im Sand überwintern. Wenn Sie also in Ihrer Nähe einen Sandkasten haben, der über die Winterzeit nicht von Kindern und Hunden heimgesucht wird, vergraben Sie alles Wurzelgemüse und decken es mit einer Plastikblache ab. Falls Sie nicht ein Haus auf dem Land haben, wo Kistchen im Garten stehen, empfehle ich dafür die Blumenkistli am Balkongeländer.

Als Apéro
250 g Topinambur
250 g kleine rohe Randen
Rapsöl, zum Frittieren
Salz

Topinambur sehr gut waschen, mit einer Zahnbürste alle Winkel reinigen. Mit einem Haushaltspapier trocknen. — Mit dem Gemüsehobel sehr fein hobeln. — Randen schälen, hobeln und abtrocknen. In der Fritteuse bei 180 Grad kurz frittieren. Herausnehmen, auf Haushaltspapier abtropfen lassen, salzen. Am besten schmeckt beides frisch zubereitet.
Tine: Ende der 90er Jahre frittierten wir sehr gerne Gemüse und servierten es zu Entrecôte.

Torroneparfait

Für 6 Förmchen à 1,2 dl
✻ — Muss einige Stunden im Tiefkühler gefrieren
300 g knuspriger Torrone
3 Eigelb
60 g Zucker
1 Schuss Amaretto
3 Eiweiss, steif geschlagen
4 dl Vollrahm, steif geschlagen

Eigelb und Zucker mit dem Mixer rühren, bis die Masse sehr hell ist. — Torrone zerschneiden, hacken und darunterrühren. Mit Amaretto parfümieren, Eiweiss und Schlagrahm darunterziehen. — In Förmchen verteilen. Jedes mit Klarsichtfolie zugedeckt einige Stunden im Tiefkühler gefrieren lassen.

Totenbeinli

1 Dose für den Süssigkeitenschrank
90 g Butter
200 g Zucker
3 Eier
270 g Haselnüsse, geröstet, mittelfein gehackt
½ TL Zimt
1 Messerspitze Pimentpulver
1 TL Honig
300 g Mehl
1 Eigelb, verquirlt

Butter und Zucker schaumig rühren. Eier unter kräftigem Rühren nacheinander dazugeben. Haselnüsse, Zimt, Piment, Honig, 1 Prise Salz und Mehl dazugeben. — Den Teig gut durchkneten und zu etwa 10 cm langen und 4 cm breiten Rollen formen. An einem kühlen Ort übernachten lassen. — Die Teigrollen längs flach drücken und quer in 5 mm dicke Stängeli schneiden. Auf ein mit Backpapier belegtes Blech legen und mit Eigelb bestreichen. Nochmals kühl stellen. — Backofen vorheizen auf 180 Grad. Ungefähr 15 Minuten backen, bis die Stängeli goldgelb sind. Abkühlen und in einer Blechdose aufbewahren.

Tine: Totenbeinli schmecken am besten, wenn zwischen Backen und Verzehr ein paar Tage vergehen.

Trevisanoravioli

Für 6–8 Personen
500 g Cicorino Trevisano, ohne Wurzeln
1 grosse Zwiebel, in dünne Streifen geschnitten
3 EL Olivenöl
25 g Butter
2 TL Zucker
1,5 dl Rotwein, zum Beispiel Cabernet
2 grosse Prisen Streubouillon
Pfeffer
Salz
400 g Ricotta
150 g Mascarpone
500 g Ravioliteig (Seite 160)
1 Eiweiss, geschlagen

Trevisano je nach Grösse der Blättter halbieren oder vierteln. Waschen und sehr gut trocknen. Olivenöl in eine Pfanne geben und Zwiebeln darin glasig dünsten. Butter und Zucker dazugeben und schön schmelzen lassen. Die Zwiebeln darin caramelisieren. Trevisano dazugeben und unter ständigem Rühren zusammenfallen lassen. So lange dünsten, bis alle Flüssigkeit verdunstet ist. — Den Rotwein dazugeben, salzen, pfeffern und mit der Streubouillon würzen. Ungefähr 30 Minuten köcheln lassen, bis die Flüssigkeit vollständig verdunstet ist. — Trevisano in den Cutter geben und ganz fein hacken. In eine Schüssel geben und abkühlen lassen. Mit Ricotta und Mascarpone verrühren und eventuell nachwürzen. — Den Ravioliteig durch die Teigmaschine drehen, bis er hauchdünn ist. Teigband halbieren. Eine Bandhälfte mit geschlagenem Eiweiss bestreichen. Mit dem Spritzsack haselnussgrosse Häufchen auf den Teig setzen. Die zweite Bandhälfte darüberlegen, gut bis an die Füllung andrücken und mit einem Teigrad zu Ravioli ausschneiden. — Ravioli in viel Salzwasser 2–4 Minuten köcheln.

Trüffelrahm

Für 4 Personen
1 Zwiebel, fein gehackt
1 EL Butter
2 dl Weisswein
6 dl Hühnerbouillon
2 dl Vollrahm
4 EL Trüffelöl
1 TL Maizena, in etwas kaltem Wasser aufgelöst

Zwiebeln in einem Topf in Butter dünsten, ohne dass sie Farbe annehmen. Mit Weisswein und Bouillon ablöschen und ungefähr 10 Minuten köcheln, ab und zu rühren. — Rahm dazugeben und nochmals aufkochen. Alles durch ein Sieb giessen und Flüssigkeit zurück in den Topf geben. Trüffelöl dazugeben, salzen und vorsichtig mit Maizena abbinden.

✳ — Schmeckt zu Malfatti (Seite 122), Schupfnudeln (Seite 187), Wildschweinravioli (Seite 219) oder einer gekauften frischen Pasta.

Trüschenleber auf Brot

Die Trüsche hat eine grosse Leber. Sie ist sozusagen die Foie gras der Süsswasserfische.

Pro Person
1 Trüschenleber
Bratbutter
Mehl
1 Zwiebel, feinst gehackt
1 Knoblauchzehe, in Scheiben geschnitten
Salz und **Pfeffer**
1 dl Weisswein
1 cl Weinbrand
1 Stück Butter
1 Scheibe Weissbrot, getoastet

Trüschenleber mit Mehl bestäuben, kurz in Bratbutter mit Zwiebeln und Knobli sautieren, würzen, mit Weisswein ablöschen, Flüssigkeit etwas reduzieren. — Weinbrand und Butter dazugeben. Trüsche auf das warme Brot legen.

Vacherin im Ofen

Am besten ist Käse, wenn er langsam aus der Form gerät. Mit Kartoffeln oder geröstetem Brot.

Jedem seine kleine Schachtel Vacherin
1 Knoblauchzehe, fein geschnitten
1 Schuss Waadtländer Weisswein (Chasselas)
Backofen vorheizen auf 200 Grad. Schachtel mit dem Käse in Alufolie verpacken, damit der flüssige Käse nicht ausläuft. Käse mit Knoblauch spicken. — Im Ofen 20–30 Minuten ohne Deckel backen. Wenn der Käse weich fliessend ist, mit einer Gabel einstechen und 1 Schuss Wein darübergiessen.

Vanilleglace

Ergibt 1 Liter für 6–8 Personen
7,5 dl Vollrahm
2 sehr gute Vanilleschoten, längs aufgeschnitten
130 g Zucker
6 Eigelb
1 Lorbeerblatt
Rahm mit Vanille aufkochen. Zucker und Eigelb ungefähr 5 Minuten rühren, bis die Masse hell ist. Vanillestängel entfernen. — Mit einem Suppenschöpfer den gekochten Rahm in die Eigelbmasse einrühren, bis aller Rahm verschwunden ist. Topf kurz ausspülen und die zukünftige Glace hineingeben. — Mit einem Schwingbesen so lange rühren, bis die Masse etwas eingedickt ist. Durch ein Spitzsieb in eine Schüssel giessen. Abkühlen. — In der Glacemaschine fertigstellen.

Vanillesauce

Für 4 Personen
8 Eigelb, verquirlt
125 g Zucker
5 dl Milch
25 g Maizena
1 Vanillestängel, längs aufgeschnitten
Eigelb und Zucker mit dem Schwingbesen schaumig rühren. Milch, Maizena und Vanille aufkochen,

V

V wie **Verlorenes Landei.** Weil die Verlorenen Eier haben wir nämlich so gern, dass wir ihnen ein Bild und einen eigenen Eintrag widmen wollen.

unter ständigem Rühren zum Eigelb geben. — Durch ein Sieb abgiessen. Zurück in die Pfanne geben und unter ständigem Rühren nochmals köcheln.
Tine: Ich parfümiere Vanillecreme mit etwas Kirsch.

Vergessener Kuchen

Aus Kuchenresten lässt sich ein wunderbares Dessert machen. Wichtig ist nur, den Kuchen gleich 2 Tage lang zu vergessen.

Für 6 Personen
✱ — Muss 2 Stunden im Kühlschrank stehen
4 Eigelb
100 g Zucker
250 g Mascarpone
4 Eiweiss, steif geschlagen
300 g vergessener Kuchen, zum Beispiel Marmorkuchen (Seite 124)
3 Espresso, gezuckert, mit einem Schuss Cognac

Eigelb und Zucker schlagen, Mascarpone dazugeben und weiter schlagen, aber nicht übertreiben. Eiweiss unter den Mascarpone heben. Kuchenreste in einer Schüssel flach platzieren und mit dem gezuckerten Cognac-Espresso beschwipsen. Mascarponecreme auf den Resten verteilen. 2 Stunden kühl stellen. — Kurz vor dem Essen Schoggipulver darüberstreuen.

Verlorenes Landei

Mein erstes Verlorenes Ei habe ich in Island in einer heissen Quelle gegart. Ich hatte auf meiner Rucksackreise in den späten 70er Jahren durch Island ein paar frische Eier bei einem Bauern gekauft.

Die Wanderung entwickelte sich zum Eiertanz auf dem Vulkan. Er regnete in Strömen, und es war eine Frage der Zeit, bis die Eier im Rucksack zertätscht werden würden. Ich musste sie also loswerden, am besten, indem ich sie esse. Bratpfanne? Bei diesem Regen unmöglich. Da ich ständig an heissen Quellen vorbeirutschte, entschied ich mich für ein Experiment.

Ich schlug an einem Stein die Eier auf und liess jedes in eine kleine Plastiktüte gleiten, die ich zufällig dabeihatte. Salz, Pfeffer, etwas Bratöl dazu. Dann verknotete ich die Tüten fest und hängte sie in die heisse Quelle.

Da ich eh schon durch und durch nass war, schaute ich den Eiern aufmerksam zu, wie sie zu garen begannen. Nach einiger Zeit öffnete ich das erste Säckchen und schlürfte aus dem Plastik das beste Ei aller Zeiten.

Ein gutes Verlorenes Ei braucht Geduld, Essig und Wasser. Wenn das Ei nicht nach Essig schmecken soll, dann einfach den Essig weglassen. Wasser aufkochen, auf die Seite stellen. Ei in ein Schälchen schlagen und im Wasser abtauchen lassen. Etwa 3 Minuten ziehen lassen. Wer sein Ei schön in Form möchte, kann mit einem Löffel Wasserringe rühren und das Ei via Schälchen in deren Mitte setzen.
✱ — Gehackte Kapern, Sardellen und 1 Esslöffel Olivenöl in den Beutel geben, das Ei umschliesst alles.

Pro Person
1 frisches Ei und **ein Schuss Essig**

Wasser mit einem Schuss Essig aufkochen. — Ei in einer Tasse aufschlagen. Mit einem Löffel im kochenden Wasser einen Strudel erzeugen. Das Ei in das heisse Wasser gleiten lassen. Es wird tanzen wie ein Derwisch. Hitze reduzieren und ungefähr 3 Minuten ziehen lassen. Mit einer Lochkelle herausholen.

Verlorenes Landei im Bierteig

Für 6 Person
3–4 EL Weissweinessig
6 Eier
1 Prise Salz und **Pfeffer**
✱ — Für den Teig
100 g Reismehl
100 g Weizenmehl
1 TL Honig
1,5 dl Bier
Rapsöl, zum Frittieren

Für den Teig Mehle und etwas Salz mischen. Honig, 1,5 dl Wasser und Bier verrühren und im Faden zum Mehl rühren. Teig beiseite stellen. — In einem Topf 1 Liter leicht gesalzenes Wasser aufkochen und den Essig dazugiessen. Mit einer Holzkelle im Topf einen Strudel erzeugen und jedes Ei einzeln in die Mitte setzen und 2–3 Minuten drehen lassen, bis es pochiert ist. Mit einer Lochkelle herausnehmen und auf einem Teller ruhen lassen. — Etwas salzen und pfeffern und mit einer Lochkelle vorsichtig im Teig versenken. Anschliessend ohne Frittierkorb in die Fritteuse tauchen und etwa 1 Minute bei 190 Grad frittieren. — Das Ei sollte aussen knusprig sein und das Eigelb weich!

Vinaigrette

Für 1 Schüssel Salat
1 rote Zwiebel, in feine Ringe geschnitten
1 grosse Essiggurke, gehackt
5 cl Sonnenblumenöl
Etwas Weissweinessig
Salz und **Pfeffer**
✱ — Himbeervinaigrette
1 EL flüssiger Honig
Salz und **Pfeffer**
1 EL Zitronensaft
2 EL Himbeeressig (Seite 80)
5 cl Traubenkernöl
✱ — Honigvinaigrette
1 EL Kastanienhonigessig (Seite 105)
3 EL Sonnenblumenöl
1 EL Olivenöl
Salz
✱ — Kräutervinaigrette
1 EL Kräuteressig
3 EL Sonnenblumenöl
Salz und **Pfeffer**
2 Schalotten, feinst gewürfelt
3 EL Kräuter (zum Beipsiel Petersilie, Kerbel, Schnittlauch oder Estragon)
✱ — Kürbisvinaigrette
1 EL Honigessig (Seite 105)
1 EL Sonnenblumenöl
3 TL Kürbiskernöl
Salz und **Pfeffer**

Zuerst die Gewürze mit dem Essig verrühren, dann mit einem kleinen Schwingbesen das Öl und die restliche Zutaten einrühren.

Vitello

Für 6–8 Personen
1 l Wasser
1 TL Salz
3 dl Weisswein
1 Zwiebel
1 Lorbeerblatt
1 Nelke
1 kleines Stück Sellerie
1 Rüebli
800 g Kalbfleisch
✱ — Für die Mayonnaise
1 sehr frisches Eigelb
1 TL milder Senf
1 dl Sonnenblumenöl
✱ — Für die Sauce
200 g Thunfisch, aus der Dose, abgetropft
50 g Sardellenfilets
1 EL Kapern, abgespült
Salz
1 dl Kalbfleischsud, kalt
1 Zitrone, frisch gepresst, zum Verfeinern

Wasser mit allen Zutaten bis und mit Rüebli aufkochen, Fleisch dazugeben und alles ungefähr 1 Stunde unter dem Siedepunkt köcheln lassen. — Fleisch im Sud abkühlen lassen. — Eigelb, Senf und Zitronensaft in einer Schüssel mit dem Schwingbesen sehr gut verrühren. Das Öl im Faden unter ständigem Rühren dazugiessen, bis eine Mayonnaise entsteht. — Für die Sauce alle Zutaten ohne Zitronensaft vermischen und mit einem Stabmixer pürieren. Mit der Mayonnaise verrühren und mit Zitronensaft abschmecken. Falls die Sauce zu dick ist, mit etwas mehr Sud verdünnen. Das Kalbfleisch sehr dünn aufschneiden und die Sauce darüber verteilen.

Tine: Ich bin vorsichtig mit dem Salz, denn der Sud kocht ein und alles kann sehr salzig werden. Wenn etwas übrig bleibt, schmeckt es am nächsten Tag auf einem gerösteten Brot mit Mayonnaise, Tomaten, Salz und Pfeffer hervorragend. Den Kalbfleischsud friere ich ein und verwende ihn als Basis für einen Braten.

Vitello vom Truthahn

In der Anfangseuphorie stand René Zimmermann eines Abends mit 20 Glarner Truten bei mir in der Küche. Wir hatten einen kleinen Tiefkühler nur für das Nötigste, aber nicht für die 20 Truten. Ich erinnere mich, dass wir eine Woche ohne Ende Truten in allen möglichen Zubereitungsarten auf der Karte stehen hatten. Der Renner war aber «Trutello tonnato». Ich mag Truten, aber nur Trutenfrauen. Sie sind viel zarter und kleiner.

Für 6 Personen
Salz und **Pfeffer**
1 Rüebli
½ Stange Lauch
1 Stück Sellerie
1 grosse Zwiebel
1 Lorbeerblatt
1 Nelke
1 ganze Trutenbrust
Sauce aus dem Rezept Vitello (Seite 211)

In einem Topf 5 l Wasser, Salz und Pfeffer aufkochen, Gemüse und Gewürze dazugeben und ungefähr 20 Minuten köcheln lassen, damit wir genug Geschmack bekommen. — Fleisch in den Sud geben und unter dem Siedepunkt ungefähr 20 Minuten ziehen lassen. — Fleisch im Topf auf Zimmerwärme abkühlen lassen. — Das Fleisch herausnehmen, sehr dünn aufschneiden und auf eine Platte oder die Teller verteilen. Sauce darübergeben.

Vorwort

Dieses Buch ist ein Praxisbuch, kein Renommierbuch und schon gar keine Visitenkarte für einen schicken Koch, der auf sich und sein Restaurant aufmerksam machen will. Es ist ein Kochbuch für jeden Tag, für jede Gelegenheit, für jede und jeden, der oder die Freude daran hat, ehrlich und schmackhaft zu kochen. Es ist, wenn man so will, ein klassisches Kochbuch. Es zelebriert die Schweizer Küche, die mit den Produkten hergestellt wird, die links und rechts von uns wachsen, die einmal im Jahr Saison haben und zur richtigen Zeit geerntet und auf dem Markt verkauft werden.

So haben wir dieses Buch auch angelegt. Sobald man weiss, womit man kochen möchte, kann man nachschlagen, um das dazu passende Gericht zu finden (wobei es natürlich auch umgekehrt geht: zuerst schmökern, dann einkaufen; empfehlenswert ist jedoch der erste, prüfende Blick auf dem Markt, dieses wundervolle Sich-verführen-Lassen). Man kann dieses Buch getrost auch als Manifest gegen den Küchenschnickschnack lesen. Eine gute Küche ist schnell eingerichtet. Viel Geld, das für allerhand Spezialgeräte und Superdupereinbaumaschinen ausgegeben wird, kann man sich getrost sparen.

An ein paar Anschaffungen kommt man allerdings nicht vorbei.

Erstens braucht es eine Aufschnittmaschine. Es muss keine teure «Berkel» sein, schon ein Durchschnittsexemplar macht viel Freude: Trockenfleisch und Schinken halten sich viel besser, wenn sie am Stück aufbewahrt werden – und schmecken erst richtig gut, wenn man sie hauchdünn aufschneidet. Gilt übrigens auch für zahlreiche Gemüse.

Zweitens muss ein vernünftiger Mixer her, der berühmte Zauberstab. Er braucht ein bisschen Kraft, um die gewünschten Konsistenzen herzustellen, man sollte sich also nicht für ein Exemplar entscheiden, das nur in die Puppenküche passt. Drittens braucht es einen grossen Schmortopf. Meiner ist aus Gusseisen und stammt von «Le Creuset», das sind die Spezialisten. Sie geben auf ihre Spitzenprodukte 30 Jahre Garantie, das tut man nur, wenn man Vertrauen hat in das, was man verkauft.

Natürlich ist auch ein guter Ofen unentbehrlich. Aber was heisst schon gut? In der «Alpenrose» wurde jahrzehntelang an einem Ofen gearbeitet, der sehr eigenwillig war und weit entfernt von der Aufs-halbe-Grad-Genauigkeit, die manche High-Tech-Öfen behaupten. Man muss den Ofen nur kennen. Es empfiehlt sich, die angezeigte Temperatur mit dem Thermometer zu überprüfen, um zu wissen, woran man wirklich ist.

Denn das ist es, worauf es beim Kochen genauso ankommt wie im richtigen Leben: wissen, woran man ist. Viel Freude beim Selberkochen.

Waadtländer Waffeln

Niemals verzagen: Aber es braucht ein paar Runden Übung, bis eine gute Waffel entstanden ist.

Für 4–6 Personen
1 Vanillestängel, längs aufgeschnitten
5 dl Vollrahm
5 Eigelb, verquirlt
250 g Mehl
75 g Butter, geschmolzen
5 Eiweiss, steif geschlagen
Puderzucker

Vanillemark herauskratzen, zum Rahm und Eigelb mischen. Das Mehl darunterrühren und zu einem homogenen Teig verarbeiten. Die Butter einrühren. Eiweiss darunterziehen. — Waffeleisen erhitzen. Ungefähr 4 Esslöfel Teig in die Mitte geben und backen. Mit Puderzucker bestreuen.
✻ — Passt zu Erdbeeren mit Schlagrahm.

Wachteln mit Nussfüllung

Für 4 Personen
4 Wachteln
Pfeffer
Salz
2 EL Bratbutter
1 Schuss Portwein
50 g Butter
✻ — Für die Nussfüllung
50 g Butter, zimmerwarm
400 g Dörrzwetschgen, ohne Stein, fein gehackt
1 Bund Thymian, fein gehackt
2 cl Vieille Prune
50 g Baumnüsse, geröstet und gehackt
½ Zitrone, frisch gepresst
1 EL Kastanienhonig
Salz und **Pfeffer**
Paniermehl

Ofen vorheizen auf 200 Grad. — Alle Zutaten für die Füllung in einer kleinen Schüssel mischen. Wenn die Masse zu feucht ist, noch etwas Paniermehl dazugeben. — Wachteln mit der Nussfüllung

W wie **Wurst** (auf diesem Bild stammt diese Wurst vom Hirschen, und sie wird bereits auf Seite 81 ausführlich und appetitanregend beschrieben). Alles über sämtliche Würste an der vom Alphabet

W

dafür vorgesehenen Stelle: bei, wie schon gesagt, Wurst wie W.

stopfen. — Die Vögeli gut salzen und pfeffern und in einer Gusspfanne in der Bratbutter rundherum sehr gut anbraten. Wachteln samt Pfanne in den Ofen schieben. Die Wachteln sind fertig, wenn das Fleisch von den Keulchen fällt. — Die Pfanne zurück auf den Herd stellen und den Porto zischen lassen, Butter dazugeben und die Vögeli damit begiessen.
Tine: Von Hand essen. Dazu gibt's Brot. Mit dieser Masse stopfen wir auch andere Wildvögel, und zwar so, dass die Masse den kleinen Vögeln zum Bauch herausquillt und im Ofen zur Kruste wird.

Weihnachtsparfait

Für eine Terrinenform von 1 Liter Inhalt
✳ — Muss 1 Tag im Kühlschrank stehen
3 Eigelb
125 g Zucker
1 EL Kastanienhonig
1 EL Lebkuchengewürz-Mischung
5 dl Doppelrahm
5 cl Havanna-Rum
3 Eiweiss
Dunkles Schokoladenpulver

In einer Schüssel Eigelb, Zucker, Honig und Lebkuchengewürz mit dem Schwingbesen ungefähr 6 Minuten sehr hell schlagen. — In einer zweiten Schüssel Doppelrahm und den Rum so lange schlagen, bis die Masse luftig ist. — Eiweiss sehr luftig schlagen. Alles miteinander vermischen. Eine Terrinenform mit Klarsichtfolie auskleiden und viel Schoggipulver hineinstreuen. Die Masse lagenweise einfüllen, zwischen jede Lage Schoggipulver streuen. Zum Schluss nochmals eine gute Ladung Schoggipulver daraufstreuen. Zugedeckt im Kühlschrank 1 Tag stehen lassen.

Wein

Ich komme aus dem Land der Biertrinker. Vor über 30 Jahren, während meines halbjährigen Landlebens in der Toskana, trank ich jeden Tag ein Bier oder auch zwei. Es wäre mir nie in den Sinn gekommen, bei einem Besuch meiner damaligen Lieblingsbar einen Wein zu bestellen.

Nun ja, hie und da trank ich schon ein Glas, aber das ist wirklich ein dunkles Kapitel. Denn ich mochte den italienischen Wein einfach nicht. Ausser den von Aldi in der Korbflasche, von dem 2 Liter 3 Franken 95 kosteten. Valpolicella lieber als «Schianti». Dabei komme ich aus dem Frankenland, das heute eine der besten Weingegenden Deutschlands ist. Einen Besuch in der Vinothek in Iphofen kann ich inzwischen sehr empfehlen.

Ich glaube, dass meine frühere Blindheit für guten Wein mit meinem Vater zusammenhängt. Er, der Rheinländer, bezeichnete den Frankenwein als «Panschilama» und Beschiss. Im Zusammenschluss der Winzer zur Genossenschaft sah er eine Gefahr der Vielfalt. Meine Mutter hatte einige sehr gute Weine von kleinen Winzern auf der Karte. In der Wirtschaft hing ein Schild: «Stirbt einer von den Alten, ja, den hat der Wein erhalten.»

Ich trank also Bier. Auch auf meinen Reisen, immer und überall. Erst als ich in die Schweiz kam, begann langsam meine Karriere als Weintrinkerin.

Mit den Italienern fing ich an, aber bald merkte ich, dass ich die Franzosen bevorzugte. Mindestens fünf Jahre lang trank ich nur Champagner. Ich fuhr mit Freundinnen in die Champagne und entdeckte die Vielfalt der Jahrgangschampagner. Grandios! Dann arbeitete ich die verschiedensten Weinbaugebiete Deutschlands auf.

Jetzt, nach über 30 Jahren Schweiz, trinke und bestelle ich am liebsten heimische Weine. In den 22 Jahren «Alpenrose» hatte ich ausserdem das Privileg, die besten Weine der Schweiz zu verkochen. Nur um das klarzustellen: Ohne sehr guten Wein gibt es keine gute Bratensauce! Punkt.

Weinringli

Ergibt 40–50 Stück
✳ — Teig muss 1 Stunde kühl gestellt werden
100 g Butter
150 g Zucker
1 Eigelb
3 EL Weisswein
250 g Mehl
7 g Backpulver

1 Messerspitze Nelkenpulver
1 Messerspitze Zimt
Weisswein, zum Bestreichen

    Butter und Zucker rühren, bis die Masse sehr hell ist. — Eigelb und Wein dazugeben. Backpulver, Mehl, Zimt und Nelkenpulver sehr rasch einarbeiten. — Teig zu einer Kugel formen und mindestens 1 Stunde kühl stellen. — Backofen vorheizen auf 175 Grad. Teig 4–5 mm dick auswallen. Am besten legen Sie dazu zwischen Wallholz und Teig ein Backpapier. Mit einem Förmchen Kreise von 4 cm Durchmesser ausstechen. In der Mitte der Guezli nochmals ein Loch von etwa 1,5 cm Durchmesser ausstechen. — Die Weinringli auf ein mit Backpapier belegtes Blech legen und kurz vor dem Backen mit Wein bestreichen. In der Mitte des Ofens ungefähr 13 Minuten backen.

Weisse Böhnli mit Speck

    Für 4 Personen
100 g kleine weisse Bohnen, 12 Stunden eingeweicht
50 g Butter
1 roten Krautstilstängel, in feinsten Streifen, kurz in heissem Wasser blanchiert
2 rote Zwiebeln, in feinsten Streifen
2 Scheiben Frühstückspeck, in feinsten Streifen

    Weisse Böhnli langsam in Wasser knackig kochen. Währenddessen Zwiebeln dünsten, Speck braten, roten Krautstil dazu, pfeffern, salzen.
Tine: Bei uns kamen diese Böhnchen über die Wildschweinravioli (Seite 219) oder auch auf ein getoastetes Stück Brot.

Wildfond

    Ergibt 6 dl Fond
✲ — Muss 1 Tag im Kühlschrank warten
1 Lorbeerblatt
1 EL Wacholderbeeren
1 EL Pfeffer, gemahlen
1 EL Senfkörner
1 TL Pimentpulver
1 Bund Thymian
10 Pfefferkörner
2 kg Wildknochen mit Fleisch dran, zerhackt
400 g Röstgemüse, zum Beispiel Sellerie, Rüebli, Zwiebeln und Lauch
3 Zwiebeln
2 EL Tannenschösslinghonig (Seite 203)
1 dl Portwein
So viel Rotwein, dass alles gut bedeckt ist
100 g Tomatenmark
Bratbutter

    Die Gewürze in einen grossen Teefilter stecken. Alles bis auf das Tomatenmark zusammen in eine grosse Chromstahlschüssel geben und mit Klarsichtfolie oder einem Deckel zudecken. Im Kühlschrank 1 Tag marinieren. — Die Knochen herausnehmen und mit Bratfett in einem grossen Topf so lange anrösten, bis sie eine Caramelfarbe angenommen haben. — Gemüse dazugeben und mitrösten. Tomatenmark dazugeben und mitrösten. Achtung, es darf auf keinen Fall anbrennen. «Sonst ist der Mist garettlet.» — Die Marinade dazugiessen, kurz aufkochen und so viel Wasser dazugiessen, dass die Knochen bedeckt sind. Teebeutel mit den Gewürzen hineinhängen. Aufkochen und den Schmutz abschöpfen. Ein paar Stunden köcheln lassen. — Durch ein Sieb giessen, nochmals aufkochen und so lange köcheln, bis die Flüssigkeit auf ungefähr 6 dl reduziert ist.
Tine: Falls Sie das Glück haben und Knöchelchen der Wildente, Schnepfe, Wildgans oder Wildhase finden, können Sie das Rezept auch mit diesen kochen. Am besten kaufen Sie Wildgetier immer mit den Knochen und lösen sie selber aus. Das Rezept gibt nur eine Idee, wie das mit einem Fond funktioniert. Bei den Zutaten dürfen Sie kreativ sein.

Wildhasenläufe

    Für 2 Personen
✲ — Muss 1–2 Tage mariniert werden
4 Wildhasenläufe
Salz und **Pfeffer**
50 g geräucherter Speck, in Würfel geschnitten
1 Zwiebel, fein gehackt
1 Rüebli, in feine Würfel geschnitten

1 EL süsses Paprikapulver
1 Nelke
1 Lorbeerblatt
1 TL Maizena, in etwas kaltem Wasser aufgelöst
1 Orange, Schale
Kalt gerührte Preiselbeeren (Seite 151)
✱—Für die Beize
1 kleines Rüebli, in Scheiben geschnitten
1 Stück Sellerie, in kleine Würfel geschnitten
1 Knoblauchzehe, in Scheibchen geschnitten
½ Bund Thymian, Blättchen abgezupft
2 cl Brandy
5 dl Rotwein
8 Pfefferkörner, zerdrückt
1 cl Balsamico-Essig
1 EL Bratbutter

Alle Zutaten für die Beize mischen und die 4 Läufe 1–2 Tage einlegen. — Läufe herausnehmen und sehr gut abtrocknen. Die Beine in der Bratbutter schön anbraten, salzen und pfeffern. Den Speck zugeben und mitbraten. Die Temperatur so halten, dass der Speck nicht verbrennt. In einen Schmortopf geben. — Zwiebeln, Rüebli und Paprikapulver kurz anbraten. In den Schmortopf geben. — Die Beize in einem separaten Topf aufkochen. Schaum abschöpfen und die Beize über die Läufe giessen. Eine Backfolie auf das Schmorgut legen. Es soll leicht zugedeckt sein, sodass der Dampf aber abziehen kann. Keinen Deckel verwenden, er dichtet zu stark ab. Nach ½ Stunde schauen, ob das Fleisch an den Beinen zart ist. — Fleisch herausnehmen, Sauce durch ein Sieb passieren. Sauce aufkochen und mit Maizena abbinden. — Mit frisch abgeriebener Orangenschale bestäuben und kalt gerührte Preiselbeeri servieren.

Tine: Ich habe gerne die Beine vom «Stallhasen» oder sonstigen Hasenartigen oder die Flügeli vom Federvieh. Das Fleisch ist oft sehr zart und knusprig.

Wildschweinleber

Für 5 Personen
800 g Wildschweinleber
50 g Bratbutter
4 Schalotten, in feine Scheiben geschnitten
2 Knoblauchzehen
½ Bund Majoran, Blättchen gezupft
Bratbutter
Salz und Pfeffer
100 g Butter
1 dl Quittensud (Seite 154) oder Apfelsaft

Wildschweinleber häuten und in lange, gleichmässige Scheiben schneiden. Mit einem Haushaltspapier trocknen. — Bratbutter in einer Bratpfanne erhitzen. Leberscheiben anbraten, salzen und pfeffern. Zwiebelscheiben und Majoran dazugeben und ruck, zuck wenden. Die Leber herausnehmen. Butter in der Pfanne schmelzen und etwas Quittensud dazugiessen.

✱—Quitten aus dem Ofen (Seite 155) passen sehr gut dazu.

Wildschweinragout

Für 4–6 Personen
Das Schwein muss 1 Tag in der Beize liegen
1 kg Wildschweinschulter, in Würfel geschnitten
50 g Bratbutter
Salz und Pfeffer
1 TL Tomatenpüree
150 g Speck, in kleine Würfel geschnitten
5 dl Wildfond (Seite 217)
1 TL Maizena, in etwas kaltem Wasser aufgelöst
✱—Für die Beize
2 Zwiebeln, fein gehackt
1 Rüebli, in feine Würfel geschnitten
1 Stück Knollensellerie
8 Wacholderbeeren
2 cl Wacholderschnaps (Gin)
1 Flasche Rotwein
1 Stück Ingwer
1 TL Pimentpulver

Für die Beize alle Zutaten mischen und das Fleisch 1 Tag darin ruhen lassen. — Fleisch aus der Beize fischen und gut abtropfen. In der Bratbutter sehr gut anbraten und würzen. In einen Bräter geben. Tomatenpüree in der Pfanne so lange dünsten, bis die rote Farbe verschwunden ist. — Speck anbraten, zum Fleisch geben. Das Gemüse kurz anbraten und zum Fleisch geben und alles mischen. — Marinade durch ein Sieb giessen und in einem separaten Topf mit dem Wildfond aufkochen. Den Schaum abschöpfen und Marinade zum Fleisch giessen. Zugedeckt 1 Stunde köcheln. — Nachschauen; eventuell müssen Sie Ihre Vorfreude auf das Essen noch verlängern.

Wildschweinravioli

Für 6–8 Personen
4 EL Olivenöl
220 g Zwiebeln, in kleine Würfel geschnitten
230 g Rüebli, in kleine Würfel geschnitten
150 g Knollensellerie, in kleinen Würfel geschnitten
1 Stange Sellerie, in kleine Würfel geschnitten
Salz
Schwarzer Pfeffer
150 g Pancetta, grob gehackt
800 g Wildschweinragout, von der Schulter, in Würfel geschnitten
1 grosszügiger Schuss Cognac
2 Knoblauchzehen, fein gehackt
2 dl Weisswein
2 frische Lorbeerblätter
1 Thymianzweiglein, Blättchen abgezupft
1 Nelke
2 Eier
100 g Mascarpone
500 g Ravioliteig (Seite 160)
1 Eiweiss, geschlagen

Gemüsewürfel in einer Bratpfanne mit Olivenöl knackig dünsten. Mit Salz und Pfeffer würzen. — Pancetta in einem schweren Topf im Olivenöl kurz braten. Fleisch hinzufügen und bei grosser Hitze anbraten. — Mit Cognac ablöschen. Knobli dazugeben und den Weisswein dazugiessen. Lorbeer, Thymian und Nelke dazugeben, salzen und pfeffern. Bei kleiner Hitze schmoren und nach einer Weile das gedünstete Gemüse hinzufügen. So lange garen, bis das Gemüse weich und das Fleisch zart ist. — Das Lorbeerblatt und die Nelke entfernen. Gemüse und Fleisch herausnehmen und mit dem Cutter oder dem Stabmixer zerkleinern. In eine Schüssel geben und abkühlen lassen. Eier und Mascarpone darunterziehen und nochmals abschmecken. — Den Ravioliteig durch die Teigmaschine drehen, bis er hauchdünn ist. Teigband halbieren. Eine Bandhälfte mit dem geschlagenem Eiweiss bestreichen. Mit dem Spritzsack haselnussgrosse Häufchen auf den Teig setzen. Die zweite Bandhälfte darüberlegen, gut bis an die Füllung andrücken und mit einem Teigrad zu Ravioli ausschneiden. — Die Ravioli in viel Salzwasser 2–4 Minuten köcheln.

Patrizia: Ich nehme für dichtere Füllungen gerne 2 Kaffeelöffel zur Hilfe.

Winterpunsch

Ein altes, oft erprobtes Rezept: In einer kleinen Teekanne aus Porzellan werden 3 gehäufte Teelöffel feinen schwarzen Tees mit so viel sprudelnd heissem Wasser übergossen, dass die Teeblätter gerade einmal bedeckt sind. Einen Deckel auf die Kanne legen und 15–20 Minuten stehen lassen. Länger schadet nichts, die Bitterstoffe werden später unschädlich gemacht. — Inzwischen kocht man ½ Liter Wasser mit 250 g Zucker auf und fügt den Saft von 2 Orangen und 1 Zitrone zu. Ferner ½, längs aufgeschnittenen Vanillestängel. Mit 2 Würfelzuckern reibt man an der Zitronenschale, um die ätherischen Öle mit dem Zucker zu verbinden. Dann gibt man die Würfel ebenfalls in die kochende Flüssigkeit. Flüssigkeit vom Herd nehmen. Sie sollte heiss sein, aber nicht mehr kochen. Nun gibt man 1 Flasche guten Rotwein sowie 3,5 dl unaufdringlich schmeckenden Weisswein dazu. Zum Schluss fügt man noch 8 dl guten Arrak hinzu. In Punschrezepten kann man lesen, dass nun alles zum Sieden gebracht wird oder einige Zeit gekocht werden muss. Wir holen das grosse Punschgefäss, in dem das fertige Getränk aufgetragen werden soll, spülen es vorsichtig und wiederholt mit kochendem Wasser aus und giessen dann den am Anfang bereiteten Teeaufguss durch ein Sieb hinein. Dazu geben wir ½ Liter sprudelnd kochendes Wasser dazu – dadurch werden die Bitterstoffe sofort zersetzt. Durch ein sehr feines Sieb geben wir jetzt das heisse Gemisch aus Wein, Arrak, Orangensaft.

Winterschnitte

Für ein Blech
250 g gemahlener Rohrzucker
250 g Butter
6 Eier
200 g **Schokolade**, mit 47 Prozent Kakaoanteil
1 TL Vanillezucker
2 EL Zimt
1 TL Pimentpulver
1 Prise Salz
4 cl Kirsch
100 g **dunkles Mehl**

Ofen vorheizen auf 180 Grad. Zucker, Butter und Eier schaumig rühren. — Schoggi im Wasserbad schmelzen und darunterrühren. Restliche Zutaten zugeben und rühren. — Auf ein rechteckiges, mit Backpapier belegtes Blech geben und im Ofen ungefähr 20–25 Minuten backen.

Wirz oder Federkohl

Für 4 Personen
1 sattgrüner **Wirz** oder **Federkohl**
2 **Zwiebeln**, in Ringe geschnitten
50 g Butter
1 dl Weisswein
1 dl Gemüsebouillon (Seite 61)
4 dl Vollrahm
1 TL **Maizena**, in etwas kaltem Wasser aufgelöst

Wenn der Wirz auf der Höhe seines Wachstums ist, hat er zwar einen kräftigen Strunk, aber keine zähen Blätter. Strunk herausschneiden und die äusseren Blätter in ungefähr 2 cm breite Streifen schneiden. Die kleineren Blätter vierteln, die kleinsten ganz lassen. — Zwiebeln in Butter dünsten und den Wirz etwas mitdünsten. Mit Weisswein und Bouillon ablöschen, köcheln, bis die Blätter weich, aber noch etwas knackig sind. — Alle Flüssigkeit abgiessen und den Rahm zugeben. Köcheln, bis der Rahm gut eingekocht ist. Salzen und mit etwas Maizena abbinden. — Beim Federkohl wenden wir die gleiche Kochmethode wie beim Wirz an. Zum Rüsten die Blätter mit der Hand vom Strunk abstreifen.

Wiiwarm aus Graubünden

Der lautmalerische Ausdruck bedeutet nichts anderes als «warmer Wein». Wenn man den Dialekt ein bisschen knetet, beginnt er zu singen.

Für 4 Personen
150 g **Zucker**, dunkel
7 dl Bündner Rotwein
2 **Orangen**, frisch gepresst
1 **Zitrone**, frisch gepresst
1 Zimtstange
1 Nelke
1 Messerspitze Pimentpulver

Zucker in einer Chromstahlpfanne erhitzen, bis er dunkel ist. Mit 4 dl Wasser und Wein ablöschen. Alle Zutaten zugeben und aufkochen.

Wostok plus

Bei unseren Veranstaltungen «Metronom» war das der Drink aller Drinks und ein Gruss nach Berlin.

Pro Person
4 cl Havanna-Rum
3 dl **Wostok**, sehr kalt

3 Eiswürfel in ein Longdrink-Glas füllen. Rum dazugeben und mit Wostock auffüllen. — Wostok-Brause «Tannenwald» ist ein Gemisch aus Taigawurzel, Kardamom und Fichtennadeln.

Wurst

Ich komme aus Franken, einem Land, wo der Wurst grosse Bedeutung beigemessen wird. Gelbwurst, Rotwurst, Leberwurst: Jeder Metzger hat seine eigenen Spezialitäten im Angebot. Hier, ausgehend von der fränkischen Bratwurst, eine kleine Entdeckungsreise zu meinen Lieblingswürsten.

Fränkische Bratwurst — 53
Glarner Kalberwurst — 63
Hirschbratwurst — 81
Steinbockwurst — 199

Zentrale

Die «Zentrale für Gutes» ist die nächste Station der «Alpenrose»-Wirtinnen nach dem Schliessen ihres Wirtshauses. Von hier aus werden die Crêperie «Babette», das «Limmatlädeli» und der «Eisvogel» geleitet. Und hier werden alle Fragen beantwortet, die Sie vielleicht noch haben könnten: www.zentrale.ch

Zichorienglace

Zichorie ist ein Kaffeepulverersatz, den es im Grosshandel gibt. Für dieses Eis ist er besser als echter Kaffee.

Ergibt 1 Liter für 6–8 Personen
3 dl Milch
5 dl Vollrahm, steif geschlagen
300 g Zucker
40 g Zichorienpulver
8 Eigelb, verquirlt

Milch und Rahm aufkochen, Zucker und Zichorienpulver unter Rühren zugeben. Etwas abkühlen lassen. — Eigelb mit dem Schwingbesen glatt rühren und die Rahmmischung darunterrühren. Alles durch ein Sieb in eine Schüssel giessen und abkühlen lassen. — In der Glacemaschine fertigstellen.

Zimtglace

Ergibt 1 Liter für 6–8 Personen
7,5 dl Vollrahm
1 gehäufter EL Zimtpulver
150 g Rohrzucker
5 Eigelb

Rahm und Zimtpulver aufkochen. — Zucker und Eigelb ungefähr 5 Minuten hell schlagen. Mit einer Suppenkelle den gekochten Rahm in die Eigelbmasse rühren. Kalt werden lassen. — Die Masse durch ein Sieb passieren und in der Glacemaschine fertigstellen.
Tine: Ich kaufe meinen Zimt in der Masoala-Halle im Zoo Zürich.

Z wie **Zitrone**. Aber auch Z wie zu heiss, um nicht Eis zu essen. Dafür haben wir nämlich unser eigenes Eis mit dem schönen Namen «Eisvogel» gemacht. Und das machen wir auch weiterhin, man kann es in der «Zentrale» – siehe nebenan – bekommen. Und noch an ein paar guten Orten.

Z

Zitronade

Zitrone ist nicht gleich Zitrone! Welche etwas taugt, können Sie am besten testen, indem Sie verschiedene Exemplare kaufen und daraus Zitronenlimonade zubereiten. Nicht jede Zitrone eignet sich zum Schmoren. Manche haben eine zu bittere Schale. Wenn Sie keine Lust haben, die Zitronen zu schälen, waschen Sie sie gründlich mit lauwarmem Wasser.

Für ein kleines Sommerfest
5 l Wasser
1 kg Zucker
10 Zitronen, frisch gepresst
5 Zitronen, in Schnitzen

Alle Zutaten ohne die Schnitze in eine Pfanne geben und unter Rühren aufkochen. Abkühlen und ein paar Stunden ziehen lassen. — Keine Schale mit ins Wasser geben. Die Zitronade würde sonst bitter. — Erst kurz vor dem Trinken einen Zitronenschnitz leicht angepresst in jedes Glas geben.

Zitronenbutter

Für 10 Personen
500 g Butter, zimmerwarm
5 Zitronen, frisch gepresst
1 Zitrone, Zeste
1 TL Senfpulver
1 EL Meerrettich, frisch gerieben

Butter mit dem Saft von 1 Zitrone hell aufschlagen, Zeste, Senfpulver, etwas Salz und Meerrettich dazumischen und den restlichen Zitronensaft mit dem Schwingbesen dazurühren. — Mit einer kleinen Glacezange oder einem Löffel Kugeln formen und im Kühschrank fest werden lassen oder einfrieren. Eine Kugel Zitronenbutter in einem Teller Orangenravioli (Seite 141). Herrlich!

Zitronenglace

Ergibt 1 Liter für 6–8 Personen
5 sizilianische Zitronen, frisch gepresst, und die Zesten von 2 Zitronen
500 g Doppelrahm
150 g Zucker

Alles vermischen und rühren, bis sich der Zucker komplett aufgelöst hat. In der Glacemaschine fertigstellen.
Tine: Wenn Zesten im Rezept verlangt sind, Zitronen entweder mit heissem Wasser gut waschen oder unbehandelte Zitronen verwenden. Kaufen Sie die Zitronen in italienischen Delikatessläden, die haben eine grössere Auswahl an Sorten.

Zitronenkuchen mit Erdbeeren

Für eine Springform von 26 cm Durchmesser
350 g Mürbeteig (Seite 130)
3 Zitronen, frisch gepresst
3 Eier
1 Eigelb
150 g Magerquark oder **Ricotta**
150 g Zucker
1 kg Erdbeeren
Puderzucker

Backofen vorheizen auf 180 Grad. Den Mürbeteig auswallen. Alle Zutaten bis und mit Zucker miteinander verrühren und auf den Mürbeteig geben. In der Mitte des Ofens ungefähr 30 Minuten backen. Herausnehmen, abkühlen lassen. — Erdbeeren wie kleine Bergspitzen in den Quark stellen und mit Puderzucker beschneien.

Zitronenmascarpone

Für 4–6 Personen
250 g Mascarpone
1,7 dl Zitronensaft
½ TL Salz
1,7 dl Vollrahm
1 Briefchen Safranfäden
1 EL Meerrettich, frisch gerieben
½ Bund Dill, fein gehackt

Alle Zutaten in einer kleinen Schüssel mit einem Löffel vermischen. So lange mit einem Mixer schlagen, bis ein herrlicher Schlagrahm entsteht.
Tine: Ein grosser Löffel davon mit einem Fisch ist fantastisch!

Zitronensorbet

Für 10–12 Personen
3 dl Mineralwasser, ohne Kohlensäure
350 g Zucker
3 dl Zitronensaft, frisch gepresst, von ungefähr 7 Amalfi-Zitronen
2 Zitronen, Schale vorsichtig ohne zu viel weisses Fruchtfleisch abgeschält
1 Eiweiss

Mineralwasser aufkochen und 200 g Zucker dazugeben. Köcheln, bis der Zucker aufgelöst und eine sirupartige Flüssigkeit entstanden ist. Restlichen Zucker und Zitronensaft in einem hohen Gefäss vermischen. Sirup dazugeben. Abkühlen lassen und das Eiweiss daruntermischen. In der Glacemaschine fertigstellen.

Tine: Mit dem Eiweiss wir das Sorbet cremiger. Dafür ist es weniger lang haltbar.

Dieses Sorbet können Sie als Variante auch mit Limonen zubereiten. Dafür ersetzen Sie lediglich den Zitronensaft durch 2 dl Limonensaft, lassen aber die geriebene Schale weg. — Zitronen und Limonen nicht bis auf die weisse Haut auspressen, damit die dort enthaltenen Bitterstoffe nicht austreten.

Zopf aus dem kalten Ofen

Ergibt 1 Zopf
1 kg Mehl
1 Würfel Hefe (42 g)
3 TL Zucker
5 dl Milch, handwarm
3–4 TL Salz
200 g Butter, geschmolzen
1 Eigelb
Etwas Sonnenblumenöl

Mehl in eine Schüssel geben. Hefe und Zucker in der Milch auflösen. Mit dem Mixer verrühren, zum Mehl geben, Salz und die flüssige Butter dazugeben. Alles gut durchkneten. Aus der Schüssel nehmen und von Hand weiterkneten. Hin und wieder den Teig auf die Arbeitsfläche knallen. In eine Schüssel geben und an einem warmen Ort auf das Doppelte aufgehen lassen. — Teig herausnehmen, in zwei Teile schneiden und Stränge formen, die zur Spitze hin dünner werden. — Zum Kreuz legen und Stränge verflechten. Ei mit Öl und ganz wenig Wasser mischen und den Zopf damit bestreichen. Auf ein mit Backpapier belegtes Blech legen und in den kalten Backofen schieben. Bei 180 Grad Umluft 40–50 Minuten backen. Die Tür des Ofens mindestens 40 Minuten geschlossen halten. — Dann an den Zopf klopfen. Klingt es hohl, ist der Zopf fertig. Aus dem Ofen nehmen und auf einem Gitter abkühlen lassen.

Tine: Wichtig ist, den Teig von Hand zu kneten. Das macht wirklich Spass und der Zopf bekommt die ganze Vorfreude mit auf den Weg.

Zucchettikuchen

Für ein Blech von 28 cm Durchmesser
500 g Mehl
15 g Salz
200 g Schweineschmalz
✻ — Für den Belag
5 Eier, verquirlt
5 dl Milch
2 Zwiebeln, fein gehackt
8–10 kleine Zuchetti, zu Juliennes geschnitten
Olivenöl

Backofen vorheizen auf 200 Grad. Für den Teig Mehl, Salz und Schweineschmalz mischen und zu einem Teig kneten. In Klarsichtfolie eingepackt kühl stellen. — Für den Belag Eier mit der Milch mischen. Zwiebeln dünsten und mit den Zucchetti mischen. Salzen und etwas Olivenöl daruntermischen. Teig auswallen, auf ein mit Backpapier belegtes Blech legen, mit der Gabel mehrmals einstechen, Gemüse daraufgeben und mit Milchmischung übergiessen. In der Mitte des Ofens ungefähr 25–30 Minuten backen.

Zuckerbrot

Als Kind ass ich sehr gerne Zuckerbrot. Das gab es vielleicht einmal die Woche. Sauerteigbrot, darauf eine mächtige Portion Butter und dann mit dem Zuckerstreuer eine deftige Ladung Zucker drauf. Es musste knirschen zwischen den Zähnen.

Eine gute Variante dazu ist Sauerteigbrot mit Butter und Salz. Wobei sich die Salzmenge erheblich von jener des Zuckers unterscheiden sollte. Jedenfalls gilt: «Beurre et pain font joli teint.»

Zuckersirup

Ergibt 1 Liter
1 kg Zucker in einem Topf mit **1 Liter Wasser** sehr gut aufkochen, bis sich der Zucker vollständig aufgelöst hat.

Zuger Kirschparfait

Für eine Terrinenform von 1 Liter Inhalt
3 Eigelb
125 g Rohrzucker
5 dl Greyerzer Doppelrahm
5 cl sehr guter Zuger Kirsch
3 Eiweiss, steif geschlagen
Form mit Klarsichtfolie so auskleiden, dass die Folienenden über den Rand der Form hängen. — Eigelb und Zucker sehr hell schlagen. Doppelrahm mit Kirsch sehr hell und steif schlagen. Doppelrahm mit einem Schwingbesen unter das Eigelb ziehen. Eiweiss unter die Masse heben. — Masse in die vorbereitete Form füllen, mit den überlappenden Enden zudecken und ungefähr 5 Stunden im Tiefkühler gefrieren lassen.
✼ — Schmeckt mit Schoggisauce (Seite 186) oder mit kalt gerührten Kirschen (Seite 107).

«Zuger» Röteli

Sie kennen nur das «Bündner Röteli», den dunklen Fruchtlikör aus Graubünden? Das ist unsere Version mit Zuger Kirschen!

Ergibt 2 Flaschen à 7 dl
✼ — Muss 2 Wochen im Kühlschrank ziehen
1 l Cognac
100 g Dörrkirschen
½ Vanillestängel, längs aufgeschnitten, Mark ausgekratzt
½ Zimtstange
5 dl Wasser
125 g Zucker
Alles mischen und 2 Wochen im Kühlschrank durchziehen lassen. Ab und zu rühren. In Flaschen abfüllen. Hält mehrere Monate.

Zungen

Wenn man zartes Fleisch mag: Zarteres Fleisch als jenes von der Zunge gibt es nicht, jedenfalls nicht auf dieser Welt.

Kalbszünglisalat mit Frühlingszwiebeln — 97
Katzenzüngli — 105
Lammzüngli — 116
Rindszunge — 169
Schweinszunge, gepökelt — 193
Seezunge — 194

Zürcher Scharmützel

Im Jahr 1996, ich war schon Arbeitgeberin, ging ich an die 1.-Mai-Demo. Erst als ich dort war, realisierte ich, dass ich ja plötzlich auf der anderen Seite stehe. Trotzdem holten Katharina und ich uns eine letzte Salve Tränengas ab, mit verquollenen Augen ging es dann zurück in die Küche, und ich begann tränenreich das Abendessen für die Bourgeoisie zu kochen.

Ich folgte dabei dem Prinzip «Chuchichäschtli»: Vom Vortag war ein bisschen Kartoffelstock übrig, den ich in einer heissen Pfanne mit Bratbutter und ein paar abgezupften Nadeln vom frischen Rosmarin anbriet, dazu etwas Spinat, vielleicht raspelte ich auch einen Apfel hinein – was halt da war. Während ich so vor mich hin schabte, kamen die neuesten Meldungen zum «Schwarzen Block». Ein paar Vermummte hatten der Polizei im Kreis «kleine Scharmützel» geliefert, hiess es.

Das Essen wurde zu einem herrlichen Mischmasch, den alle mochten – und ich hatte eine Möglichkeit gefunden, die wunderbaren Reste vom Kartoffelstock zu verarbeiten, nur ein Name fehlte noch.

Wie hatte es im Radio geheissen: Zürcher Scharmützel. Ein Scharmützel ist ein örtlich begrenzter Kampf kleiner Einheiten, das passte gut in meine Küche. Seither hat das Kind einen Namen.

Zürcher Spekulatius

Eine ideale Mischung aus Weihnachten und Zürich.

1 Dose für den Süssigkeitenschrank
1 Ei
125 g Zucker
125 g Butter
250 g Mehl
1 Kaffeelöffel Backpulver
100 g gemahlene Mandeln
1 TL Zimt
1 Messerspitze Kardamompulver
1 Messerspitze Nelkenpulver
½ Zitrone, Schale
Milch

Backofen auf 200 Grad vorheizen. Ei, Zucker und Butter verrühren. Mehl, Backpulver und Mandeln darunterrühren, Gewürze und Zitrone dazugeben. Zu einem Teig verrühren. Falls der Teig zu trocken ist, etwas Milch dazugeben. — Auswallen, zu einer Rolle formen und ungefähr 1 cm dicke Scheiben abschneiden. Auf ein mit Backpapier belegtes Blech legen und 15–18 Minuten backen.

Züri-Gschnätzlets

Das Gschnätzlete gehört dann in die Pfanne, wenn alle am Tisch sitzen und die Rösti parat ist. Dann muss die Küche rocken.

Für 6 Personen
2 Schalotten, gehackt
300 g kleine braune Champignons, zerdrückt
50 g Bratbutter
600 g Kalbfleisch von der Nuss, geschnetzelt
200 g Kalbsnieren, geschnetzelt
Salz
Pfeffer
2 dl Weisswein
2 dl bester Kalbsfond (Seite 93)
2 dl Vollrahm, flüssig
1 TL Maizena, in etwas kaltem Wasser aufgelöst
1 dl Vollrahm, steif geschlagen
½ Zitrone, frisch gepresst

Zwiebeln und Pilze in etwas Bratbutter anbraten, herausnehmen, beiseite stellen. Wieder etwas Bratbutter in die Pfanne geben, heiss werden lassen. Fleisch portionenweise darin kurz anbraten. Alles Fleisch zugeben, salzen und pfeffern, mit Wein und Kalbsfond ablöschen. — Zwiebeln und Pilze wieder zugeben, Hitze reduzieren. In einer separaten Pfanne 2 dl Rahm mit Maizena aufkochen, Schlagrahm und Zitronensaft darunterrühren und über das Fleisch giessen. Nochmals mit Salz und Pfeffer abschmecken.
Tine: Wir schneiden das Fleisch in grössere und nicht so superdünne Streifen. In der Pfanne muss alles sehr schnell gehen, damit das Fleisch nicht trocken wird.

Zwetschgen mit Streusel

Für eine runde Form von 28 cm Durchmesser
100 g Butter
6 EL Rohrzucker
20 sehr reife, ganze Zwetschgen
Zimt-Zucker-Gemisch
✻ — Für die Streusel
200 g Mehl
100 g Mandeln, gehackt
80 g Zucker
200 g Butter, sehr kalt, in grobe Stücke geschnitten

Backofen vorheizen auf 180 Grad. Butter und Rohrzucker auf ein Blech oder eine flache Form geben und im Ofen für 10 Minuten caramelisieren lassen. — Zwetschgen darauflegen und ungefähr 20 Minuten in den Backofen stellen. — Für die Streusel Mehl, Mandeln und Zucker vermischen. Butter dazugeben und mit den Händen so lange verreiben, bis die Masse bröckelig wird. — Auf die Zwetschgen geben und 35 Minuten bei 180 Grad fertig backen. Dann versteckt sich das Obst unter dieser wohligen Decke. — Die Backdauer hängt von der Feuchtigkeit der Zwetschgen ab. — Zum Schluss mit Zimtzucker bestreuen. Mit einem grossen Löffel abstechen.

Tine: Je nach Reife der Zwetschgen mehr oder weniger Zucker beimischen. Meistens brauchen feste Zwetschgen mehr Zucker. Ich mag das Gericht am liebsten mit Sauerrahm oder Doppelrahm und heiss aus dem Ofen.

Zwetschgenblootz

Backen Sie den Zwetschgenblootz erst, wenn die Zwetschgen sehr reif sind. Nehmen Sie Spätzwetschgen. Die frühen saftigen Zwetschgensorten ziehen vor dem Backen sehr viel Wasser, wenn sie mit Zucker bestreut werden. Zuckern Sie den Blootz also erst nach dem Backen, wenn er auf Zimmerwärme abgekühlt ist.

Für ein Blech von 35×40 cm
320 g Mehl
20 g Frischhefe
50 g Zucker
1,2 dl Milch, lauwarm
50 g Butter, zimmerwarm
2 Eier
✥ — Für den Belag
3 EL Zwiebackbrösel
2 kg Spätzwetschgen
50 g Zucker
1 TL Zimt
1 Päckli Vanillezucker

Mehl in eine Schüssel geben und in die Mitte eine Mulde drücken. Hefe mit wenig Zucker und etwas Milch zu einem Vorteig verrühren. Mit Mehl bestäuben und ungefähr 30 Minuten an einen warmen Ort stellen. — Milch nochmals etwas wärmen. Mit dem restlichen Zucker, Butter und Eiern zum Vorteig geben und mit einem Kochlöffel zu einem glatten Teig verarbeiten. Mit der Hand nachhelfen, um den Teig komplett vom Schüsselrand zu lösen. Den Teig zugedeckt an einem warmen Ort stehen lassen, bis er sich verdoppelt hat. — Backofen vorheizen auf 180 Grad. Den Teig nochmals kräftig mit Vorfreude kneten. Die Arbeitsfläche bemehlen und den Teig auf Blechgrösse auswallen. Auf das mit Backpapier belegte Blech legen und den Teig mit Zwiebackbröseln bestreuen. Zwetschgen mit einem Küchentuch polieren und halbieren. Stein entfernen und jede Hälfte mit dem Messer bis zur Mitte einschneiden. Ziegelartig auf den Teig schichten. In einer Tasse Zucker, Zimt und Vanillezucker mischen und die Zwetschgen mit der Hälfte bestreuen. In der Mitte des Ofens ungefähr 35 Minuten backen. — Herausnehmen und mit dem restlichen Zuckergemisch bestreuen.

Tine: Meine Mutter sagte immer, ich soll zum Warten auf den Teig einmal um die Dorfkirche gehen. Natürlich liefen wir nie um die Kirche, aber die Redewendung blieb. Übrigens mochte ich den ungebackenen Hefeteig nicht so gern wie den süssen Mürbeteig oder andere Rührteige. Ich glaube, meine Mutter hat den Zwetschgenblootz gebacken, damit ich nicht vom Teig schlecken konnte.

Zwetschgenglace

Ergibt 1 Liter für 6–8 Personen
400 g Zwetschgen, entsteint
5 cl Wasser
120 g Zucker
1 TL Zimt
2 dl Doppelrahm

Alle Zutaten bis und mit Zimt langsam zu einem Kompott verkochen. Zwischendurch gut rühren. Abkühlen lassen. — Mit einem Mixer pürieren. Doppelrahm dazurühren und in der Glacemaschine fertigstellen.

Zwetschgenkuchen

Für ein Blech von 28 cm Durchmesser
✥ — Für den Quarkteig
300 g Magerquark
12 EL Sonnenblumenöl
12 EL Milch
100 g Zucker
15 g Vanillezucker
500 g Mehl
6 TL Backpulver

✣ — Für den Belag
1 Prise Salz
1,5 kg Zwetschgen, ohne Stein
Puderzucker
5 dl Vollrahm, steif geschlagen

    Backofen vorheizen auf 180 Grad. Magerquark mit Öl und Milch vermischen. Restliche Zutaten bis und mit Salz einarbeiten und zu einem schönen Teig kneten. — Backblech buttern und bemehlen. Das Blech über dem Spülbecken ausklopfen, um das unnötige Mehl loszuwerden. — Den Teig so auswallen, dass er ins Blech passt. Zwetschgen halbieren und in Reih und Glied auf den Teig setzen. Auf der zweituntersten Rille im Ofen ungefähr 35 Minuten backen. — Herausnehmen und eine gute Menge Puderzucker auf die Früchte verteilen. Der Kuchen sollte saften. Zimmerwarm mit viel Schlagrahm servieren.

Tine: Ich kaufe immer süsse, reife Früchte, und mehr, als im Rezept vorgesehen. Ich muss während des Rüstens schon zulangen können.

Zwetschgen süss-sauer

Ergibt 1 Glas à 1 Liter
✣ — Braucht ein paar Tage Zeit
250 g Zwetschgen
150 g Rohrzucker
6 dl Rotwein
5 cl Himbeeressig (Seite 80)
1 Nelke
1 Zimtstange
1 dl Zwetschgensaft

    Zwetschgen mit einem Haushaltpapier abreiben. Mit einer Gabel rundrum einstechen und in eine Schüssel legen. — Alle Zutaten aufkochen. Die Flüssigkeit vom Herd nehmen. Die Länge eines Liedes im Radio abwarten und dann die Flüssigkeit über die Zwetschgen giessen und für 24 Stunden ziehen lassen. — Die Flüssigkeit in eine Pfanne giessen, aufkochen und etwas reduzieren. Kurz warten und wieder über die Zwetschgen giessen. Die Zwetschgen sollten möglichst noch nicht platzen, sondern nur mariniert werden. — Nach weiteren 24 Stunden die Flüssigkeit mit den Zwetschgen langsam köcheln, bis die Zwetschgen nach ihrer Völlerei zu platzen beginnen. Sofort die Zwetschgen aus der Flüssigkeit nehmen. — In saubere Gläser abfüllen. Die Flüssigkeit nochmals aufkochen und zu den Zwetschgen in die Gläser giessen. Zuschrauben und erkalten lassen. — Ein paar Tage ruhen lassen.

Zwiebeln, caramelisiert

Ergibt 2–3 Glas à 2,5 dl
24 mittelgrosse Schalotten
Salz
50 g Butter
4 EL Zucker
2 EL Honig
2,5 dl Rotwein
1 dl Kalbsfond (Seite 93)
1 Lorbeerblatt
1 Nelke
Pfeffer
1 Schuss Himbeeressig (Seite 80)

    Schalotten schälen, aber die Schalenspitzen nicht abschneiden, so fallen sie nicht auseinander. Schalotten im kochenden Salzwasser blanchieren, herausnehmen und in einem Sieb abtropfen lassen. — Butter in einer Bratpfanne schmelzen, Schalotten, Zucker und Honig dazugeben und caramelisieren lassen. — Mit Wein und Kalbsfond ablöschen. Lorbeer und Nelke zugeben, salzen und pfeffern. Himbeeressig zugeben und die Schalotten ungefähr 35 Minuten kochen. Sie sollten nicht allzu weich sein. — Zwiebeln herausnehmen und die Flüssigkeit zu Sirupdicke einkochen. Den Sirup wieder über die Zwiebeln giessen und heiss in die Gläser abfüllen oder sofort essen, zum Beispiel zu einer Bratwurst oder dunklem Fleisch. Im Kühlschrank hält es mehrere Wochen.

Zwiebelkonfitüre

Ergibt 2–3 Gläser à 2,5 dl für den Vorrat
600 g rote Zwiebeln, in feine Scheiben geschnitten
5 dl Rotwein

1 dl Himbeeressig (Seite 80)
5 dl Wasser
100 g Honig
50 g Butter

Zwiebeln in einen Topf geben und mit Rotwein und Essig bedecken. Alles ungefähr 45 Minuten kochen. Die Zwiebeln nehmen die Flüssigkeit auf und die Restflüssigkeit löst sich in Luft auf. — Jetzt Wasser dazugiessen und bei kleiner Hitze etwa 20 Minuten kochen, bis auch das Wasser fast weg ist. Ab und zu umrühren, um sich die Enttäuschung angebrannter Zwiebeln zu ersparen. — Am Schluss Honig und Butter dazurühren, etwas salzen und in saubere Gläser füllen.

Tine: Ich mag diese Konfitüre zu Käse und einem Glas Rotwein.

Zwiebelsauce

Für 4 Personen
500 g Zwiebeln
100 g Bratbutter
Salz und Pfeffer
1 EL scharfer Senf
2 cl Cognac
3 dl helles Bier
1 dl Kalbsfond (Seite 93)
50 g gute Butter, kalt
1 TL Maizena, in etwas kaltem Wasser aufgelöst

Zwiebeln schälen, sofort mit einem superscharfen Messer halbieren und in feine Scheiben schneiden oder mit dem Gemüsehobel hobeln. — Bratbutter in einer vorgewärmten Pfanne schmelzen und die Zwiebeln caramelfarben anbraten. — Wenn die gewünschte Farbe erreicht ist, salzen und pfeffern. Senf zugeben und mit Cognac, Bier und Kalbsfond ablöschen. Alles bei schwacher Hitze ungefähr 10 Minuten köcheln. — Butter einrühren. Sauce und Zwiebeln sollten im Idealfall eine sirupartige Konsistenz haben. Falls nicht, mit etwas Maizena nachhelfen.

Tine: Ein Klassiker zur Fränkischen Bratwurst (Seite 53), aber auch gut zu einem Schweinekotelett (Seite 190) oder einem Rindshacktätschli vom Rätischen Grauvieh (Seite 166).

Rettichsalat (Seite 164)

Buttermilchköpfli mit Brunnenkresse (Seite 27) mit Radieschen

Geissenfrischkäse im Bierteig (Seite 59)

Geissenkäse im Maisteig (Seite 60)

Maisbrot (Seite 120) mit Geissenkäse

Kalbsnieren in Pinotsauce (Seite 96) auf Zopf (Seite 225)

Verlorenes Landei (Seite 210) auf Erbsenmus mit Kürbisöl (Seite 45)

Verlorenes Landei (Seite 210) auf Lauchgemüse

Spargeln (Seite 197) mit Verlorenem Landei (Seite 210)

Gurkensalat zu Kalbszungen (Seite 75)

Zuckerbrot (Seite 225)

Ringbrot (Seite 170)

Erbsli und Rüebli (Seite 45)

Erbsen mit Milchschinken (Seite 44)

Federkohl (Seite 49)

Kürbis aus dem Ofen (Seite 110)

Crespelle aus dem Bergell (Seite 35)

Bündner Tatsch (Seite 25)

Schwarzkohl mit Speck (Seite 188) und roten Zwiebeln

Ochsenleber mit Brunnenkresse (Seite 139)

Brotschnitte aus Sils (Seite 25)

Gemüse in der Sommerzeit (Seite 61)

Entenbrust (Seite 44) mit Birne im Rotweinsud (Seite 21)

Maispoulardenbrüstchen mit Mönchsbart (Seite 122)

Coq au vin für Fergus Henderson (Seite 33)

Güggeli (Seite 75)

Kaninchenhacktätschli (Seite 44) an Senfsauce (Seite 195)

Entenhacktätschli (Seite 44) mit Cima di Rapa (Seite 49)

Roastbeef vom «Galloway» (Seite 171) mit Senfglace (Seite 195)

Bisonvoressen (Seite 22) und Ofenguck im Apfel (Seite 140)

Rindsragout vom «Galloway» (Seite 167) und Ofenguck (Seite 140)

Emmentaler Wedelebock-Kalbsvoressen (Seite 42) mit Blumenkohl (Seite 22)

Kalbskotelett (Seite 94)

Schweinekotelett (Seite 190) mit Apfelschnitzen

Rindskotelett (Seite 167) mit Kräuterbutter (Seite 108)

Lammhuft (Seite 115) an Knoblauchsauce (Seite 107) mit Mönchsbart

Kalbsschulterbraten (Seite 97) mit Honigrüebli (Seite 85)

Rindsschmorbraten (Seite 168) mit Gnocchi «romaine» (Seite 73)

Schweinebraten (Seite 189) mit Kartoffeln und Sellerie

Eglifilet im Teig (Seite 41)

Schleihe blau (Seite 182)

Saibling mit Tomaten (Seite 178)

Polenta (Seite 147)

Weisse Polenta (Seite 147)

Polenta nera (Seite 147)

Polenta integrale (Seite 147)

Haselnussravioli (Seite 78) mit kalt gerührten Preiselbeeren (Seite 151)

Wildschweinravioli (Seite 219) mit weissen Böhnli und Speck (Seite 217)

Risotto (Seite 170) mit Buttermilch

Flötsch (Seite 52)

Gnocchi «romaine» (Seite 73)

Schupfnudeln (Seite 187)

Kartoffelfuchs (Seite 101)

Zürcher Scharmützel (Seite 226)

Kartoffelstock (Seite 103)

Rösti (Seite 171)

Frittata (Seite 53)

Frittata mit Mönchsbart (Seite 54)

Malfatti (Seite 122) mit Spinat

Malfatti (Seite 122) mit Trüffelrahm (Seite 206)

Pilzragout (Seite 147)

Pizokel mit Speck (Seite 147)

Gâteau au vin cuit (Seite 58)

Crostata al Limone (Seite 35)

Schoggikuchen mit Schnaps (Seite 184)

Schoggischnitte (Seite 186)

Gâteau du Vully (Seite 58)

Ochsenaugen (Seite 137)

Quarkkuchen (Seite 153)

Schoggi Marquise (Seite 185) mit Crème Chantilly (Seite 34)

Mokkabonet (Seite 129)

Meringues Pavlova (Seite 127)

Meringues Pavlova (Seite 127)

Erdbeerglace (Seite 45)

Erdbeergnaatschi (Seite 45)

Reisrahm (Seite 164) mit Toblerone-Sauce (Seite 203)

Caramelköpfli (Seite 203) mit Schlagrahm

Amarettoparfait aus dem Tessin (Seite 8) mit Schoggisauce (Seite 186)

Honigparfait (Seite 85) mit Beeren im Winter (Seite 17)

Apfelstrudel (Seite 12) mit Vanillesauce (Seite 209)

Rhabarberkompott (Seite 165) auf Einback

Zwetschgenkompott (Seite 108)

Apfelrösti (Seite 12)

Ofenküchlein (Seite 140) mit Vanilleglace (Seite 209) und Rhabarberkompott (Seite 165)

Ofenküchlein (Seite 140) mit Vanilleglace (Seite 209) und Rhabarberkompott (Seite 165)

Kleine Berliner (Seite 182) mit Vanilleglace (Seite 209)

Suppe wärmt. Suppe macht satt. Suppe macht glücklich. **Tine Giacobbo** und **Katharina Sinniger** wissen das besonders gut. Vor ihrer Suppenküche bildet sich täglich zur Essenszeit eine lange Schlange. Klassische Bouillons mit Einlage, exotische Suppen mit Pfiff, deftige Eintöpfe mit Tiefgang und Erfrischendes für Sommertage: Das Spektrum der Suppen, die Katharina und Tine zubereiten, ist von maximaler Breite. Dieses Buch versammelt rund 200 Rezepte aus mehr als zehn Jahren und bringt das Glück aus dem Suppenladen direkt zu Ihnen nach Hause.

«Ein Buch für ehrliche, frische Marktküche.»
SALZ & PFEFFER
«Eine Bibel für alle Suppenkasper. Clever gemacht und gebrauchsorientiert.» SRF
«Das Beste aus dem Suppentopf.» AL DENTE

Gebunden, 216 Seiten, 48 Franken, 39 Euro

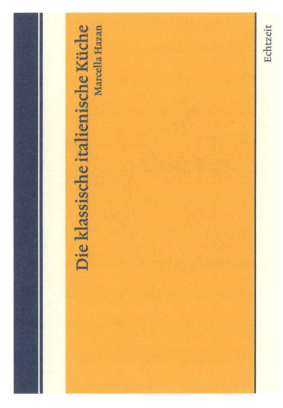 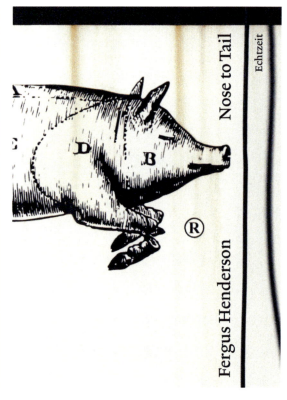

Marcella Hazan, im kulinarischen Eldorado der Emilia-Romagna aufgewachsen, wanderte in die USA aus, wo sie zur unangreifbaren Autorität der wahren, italienischen Geschmäcker aufstieg. Ihre Kochkurse sind Legende. Ihre Bücher sind Welterfolge, und das hat einen guten Grund: Marcellas Rezepte inspirieren kulinarische Analphabeten ebenso wie mit allen Wassern gewaschene Profis.

«Wenn es um den praktischen Nutzen geht, so ist Marcella Hazan unschlagbar. Ihre sachliche und anschauliche Art prägt all ihre Rezepte, welche dadurch auf beglückende Weise nachkochbar sind.» Wolfram Siebeck, DIE ZEIT
«Mit Sicherheit eines der wichtigsten je geschriebenen Kochbücher.» PROFIL
«Herzvolle, einfache Rezepte aus einer herzvollen, einfachen Küche.» DAS MAGAZIN

Leineneinband, 604 Seiten, 58 Franken, 54 Euro

«*Nose to Tail Eating* will sagen, dass es dem Tier gegenüber unanständig wäre, es nicht von Kopf bis Fuss zu verwerten; es hält auch jenseits des Filets etliche nahrhafte Leckerbissen und Gaumenfreuden für uns bereit. Dies ist ein Buch über das Kochen und das Essen zu Hause, hier geht es nicht darum, Restaurantgerichte nachzuahmen. Haben Sie keine Angst vor dem Kochen – die Zutaten würden das merken und sich entsprechend danebenbenehmen.» **Fergus Henderson** ist Gründer des «St. John Restaurant» in London.

«Endlich! Endlich auf Deutsch!» FEINSCHMECKER
«Hendersons Rezepte sind zeitlos gut.» SPIEGEL
«Ein Buch, das man braucht.» NZZ
«Eines der elegantesten und wichtigsten Kochbücher der vergangenen fünfzig Jahre.» STANDARD
«Das Kochbuch des Jahres.» PROFIL

Gebunden, 432 Seiten, 54 Franken, 44 Euro

2. Auflage 4. April 2017
Copyright © 2016 Echtzeit Verlag GmbH, Basel
Alle Rechte vorbehalten

ISBN 978-3-905800-75-3

Autorin: Tine Giacobbo
Textbeiträge: Christian Seiler
Lektorat der Rezepte: Kathrin Fritz
Fotografie: Nadja Athanasiou
Korrektorat: Birgit Althaler
Gestaltung: Müller+Hess, Basel
Druck: CPI – Ebner & Spiegel, Ulm

www.echtzeit.ch

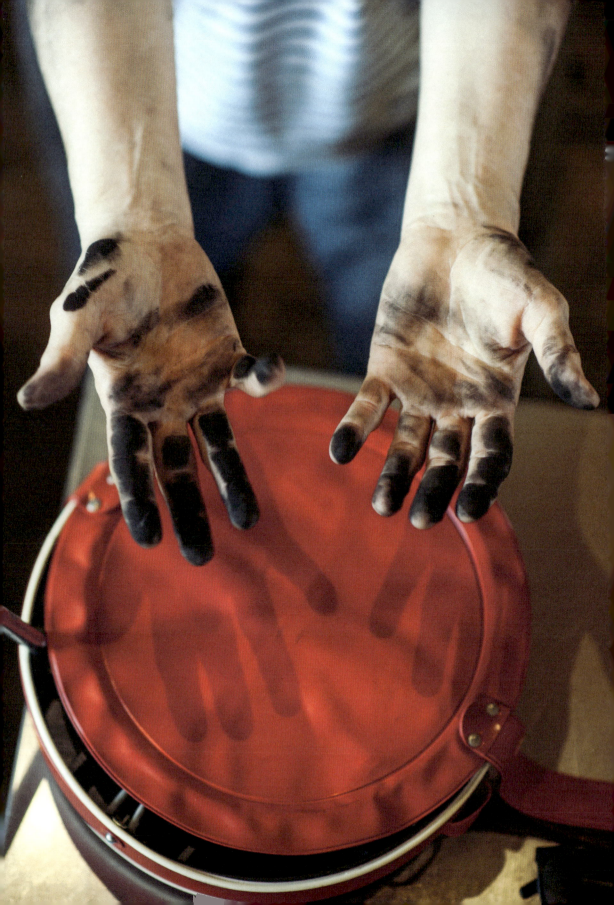

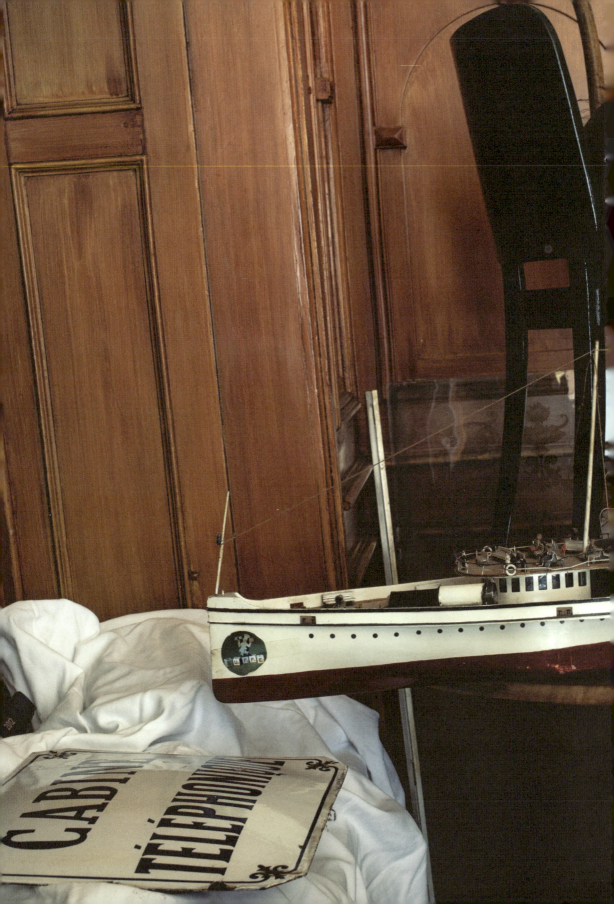